utb 4126

Eine Arbeitsgemeinschaft der Verlage

Böhlau Verlag · Wien · Köln · Weimar
Verlag Barbara Budrich · Opladen · Toronto
facultas · Wien
Wilhelm Fink · Paderborn
A. Francke Verlag · Tübingen
Haupt Verlag · Bern
Verlag Julius Klinkhardt · Bad Heilbrunn
Mohr Siebeck · Tübingen
Nomos Verlagsgesellschaft · Baden-Baden
Ernst Reinhardt Verlag · München · Basel
Ferdinand Schöningh · Paderborn
Eugen Ulmer Verlag · Stuttgart
UVK Verlagsgesellschaft · Konstanz, mit UVK/Lucius · München
Vandenhoeck & Ruprecht · Göttingen · Bristol
Waxmann · Münster · New York

Gerald Posselt | Matthias Flatscher

Sprachphilosophie

Eine Einführung

unter Mitarbeit von Sergej Seitz

facultas

Matthias Flatscher arbeitet als Lehrbeauftragter an den Universitäten Wien, Hagen und Innsbruck.

Gerald Posselt ist Senior Lecturer am Institut für Philosophie der Universität Wien.

Sergej Seitz ist Universitätsassistent am Institut für Philosophie der Universität Wien.

Bibliografische Information der Deutschen Nationalbibliothek

Die Deutsche Nationalbibliothek verzeichnet diese Publikation in der Deutschen Nationalbibliografie; detaillierte bibliografische Daten sind im Internet unter http://d-nb.de abrufbar.

© 2016 Facultas Verlags- und Buchhandels AG
facultas, Stolberggasse 26, 1050 Wien, Österreich
Alle Rechte vorbehalten

Umschlag: Atelier Reichert, Stuttgart
Gestaltung und Satz: Dr. Peter Zeillinger
Druck und Bindung: CPI – Ebner & Spiegel, Ulm
Printed in Germany

ISBN 978-3-8252-4126-1

eBook erhältlich unter utb-shop.de

Inhaltsverzeichnis

Vorwort und Danksagung 9

1 **Einleitung** 10
   1.1 Traditionslinien des Sprachdenkens 11
   1.2 Hauptströmungen der Sprachphilosophie 14
   1.3 Problemfelder der Sprachphilosophie 16
   1.4 Ziel und Aufbau des Bandes 18
   1.5 Literatur 21

2 **Antike Sprachauffassungen: Platon und Aristoteles** 22
   2.1 Sprache als Thema der griechischen Philosophie 22
   2.2 Platon: Die Richtigkeit der Namen 22
   2.2.1 Der Dialog *Kratylos* 24
   2.2.2 Die Dialoge *Sophistes* und *Theaitetos* 30
   2.3 Aristoteles: Logische und soziale Dimension der Sprache 31
   2.3.1 Das semiotische Dreieck 32
   2.3.2 Der Aussagesatz 34
   2.3.3 Sprache als Kennzeichen des Menschseins 35
   2.4 Zusammenfassung und Ausblick 38
   2.5 Literatur 39

3 **Empiristische und rationalistische Sprachauffassungen: Locke und Leibniz** 41
   3.1 Empirismus und Rationalismus als Paradigmen der Sprachreflexion 41
   3.2 John Locke: Erkenntnistheorie als Sprachkritik 42
   3.2.1 Lockes Wende zur Sprache 44
   3.2.2 Sprache als Werkzeug und soziales Band 46
   3.2.3 Die konstitutive Kraft der Namen 49
   3.3 Gottfried Wilhelm Leibniz: Entwurf einer Universalsprache 53
   3.3.1 Funktion und Aufgabe der Sprache 54
   3.3.2 Die Verknüpfung von Zeichen und Gegenständen 55
   3.3.3 Von der natürlichen zur universalen Sprache 58
   3.4 Zusammenfassung und Ausblick 59
   3.5 Literatur 61

4 **Sprache als Medium der Welterschließung: Herder und Humboldt** .. 63
   4.1 Hermeneutische Zugänge zur Sprache 63
   4.2 Johann Gottfried Herder: Der Ursprung der Sprache 64
   4.2.1 Kritik göttlicher und tierischer Sprachursprungstheorien 65
   4.2.2 Die menschliche Besonnenheit 67
   4.2.3 Der Zusammenhang von Erkennen und Benennen 69

4.3		Wilhelm von Humboldt: Sprache als Weltansicht	71
4.3.1		Die sprachliche Erschlossenheit von Welt	72
4.3.2		Die dialogische Verfasstheit von Sprache	74
4.3.3		Historizität und Kulturalität der Sprache	77
4.4		Zusammenfassung und Ausblick	78
4.5		Literatur	80
5		**Die Rhetorizität der Sprache: Friedrich Nietzsche**	**82**
5.1		Rhetorik und Philosophie	82
5.2		Die rhetorische Verfasstheit der Sprache	84
5.3		»Ueber Wahrheit und Lüge«	88
5.3.1		Sprache als Setzungsakt	88
5.3.2		Der metaphorische Ursprung der Begriffe	90
5.4		Die Entwicklung von Sprache und Bewusstsein	93
5.5		Sprache als Interpretation und Machtaneignung	96
5.6		Zusammenfassung und Ausblick	99
5.7		Literatur	101
6		**Die logische Analyse der Sprache: Gottlob Frege**	**104**
6.1		Sprache als Möglichkeitsbedingung von Erkenntnis	104
6.2		Sinn und Bedeutung von Eigennamen	106
6.3		Sinn und Bedeutung von Sätzen	111
6.4		Die logische Struktur der Sprache	114
6.4.1		Gerade und ungerade Rede	115
6.4.2		Implikationen und Präsuppositionen	116
6.4.3		Kontext- und Kompositionalitätsprinzip	118
6.5		Zusammenfassung und Ausblick	119
6.6		Literatur	122
7		**Von der idealen zur normalen Sprache: Ludwig Wittgenstein**	**124**
7.1		Die Entwicklung von Wittgensteins Sprachdenken	124
7.2		*Tractatus*: Die logische Abbildtheorie der Sprache	126
7.2.1		Inhalt, Form und Programm des *Tractatus*	126
7.2.2		Philosophie als radikalisierte Sprachkritik	128
7.2.3		Der Satz als logisches Bild	131
7.3		*Philosophische Untersuchungen*: Der Gebrauch der Sprache	134
7.3.1		Kritik an der metaphysischen Sprachauffassung	136
7.3.2		Die Pluralität von Sprachspielen	143
7.3.3		Die Aufgabe der Philosophie	148
7.3.4		Sprachspiele und Lebensformen	149
7.4		Zusammenfassung und Ausblick	150
7.5		Literatur	153

8 Der Handlungscharakter der Sprache: John L. Austin ... 155
- 8.1 Die pragmatische Wende zur Sprache ... 155
- 8.2 Konstative und performative Äußerungen ... 158
- 8.2.1 Die Theorie der Unglücksfälle ... 160
- 8.2.2 Das Scheitern der Konstativ-Performativ-Unterscheidung ... 163
- 8.3 Die Theorie der Sprechakte ... 166
- 8.3.1 Lokutionäre, illokutionäre und perlokutionäre Akte ... 166
- 8.3.2 John Searles Weiterführung der Sprechakttheorie ... 169
- 8.4 Zusammenfassung und Ausblick ... 170
- 8.4.1 Austins »Philosophie des Scheiterns« ... 171
- 8.4.2 Zur Rezeption der Sprechakttheorie ... 173
- 8.5 Literatur ... 175

9 Das hermeneutisch-phänomenologische Sprachverständnis: Martin Heidegger ... 177
- 9.1 Sprache im Kontext von Heideggers Denken ... 177
- 9.2 Die Rolle der Sprache in *Sein und Zeit* ... 180
- 9.2.1 Das praktische Weltverhältnis des menschlichen Daseins ... 180
- 9.2.2 Die sprachliche Als-Struktur des Verstehens ... 183
- 9.3 Heideggers Kritik an der logischen Sprachauffassung ... 186
- 9.4 Sprache als Ereignis in Heideggers Spätwerk ... 191
- 9.5 Zusammenfassung und Ausblick ... 192
- 9.6 Literatur ... 194

10 Sprache als Struktur: Ferdinand de Saussure ... 196
- 10.1 Sprachwissenschaft und Sprachphilosophie ... 196
- 10.2 Strukturalistische Grundbegriffe ... 198
- 10.2.1 *Langue* und *parole* ... 199
- 10.2.2 Synchronie und Diachronie ... 201
- 10.2.3 Signifikat und Signifikant ... 201
- 10.3 Das Prinzip der Differentialität ... 203
- 10.3.1 Die Arbitrarität des Zeichens ... 203
- 10.3.2 Der signifikative Prozess ... 204
- 10.3.3 Der sprachliche Wert ... 205
- 10.3.4 Syntagmatische und paradigmatische Beziehungen ... 208
- 10.4 Zusammenfassung und Ausblick ... 209
- 10.4.1 Der Strukturalismus als Methode der Sozial- und Geisteswissenschaften ... 210
- 10.4.2 Zur Kritik des Strukturalismus ... 211
- 10.5 Literatur ... 213

11 Dekonstruktion der Sprache: Jacques Derrida ... 215
- 11.1 Sprachphilosophische Grundlagen der Dekonstruktion ... 215
- 11.2 Dekonstruktion des klassischen Schriftbegriffs ... 217

11.2.1		Kommunikation, Kontext, Schrift	219
11.2.2		Iterabilität	222
11.3		Derridas Auseinandersetzung mit Austins Sprechakttheorie	224
11.3.1		Parasitäre Sprechakte	225
11.3.2		Die Iterabilität performativer Äußerungen	227
11.4		Die allgemeine Struktur der Iterabilität	229
11.4.1		Die Mannigfaltigkeit der Iterationsformen	229
11.4.2		Gebrauch und Erwähnung	230
11.4.3		Kontext und Intention	232
11.4.4		Die Funktionsweise der Signatur	232
11.5		Zusammenfassung und Ausblick	234
11.6		Literatur	237

12 Die Macht der Sprache: Judith Butler … 239

12.1	Die soziale und politische Dimension der Sprache	239
12.2	Sprechen als körperlicher Akt	242
12.3	Sprachliche Gewalt und Verletzbarkeit	244
12.4	Verantwortung und Handlungsfähigkeit	247
12.4.1	Verantwortung als Iterabilität	247
12.4.2	Handlungsfähigkeit als resignifikative Praxis	250
12.5	Zusammenfassung und Ausblick	253
12.6	Literatur	255

13 Resümee: Die Wende(n) zur Sprache … 257

13.1	Die analytische Wende zur Sprache	258
13.2	Die hermeneutisch-phänomenologische Wende zur Sprache	259
13.3	Die strukturalistische Wende zur Sprache	261
13.4	Literatur	263

Sachregister … 266

Personenregister … 269

Vorwort und Danksagung

Dieses Buch geht auf eine Einführungsvorlesung zur Sprachphilosophie zurück, die von uns gemeinsam konzipiert und seit dem Wintersemester 2007/08 wiederholt an der Universität Wien gehalten wurde. Angeregt und inspiriert wurde der Band durch eine Vorlesung, die Georg W. Bertram während einer Gastprofessur am Institut für Philosophie der Universität Wien im Sommersemester 2006 angeboten hat.[1] Ihm gilt hier unser erster Dank.

Zu großem Dank sind wir darüber hinaus den zahlreichen Studierenden verpflichtet, die mit ihren Rückfragen und Anmerkungen einen wesentlichen Beitrag zu dem hier vorliegenden Band geleistet haben. Einzelne Kapitel wurden darüber hinaus dankenswerterweise von Jakob Dellinger, Georg Dobnig, Alfred Dunshirn, Günther Eder, David Espinet, Florian Grosser, Lisi Kotvojs, Florian Pistrol und Bastian Stoppelkamp mit Anmerkungen versehen. Für die Manuskripterstellung danken wir Peter Zeillinger und für die Illustration auf Seite 33 Joana Babka. Ausdrücklich bedanken wollen wir uns an dieser Stelle auch bei Sabine Kruse vom Facultas Verlag, die das Projekt geduldig betreut und tatkräftig unterstützt hat.

Während wir die Konzeption für die Vorlesung und das Buch gemeinsam entwickelt haben, haben wir die thematischen Kapitel entsprechend unserer jeweiligen Forschungsinteressen und -schwerpunkte in Eigenregie erstellt, wobei wir zum Teil auf bestehende Vorarbeiten zurückgreifen konnten. Die Kapitel 2, 4, 7 und 9 zu Platon/Aristoteles, Herder/Humboldt, Wittgenstein sowie Heidegger wurden von Matthias Flatscher verfasst; für die Kapitel 3, 5, 6, 8, 10, 11 und 12 zu Locke/Leibniz, Nietzsche, Frege, Austin, Saussure, Derrida und Butler ist Gerald Posselt verantwortlich. Sergej Seitz hat das gesamte Manuskript sowohl inhaltlich als auch formal lektoriert und mit zahlreichen Hinweisen und Ergänzungen versehen.

---

[1] Diese Vorlesung ist in überarbeiteter Form mittlerweile als Buch erschienen. Vgl. Bertram 2010.

1 Einleitung

Überall, wo Menschen miteinander leben und zu tun haben, ist Sprache allgegenwärtig. Egal ob wir plaudern oder streiten, Zeitung lesen, nach dem Weg fragen, Geschichten erzählen oder Gerüchte verbreiten, jemanden um einen Gefallen bitten oder durch Worte verletzen, einen Vertrag unterschreiben oder eine Drohung aussprechen, ja selbst wenn wir schweigen oder die Antwort verweigern, in allen diesen Fällen haben wir es mit Sprache zu tun. Dabei zeigt sich, dass Sprache nicht unabhängig von den sozialen und kulturellen Praktiken gedacht werden kann, mit denen das Sprechen einer Sprache verwoben ist. Sprechen findet nicht im luftleeren Raum statt, sondern vollzieht sich immer in konkreten Kontexten und gemeinsam mit anderen, von denen wir angesprochen werden und an die wir uns wenden.

Doch trotz der Selbstverständlichkeit, mit der wir mit Sprache alltäglich umgehen, ist diese selbst nur schwer fassbar und gibt uns zahlreiche Fragen auf. Bereits der Versuch, Sprache zu definieren und von anderen Zeichensystemen abzugrenzen, bereitet Probleme: Ist Sprache allein auf Formen verbaler Artikulation beschränkt oder gehört zur Sprache noch mehr, wie z. B. Mimik, Gestik, Intonation etc., oder auch die Tätigkeiten und Handlungen, die mit dem Sprechen einer Sprache regelmäßig verbunden sind? Noch komplizierter wird es, sobald wir nach dem Verhältnis von Sprache und Denken fragen: Können wir ohne Sprache denken oder benötigen wir Sprache, um unsere Gedanken zu ordnen und zu strukturieren? Und selbst wenn Denken ohne Sprache möglich wäre, wie gelingt es uns, mit Sprache unsere Gedanken auszudrücken, anderen etwas mitzuteilen oder uns auf Dinge in der Welt zu beziehen? Zudem fragt es sich, inwiefern hier die jeweiligen Einzelsprachen eine tragende Rolle spielen: Prägen und strukturieren die einzelnen Sprache unseren Zugang zur Welt in je spezifischer Weise oder ist die Vielfältigkeit der Sprachen eher ein Indiz für die allen Sprachen zugrundeliegende gemeinsame Vernunft?

Darüber hinaus machen die eingangs angeführten Beispiele deutlich, dass wir mit Sprache nicht nur die Welt beschreiben und anderen etwas mitteilen können; vielmehr können wir mit Sprache etwas tun und verändernd in die Welt eingreifen. Die alltägliche Erfahrung zeigt uns, dass Worte – je nachdem von wem und in welcher Situation sie geäußert werden – große Wirkungen haben können, sowohl im positiven als auch im negativen Sinne. Man denke hier an das tröstende Wort, das im richtigen Moment Kraft und Mut verleiht, die verweigerte Begrüßung, die tief verletzen kann, oder an die unbedachten Worte einer Politiker*in, die eine Situation eskalieren lassen.[2] Doch worin genau besteht die Macht oder Kraft der Sprache, die es uns ermöglicht, ein Versprechen zu geben, eine Wette abzuschließen, andere mit Worten zu verletzen oder jemand Verzweifeltem Mut zuzusprechen?

1.1 Traditionslinien des Sprachdenkens

Alle diese Fragen haben die Menschen von alters her beschäftigt, wovon neben der Philosophie auch Religion und Literatur in vielfältiger Weise Zeugnis ablegen. Umso mehr mag es verwundern, dass sich die Sprachphilosophie als eigenständige Teildisziplin erst zu Beginn des 20. Jahrhunderts konstituiert hat – eine Entwicklung, die auch unter dem Titel *linguistic turn* bekannt ist. Ein Grund dafür ist, dass der Terminus »Sprache«, so wie wir ihn heute verwenden, selbst relativ jungen Datums ist, auch wenn das Nachdenken über die Sprache zweifellos so alt ist wie die Philosophie selbst. Tatsächlich vollzog sich das Nachdenken über Sprache seit der Antike unter vielfältigen Perspektiven und entlang von Begriffen, die sich nicht ohne weiteres mit dem Begriff »Sprache« übersetzen lassen.[3] Der Begriff *lógos* kann z. B. im Griechischen je nach Kontext »Rede«, »Satz«, »Vernunft« oder »Prinzip« bedeuten. Ein weiterer Grund liegt darin, dass die Philosophie – so sie einen universalen Wahrheits- und Erkenntnisanspruch verfolgt – der Sprache stets mit Skepsis begegnet ist. Denn wenn Wahrheit universal gelten soll, dann lässt sich dies scheinbar nur insofern mit der Mannigfaltigkeit der verschiedenen Einzelsprachen vereinbaren, als die Sprache für die Artikulation und Vermittlung der Wahrheit zweitrangig ist. Zugleich geht die Philosophie jedoch seit der Antike von der Überzeugung aus, dass die Sprachfähigkeit nicht etwas ist, das bloß in sekundärer Hinsicht oder nachträglich zum Menschsein hinzukommt, sondern vielmehr für den Menschen wesentlich ist.

---

[2] Im Sinne einer gendersensiblen Formulierung und zur Kennzeichnung des *Gender Gap* verwenden wir im Folgenden den Stern * sowie – zur besseren Lesbarkeit – bei den bestimmten und unbestimmten Artikeln das generische Femininum.
[3] Vgl. Borsche 1996, 8.

Tatsächlich zeigt die genauere Analyse, dass sich in der Geschichte der abendländischen Philosophie zwei Traditionslinien des Sprachdenkens unterscheiden lassen: einerseits eine Traditionslinie, die Sprache in erster Linie als ein *epistemologisches Problem* versteht; andererseits eine Traditionslinie, die Sprache als ein grundlegendes *Kennzeichen des Menschseins* und als ein *soziales Phänomen* begreift

Die erste Traditionslinie interessiert sich vornehmlich für den erkenntnistheoretischen Wert der Sprache. Hier stehen Fragen nach dem Verhältnis von Sprache und Wirklichkeit sowie von Sprache und Denken im Zentrum, wie z. B. die Frage, ob Sprache in der Lage ist, die Wirklichkeit adäquat wiederzugeben und unsere Gedanken korrekt auszudrücken. Damit einher gehen Reflexionen über die Wahrheitsfähigkeit von Sätzen und die Frage, inwiefern Sprache sicheres Wissen und ein wahres Bild der Wirklichkeit zu liefern vermag. Kennzeichnend für diese Traditionslinie ist, dass sie Sprache vor allem als epistemologisches *Problem* begreift: Sprache erscheint hier traditionell weniger als ein Mittel denn als ein Hindernis auf dem Weg zu Wahrheit und Erkenntnis, was einerseits zu einer generellen Skepsis gegenüber der Sprache führt sowie andererseits zu dem Bestreben, entweder die natürlichen Sprachen von ihren Mangelhaftigkeiten zu befreien oder eine ideale Sprache zu konstruieren.

Dagegen begreift die zweite Traditionslinie Sprache weniger als Problem denn als das wesentliche Merkmal des Menschen. Sprache wird hier als jene besondere Fähigkeit oder Seinsweise verstanden, die den Menschen überhaupt erst zum Menschen macht und ihn in seinem Verhältnis zu sich selbst, zur Welt und zu anderen konstituiert und bestimmt. Erst durch Sprache, so die Überlegung, wird der Mensch zum Menschen, entwickelt er (Selbst-)Bewusstsein und versteht sich als ein Individuum, das mit anderen lebt, mit denen es eine gemeinsame Welt sowie soziale Normen, Werte und Institutionen teilt.

Die Divergenzen zwischen diesen beiden Traditionslinien zeigen sich auch in den unterschiedlichen Sprachbegriffen, die sie jeweils ihren Überlegungen und Analysen zugrunde legen. Während die erste Traditionslinie Sprache als ein Mittel zum Ausdruck und zur Mitteilung der Gedanken versteht, geht die zweite Traditionslinie von einem entsprechend weiter gefassten Sprachbegriff aus, wenn sie Sprache als das begreift, was den Menschen als Menschen auszeichnet. Zwar versteht auch diese Traditionslinie Sprache als ein Mittel zur Kommunikation und Verständigung; im Vordergrund steht hier aber vor allem Sprache in ihrer sozialen und welterschließenden Dimension. Dabei schließen sich diese beiden Sprachauffassungen trotz ihrer Differenzen keineswegs aus; häufig lassen sich sogar beide bei ein und demselben Autor finden. So definiert Aristoteles in seiner *Politik* den Menschen als zugleich sprachliches und politisches Wesen, während er sich in seinen logischen Schriften ausschließlich auf die Sprache im Sinne des wahrheitsfähigen Behauptungssatzes konzentriert, und John Locke betrachtet Sprache sowohl als Werkzeug zur Vermittlung und Vermehrung von Erkenntnissen als auch als soziales Band, das die Gesellschaft zusammenhält.

Als philosophiegeschichtlich wirksam hat sich dabei vor allem jene Traditionslinie erwiesen, die Sprache als erkenntnistheoretisches Problem versteht. Damit einher ging häufig eine Abwertung der Sprache als eigenständiger philosophischer Gegenstand bzw. ihre Auslagerung in andere Bereiche wie Poesie, Rhetorik und Grammatik. Mit Hans-Georg Gadamer lässt sich daher rückblickend aus der Perspektive des 20. Jahrhunderts auch von der »Sprachvergessenheit des abendländischen Denkens«[4] sprechen oder, präziser mit Albrecht Wellmer, von einer *Sprachverkennung*, da die Sprache von der Philosophie nicht vergessen wird, sondern vielmehr die »*Sprach-Abhängigkeit* des Denkens, Erkennens, Handelns, der Vernunft und der Subjektivität der Subjekte« verkannt wird.[5] Grundlegende Zweifel an der Vernachlässigbarkeit der Sprache zur Klärung erkenntnistheoretischer Fragen tauchen spätestens bei John Locke und Gottfried Wilhelm Leibniz am Ende des 17. Jahrhunderts auf. Wieder aufgenommen und in anderer Weise weiterentwickelt wird diese Einsicht ein Jahrhundert später von Gottfried Herder und Wilhelm von Humboldt, wenn sie in kritischer Auseinandersetzung mit Kants Transzendentalphilosophie und dem Deutschen Idealismus Sprache als lebendigen Prozess in das Zentrum ihrer Überlegungen stellen und als Ermöglichungsbedingung der menschlichen Vernunft begreifen.

---

[4] Gadamer 1960, 422.
[5] Vgl. Wellmer 2007, 7f.

1.2 Hauptströmungen der Sprachphilosophie

Anfang des 20. Jahrhunderts wird die Unhintergehbarkeit der Sprache und des Sprechens für die Behandlung philosophischer Fragen schließlich von allen wichtigen philosophischen Strömungen anerkannt. Im Zuge dieser Hinwendung zur Sprache, die im 20. Jahrhundert unterschiedliche Formen angenommen hat, konstituiert sich Sprachphilosophie erstmals als eigenständige Disziplin und wird zum zentralen Paradigma der Philosophie. Vor allem im Kontext der *analytischen Philosophie* wird Sprache nicht länger als ein Erkenntnisgegenstand unter anderen betrachtet, sondern wird zur Bedingung der Möglichkeit von Erkenntnis überhaupt. Erkenntnistheoretische Probleme werden in der Folge als Probleme betrachtet, die sich durch sprachliche Analyse klären lassen. Sprachanalyse avanciert damit zur zentralen Methode der Philosophie, die die Begriffe und Verfahren bereitstellt, mittels derer man sich erhofft, sämtliche philosophischen Probleme behandeln und lösen zu können. *Hermeneutisch-phänomenologische* Überlegungen fragen dagegen verstärkt nach der welterschließenden Kraft von Sprache, die Wirklichkeit nicht nur repräsentiert, sondern als Welt gliedert und organisiert. *Strukturalistische* und *poststrukturalistische* Ansätze betrachten Sprache schließlich in erster Linie als ein differentielles System und als eine soziale Institution, in der jedes Element allein durch seine Beziehungen zu anderen Elementen bestimmt ist. In den Vordergrund rücken damit auch – neben dem Verhältnis von Individuum und Gesellschaft – die subjektkonstitutive Funktion der Sprache sowie die in den sprachlichen Strukturen und Normen implizierten Macht- und Herrschaftsverhältnisse.

Diese Entwicklung führt im 20. Jahrhundert zu einer komplexen Konstellation: Einerseits etabliert sich die Sprachphilosophie erstmals als ein eigenständiges Teilgebiet der Philosophie; andererseits versteht sie sich als *prima philosophia*, die systematisch allen anderen Teilgebieten vorgeordnet ist. Die Sprachphilosophie wird damit zu einem umkämpften Feld, insofern mit ihrer Bestimmung und Definition zugleich über das Verständnis von Philosophie überhaupt sowie über die maßgeblichen Standards der Rationalität und des Argumentierens entschieden wird. Diese doppelte Bewegung – Etablierung der Sprachphilosophie als ein Teilgebiet der Philosophie unter anderen und Bestimmung dieses Teilgebiets als konstitutiv für die gesamte Philosophie – scheint typisch zu sein für den Verlauf, den die Entwicklung der Sprachphilosophie im 20. Jahrhundert genommen hat.[6] Der damit einhergehende überzogene Anspruch erklärt vielleicht auch, warum Sprachphilosophie aus der Perspektive des 21. Jahrhunderts ihre Vorrangstellung eingebüßt zu haben scheint und z. B. durch Ansätze der Philosophie des Geistes oder durch die Hinwendung zu anderen Medien ergänzt oder verdrängt worden ist.[7] Damit reagieren diese Positionen jedoch weniger auf die zurückgehende Relevanz sprachphilosophischer Fragestellungen, als vielmehr auf die unerfüllbare Forderung, dass sich alle philosophischen Probleme letztlich durch den Rückgriff auf Sprache lösen lassen müssten. Dagegen nimmt sich der sprachphilosophische Ansatz, der dieser Einführung zugrunde liegt, zugleich bescheidener und differenzierter aus: Zum einen erkennt er an, dass sich weder in thematischer noch in methodischer Hinsicht alle philosophischen Probleme auf die Sprache zurückführen lassen; zum anderen macht er deutlich, dass sprachliche Phänomene keineswegs nur epistemologische Probleme betreffen, sondern auf vielfältige und intrinsische Weise mit sozialen, ethischen, normativen, politischen oder juridischen Fragen verbunden sind. Diesen muss die Sprachphilosophie im Zusammenspiel mit anderen Disziplinen Rechnung tragen, wenn sie dem Phänomen der Sprache in seiner Komplexität und Vielschichtigkeit sowie in seiner Bedeutung für die Geistes-, Sozial- und Kulturwissenschaften gerecht werden will.

---

[6] So bestimmen Newen/Schrenk die Sprachphilosophie sowohl als »eigenständige Fachrichtung im Bereich der Analytischen Philosophie« als auch als »eine methodische Kerndisziplin für die gesamte Philosophie, weil viele Argumentationsmuster, die in anderen Teildisziplinen üblich geworden sind, ganz wesentlich auf sprachphilosophischen Überlegungen basieren« (Newen/Schrenk 2008, 9). Mit einer solchen Charakterisierung wird die Sprachphilosophie einerseits umstandslos der analytischen Philosophie untergeordnet und einverleibt, während sie andererseits als Kerndisziplin der gesamten Philosophie ausgegeben wird, der sie ihre Methoden vorgibt und auferlegt.

[7] Dies zeigt sich auch in den wiederholten Versuchen, den *linguistic turn* durch weitere sogenannte *turns – pragmatic turn, performative turn, spatial turn, iconic turn, material turn* etc. – zu ersetzen und abzulösen. Vgl. u.a. die Darstellung von Bachmann-Medick 2014.

1.3 Problemfelder der Sprachphilosophie

Dazu gilt es zunächst einmal, die unterschiedlichen Zusammenhänge und Perspektiven, in denen sprachphilosophische Fragen relevant werden, in den Blick zu nehmen. Hier sind vor allem vier Phänomenbereiche zu nennen, in denen Sprache zum Thema und zum Problem wird: »Sprache und Denken«, »Sprache und Welt«, »Sprache, Mensch und Gesellschaft« sowie »Sprache und Sprechen«.

Betrachtet man das Verhältnis von Sprache und Denken bzw. Sprache und Bewusstsein, so sieht man sich vor allem mit der Frage konfrontiert, ob Sprache lediglich ein Mittel zum Ausdruck und zur Mitteilung unserer Gedanken ist, oder ob Denken und Sprechen auf komplexere Weise miteinander verschränkt sind. Eine Frage, die in diesem Kontext immer wieder auftaucht, ist, ob es überhaupt ein sprachunabhängiges Denken geben kann oder ob wir in unseren Denk- und Bewusstseinsvollzügen, wenn nicht auf Worte, so doch auf Zeichen notwendig angewiesen sind. Je nachdem, wie man diese Fragen beantwortet, erweist sich einmal die Sprache durch das Denken und das andere Mal das Denken durch die Sprache bestimmt. Im ersten Fall ist Sprache ein Instrument, das sich der Mensch zum Zwecke der Verständigung erfunden hat; im zweiten Fall sind wir immer schon in sprachliche Sinnbezüge eingebettet.

Fragt man nach dem Verhältnis von Sprache und Welt bzw. Sprache und Wirklichkeit, so ergibt sich eine ganz ähnliche Situation: Repräsentieren sprachliche Ausdrücke lediglich außersprachliche Sachverhalte im Sinne einer objektiven Wirklichkeit oder sind sie konstitutiv für das, was für uns als Welt überhaupt erst erkennbar wird? Hier lautet die Kernfrage, ob es eine sprachunabhängige Wirklichkeit gibt, die vor oder außerhalb der Sprache existiert und durch Sprache lediglich repräsentiert wird, oder ob die Sprache mitbestimmt, was für uns vernehmbar wird.

Fragt man schließlich nach dem Verhältnis von Sprache, Mensch und Gesellschaft, so eröffnet sich ein weiteres Forschungsfeld: Inwiefern ist die Sprachfähigkeit für das Menschsein konstitutiv und wie unterscheidet sich die menschliche Sprache von anderen Kommunikationsformen? Welcher Zusammenhang besteht zwischen Individuum und Sprachgemeinschaft und inwiefern prägt Sprache unser Verhältnis zu uns selbst und zu anderen? Fragen, die sich hier anschließen, sind die nach der subjektkonstitutiven, gemeinschaftsbildenden und welterschließenden Funktion von Sprache.

Entscheidend ist dabei, dass sich diese unterschiedlichen Problemfelder nicht einfach voneinander trennen lassen, sondern sich überschneiden und wechselseitig bedingen. Sprache kommt folglich niemals rein als sie selbst in den Blick, sondern muss stets aus ihrem konstitutiven Bezug zum Denken, zur Welt und zum Menschen gedacht werden. Erst aus diesen Beziehungen heraus, die selbst untereinander verschränkt sind, lässt sich ein Sprachverständnis gewinnen, das Sprache nicht vorschnell auf einen dieser drei Bereiche einschränkt oder reduziert.

Schwierigkeiten ganz anderer Art ergeben sich im Zusammenhang mit dem vierten Problemfeld »Sprache und Sprechen«. Denn tatsächlich haben wir es ja niemals mit *der* Sprache zu tun, sondern immer nur mit unterschiedlichen Einzelsprachen und konkreten Äußerungen. Darüber hinaus können sich sprachliche Ausdrucksformen nicht nur auf außersprachliche Gegenstände, sondern auch auf sich selbst beziehen, z. B. wenn man einen Begriff erklärt, nach der Bedeutung eines Wortes fragt oder einen fremdsprachlichen Ausdruck übersetzt. Auch wenn es auf den ersten Blick möglich ist, in diesen Fällen zwischen Objekt- und Metasprache zu unterscheiden, d. h. zwischen der Sprache, von der man spricht (Objektsprache), und der Sprache, in welcher man über diese spricht (Metasprache), so ändert dies doch nichts an dem Umstand, dass jeder Versuch, Sprache zum Gegenstand der Analyse zu machen, sich bereits selbst notwendig sprachlicher Mittel bedienen muss. Damit ergibt sich die paradoxe Situation, dass Sprachphilosophie das, was sie zu definieren, beschreiben und analysieren versucht, bereits selbst in jeder Definition, Beschreibung und Analyse notwendig voraussetzen und in Anspruch nehmen muss. In diesem Sinne gibt es für die Sprachphilosophie keinen gänzlich neutralen Standpunkt, den sie gegenüber der Sprache einnehmen könnte. Das zu Definierende findet sich bereits in der Definition selbst miteingeschlossen. Alle sprachphilosophischen Strömungen haben versucht, auf dieses Paradox auf die eine oder andere Weise eine Antwort zu finden oder zumindest eine Möglichkeit, mit dieser Herausforderung produktiv umzugehen.

1.4 Ziel und Aufbau des Bandes

Es liegen mittlerweile diverse Einführungen in die Sprachphilosophie vor, die dieses Themenfeld entweder in historischer oder in systematischer Perspektive behandeln.[8] Den systematischen Einführungen ist dabei in der Regel gemeinsam, dass sie sich auf die Darstellung der Sprachphilosophie im 20. Jahrhundert beschränken und besonderes Gewicht auf die sprachanalytische Philosophie legen.[9] Dagegen geht der hier vorliegende Band bewusst einen anderen Weg: Einerseits unternimmt er den Versuch, am Beispiel ausgewählter paradigmatischer Positionen einen historischen Querschnitt über die Entwicklung der Sprachphilosophie zu liefern; andererseits wird die Sprachphilosophie des 20. Jahrhunderts in ihrer ganzen Breite systematisch in den Blick genommen.

Damit verfolgt der Band ein dreifaches Ziel: Erstens bietet er einen sowohl historischen als auch systematischen Überblick über die zentralen Positionen und Fragen der Sprachphilosophie von der Antike bis zur Gegenwart. Vorgestellt und präsentiert werden diese jeweils am Beispiel ihrer wichtigsten Vertreter*innen und ihrer paradigmatischen Texte. Zweitens liefert der Band eine Darstellung der zentralen philosophischen Strömungen des 20. Jahrhunderts, die sich explizit mit dem Thema der Sprache auseinandergesetzt haben: analytische Philosophie, Hermeneutik und Phänomenologie sowie Strukturalismus und Poststrukturalismus. Schließlich bietet der Band drittens eine Einführung in die Sprachphilosophie als einer Denk- und Analysemethode, die weit über den philosophischen Diskurs hinaus für unterschiedliche Disziplinen und Bereiche maßgebend ist.

---

[8] Einen historischen Überblick über die Sprachphilosophie mit jeweils unterschiedlichen Gewichtungen liefern u. a. Coseriu 1972, Hennigfeld 1994, Borsche 1996 sowie Trabant 2006.

[9] Vgl. u.a. Prechtl 1999, Newen/Schenk 2008, Lycan 2008, die einschlägige Textsammlung von Martinich/Sosa 2013 sowie das Handbuch von Kompa 2015. Ausnahmen sind Krämer (2001) und Bertram (2010). Krämer liefert eine Einführung in die Sprachphilosophie des 20. Jahrhunderts, die neben der analytischen Tradition auch den Strukturalismus, die Universalpragmatik (Habermas), die Systemtheorie (Luhmann) und poststrukturalistische Ansätze (Lacan, Derrida, Butler) berücksichtigt. Bertram bietet eine gute historisch-systematische Darstellung der Sprachphilosophie, auch unter Berücksichtigung der postanalytischen Philosophie.

Der historische Teil versucht deutlich zu machen, inwiefern grundlegende Fragestellungen der Sprachphilosophie des 20. Jahrhunderts bereits in früheren Epochen angelegt sind und diskutiert werden. Ausgehend von Platon und Aristoteles wird gezeigt, inwiefern Sprache sowohl als epistemologisches Problem als auch als soziales Phänomen in der griechischen Antike erstmals zum Gegenstand philosophischer Reflexion wird (Kap. 2). Das Kapitel zu John Locke und Gottfried Wilhelm Leibniz präsentiert diese beiden Autoren als Vorläufer einer empiristisch-normalsprachlichen und einer rationalistisch-idealsprachlichen Sprachauffassung, wie sie für die analytische Philosophie des 20. Jahrhunderts prägend sein werden. Sprache rückt bei Locke und Leibniz sukzessive in den Mittelpunkt des philosophischen Interesses und erweist sich als ein grundlegendes Problem, das nicht länger ignoriert werden kann (Kap. 3). Weiter verstärkt wird die Hinwendung zur Sprache – einhergehend mit der Kritik an bewusstseins- bzw. transzendentalphilosophischen Konzeptionen – bei Johann Gottfried Herder und Wilhelm von Humboldt, die Sprache als Medium der Welterschließung in den Mittelpunkt ihrer Überlegungen rücken (Kap. 4). Friedrich Nietzsches Herausarbeitung der rhetorischen, sozialen und machttheoretischen Dimensionen der Sprache markiert schließlich eine weitere zentrale Scharnierstelle für die Ausarbeitung und Zuspitzung sprachphilosophischer Fragestellungen im 20. Jahrhundert (Kap. 5).

Im Mittelpunkt der systematischen Darstellung der Sprachphilosophie des 20. Jahrhunderts stehen die drei wichtigsten schulbildenden philosophischen Strömungen: analytische Philosophie, Phänomenologie und Hermeneutik sowie Strukturalismus und Poststrukturalismus, die alle, wenn auch auf unterschiedliche Weise und mit unterschiedlichen Schwerpunktsetzungen, eine Wende zur Sprache vollziehen. Ausgehend von Gottlob Frege werden die zentralen Einsichten und Grundpositionen der analytischen Philosophie herausgearbeitet (Kap. 6). Der Übergang von einer Philosophie der idealen zu einer Philosophie der normalen Sprache lässt sich paradigmatisch bei Ludwig Wittgenstein festmachen (Kap. 7). Im Anschluss an Wittgensteins Sprachspielkonzeption unterstreicht John L. Austin den genuinen Handlungscharakter der Sprache und unternimmt den Versuch einer systematischen Ausarbeitung einer Theorie der Sprechakte (Kap. 8). Die hermeneutisch-phänomenologische Sprachauffassung wird exemplarisch anhand der Arbeiten von Martin Heidegger vorgestellt. Im

Zentrum steht hier vor allem die welterschließende und sinnstiftende Dimension der Sprache, wie sie sich bereits bei Herder und Humboldt angelegt findet (Kap. 9). Dagegen rückt der Strukturalismus im Anschluss an Ferdinand de Saussure die Sprache als ein System von Differenzen in den Mittelpunkt und weist damit den Weg zu einer radikal neuen Sprachbetrachtung (Kap. 10). Poststrukturalistische Positionen knüpfen an diese Überlegungen an, heben jedoch kritisch hervor, dass jede Theorie der Sprache nicht nur ihrer differentiellen Struktur, sondern auch ihrer Historizität und Ereignishaftigkeit Rechnung tragen muss. Erst so wird es möglich, wie Jacques Derrida (Kap. 11) und Judith Butler (Kap. 12) in Rückgriff auf Nietzsche, Saussure und Austin deutlich machen, die Wirkmächtigkeit und die Handlungsmacht der Sprache angemessen zu beschreiben und im Hinblick auf ihre ethischen und politischen Implikationen weiterzudenken.

Schematischer Aufbau des Bandes

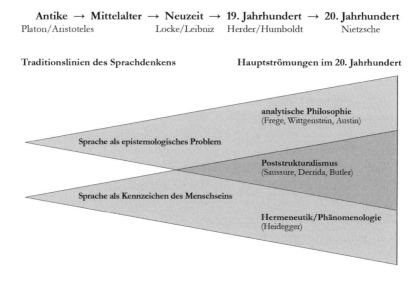

1.5 Literatur

Bachmann-Medick, Doris (2014): *Cultural Turns. Neuorientierungen in den Kulturwissenschaften.* 5. Aufl. Reinbek bei Hamburg: Rowohlt.
Bertram, Georg W. (2010): *Sprachphilosophie zur Einführung.* Hamburg: Junius.
Borsche, Tilman (Hg.) (1996): *Klassiker der Sprachphilosophie. Von Platon bis Noam Chomsky.* München: Beck.
Coseriu, Eugenio (1972): *Geschichte der Sprachphilosophie. Von den Anfängen bis Rousseau.* Tübingen/Basel: Francke 2003.
Gadamer, Hans Georg (1960): *Wahrheit und Methode. Grundzüge einer philosophischen Hermeneutik.* Gesammelte Werke 1. Tübingen: Mohr Siebeck 1999.
Hennigfeld, Jochem (1994): *Geschichte der Sprachphilosophie. Antike und Mittelalter.* Berlin u.a.: de Gruyter.
Kompa, Nikola (Hg.) (2015): *Handbuch Sprachphilosophie.* Stuttgart: Metzler.
Krämer, Sybille (2001): *Sprache, Sprechakt, Kommunikation. Sprachtheoretische Positionen des 20. Jahrhunderts.* Frankfurt a. M.: Suhrkamp.
Lycan, William G. (2008): *Philosophy of Language. A Contemporary Introduction.* 2nd Edition: Routledge.
Newen, Albert/Schrenk, Markus (2008): *Einführung in die Sprachphilosophie.* Darmstadt: WBG.
Prechtl, Peter (1999): *Sprachphilosophie. Lehrbuch Philosophie.* Stuttgart: Metzler.
Trabant, Jürgen (2006): *Europäisches Sprachdenken von Platon bis Wittgenstein.* München: Beck.
Wellmer, Albrecht (2007): *Wie Worte Sinn machen. Aufsätze zur Sprachphilosophie.* Frankfurt a. M.: Suhrkamp.

2 Antike Sprachauffassungen: Platon und Aristoteles

2.1 Sprache als Thema der griechischen Philosophie

In der griechischen Antike lassen sich unterschiedliche philosophische Zugänge zur Sprache ausmachen. Bei der Rede von »antiken Sprachauffassungen« ist allerdings eine gewisse Vorsicht geboten: Die Griechen besitzen weder einen expliziten Begriff von Sprache, noch betreiben sie Sprachphilosophie als eigenständige Disziplin. Dennoch nehmen Platon und Aristoteles, auf die im Folgenden der Fokus gelegt wird, sprachliche Phänomene – vom Wort über die Stimme und den Buchstaben bis hin zum Aussagesatz – in unterschiedlicher Weise in den Blick, um über den Zusammenhang von Benennung und Erkenntnis sowie über die Bedeutung der Sprache für das menschliche Sein zu reflektieren. Um auch terminologisch dieser Schwierigkeit Rechnung zu tragen, ist es daher erforderlich, im folgenden Textabschnitt immer wieder auf die griechischen Begrifflichkeiten zurückzugehen.

Sowohl platonische als auch aristotelische Motive erweisen sich in mehrfacher Hinsicht als leitend für die gesamte abendländische philosophische Tradition. Die Wirkung der beiden Denker über die gesamte Philosophiegeschichte hinweg – von der Antike über das Mittelalter und die Neuzeit bis zur Moderne – kann daher kaum hoch genug eingeschätzt werden. Selbst die Sprachphilosophie des 20. Jahrhunderts setzt sich – teils implizit, teils explizit – noch mit Argumenten Platons und Aristoteles' auseinander. Es ist daher für eine adäquate Einschätzung der Bedeutung antiker Sprachauffassungen notwendig, bei der Rekonstruktion der Ansätze neben ihrer historischen Verortung auch systematische Gesichtspunkte zu berücksichtigen und dabei auf jene grundlegenden Weichenstellungen aufmerksam zu machen, die spätere Zugänge hinsichtlich ihrer Fragestellungen und Problemkonstellationen mitbestimmen werden.

2.2 Platon: Die Richtigkeit der Namen

Platon zählt zu den wichtigsten Vertretern des antiken Denkens. Er hat das Verständnis der abendländischen Philosophie so entscheidend geprägt, dass ihre späteren Ausformungen, so der amerikanische Philosoph Alfred N. Whitehead, in nichts anderem als »einer Reihe von Fußnoten zu Platon« (Whitehead 1979, 91) bestünden. Auch wenn diese Zuschreibung ein wenig überzogen sein mag, kann mit guten Gründen behauptet werden, dass der philosophische Diskurs mit seinem Streben nach Wissen, dem unbedingten Anspruch auf Wahrheit, der spezifischen Art Fragen zu stellen, aber auch hinsichtlich der Abgrenzung gegenüber der Rhetorik und Sophistik über Jahrhunderte maßgeblich von Platons Texten beeinflusst ist. Aufgrund ihrer Virtuosität und Lebendigkeit im Zuge einer gemeinsamen Wahrheitssuche ziehen die platonischen Dialoge seit der Antike eine breite Leserschaft in den Bann und zählen zu den Hauptwerken der europäischen Geistesgeschichte. Als zentrale Figur tritt in den meisten Texten Platons Lehrer Sokrates auf, der selbst keine schriftlichen Zeugnisse hinterlassen hat, dem aber in den kunstvoll arrangierten Gesprächen ein eindrucksvolles literarisches Denkmal gesetzt wird.

Platon, 428/427 v. Chr. geboren, entstammt einer in Athen ansässigen Adelsfamilie. Anfängliche poetische Versuche verbrennt er Selbstzeugnissen zufolge unter dem Einfluss von Sokrates' philosophischen Erörterungen, dem er sich im Alter von zwanzig Jahren anschließt. Zehn Jahre nach dessen Hinrichtung (399 v. Chr.) tritt er eine mehrjährige Bildungsreise an, die ihn nach Sizilien führt. Im Anschluss daran zieht Platon wieder nach Athen, um eine philosophische Schule zu gründen. Die sogenannte Platonische Akademie hat mit Unterbrechungen bis in die Spätantike Bestand und weitreichenden Einfluss auf die abendländische Geistesgeschichte. Zwischen 367 und 360 v. Chr. kehrt er noch zweimal nach Sizilien zurück, um seine philosophischen Ideale, die er vornehmlich in der *Politeia*, seinem Hauptwerk, entwickelt hat, politisch umzusetzen. Beide Reisen enden nicht nur erfolglos, Platon kann sich nur mit Mühe nach Athen retten, nachdem er von Dionysios II. zu aufständischen Kräften gezählt wird. Er stirbt im Alter von achtzig Jahren 349/348 v. Chr. in Athen.

Sein Werk wird – auch aufgrund der äußeren Ereignisse in seinem Leben – gemeinhin in drei Phasen eingeteilt: Die Frühdialoge (von Sokrates' Tod bis nach der ersten Sizilienreise) setzen sich mit dem Prozess gegen seinen Lehrer, mit den Sophisten und aporetischen Definitionsversuchen diverser Grundbegriffe auseinander; die mittleren Dialoge widmen sich der sogenannten »Ideenlehre«; die Spätdialoge, die nach der letzten Sizilienreise entstehen, behandeln verstärkt juridische und politische Fragen. Das Thema Sprache rückt im frühen Dialog *Kratylos*, aber auch in seiner mittleren Schaffensperiode – vornehmlich im *Sophistes* und im *Theaitetos* – in den Fokus der Aufmerksamkeit.

2.2.1 Der Dialog *Kratylos*

Die Frage nach der Richtigkeit der Namen

Platons Dialog *Kratylos* gilt gemeinhin als früheste philosophische Abhandlung der abendländischen Tradition, die sich eigens und in umfassender Weise dem Themenfeld »Sprache« widmet. Zwar wird bereits vor Platon sowohl innerhalb der Philosophie als auch in der Dichtung und in der Rhetorik über Sprache nachgedacht, doch ist Platon der erste, der systematisch Positionen und Argumente einer philosophischen Reflexion und Kritik unterzieht. Der Dialog bezieht sich dabei implizit auf eine Reihe von Ansichten, die bereits bei den Vorsokratikern und vor allem bei den Sophisten breit diskutiert werden.[10]

Im Dialog *Kratylos* ist von »Sprache« im geläufigen Sinn noch nicht die Rede; vielmehr wird der Frage nachgegangen, worin die Richtigkeit der Namen (*orthótes tôn onomáton*) besteht und inwiefern die korrekte Verwendung der Namen zur Erkenntnis der Dinge beiträgt. In den Mittelpunkt der Betrachtung rückt somit das Verhältnis zwischen Name (*ónoma*) und Ding (*prâgma*). Der griechische Terminus *ónoma* bezeichnet nicht nur den (Eigen-)Namen im engeren Sinne, sondern auch Adjektive oder Partizipien und damit sprachliche Ausdrücke im Allgemeinen. *Ónoma* kann daher als »Name«, »Benennung« oder einfach als »Wort« ins Deutsche übersetzt werden und gilt als kleinster Bestandteil der Rede bzw. des Satzes (*lógos*).

Die Grundfrage des Dialogs, ob die Namen dem Sein der Dinge entsprechen, wird entlang zweier gegensätzlicher Antwortmöglichkeiten diskutiert: Beruht die Richtigkeit der Wörter als Bedingung für die Erkenntnis von Dingen (1.) auf einer *naturgegebenen* Verbindung oder (2.) auf einer *willkürlichen* Konvention? Diese beiden Positionen werden gemeinhin als Physei- (gr. *phýsis* »Natur«) und Thesei-These (gr. *thésis* »Setzung«) bezeichnet. Vertreten werden diese Positionen von den bei-

---

[10] Zur Frage der Datierung vgl. Erler 2007, 109f. Einen ausgezeichneten Überblick über die antike (und mittelalterliche) Sprachphilosophie bietet Hennigfeld. Umfassend diskutiert werden dabei nicht nur Platon und Aristoteles, sondern auch ihre Vorläufer, wie Heraklit und Parmenides (vgl. Hennigfeld 1994, 4–103). Einschlägig mit dem Dialog *Kratylos* auseinandergesetzt haben sich Derbolav 1972, Baxter 1992, Barney 2001 und Ademollo 2011.

den Gesprächspartnern Kratylos und Hermogenes. Die Existenz beider Protagonisten ist zwar historisch belegt (ersterer gilt als Schüler Heraklits und zählt zu den jüngeren Sophisten, letzterer wird dem Kreis von Sokrates zugerechnet), dennoch ist der Text nicht als historische Aufzeichnung zu lesen. Vielmehr setzt Platon kunstvoll ein Streitgespräch in Szene, bei dem Sokrates spontan als Schiedsrichter hinzugezogen wird, um aufgrund seiner Unvoreingenommenheit und seines Sachverstands zu entscheiden, welche Position etwaigen Gegenargumenten wird standhalten können.

Zu Beginn des Dialogs werden rasch die beiden konkurrierenden Positionen skizziert: Kratylos vertritt die Auffassung, dass es eine von Natur gegebene Verbindung zwischen den Dingen und ihren sprachlichen Bezeichnungen – gleichsam eine natürliche »Richtigkeit der Wörter« – gibt. Die sogenannte Physei-These wird von seinem Kontrahenten Hermogenes im Dialog wie folgt skizziert:

> Kratylos hier, o Sokrates, behauptet, jegliches Ding habe seine von Natur ihm zukommende richtige Benennung, und nicht das sei ein Name, wie Einige unter sich ausgemacht haben etwas zu nennen, indem sie es mit einem Teil ihrer besonderen Sprache anrufen; sondern es gebe eine natürliche Richtigkeit der Wörter, für Hellenen und Barbaren insgesamt die nämliche. (Krat. 383a)[11]

Die natürliche Richtigkeit der Wörter – und hier erweist sich die Position bereits in der ersten Darstellung als unhaltbar – soll kulturübergreifend (»für Hellenen und Barbaren«) und überzeitlich gelten. Sprache wäre damit keinen Veränderungen unterworfen, sondern für alle stets unterschiedslos dieselbe. Im Gegenzug umreißt Hermogenes seine eigene Ansicht folgendermaßen:

> Ich meines Teils, Sokrates, habe schon oft mit diesem und vielen Andern darüber gesprochen, und kann mich nicht überzeugen, daß es eine andere Richtigkeit der Worte gibt, als die sich auf Vertrag und Übereinkunft gründet. [...] Denn kein Name keines Dinges gehört ihm von Natur, sondern durch Anordnung und Gewohnheit derer, welche die Wörter zur Gewohnheit machen und gebrauchen. (Krat. 384c–d)

---

11   Platon wird in der Forschung nach der sogenannten *Stephanus-Paginierung* (der ersten »Gesamtausgabe« der platonischen Werke zu Beginn der Neuzeit) zitiert; hier wird auf die klassische Übersetzung von Schleiermacher zurückgegriffen. Für eine intensive Beschäftigung mit den griechischen Autoren ist der Rekurs auf den Originaltext unumgänglich; hilfreich ist jedoch auch die Konsultation unterschiedlicher deutscher Übersetzungen.

Bereits aus diesem Zitat lässt sich ablesen, dass mit Hermogenes' Thesei-These – im Unterschied zu Kratylos' Physei-These – ein ganzes Bündel unterschiedlicher Positionen zusammengefasst wird, die in der damaligen Zeit diskutiert werden und die – je nachdem in welche Richtung man sie ausbuchstabiert – das Verhältnis von Wort und Ding entweder im Vertrag (*synthéke*), in der Übereinkunft (*homología*), in der Anordnung (*nómos*) oder in der Gewohnheit (*éthos*) gegründet sehen. Es kann hier bereits festgehalten werden, dass die Thesei-These eine der frühsten Formulierungen eines Problems markiert, das für die gesamte Geschichte der Sprachphilosophie virulent bleiben wird: das der »Arbitrarität« des Zeichens, d. h. der ungegründeten bzw. unmotivierten Beziehung zwischen den Zeichen und den Gegenständen.[12]

Entscheidend ist nun zu sehen, mit welchen Argumenten Sokrates beide Positionen einer Kritik unterzieht und welcher Status der Sprache in erkenntnistheoretischen Zusammenhängen zugebilligt wird. Es sei gleich vorweggenommen, dass keine der beiden Ansichten die sokratische Prüfung bestehen wird, da beide Ansätze an der Erklärung scheitern, inwiefern Rede auch falsch sein kann, d. h. wie es möglich ist, dass Worte so gebraucht werden können, dass sie nicht den tatsächlich vorliegenden Gegenständen entsprechen. Der Dialog endet daher – wie die meisten frühen Dialoge Platons – in einer Aporie und liefert kein »positives« Ergebnis. Doch gerade dieser Ausgang wird, wie noch zu zeigen ist, schwerwiegende Folgen für die Sprachauffassung innerhalb des philosophischen Diskurses nach sich ziehen.

Die Zurückweisung der Thesei-These

Sokrates geht zunächst auf die Thesei-These ein und spitzt sie in einem radikal-konventionalistischen Sinne zu, insofern er davon ausgeht, dass – wenn das Benennen willkürlich ist und prinzipiell von jedem vollzogen werden kann – jede Benennung richtig sein müsste. Um diese These zu widerlegen, versucht Sokrates im Verlauf der Argumentation aufzuzeigen, dass es auch »falsche Benennungen« (Krat. 385a) gibt. Dazu weist Sokrates darauf hin, dass es dem Alltagsverständnis nach wahre und falsche Reden (*lógoi*) gibt.[13] Den kleinsten Teil der Rede (*lógos*) bildet

---

12   Zum Begriff der Arbitrarität vgl. ausführlich Kap. 10.3.1.
13   Der griechische Ausdruck *lógos* ist hier als »Rede« oder »Satz« im weitesten Sinne zu verstehen. Das Bedeutungsspektrum von *lógos* ist außerordentlich

dabei das Wort (*ónoma*), das zugleich als der elementare Bestandteil der Sprache betrachtet werden kann. Sokrates geht nun von der These aus, dass bei einer wahren Rede auch alle Teile der Rede wahr sein müssen. Das hat laut Sokrates zur Konsequenz, dass es, wenn es falsche Reden gibt, auch falsche Wörter geben muss.

Um diese Annahme zu belegen, vergleicht Platon das Wort mit einem Werkzeug (*órganon*). Am Beispiel dieser Analogie versucht Platon, den Zusammenhang zwischen sachgerechter Behandlung und kompetenter Beurteilung aufzuzeigen. Denn weder bei Handlungen noch in der Erkenntnis kann nach Platon bloße Willkür am Werk sein, weswegen es immer möglich sein muss, zwischen korrekten und inkorrekten Verwendungen zu unterscheiden. Auf der Ebene der Erkenntnis fungiert das Wort dabei als Mittel oder Werkzeug, mit dessen Hilfe die Menschen einander belehren und die Dinge zu unterscheiden lernen. Mit Beispielen aus dem handwerklichen und juristischen Bereich versucht Sokrates, diesen instrumentellen Charakter der Sprache zu veranschaulichen: So kann das Wort als ein Werkzeug der Unterscheidung gefasst werden, so wie die Weberlade das Gewebe strukturiert. Darüber hinaus ist für Sokrates offensichtlich, dass weder alle Menschen die Worte stets korrekt verwenden, noch dass sie jede*r erfinden kann. Vielmehr ist die entscheidende Voraussetzung für das Schaffen von Worten die Einsicht in das Wesen (*eídos*) der Dinge, so wie auch der Werkzeugbauer ein solches Wissen benötigt, um geeignete Instrumente herzustellen. So muss eine Weberlade nicht nur der Arbeit am Webstuhl standhalten, sondern auch die Funktion erfüllen, je nach Material (Wolle, Leinen etc.) oder Vorhaben (grob- oder feinmaschige Texturen etc.) den gewünschten Anforderungen nachkommen zu können. Nur ein ausgewiesener Wortbildner (*onomatourgós*) verfügt nach Platon – gleich einem geschickten Werkzeugbauer oder einem umsichtigen Gesetzgeber – über die seltene Fertigkeit (*téchne*), geeignete Worte analog zu nützlichen Instrumenten oder gerechten Gesetzen zu schaffen. Erprobt wird die Zweckmäßigkeit der Worte zudem von »Dialektikern«, die – geübt im Umgang mit Sprache – die Verwendbarkeit der Worte

---

breit und kann je nach Kontext mit »Wort«, »Mitteilung«, »(Lehr-)Satz«, »Erzählung«, »Gerücht«, »Lehre«, »Sinn«, »Behauptung«, »Argument«, »Definition«, »Rechenschaft«, »Rechnung«, »Grund«, »Verhältnis«, »Vernunft« oder »Prinzip« ins Deutsche übertragen werden.

überprüfen, so wie auch dem Steuermann die letzte Entscheidung darüber zukommt, ob sich ein Schiff als seetauglich erweist. Damit wird die Thesei-These von Hermogenes gleich in zweierlei Hinsicht hinfällig: Einerseits kann es falsche Wörter geben, da es auch falsche Reden gibt; andererseits kommt es keineswegs allen zu, Wörter zu bilden, sondern nur denjenigen, die sie auch angemessen herzustellen vermögen:

> Also mag es doch wohl nichts so geringes sein, wie du glaubst, Hermogenes, Worte zu bilden und Benennungen festzusetzen, auch nicht schlechter Leute Sache oder des ersten besten; sondern Kratylos hat Recht, wenn er sagt, die Benennungen kämen den Dingen von Natur zu, und nicht jeder sei ein Meister im Wortbilden, sondern nur der, welcher auf die einem jeden von Natur eigene Benennung achtend, ihre Art und Eigenschaft in die Buchstaben und Silben hineinzulegen versteht. (Krat. 390d–e)

Hermogenes muss sowohl einsehen, dass Wortschöpfungen – wie sie in der Analogie mit dem Werkzeugbau nahegelegt werden – nicht von allen durchgeführt werden können, als auch zugestehen, dass es im Rahmen seines eigenen Ansatzes unmöglich ist, bestimmte Verwendungsweisen als inkorrekt zu beurteilen.

Die Zurückweisung der Physei-These

Im letzten Abschnitt des Dialogs geht Sokrates gegen die Physei-These von Kratylos vor. Dieser hatte ja behauptet, dass alle Namen von Natur aus richtig seien. Falsche Namen wären dieser Auffassung zufolge überhaupt keine Namen, sondern lediglich Geräusche. Kratylos muss daher – und hierin stimmt er bemerkenswerterweise mit der Position von Hermogenes überein – die Existenz falscher Wörter ebenfalls leugnen und vermag es nicht, innerhalb seines Ansatzes die Falschheit von Wörtern schlüssig zu erklären.

Darüber hinaus zeigt Sokrates auf, dass die Physei-These die Möglichkeit von Falschheit bereits notwendig voraussetzt, insofern Wort und Sache niemals deckungsgleich sein können, sondern die Wörter die Dinge immer nur nachahmen oder nachbilden. Wäre dies nämlich nicht der Fall, dann wären die Wörter nicht länger Zeichen für die Dinge, sondern mit diesen identisch. Zugleich können Wörter – analog zu Bildern – die wiederzugebende Realität manchmal angemessen, manchmal inadäquat abbilden. Folglich können wir nach Sokrates auch bei der

Physei-These von einer korrekten bzw. inkorrekten Darstellung durch Wörter sprechen. Damit ist die von Kratylos aufgestellte Behauptung, dass es aufgrund der natürlichen Verbindung zwischen Wörtern und Dingen überhaupt keine falschen Namen gibt, widerlegt.

Platons Sprachskepsis

Sokrates' Resümee lautet, dass weder die Thesei- noch die Physei-These haltbar sind, da sie nicht erklären können, wie es falsche Wörter geben bzw. wie mittels der Wörter zwischen einer wahren und falschen Erkenntnis unterschieden werden kann. Aus dem Ungenügen dieser beiden Sprachauffassungen, zu denen keine weiteren Alternativen angeführt werden, zieht der Text weitreichende Konsequenzen: Die Frage nach dem Wesen der Sprache bleibt letztlich unbeantwortet. Ungeklärt bleibt ebenso, worin die Beziehung von Name und Sache gründet. Zwar erkennt Sokrates die Benennung als didaktisches und kommunikatives Mittel an, um sich und andere über Seiendes zu unterrichten, aber sie bildet seines Erachtens keinen unmittelbaren und notwendigen Zugang zum Wesen der Dinge. So hält Sokrates fest:

> [O]ffenbar muß etwas anderes aufgesucht werden als Worte, was uns ohne Worte offenbaren kann, welche von diesen beiden [Thesen] die richtigsten sind, indem es uns nämlich das Wesen der Dinge zeigt. […] Es ist also doch möglich, wie es scheint, […] die Dinge kennen zu lernen ohne Hülfe der Worte […]. Auf welche Weise man nun Erkenntnis der Dinge erlernen oder selbst finden soll, das einzusehen sind wir vielleicht nicht genug, ich und du; es genüge uns aber schon, darin übereinzukommen, daß nicht durch die Worte, sondern weit lieber durch sie selbst man sie erforschen und kennen lernen muß, als durch die Worte. (Krat. 438d–439b)

In erkenntnistheoretischer Hinsicht ist somit größte Vorsicht gegenüber der Sprache geboten, da sie lediglich hinweisenden oder abbildenden Charakter besitzt. Damit zeigt sich in Platons Dialog *Kratylos* eine Vorform instrumentalistischer Sprachauffassungen, insofern Sprache lediglich als (unzuverlässiges) Werkzeug angesehen wird. Darüber hinaus wird Sprache von ihren elementaren Grundbausteinen, den Wörtern aus in den Blick genommen, wodurch eine Sprachauffassung nahegelegt wird, die man als »sprachlichen Atomismus« bezeichnen kann. Für den Erkenntnisgewinn selbst wird die Sprache als negativ oder störend betrachtet. Das Wesen der Dinge – so das Fazit des Dialogs – ist weit besser und sicherer ohne Hilfe der Sprache zu erfassen. Der Gedanke, dass die Wörter diesen Zugang mitunter verstellen und verschleiern können, führt bei Platon zu einer tiefen Skepsis gegenüber der epistemologischen Funktion der Sprache.

2.2.2 Die Dialoge *Sophistes* und *Theaitetos*

Neben dem Dialog *Kratylos* greift Platon das Thema der Sprache nochmals in zwei anderen Dialogen explizit auf. Die atomistische Konzeption, Sprache ausgehend von den einzelnen Namen her zu verstehen, wird im *Sophistes* (Soph. 259d–264b) und im *Theaitetos* (Theait. 201c–210c) einer Revision unterzogen. Die Überlegungen kreisen zwar erneut um die Frage nach Richtigkeit oder Falschheit, doch in diesen Texten rückt der zusammengesetzte Satz in den Mittelpunkt der Betrachtung. Ein Satz (*lógos*) wird verstanden als eine Verknüpfung von Nennwort (*ónoma*) und Sagewort (*rhêma*) oder – in der gängigen Terminologie ausgedrückt – von Subjekt und Prädikat. In dieser Verbindung wird nicht nur etwas benannt, sondern zugleich in dieser oder jener Weise bestimmt. Die Aufmerksamkeit wird von den Namen (z. B. »Sokrates«) auf den Satzzusammenhang gelenkt (z. B. »Sokrates sitzt«). Erst der zusammengesetzte Satz – und nicht schon der einzelne Name – steht in der Möglichkeit, richtig oder falsch zu sein. Die Richtigkeit und Wahrheit eines Satzes besteht in der korrekten Zuordnung von Subjekt und Prädikat (z. B. »Sokrates sitzt«); die Falschheit liegt dementsprechend in deren inkorrekter Verbindung (z. B. »Sokrates fliegt«). Platon zeigt hier in positiver Weise Möglichkeiten auf, inwiefern in der Sprache sinnvoll von Falschheit gesprochen werden kann. Während im Dialog *Kratylos* die beiden diskutierten Ansätze daran scheiterten, die Möglichkeit der Falschheit sprachlicher Ausdrücke zu erklären, wird diese nun als eine fehlerhafte Zuschreibung aufgefasst, die allein den Aussagesatz und damit die Verbindung von Subjekt und Prädikat betrifft. Die Sprache wird damit aus der Perspektive der Logik betrachtet, in deren Mittelpunkt das Urteil steht, das wahr oder falsch sein kann. An diese Einsichten wird Platons Schüler Aristoteles anknüpfen und sie in Hinblick auf den Aussagesatz, aber auch auf die (falsche) Alternative von einer naturgegebenen oder beliebigen Verbindung von Wort und Ding auf entscheidende Weise weiterentwickeln.

2.3 Aristoteles: Logische und soziale Dimension der Sprache

Aristoteles, dessen Œuvre zwar in der Antike eingehend rezipiert wurde, jedoch erst im Hochmittelalter über den arabischen Raum wieder in größerem Ausmaß Eingang in die europäische Geistesgeschichte gefunden hat, hat keine geschlossene Abhandlung über die Sprache hinterlassen.[14] Sprachtheoretische Überlegungen finden sich über sein gesamtes Werk verstreut, wie etwa in der *Poetik*, der *Rhetorik*, der *Politik*, in den *Kategorien* und den beiden *Analytiken* sowie – und darauf wird im Folgenden der Fokus gelegt – in *Peri Hermeneias*.

> Aristoteles wird 384 v. Chr. in Stagira geboren. Mit 17 Jahren zieht er nach Athen, um für die nächsten zwanzig Jahre an der Akademie bei Platon zu studieren, zu dem er sich philosophisch, wahrscheinlich bald auch persönlich in einem spannungsreichen Lehrer-Schüler-Verhältnis befindet. Wohl aus politischen Gründen muss er Athen verlassen, denn Aristoteles ist kein Vollbürger Athens, sondern ein Metöke, d. h. ein »Zugewanderter« ohne politische Mitbestimmungsrechte. Zudem steht er aufgrund seiner Herkunft mit Makedonien in enger Verbindung, das sich mit Athen in dieser Zeit kriegerische Auseinandersetzungen liefert. Am makedonischen Königshof übernimmt Aristoteles 343/342 v. Chr. für drei Jahre die Erziehung von Alexander dem Großen.[15] Im Zuge der Expansion des makedonischen Reiches, das schließlich auch den politischen Widerstand in Griechenland ausschaltet, kehrt Aristoteles 335/334 v. Chr. wieder nach Athen zurück. Seine Lehrtätigkeit nimmt er jedoch nicht an der Akademie Platons auf, sondern in dem von ihm geleiteten Lykeion, das von diesem Zeitpunkt an als zweite herausragende Bildungsinstitution in Griechenland fungiert. 322 v. Chr. – unmittelbar nach dem Tod Alexanders – muss Aristoteles Athen wieder verlassen und zieht nach Chalkis auf Euboia, wo er kurz darauf stirbt. Trotz der prekären politischen Umstände und der daraus resultierenden Aufenthaltswechsel gelingt es Aristoteles, ein Werk von »ganz ungewöhnliche[m] Mass an Information, Belesenheit und Materialverarbeitung« (Flashar 2004, 219) zu hinterlassen. Herausragend sind seine Leistungen nicht nur im gesamten systematischen Spektrum der Philosophie (Logik und Metaphysik, Ethik und Politik, Rhetorik und Poetik), sondern auch in unterschiedlichen Bereichen der Naturwissenschaften.

---

14 Zur Wirkungsgeschichte vgl. Rapp/Corcilius 2011, 417–436.
15 Flashar liefert einen konzisen Überblick über die Biographie Aristoteles' und führt damit zusammenhängende Forschungsliteratur an (vgl. Flashar 2004, 213–219).

2.3.1 Das semiotische Dreieck

Von besonderem Interesse für die Sprachphilosophie ist ein knapper Textabschnitt aus der Schrift *Peri Hermeneias* (zumeist wird der Titel in der lateinischen Übersetzung *De interpretatione* angeführt), in dem Aristoteles prägnant sein Verständnis des Verhältnisses von Sprache, Bewusstseinsinhalten und Gegenständen skizziert:

> Nun sind die (sprachlichen) Äußerungen unserer Stimme Zeichen [*sýmbola*] für das, was (beim Sprechen) unserer Seele widerfährt, und unsere schriftlichen Äußerungen sind wiederum Zeichen [*sýmbola*] für die (sprachlichen) Äußerungen unserer Stimme. Und wie nicht alle Menschen mit denselben Buchstaben schreiben, so sprechen sie auch nicht alle dieselbe Sprache. Die seelischen Vorstellungen [*pathémata tês psychês*] aber, für welche dieses (Gesprochene und Geschriebene) an erster Stelle ein Zeichen ist, sind bei allen Menschen dieselben; überdies sind auch schon die Dinge, von denen diese (seelischen Vorstellungen) Abbildungen [*homoiómata*] sind, für alle dieselben. (De int. 16a; Übers. mod.)[16]

Aus dem Zitat wird ersichtlich, dass Aristoteles die Sprache vor dem Hintergrund ihres Verhältnisses zu den »seelischen Vorstellungen« und zu den Dingen der Wirklichkeit betrachtet, sodass sich drei voneinander getrennte Bereiche ergeben: (1.) der Bereich der Dinge (*prágmata*), (2.) der Bereich der seelischen Vorstellungen (*pathémata tês psychês*) und (3.) der Bereich der Laute und Buchstaben (*phonaí* und *grámmata*).

Die Schrift fungiert als Zeichen (*sýmbolon*) für die gesprochene Sprache, die verbalen Äußerungen wiederum sind Zeichen für die »Vorstellungen der Seele«. Diese Bewusstseinsinhalte sind nach Aristoteles nichts anderes als Abbildungen – der griechische Text spricht hier von *homoiómata*, was auch mit dem Begriff »Entsprechungen« übersetzt werden könnte – für die real existierenden Dinge. Entscheidend ist dabei Aristoteles' These, dass lediglich die Dinge und Bewusstseinsinhalte für

---

[16] Wie Platon wird auch Aristoteles nach einer standardisierten Zitation angeführt, die auf die sogenannte *Bekker-Ausgabe* (vgl. Aristoteles 1960) zurückgeht. Alle wissenschaftlich brauchbaren Ausgaben beziehen sich auf diese Paginierung. Das oben angeführte Zitat folgt der Übersetzung von Herrmann Weidemann (Aristoteles 2002). Auch bei Aristoteles ist der Vergleich mit dem griechischen Original und zwischen den diversen Übersetzungen oft sehr aufschlussreich. Empfehlenswert sind zudem die umsichtig eingeleiteten und kommentierten griechisch-englischen Ausgaben zu Aristoteles in der sogenannten *Loeb Classical Library* (Harvard Univ. Press).

alle Menschen dieselben sind (vgl. durchgehende Linie in der Abbildung), während die Verlautbarung oder Verschriftlichung dieser Inhalte unterschiedlich ausfallen kann (vgl. gestrichelte Linie).

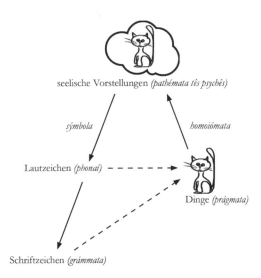

Aristoteles antwortet mit diesem Modell implizit auf die unproduktive Gegenüberstellung von Natur (*phýsis*) und Setzung (*thésis*) bei Platon, indem er beide Konzeptionen auf eine eigenständige Weise verbindet: Die beiden ersten Bereiche – Dinge und Vorstellungen – sind einerseits allen Menschen in derselben (naturhaft-unverrückbaren) Weise gegeben; Abweichungen lassen sich andererseits aber bei den lautlichen bzw. schriftlichen Äußerungen ausmachen, wie wir dies von unterschiedlichen Einzelsprachen oder Schriftsystemen kennen. So sieht jeder Mensch dasselbe, wenn eine Katze betrachtet wird, und besitzt davon auch mit allen anderen Menschen dieselbe Vorstellung; in welcher Sprache etwas benannt wird, ist dagegen kontingent. »Katze«, »cat« oder das griechische *aílouros* bezeichnen ein und dasselbe »Ding« bzw. ein und dieselbe »seelische Vorstellung«. Innerhalb dieses Modells wird die Sprache als tragfähiges Mittel verstanden, um die Ding- und Gedankenwelt wiederzugeben; Aristoteles geht jedoch nicht davon aus, dass der Sprache eine konstitutive Funktion für unsere Erfahrung von Gegenständen zukommt.

2.3.2 Der Aussagesatz

Aristoteles nimmt die Sprache in *Peri Hermeneias* vornehmlich vor dem Hintergrund ihrer epistemischen und logischen Funktion in den Blick, indem er sich dem Aussage- oder Behauptungssatz (*lógos apophantikós*) zuwendet. Allein dieser kann ein verifizierbares oder falsifizierbares Urteil über einen Sachverhalt fällen:

> Jedes Wortgefüge [*lógos*] hat zwar eine Bedeutung [...], ein Behauptungssatz [*apophantikós*] aber ist nicht jedes [Wortgefüge], sondern nur eines, dem es zukommt, wahr oder falsch zu sein. Nicht allen kommt dies zu. So ist zum Beispiel eine Bitte zwar ein Wortgefüge, aber weder wahr noch falsch. Die anderen nun wollen wir beiseite lassen; denn sie zu untersuchen ist eher Sache der Rhetorik oder der Poetik. Der Behauptungssatz [*apophantikós*] aber ist der Gegenstand der jetzt anzustellenden Betrachtung. (De int. 17a)

Wie bereits in den platonischen Dialogen *Theaitetos* und *Sophistes* untersucht auch Aristoteles innerhalb einer philosophisch-logischen Untersuchung ausschließlich den Behauptungssatz; nur ihm gesteht er einen epistemologischen Wert zu. So sagen Zeit- und Nennwörter erst in ihrer Verbindung im Satz etwas aus, das verifiziert oder falsifiziert werden kann. Wahrheit und Falschheit sind damit nicht Eigenschaften von einzelnen Wörtern, wie Platon es noch im Dialog *Kratylos* den beiden Kontrahenten Hermogenes und Kratylos in den Mund legte, sondern als Prädikate eines Behauptungssatzes zu fassen: Z. B. kann der Satz »Die Tafel ist grün« wahr oder falsch sein, während die Begriffe »Tafel« oder »grün« für sich genommen weder als wahr noch als falsch bezeichnet werden können. Erst dadurch, dass einem Gegenstand ein Prädikat oder eine Eigenschaft zu- oder abgesprochen wird, kann der »heraussagende« Satz, wie der *lógos apophantikós* wörtlich übersetzt werden könnte, wahr oder falsch sein. Es gibt in der Sprache zwar durchaus andere Weisen des *lógos* – Aristoteles führt selbst die Bitte an, man könnte auch an die Frage oder den Befehl denken –, doch nur die Aussage besitzt aufgrund ihrer Verifizierbarkeit bzw. Falsifizierbarkeit epistemische Relevanz.

Gerade diese Einschränkung auf die wahrheitsfähige Aussage (*lógos apophantikós*) und die damit zusammenhängende erkenntnistheoretische Inblicknahme von Sprache bereiten in der Geschichte der Sprachphilosophie den Weg für die Konzentration auf die logisch-epistemologische Dimension und die weltabbildende Funktion der Sprache. Die Entscheidung, den Aussagesatz in den Vordergrund der Sprachbetrachtung zu stellen und andere Weisen des Sprechens der Rhetorik oder der Poetik zu überlassen, beinhaltet weitreichende Folgen für die Entwicklung der verschiedenen Sprachauffassungen in der abendländischen Philosophiegeschichte, indem vornehmlich epistemische Probleme in den Blick genommen werden. Abgesehen von einigen bedeutenden Ausnahmen, auf die in den folgenden Kapiteln eingegangen wird, verschiebt sich erst im 20. Jahrhundert – insbesondere mit der Theorie der Sprachspiele des späten Wittgenstein (vgl. Kap. 7.3) und der Sprechakttheorie John L. Austins (vgl. Kap. 8) – die Aufmerksamkeit der Philosophie von wahrheitsdefiniten Aussagen hin zu anderen Formen des Sprechens, die sich nicht mithilfe des Kriteriums wahr/falsch beurteilen lassen. Doch auch bei Aristoteles selbst finden sich bereits Spuren eines erweiterten Sprachverständnisses, das darauf hindeutet, dass Sprache nicht ausschließlich unter epistemologischen Vorzeichen verhandelt werden kann, sondern auch ein wesentlich soziales Phänomen darstellt und damit ebenfalls als Wesensbestimmung des Menschen zu berücksichtigen ist.

2.3.3 Sprache als Kennzeichen des Menschseins

Aristoteles' Hinwendung zur Sprache als Bestimmung des Menschen sowie zu deren sozialer Komponente zeigt sich eindringlich in anderen Passagen seines Werks. Aristoteles macht in Auseinandersetzung mit seinem Lehrer Platon zunächst darauf aufmerksam, dass die im Dialog *Kratylos* dargelegte Gegenüberstellung von Physei- und Thesei-These zugunsten einer alternativen Auffassung fallen gelassen werden kann. So argumentiert er, dass sprachliche Zeichen ihre Bedeutungen einer »Übereinkunft« verdanken, die jedoch nicht in dem voluntaristisch-beliebigen Sinne der Thesei-These des Hermogenes verstanden werden kann:

> Die Bestimmung »gemäß einer Übereinkunft« [*katà synthékēn*] füge ich deshalb hinzu, weil von den Nennwörtern keines von Natur aus ein Nennwort [*ónoma*] ist, sondern ein jedes erst dann, wenn es zu einem Zeichen [*sýmbolon*] geworden ist; denn auch solche nicht buchstabierbaren Laute wie beispielsweise die Laute der wilden Tiere geben ja etwas kund, ohne daß einer von ihnen deshalb schon ein Nennwort wäre. [...] Jedes Wortgefüge [*lógos*] hat zwar eine Bedeutung – nicht nach Art eines Werkzeugs [*órganon*] freilich, sondern, wie schon gesagt, gemäß einer Übereinkunft [*katà synthékēn*] [...]. (De int. 16a; 17a)

Aristoteles wendet sich in dieser Passage gegen die Auffassung, die Bedeutsamkeit der Sprache sei einfachhin naturgegeben: Zwar kennen wir »natürliche« Ausdrücke, etwa unterschiedliche Laute des Lust- oder Schmerzempfindens, auch bei Tieren. Die entscheidende Differenz zwischen einem »natürlichen« Laut und einem sprachlichen (Nenn-) Wort (*ónoma*) besteht laut Aristoteles darin, dass ausschließlich letzteres als *sýmbolon* zu begreifen ist. Der Ausdruck *sýmbolon* darf hier nicht vorschnell mit dem uns geläufigen Verständnis von »Symbol« gleichgesetzt werden, sondern kann ganz wörtlich als »Zusammengefügtes« (von Laut und Bedeutung) verstanden werden. Etwas kann aber laut Aristoteles nur dann als *sýmbolon* und damit als genuin sprachliches Zeichen gefasst werden, wenn es auf einer Übereinkunft (*katà synthéken*) beruht. Mit diesem Hinweis wird die Physei-These und damit die »natürliche« Gegebenheit von Sprache zurückgewiesen.

Die Wendung *katà synthéken* kann nun einerseits in einem konventionell-kontraktualistischen Sinne ausgelegt und mit »aufgrund Übereinkunft« übersetzt werden. Der Symbolcharakter der Sprache würde dieser Lesart zufolge in so etwas wie in einem Vertrag oder in einer Absprache gründen, gleichsam als ob durch einen Setzungsakt eine kausale Verbindung zwischen Wort und Vorstellung hergestellt werden könnte. Dies würde jedoch eine Auffassung von Sprache als von einer Einzelperson hergestelltes Werkzeug nahelegen, was Aristoteles aber explizit zurückweist. Diese Einengung der Sprache auf ihren Werkzeugcharakter lässt sich vermeiden, wenn man *katà synthéken* stattdessen mit »gemäß Übereinkunft« im Sinne von »gemäß Überlieferung« oder »nach alter Gewohnheit« übersetzt.[17] Mit dieser Übersetzung rückt zugleich die historische und soziale Dimension der Sprache in den Blick. Sprachliche Zeichen im Sinne der von Aristoteles hervorgehobenen *sýmbola* können nicht willkürlich gebildet und gebraucht werden, sondern werden tradiert und im Rahmen von mit anderen geteilten Gepflogenheiten verwendet. An dem bereits zuvor angeführten Beispiel kann diese Einsicht nochmals deutlich gemacht werden: Ob die real existierende Katze nun »Katze«, »cat« oder *aílouros* genannt wird, beruht nicht auf einer Entscheidung des einzelnen Menschen oder einem Vertrag zwischen mehreren Personen, sondern auf den etablierten Gewohnheiten einer »Sprachgemeinschaft«.

---

17   Diese Lesart verfolgt Coseriu 1972, 75f.

Die hier hervorgehobene soziale Dimension von Sprache – in Ergänzung zu ihrer epistemischen Funktion – lässt sich bei Aristoteles auch durch andere Texte stützen: Im ersten Buch der *Politik*, in dem Aristoteles sein Grundverständnis des Menschseins skizziert, hebt er an zentraler Stelle den Konnex zwischen Sprache und Gemeinschaft hervor, indem er den Menschen zugleich als politisches (*zôon politikón*) und als sprachliches Wesen bestimmt (*zôon lógon échon*):

> Der Mensch ist aber das einzige Lebewesen, das Sprache [*lógos*] besitzt. Die bloße Stimme [*phonê*] nämlich zeigt nur das Angenehme und Unangenehme an, darum kommt sie auch den anderen Lebewesen zu [...]; die Sprache dagegen ist dazu bestimmt, das Nützliche und Schädliche deutlich kundzutun und also auch das Gerechte und Ungerechte. Dies ist nämlich im Gegensatz zu den anderen Lebewesen dem Menschen eigentümlich, daß er allein die Wahrnehmung des Guten [*agathón*] und Schlechten [*kakón*], des Gerechten und Ungerechten und so weiter besitzt. Die Gemeinschaftlichkeit dieser Vorstellungen ruft aber eben das Haus und den Staat ins Leben [*koinonía poieî oikían kaì pólin*]. Auch von Natur ursprünglicher aber ist der Staat als das Haus und jeder einzelne von uns. Denn das Ganze ist notwendig ursprünglicher als der Teil [...]. (Pol. 1253a)

Das, was den Menschen vom Tier unterscheidet, ist folglich nicht die Stimme, sondern allein die Sprache (*lógos*). Denn während auch Tiere mittels ihrer Stimme auf das Angenehme und Unangenehme aufmerksam machen können, sind allein die Menschen in der Lage, einander mitzuteilen, worin das Gerechte und Ungerechte respektive das Gute und Schlechte besteht. In dem, was es heißt, »gerecht« oder »ungerecht« zu sein, was »gut« oder »schlecht« ist, kommen Menschen in unterschiedlichen Formationen – Aristoteles nennt die häusliche Gemeinschaft und den staatlichen Verbund als Beispiele – überein. Sprache wird demnach nicht nur und nicht primär dazu benutzt, Dinge zu benennen, sondern vor allem auch dazu, sich darüber zu verständigen, wie ein Zusammenleben in Gemeinschaft aussehen soll. Die Gemeinschaft, die sich wesentlich in der Sprache manifestiert, geht dabei ihren einzelnen Mitgliedern voraus. Aristoteles fragt damit nicht mehr nur nach dem Erkenntniswert der Sprache, sondern legt bereits die Frage nahe, wie Sprache den Menschen als *zôon politikón* – wörtlich als Lebewesen in Gemeinschaft – in konstitutiver Weise bestimmt.

2.4 Zusammenfassung und Ausblick

Platon fragt in seinem Dialog *Kratylos* nach dem Verhältnis von Wort und Gegenstand sowie nach dem epistemologischen Wert der Sprache. Er weist dabei sowohl die Physei- als auch die Thesei-These als unhaltbar zurück, ohne jedoch selbst eine Alternative anzubieten. Stattdessen stellt er das Erkenntnispotential der Sprache prinzipiell in Frage und privilegiert einen sprachfreien Zugang zum Wesen der Dinge. Platons Sprachskepsis wird für den philosophischen Diskurs über Jahrhunderte hinweg leitend bleiben. Der Sprache wird unter diesem Blickwinkel kein konstitutives Moment für die Erkenntnis zugeschrieben; im Gegenteil wird sie stets mit dem Verdacht belegt, die Dinge der Welt zu verstellen und die Gedanken zu verformen. Daher nimmt es nicht Wunder, dass Sprache lediglich über Seitenstränge als philosophisches Thema relevant bleibt und in der spätantiken und mittelalterlichen Tradition großteils in anderen Disziplinen – wie z. B. der Grammatik und Rhetorik – verhandelt wird. Im Laufe der Tradition wird die auf Platon zurückgehende Diskussion, ob der Zusammenhang von Wort und Ding einen natürlichen Ursprung habe oder gänzlich arbiträr sei, immer wieder, etwa bei Locke und Leibniz (Kap. 3) oder – unter dem Stichwort der »Arbitrarität des Zeichens« – im Strukturalismus (Kap. 10) wieder aufgegriffen.

Aristoteles führt zum einen die von Platon aufgeworfene epistemische Fragestellung weiter, weist aber zum anderen auch auf die soziale Dimension der Sprache hin. Für ihn repräsentiert die Sprache sowohl geistige Bewusstseinsinhalte als auch reale Gegenstände, die allen Menschen gemeinsam sind. Die Wiedergabe selbst kann sich jedoch in unterschiedlichen Laut- und Schriftsystemen vollziehen. Im Mittelpunkt seines Interesses steht dabei der *lógos apophantikós*, d. h. der wahrheitsfähige Aussagesatz, der verifizierbar oder falsifizierbar ist. Während diese Lesart über Jahrhunderte hinweg leitend für das gängige Aristoteles-Verständnis bleibt, kann man auch auf eine alternative Leseweise aufmerksam machen, um mit Aristoteles Sprache als Wesensbestimmung des Menschen zu verstehen und die soziale Dimension der Sprache in den Vordergrund zu rücken. Sprache erhält ihre Funktion weder von Natur aus noch durch einen individuellen Setzungsakt, sondern auf Basis ihrer geschichtlichen Rückbindung an eine Sprachgemeinschaft. Hieraus kann deutlich gemacht werden, inwiefern bereits bei Aristoteles die Frage nach dem Menschen als sprachbegabtes Lebewesen (*zóon lógon échon*) mit Überlegungen zu Sozialität und Gemeinschaft (*zôon politikón*) verknüpft ist. Dieser Aspekt wird sowohl in hermeneutischen Ansätzen (vgl. Kap. 4 und 9) als auch beim späten Wittgenstein (vgl. Kap. 7.3) zum zentralen Untersuchungsgegenstand.

2.5 Literatur

Lektüreempfehlungen

Platon (Krat): *Kratylos*, in: *Platon. Werke in acht Bänden*. Bd. 3. Hg. von Gunther Eigler. Bearb. von Dietrich Kurz. Griech. Text von Léon Robin und Louis Méridier. Übers. von Friedrich Schleiermacher. 5. Aufl. Darmstadt: WBG 2005, 383a–391a; 427d–440e.

Aristoteles (De int.): *Peri Hermeneias*. Übers. und erl. von Herrmann Weidemann. 2. veränderte Aufl. Berlin: Akademie 2000, 16a–17a.

Weitere Literatur

Ademollo, Francesco (2011): *The Cratylus of Plato: A Commentary*. Cambridge: Cambridge Univ. Press.

Aristoteles (Pol.): *Politik*, in: Aristoteles: *Philosophische Schriften*. Bd. 4. Hg. und übers. von Hermann Bonitz, Eugen Rolfes, Horst Seidl und Hans Günter Zekl. Hamburg: Meiner 1995.

Barney, Rachel (2001): *Names and Nature in Plato's »Cratylus«*. New York u. a.: Routledge.

Baxter, Timothy M. S. (1992): *The Cratylus. Plato's Critique of Naming*. Leiden u. a.: Brill.

Coseriu, Eugenio (1972): *Die Geschichte der Sprachphilosophie. Von den Anfängen bis Rousseau*. Neu bearb. und erw. von Jörn Albrecht. Mit einer Vor-Bemerkung von Jürgen Trabant. Tübingen/Basel: Francke 2003.

Derbolav, Josef (1972): *Platons Sprachphilosophie im Kratylos und in den späteren Schriften*. Darmstadt: WBG.

Erler, Michael (2007): *Platon*. Basel: Schwabe (Grundriss der Geschichte der Philosophie. Die Philosophie der Antike. Bd. 2/2).

Flashar, Hellmut (Hg.) (2004): *Ältere Akademie. Aristoteles. Peripatos*. 2. durchg. und erw. Aufl. Basel: Schwabe (Grundriss der Geschichte der Philosophie. Die Philosophie der Antike. Bd. 3).

Hennigfeld, Jochem (1994): *Geschichte der Sprachphilosophie. Antike und Mittelalter*. Berlin: de Gruyter.

Platon (Soph.): *Sophistes*, in: *Platon. Werke in acht Bänden.* Bd. 6. Hg. von Gunther Eigler. Bearb. von Dietrich Kurz. Griech. Text von Léon Robin und Louis Méridier. Übers. von Friedrich Schleiermacher. 5. Aufl. Darmstadt: WBG 2005.

Platon (Theait.): *Theaitetos*, in: *Platon. Werke in acht Bänden.* Bd. 6. Hg. von Gunther Eigler. Bearb. von Dietrich Kurz. Griech. Text von Léon Robin und Louis Méridier. Übers. von Friedrich Schleiermacher. 5. Aufl. Darmstadt: WBG 2005.

Rapp, Christof/Corcilius, Klaus (Hg.) (2011): *Aristoteles-Handbuch. Leben – Werk – Wirkung.* Stuttgart: Metzler.

Whitehead, Alfred N. (1979): *Prozeß und Realität. Entwurf einer Kosmologie.* Übersetzt und mit einem Nachwort versehen von Hans Günter Holl. Frankfurt a. M.: Suhrkamp.

3 Empiristische und rationalistische Sprachauffassungen: Locke und Leibniz

3.1 Empirismus und Rationalismus als Paradigmen der Sprachreflexion

John Locke (1632–1704) und Gottfried Wilhelm Leibniz (1646–1716) stehen paradigmatisch für die beiden zentralen philosophischen Strömungen ihrer Zeit: Empirismus und Rationalismus.[18] Während empiristische Ansätze die Annahme angeborener Ideen oder Prinzipien ablehnen und argumentieren, dass alle unsere Erkenntnisse aus der Erfahrung stammen, plädieren rationalistische Ansätze für die Existenz angeborener Ideen und argumentieren entsprechend, dass unsere Erkenntnisse aus der Vernunft selbst stammen. Die Differenz zwischen rationalistischen und empiristischen Positionen zeigt sich dabei nicht nur in dem Streit über angeborene Ideen und Prinzipien, sondern auch in der Orientierung an unterschiedlichen Idealen und Methoden der Wissenschaften: Während der Empirismus dem naturwissenschaftlichen Paradigma folgt, das auf Beobachtung und Experiment beruht, orientiert sich der Rationalismus am Paradigma der Mathematik, das vor allem logische Exaktheit und Ableitbarkeit in den Mittelpunkt stellt – zwei Leitparadigmen, die sich auch in den unterschiedlichen Sprachkonzeptionen von Locke und Leibniz widerspiegeln.

Locke und Leibniz nehmen in der Sprachphilosophie – sowohl historisch als auch systematisch – eine entscheidende Schlüsselposition ein. Einerseits schließen sie mit ihrer sprachskeptischen Grundhaltung an die Überlegungen von Platon und Aristoteles an. Sowohl Locke als auch Leibniz betrachten Sprache als ein eher unzuverlässiges und mangelhaftes Instrument für die Erkenntnis der Dinge und die Mitteilung unserer Gedanken. Andererseits gelangen sie im Zuge ihrer Überlegungen zu der Einsicht, dass Wörter und Zeichen für das Denken und Schlussfolgern letztlich unumgänglich sind, womit die Möglichkeit eines sprachfreien Zugangs zu den Dingen, wie sie insbesondere Platon

---

[18] Die Begriffe »Empirismus« und »Rationalismus« wurden zu den Lebzeiten von Locke und Leibniz nicht verwendet, sondern wurden erst zur Zeit Kants (1724–1804) gebräuchlich.

favorisiert, fraglich wird. Damit stehen Locke und Leibniz vor dem Dilemma, dass sich Sprache als ein zugleich unzuverlässiges und unvermeidliches Mittel auf dem Weg zu Wahrheit und Erkenntnis erweist. Das hat zur Konsequenz, dass sprachtheoretische Überlegungen für die Behandlung erkenntnistheoretischer Fragen unabweisbar werden und Sprachreflexion zu einer wichtigen Voraussetzung für die Lösung erkenntnistheoretischer Fragestellungen wird.

Allerdings unterscheiden sich Locke und Leibniz wesentlich in der Art und Weise, wie sie mit dieser Schwierigkeit umgehen, und entwickeln unterschiedliche Lösungsansätze: Während Locke – entsprechend seiner empiristischen Grundhaltung – am alltäglichen Sprachgebrauch ansetzt und diesen einer grundlegenden Kritik unterzieht, strebt Leibniz – seinem rationalistischen Ansatz entsprechend – die Konstruktion einer idealen Sprache an, die von allen Unvollkommenheiten, Mängeln und Mehrdeutigkeiten der natürlichen Sprachen frei ist. Damit vollziehen Locke und Leibniz gewissermaßen eine erste Wende zur Sprache und nehmen einige Grundüberlegungen vorweg, die im 20. Jahrhundert von den beiden wichtigsten Ausprägungen der analytischen Philosophie – der Philosophie der normalen Sprache und der Philosophie der idealen Sprache – wieder aufgenommen und produktiv weiterentwickelt werden.

3.2 John Locke: Erkenntnistheorie als Sprachkritik

> John Locke wird 1632 in Wrington bei Bristol geboren. Er besucht ab 1646/47 die Londoner Westminster School und studiert ab 1652 am Christ Church College der Universität Oxford, wo er ab 1660 als Lektor für Griechisch, Rhetorik und Moralphilosophie tätig ist. 1667 entsteht ein erster, posthum veröffentlichter Essay zur Toleranz. Es folgt 1675–79 ein Aufenthalt in Frankreich und 1683 aus politischen Gründen die Emigration in die Niederlande. 1689 kehrt Locke im Zuge der *Glorious Revolution* nach England zurück. Im Jahre 1689 publiziert er gleich drei Werke, wobei nur der *Essay* nicht anonym, sondern unter seinem eigenen Namen erscheint: *Epistola de Tolerantia* (dt. *Ein Brief über Toleranz*), *Two Treatises of Government* (dt. *Zwei Abhandlungen über die Regierung*) und *An Essay Concerning Human Understanding* (offiziell 1690 veröffentlicht; dt. *Versuch über den menschlichen Verstand*). Bereits zehn Jahre nach seiner Erstveröffentlichung erscheint der *Essay* in der vierten Auflage und in französischer Übersetzung. 1704 stirbt Locke im Alter von 72 Jahren in Oates, Essex.

Seine sprachphilosophischen Überlegungen hat Locke vor allem in seinem *Versuch über den menschlichen Verstand* niedergelegt. Das Werk unterteilt sich in vier Bücher, von denen das erste der Widerlegung der rationalistischen Annahme angeborener Ideen gewidmet ist, das zweite seiner eigenen empiristischen Konzeption des Ursprungs und der Arten der Ideen, das dritte der Untersuchung der Sprache und das vierte Buch Wissen und Erkenntnis. Ziel und Aufgabe des *Essay* ist es nach Locke, »Ursprung, Gewissheit und Umfang der menschlichen Erkenntnis zu untersuchen, nebst den Grundlagen und Abstufungen von *Glauben*, *Meinung* und *Zustimmung*« (Locke 1690, 2).[19] Damit ist Lockes *Essay* zugleich das erste Werk der neuzeitlichen Philosophie, das dezidiert und ausschließlich epistemologischen Fragen gewidmet ist.[20] In klarer Abgrenzung zu der damals vorherrschenden dogmatischen Schulphilosophie weist Locke jede metaphysische Spekulationen über die menschliche Vernunft zurück und konzentriert sich im Sinne seines kritischen Unternehmens darauf, die Grenzen unseres Erkenntnisvermögens aufzuzeigen. Dazu gehört vor allem die strikte Zurückweisung angeborener Prinzipien und Ideen: Nach Locke ist der menschliche Geist, wie er gegen rationalistische Konzeptionen geltend macht, zunächst nichts anderes als eine *tabula rasa*, ein »unbeschriebenes Blatt«, »ohne alle Schriftzeichen, frei von allen Ideen« (Locke 1690, II.i.2).[21]

Ursprung unserer Ideen ist allein die Erfahrung, »die entweder auf äußere sinnliche wahrnehmbare Objekte gerichtet ist oder auf innere Operationen des Geistes« (Locke 1690, II.i.2). Entsprechend gibt es zwei Quellen für unsere Ideen: erstens die äußere, sinnliche Wahrnehmung, durch die wir solche Ideen wie »gelb«, »weiß«, »kalt«, »warm«, »bitter« gewinnen; zweitens die innere, geistige Reflexion, durch wie wir zu solchen Ideen wie »wahrnehmen«, »denken«, »zweifeln«, »glauben«, »schließen« gelangen (vgl. Locke 1690, II.i.4). Kurz gesagt, alle unsere Ideen stammen allein aus Wahrnehmung und Beobachtung: entweder

---

[19] Lockes *Versuch über den menschlichen Verstand* wird – mit Ausnahme des einleitenden »Sendschreibens an den Leser« – im Folgenden unter Nennung des Buches, des Kapitel und des Abschnitts zitiert: »III.x.12« steht für III. Buch, x. Kapitel, 12. Abschnitt.

[20] Vgl. Thiel 2000, 66.

[21] Diese Auffassung wird häufig mit dem Schlagwort »Nihil est in intellectu, quod non sit prius in sensu« (»Nichts ist im Verstand, was nicht zuvor in den Sinnen war«) zusammengefasst, ein Satz, der sowohl Aristoteles, Thomas von Aquin als auch Locke zugeschrieben wird.

aus der Wahrnehmung der äußeren Wirklichkeit oder aus der Wahrnehmung der inneren Operationen des Geistes. Dabei handelt es sich nach Locke zunächst ausschließlich um *einfache Ideen*, die nicht weiter analysierbar und teilbar sind. Dagegen werden die *komplexen Ideen* durch die Kombination einfacher Ideen gewonnen, wobei der Geist bei ihrer Zusammenstellung prinzipiell willkürlich verfahren kann. Bei den komplexen Ideen unterscheidet Locke wiederum zwei Arten: erstens *Ideen für Substanzen*, »bei diesen wird etwas real Existierendes vorausgesetzt, von dem sie hergenommen sind und mit dem sie übereinstimmen« (Locke 1690, III.v.3), typische Beispiele sind die Ideen »Mensch« oder »Gold«; zweitens die sogenannten *gemischten Modi*, die von den Menschen zu bestimmten Zwecken und entsprechend unterschiedlicher kultureller Kontexte gebildet werden, wie z. B. die Ideen »Schönheit«, »Lüge«, »Ehebruch«, »Dankbarkeit« oder mathematische Ausdrücke wie z. B. »Dreieck« oder »Kreis«. Das Besondere an den gemischten Modi ist, dass bei diesen – im Unterschied zu den Substanzideen – keinerlei Bezug zu etwas real Existierendem vorliegen muss. Wir können beliebige Ideen bilden und mit einem Namen versehen, ohne dass ihnen ein Gegenstand in der Wirklichkeit entsprechen muss (vgl. Locke 1690, III.v.5) – ein Aspekt, der sich insbesondere aus sprachphilosophischer Perspektive als relevant erweisen wird.

3.2.1 Lockes Wende zur Sprache

Nachdem Locke im ersten und zweiten Buch seines *Essay* aufgezeigt hat, dass alle unsere Ideen ursprünglich aus der Erfahrung stammen und dann vom Verstand zu komplexeren Ideen zusammengesetzt werden, müsste er entsprechend seines ursprünglichen Vorhabens direkt zu der Frage übergehen, welchen Gebrauch der Verstand von den Ideen macht und welcher Art die Erkenntnis ist, die wir durch die Ideen erlangen können. Statt jedoch, wie geplant, in seiner Untersuchung fortzufahren, sieht sich Locke am Ende des zweiten Buches zu einer weitreichenden Zäsur gezwungen:

> Nach meinem ursprünglichen Plan müsste ich nunmehr sofort dazu übergehen zu zeigen, welchen Gebrauch der Verstand von den Ideen macht und welche *Erkenntnis* wir durch sie erlangen. Darin bestand alles, was ich bei einem ersten allgemeinen Überblick über mein Thema als die mir gestellte Aufgabe ansehen zu müssen glaubte. Bei näherem Einblick finde ich aber, daß zwischen den Ideen und *Wörtern* ein so enger Zusammenhang besteht

und daß unsere abstrakten Ideen und unsere allgemeinen Namen sich so beständig aufeinander beziehen, daß ich unmöglich klar und deutlich von unserer Erkenntnis reden kann, die ausschließlich in Aussagen [*propositions*] besteht, ohne zuvor Beschaffenheit [*nature*], Verwendung [*use*] und Bedeutung [*signification*] der Sprache zu untersuchen. Das muss die Aufgabe des nächsten Buches sein. (Locke 1690, II.xxxiii.19; vgl. auch III.ix.21)

Diese kurze Passage markiert auf prägnante Weise Lockes Einsicht in die zentrale Relevanz der Sprache für die Behandlung erkenntnistheoretischer Fragen: Nicht nur benötigen wir Zeichen und sprachliche Ausdrücke, um unsere Ideen auszudrücken und anderen mitzuteilen; vielmehr ist der Zusammenhang und die Verbindung zwischen Ideen und Wörtern so eng, sind Ideen und Wörter so beständig und dauerhaft aufeinander bezogen, dass sich die eine Seite gar nicht losgelöst und ohne Berücksichtigung der anderen untersuchen lässt. Wenn es zutrifft, dass unser gesamtes Wissen, unsere gesamte Erkenntnis ausschließlich in Form sprachlicher Aussagen besteht, können wir – so Lockes Überlegung – von sicherem Wissen erst dann reden, wenn wir das Medium, in dem sich dieses Wissen notwendig artikulieren muss, eingehend untersucht und auf seine epistemische Verlässlichkeit hin überprüft haben.

Damit vollzieht Locke eine überraschende Wende zur Sprache, indem er die sprachphilosophische Frage nach der »Beschaffenheit, Verwendung und Bedeutung der Sprache« der erkenntnistheoretischen Frage nach »Ursprung, Gewissheit und Umfang der menschlichen Erkenntnis« (Locke 1690, II.xxxiii.19) voranstellt und damit sein ursprünglich *erkenntnistheoretisches* Unternehmen *sprachphilosophisch* reformuliert. Lockes Hinwendung zur Sprache zeigt sich auch darin, dass er sein *Essay* in erster Linie als ein erkenntnis- und sprach*kritisches* Projekt versteht, d. h. als einen Aufweis der Grenzen unseres Erkenntnis- und Sprachvermögens, mit dem Ziel, den Bereich dessen zu bestimmen, was erkennbar und was sagbar ist. Erkenntniskritik wird damit zu Sprachkritik, insofern der »Vorwurf der Unvollkommenheit eher unseren Wörtern als unserem Verstand« zu machen ist (Locke 1690, III.ix.21). Bereits in seinem einleitenden »Sendschreiben an den Leser« bringt Locke dies zum Ausdruck, wenn er festhält, dass »die meisten Streitfragen und Meinungsverschiedenheiten, die unter den Menschen Verwirrung stiften, [...] aus einer unklaren und unbestimmten Verwendung der Wörter [entspringen]« (Locke 1690, 21). Diese Streitigkeiten entstehen vor allem dann, wenn man bedenkenlos vom alltäglichen zum philosophischen Sprachgebrauch übergeht (vgl. Locke 1690, III.ix.14).

In der Folge propagiert Locke das Programm einer umfassenden Kritik des Sprachgebrauchs einhergehend mit einer Semiotik oder »Lehre von den Zeichen«, von der er sich erhofft, dass sie »eine andere Art von Logik« und Erkenntniskritik zu liefern vermag (Locke 1690, IV.xxi.4f.). Ausgehend von der Einsicht, dass sich die philosophischen Streitigkeiten oftmals »mehr um die Bedeutung der Wörter als um eine reale Verschiedenheit in der Auffassung der Dinge drehen« (Locke 1690, III.ix.16) sowie auf dem zweifelhaften und unbestimmten *Gebrauch* der Wörter beruhen, ist es Ziel und Aufgabe der Philosophie, die Sprache von all ihren *Unvollkommenheiten* und *Missbräuchen* zu befreien. Während es sich bei den *Unvollkommenheiten* um Mängel handelt, die in der Sprache selbst begründet sind, betreffen die *Missbräuche* Nachlässigkeiten und Fehler im Gebrauch der Sprache, die häufig noch durch die Unkenntnis der Natur, Verwendung und Bedeutung der Wörter verstärkt werden. Wie Locke festhält, würde in der Tat »ein großer Teil der Streitigkeiten, die in der Welt so viel Lärm verursachen, von selbst aufhören«, »wenn man die Unvollkommenheiten der Sprache als des Instruments der Erkenntnis gründlicher erwägen wollte«. Dann würde nicht nur der »Weg zur Erkenntnis«, sondern, wie Locke spekuliert, »vielleicht auch der Weg zum Frieden viel offener vor uns liegen, als es jetzt der Fall ist« (Locke 1690, III.ix.21).

3.2.2 Sprache als Werkzeug und soziales Band

Den Hauptzweck der Sprache bestimmt Locke gleich zu Beginn des dritten Buches mit dem Titel »Von den Wörtern«. Ausgehend von der Bestimmung des Menschen als eines »geselligen Wesens« (*sociable creature*), definiert Locke die Sprache als »das hauptsächliche Werkzeug und das gemeinsame Band der Gesellschaft« (Locke 1690, III.i.1). Sprache erfüllt demnach eine doppelte Aufgabe: Einerseits fungiert sie als ein Instrument zum Ausdruck und zur Mitteilung unserer Gedanken; andererseits besitzt sie eine soziale Dimension. Damit Sprache diese doppelte Aufgabe erfüllen kann, müssen zwei wesentliche Bedingungen erfüllt sein. Erstens muss die Fähigkeit gegeben sein, artikulierte »Laute als Zeichen für innere Vorstellungen zu verwenden« (Locke 1690, III.i.2), um sie auf diese Weise für andere erkennbar und mitteilbar zu machen. Das heißt, ein sprachlicher Ausdruck erhält erst dadurch Bedeutung, dass eine Sprecher*in diesen mit einer inneren Vorstellung verbindet und damit zu einem sinnlich wahrnehmbaren Merk- und Mitteilungszeichen für sich und andere macht. Wer eine solche Verbindung herstellt, vollzieht einen intentionalen bedeutungsverleihenden Akt. Fehlt diese Verbindung, so »sind die Wörter nichts weiter als bedeutungsloses Geräusch« (Locke 1690, III.ii.7), wie das nachahmende Gekrächze eines Papageien, der zwar artikulierte Laute von sich gibt, mit diesen aber keine Ideen oder Vorstellungen verbindet. Zweitens muss die Möglichkeit gegeben sein, allgemeine abstrakte Ausdrücke und Begriffe zu bilden. Denn eine Sprache, die für jeden Gegenstand einen eigenen Namen hätte, würde die Ausdrücke ins Unendliche vermehren und wäre weder zweckmäßig noch praktikabel. Erst mit der Möglichkeit, allgemeine Begriffe zu bilden, unter die wir die Einzeldinge einordnen und kategorisieren können, wird Wissen möglich und erlangt die Sprache ihre erkenntnisfördernde Kraft (vgl. Locke 1690, III.iii.4). Sprache besitzt folglich nicht nur eine kommunikative, sondern auch eine epistemische und eine soziale Funktion, insofern sie »zur Förderung der Erkenntnis und als Bindeglied der Gesellschaft« dient (Locke 1690, III.x.13).

Die bereits für Platon und Aristoteles zentrale Frage, wie das Verhältnis zwischen den Wörtern und den durch sie bezeichneten Ideen und Dingen genau zu denken ist, entscheidet Locke klar im Sinne der Arbitrarität des Zeichens: Die Verbindung von Wort und Idee ist rein *willkürlich* oder *arbiträr* (*arbitrary*). Es gibt keinerlei natürliche Beziehung zwischen den Wörtern und den Ideen, die durch sie bezeichnet werden; vielmehr erhält diese Verbindung allein Geltung aufgrund einer »vollkommen arbiträren Setzung« (Locke 1690, III.ii.8, Übers. mod.). Während jedoch Platon und Aristoteles davon ausgehen, dass alle Menschen über dieselben Ideen verfügen bzw. dass diese grundsätzlich allen gleichermaßen zugänglich sind, weist Locke diese Auffassung zurück. Ideen sind subjektiv und gehören immer nur dem einzelnen Bewusstsein an, was zugleich heißt, dass die Wörter »ihrer ursprünglichen und unmittelbaren Bedeutung nach nur *die Ideen im Geiste dessen [vertreten], der sie benutzt*« (Locke 1690, III.ii.1). Doch wenn die Wörter immer nur die Ideen im Geist der jeweils Sprechenden bezeichnen, dann stellt sich die Frage, wie sprachliche Verständigung überhaupt möglich ist. Denn dies scheint zu besagen, dass es ebenso viele Bedeutungen eines Wortes wie Sprecher*innen gibt.

Der entscheidende Punkt ist nun, dass dies für Locke kein Dilemma darstellt, sondern vielmehr die »notwendige Voraussetzung« (Locke 1690, III.ii.3) für den sinnvollen Gebrauch der Sprache. Gerade weil wir uns aufgrund »vorhandener eigener Ideen die Ideen anderer vorstellen« und im Sprechen darin übereinstimmen, sie mit denselben Namen zu verbinden, gelangen wir zu gemeinsamen, gesellschaftlich geteilten Bedeutungen (Locke 1690, III.ii.2). In dieser Hinsicht gebrauchen alle die Wörter gleich: als die Kennzeichen der Ideen, die sie im Geiste haben und die sie ausdrücken und anderen mitteilen wollen. Stabilisiert und intersubjektiv vergleichbar werden die jeweils individuellen Bedeutungen durch den allgemeinen Sprachgebrauch und durch die Möglichkeit, die fragliche Bedeutung eines Wortes zu definieren. So gesehen ist zwar die Verbindung zwischen Wort und Idee willkürlich, aber insofern Sprache eine soziale Institution darstellt, ist diese durchaus stabil und nur bedingt im Rahmen kollektiver und historischer Prozesse veränderbar (vgl. Locke 1690, III.ii.8).

Sprachliche Bedeutung erweist sich damit als ein »emergentes« Phänomen in einer Gemeinschaft individueller Sprecher*innen, die über individuelle Bedeutungen verfügen.[22] Von Emergenz lässt sich hier sprechen, weil sprachliche Bedeutung als ein soziales Phänomen sich nicht einfach aus der Summe individueller Einzelbedeutungen erklären lässt. Damit wird zugleich deutlich, dass sprachliche Bedeutungen weder einfach im Kopf sind (in Form von geistigen Vorstellungen oder mentalen Repräsentationen) noch draußen in der Welt (in Form referentieller Objekte) oder von vornherein gegeben sind, sondern vielmehr zwischen den Sprecher*innen in der konkreten Rede immer wieder neu entstehen und ausgehandelt werden.

Als problematisch erweist sich allerdings, dass Locke sprachliche Ausdrücke in erster Linie wie Namen behandelt. Nicht das Wort in seinen unterschiedlichen Erscheinungsformen oder der Satz steht im Mittelpunkt sprachtheoretischer Überlegungen, sondern der Name oder das Substantiv bildet die Grundeinheit der sprachlichen Analyse; andere Wortarten wie Adjektive, Verben, Konjunktion oder Präpositionen werden ignoriert; ebenso alle Fragen der Grammatik und der syntaktischen Kombination einzelner sprachlicher Ausdrücke zu komplexeren

---

22 Vgl. zu dem Aspekt der Emergenz Gärdenfors 1993.

sprachlichen Einheiten. Damit scheint Locke eine Art »Namenstheorie der Bedeutung« zu vertreten, die durch eine instrumentalistische, repräsentationalistische, intentionalistische und atomistische Sprachauffassung gekennzeichnet ist:[23] Als *instrumentalistisch* lässt sich Lockes Konzeption bezeichnen, insofern er Wörter in erster Linie als Merk- und Mitteilungszeichen zum Zwecke der Verständigung begreift. *Repräsentationalistisch* ist sie, insofern die Wörter stellvertretende Zeichen für Ideen sind, die selbst wiederum Zeichen für Gegenstände sein können. Sie ist *intentionalistisch*, insofern ein Ausdruck erst dadurch Bedeutung erhält, dass eine Sprecher*in diesen intentional mit einer Idee verbindet und damit zu einem Zeichen macht; und sie ist *atomistisch*, insofern sprachliche Ausdrücke in erster Linie als Namen verstanden werden, die unabhängig voneinander bedeuten. Eine solche Sprachkonzeption gerät allerdings schnell in Erklärungsnot. Denn es scheint fraglich, dass Sprache bloß ein Instrument zum Zwecke der Verständigung darstellt und dass Bedeutung einfach als eine zweistellige Relation zwischen einem sprachlichen Ausdruck und einer Idee gedacht werden kann. Und auch wenn Intentionalität zweifellos eine wichtige Rolle in all unseren sprachlichen Aktivitäten spielt, so ist damit noch nicht erklärt, wie intentionale Bezüge letztlich sprachliche Bedeutung zu stiften vermögen.

3.2.3 Die konstitutive Kraft der Namen

Lockes Werk bietet jedoch auch Ansatzpunkte, die abseits dieser konventionellen Lesart seine Sprachkonzeption für gegenwärtige systematische Fragestellungen interessant machen. Um dies zu verdeutlichen, ist es notwendig, nochmals auf Lockes Ideenlehre – auf seine Differenzierung zwischen einfachen Ideen, Ideen von Substanzen und Ideen von gemischten Modi – sowie auf seine Unterscheidung zwischen *realen* und *nominalen Wesenheiten* einzugehen. Nach Locke ist die *reale Wesenheit* die innere, reale Beschaffenheit eines Gegenstandes. Die reale Wesenheit ist »das eigentliche Sein eines Dinges [...], wodurch es ist, was es ist« (Locke 1690, III.iii.15). Diese reale Wesenheit ist für den Menschen jedoch letztlich unerkennbar. Erkennbar ist allein die sogenannte *nominale Wesenheit*, d. h. die durch den menschlichen Verstand gebildete und mit einem *Namen* versehene komplexe Idee. So ist z. B. die reale Wesen-

---

[23] Vgl. zu dieser Lesart insbes. Bertram 2010, 61.

heit der Substanz »Gold« für uns unerkennbar; was wir erkennen können und worüber wir nachdenken und sprechen können, ist die nominale Wesenheit, die sich aus den einzelnen einfachen Ideen »metallisch«, »biegsam«, »schmelzbar«, »lösbar in Königswasser« etc. zusammensetzt und durch den Namen »Gold« bezeichnet wird.

Lockes Unterscheidung von realer und nominaler Wesenheit richtet sich damit ausdrücklich gegen den metaphysischen Substanzbegriff und den Glauben an die natürliche Einteilung der Gattungen und Arten. Unsere Unterscheidungen von Gattungen und Arten basieren nach Locke keineswegs auf deren realen Wesenheiten, sondern stellen menschliche Konstruktionen dar: »*[U]nsere verschiedenen Arten [sind] nichts weiter als verschiedene komplexe Ideen, denen man verschiedene Namen beigelegt hat*« (Locke 1690, III.vi.13). Die Idee ist nach Locke nicht länger wie bei Aristoteles oder »im Sinne der Scholastik eine Widerspiegelung oder ein Bild des Dinges, sondern ein selektives Konstrukt« (Eco 1973, 130), eine menschliche Erfindung und Konstruktion, die durch einen Namen fixiert wird. Zwar ist Locke bereit zuzugestehen, dass die Natur viele Einzeldinge hervorbringt, die in ihren sinnlichen Qualitäten – und wahrscheinlich auch in ihrer inneren Konstitution – übereinstimmen; es sind aber nicht die realen Wesenheiten, sondern die Menschen, die die Arten zum Zwecke der Benennung unterscheiden: »die Grenzen der Arten, nach denen man sie klassifiziert, [werden] von den Menschen gezogen« (Locke 1690, III.vi.37).

Folglich ist das, was wir von den Dingen erfassen und begreifen, nicht ihre reale, sondern allein ihre nominale Wesenheit. So bezeichnen die Namen von Substanzen wie *Gold, Mensch, Quecksilber* etc. nach Locke keine realen Wesenheiten, sondern eine »unsichere und wechselnde Zusammenstellung von einfachen Ideen«, die zu einer komplexen Idee vereinigt wird und die individuell, historisch und kulturell variabel ist. Selbst die Idee des *Menschen*, »die uns am vertrautesten ist und mit der wir die intimste Bekanntschaft haben«, ist nicht bei allen Menschen dieselbe. Denn wie wäre es sonst zu erklären, fragt Locke, dass

> mehr als einmal daran gezweifelt worden [ist], ob ein von einem Weib zur Welt gebrachter [missgestalteter] *Fötus* ein *Mensch* sei; es wurde sogar die Frage erörtert, ob er ernährt und getauft werden solle oder nicht. Das aber hätte unmöglich geschehen können, wenn die abstrakte Idee oder Wesenheit, der der Name Mensch zukommt, eine Schöpfung der Natur wäre, nicht aber die unsichere und wechselnde Zusammenstellung von einfachen Ideen,

die der Verstand vereinigt, zum Abstraktum erhoben und benannt hat. (Locke 1690 III.iii.14)

Die Pointe von Lockes Überlegungen ist, dass selbst der Begriff des Menschen noch eine menschliche Konstruktion darstellt und es folglich eine lebensentscheidende Frage sein kann, ob ein Lebewesen diesen Namen erhält oder nicht; »denn einer Art angehören und ein Anrecht auf den Namen jener Art besitzen ist völlig gleichbedeutend« (Locke 1690, III.iii.12). Spricht man einem Lebewesen den Namen »Mensch« zu, so wird es durch diesen Tauf- oder Benennungsakt in die Menschengattung aufgenommen und erhält damit besonderen Schutz und spezielle Rechte; spricht man ihm den Namen »Mensch« ab, so wird es damit aus der Gattung des Menschen ausgeschlossen und darf straflos getötet werden.

Damit lässt sich im Anschluss an Locke auch von einer »normativen« Kraft der Namen sprechen, die sich besonders deutlich bei den *gemischten Modi* zeigt. Die gemischten Modi sind nach Locke willkürliche Kombinationen einfacher Ideen, ohne dass dazu eine vorgängige Bezugnahme auf etwas real Existierendes notwendig wäre (vgl. Locke 1690, III.v.3). Lockes eigene Beispiele sind u. a. »Mord«, »Diebstahl« und »Scherbengericht«. Gebildet werden die gemischten Modi nach ihrer praktischen Relevanz und entsprechend der »verschiedenen Bräuche, Gewohnheiten und Sitten« der unterschiedlichen Gemeinwesen (vgl. Locke 1690, II.xxii.6), was zugleich erklärt, warum es oftmals so schwierig ist, derartige Wörter zu übersetzen. Entscheidend dabei ist, dass die gemischten Modi konkrete Existenz erst durch einen Benennungsakt erlangen, d. h. durch einen sprachlichen Setzungsakt, der die einzelnen Ideen dauerhaft zu einer komplexen Idee verknüpft. Der Name ist laut Locke »gewissermaßen der Knoten« oder das Band, durch den die einzelnen flüchtigen Ideen, die der Verstand nach Belieben zusammenstellt, »fest zusammengehalten werden« (Locke 1690, III.v.10).

Die Wörter repräsentieren also nicht einfach unsere Ideen, sondern es lässt sich mit Locke zeigen, dass sie diese auch mitkonstituieren – und damit unseren kategorialen Zugriff auf die Wirklichkeit mitformen. Damit besitzen die Namen bei Locke eine nicht zu vernachlässigende konstitutive Kraft: Sie benennen nicht bloß etwas, das von vornherein gegeben und ohne jeden Rekurs auf sprachliche Kategorien verstehbar wäre; vielmehr ist es der Name, der über die nominale Wesenheit die Einheit und Identität dessen hervorbringt, was er benennt und damit für uns überhaupt erst intelligibel macht. Das gilt nicht nur für die gemischten Modi, sondern auch für die Ideen von Substanzen. Wenn wir beispielsweise einem Wesen den Namen »Mensch« zu- oder absprechen, so bestimmt dies nicht nur unsere Wahrnehmung und unsere zukünftigen Handlungen, sondern hat auch weitreichende ethische, politische und juridische Konsequenzen; ebenso wenn wir ein bestimmtes Ereignis einmal als »Mord« und das andere Mal als »Notwehr« bezeichnen. In diesem Sinne besitzen Wörter nicht nur eine repräsentative Funktion, sondern eine unsere Wirklichkeit konstituierende Kraft, insofern sie bestimmen, was für uns als Wirklichkeit zählt und wie wir diese normativ bewerten.[24]

Damit nimmt Locke im Kern Überlegungen vorweg, die auch noch in der gegenwärtigen Sprachphilosophie kontrovers diskutiert werden: Sprachliche Bedeutungen befinden sich laut Locke weder in der Welt noch einfach im Kopf, sondern Sprache bildet eine soziale Institution, in der die individuellen Bedeutungen im konkreten Sprachgebrauch und in Interaktion mit anderen permanent ausgehandelt und stabilisiert werden. Als eine solche soziale Tatsache und Institution ist Sprache unhintergehbar. Denkt man diese Überlegungen weiter, dann ist es weder möglich, Sprache auf ein bloßes Mittel zur Kommunikation zu reduzieren, noch einem sprachlichen Ausdruck seine Bedeutung unabhängig von der Existenz und dem Gebrauch anderer Ausdrücke zuzuschreiben. Darüber hinaus scheinen die Wörter nicht einfach nur unsere Ideen zu repräsentieren, sondern sie konstituieren sie auch, wie sich am Beispiel der Substanznamen und der gemischten Modi zeigen lässt. Stellt man schließlich in Rechnung, dass unser Zugriff auf die Welt grundlegend durch die nominalen Wesenheiten vermittelt ist – d. h. durch menschliche Konstruktionen, die allein durch Namen fixiert werden, während uns ein direkter Zugang zu den realen Wesenheiten versperrt bleibt –, dann bedeutet dies, dass jeder intentionale Bezug auf die Wirklichkeit bereits sprachlich vermittelt ist.

---

[24] Zu der konstitutiven Kraft der Sprache bei Locke vgl. auch Streminger 1992, 316.

3.3 Gottfried Wilhelm Leibniz: Entwurf einer Universalsprache

> Gottfried Wilhelm Leibniz (1646–1716) gilt als einer der letzten Universalgelehrten und als einer der wichtigsten Wegbereiter der Aufklärung. Leibniz wird 1646 in Leipzig geboren und studiert Philosophie, Mathematik und Jurisprudenz. 1667 erwirbt er an der Universität Altdorf den juristischen Doktorgrad und tritt danach in den Dienst des Mainzer Kurfürsten Johann Philipp von Schönborn ein. 1673 stellte er der Royal Society in London das Modell einer mechanischen Rechenmaschine vor, die alle vier Grundrechenarten beherrscht. In den folgenden Jahren entwickelt er – unabhängig von Newton – in Paris die Infinitesimalrechnung. 1676 verlässt Leibniz aus finanziellen Gründen Paris und wird Hofrat und Hofbibliothekar des Herzogs Johann Friedrich in Hannover. 1700 wird Leibniz der erste Präsident der Königlich-Preußischen Akademie der Wissenschaften in Berlin. 1716 stirbt Leibniz in Hannover.
>
> Obgleich Leibniz zu seinen Lebzeiten nur wenig veröffentlicht hat, so hat er doch einen umfangreichen Nachlass hinterlassen, der bis heute nicht vollständig ediert ist. Darüber hinaus war Leibniz ein fleißiger Briefeschreiber, der mit über tausend Korrespondenzpartnern in teils intensivem Kontakt stand. Leibniz schrieb und publizierte vor allem auf Französisch und Latein; er verfasste aber auch Schriften auf Deutsch. Zu seinen wichtigsten philosophischen Schriften zählen seine *Essais de Théodicée* (1710, dt. *Versuche in der Theodisée über die Güte Gottes, die Freiheit des Menschen und den Ursprung des Übels*) und *La Monadologie* (1720, dt. *Monadologie*).

Leibniz hat sich Zeit seines Lebens mit sprachphilosophischen, sprachwissenschaftlichen und zeichentheoretischen Fragen auseinandergesetzt, ohne eine geschlossene systematische Abhandlung zur Sprachphilosophie zu verfassen.[25] Seine sprachphilosophischen Überlegungen sind über seine gesamten Schriften und Briefe verstreut. Leibniz betrieb sowohl historisch-etymologische Untersuchungen zur Sprachgeschichte und zum Sprachvergleich als auch Studien zur Entwicklung formaler Zeichensysteme. Während er sich in historischer Hinsicht vom empirischen Sprachstudium vor allem Aufschluss über Herkunft, Verwandtschaft und Wanderungen der Völker erhoffte, interessierte ihn in philosophischer Hinsicht die Sprache als Zeichensystem und als »Spiegel des menschlichen Geistes«, der »mehr als alles andere die Tätigkeitsweise des Verstandes erkennen läßt« (Leibniz 1765, III.vii.6).

---

[25] Einen guten Überblick über Leibniz' Beitrag zur Sprachphilosophie bieten Coseriu 1972, 210ff., Heinekamp 1992 und Poser 1996.

Von seinen Schriften, die sich mit sprachphilosophischen Fragen auseinandersetzen, sind besonders hervorzuheben der »Dialog über die Verknüpfung zwischen Dingen und Worten« (1677), *Unvorgreifliche Gedanken, betreffend die Ausübung und Verbesserung der deutschen Sprache* (entstanden um 1697) sowie Leibniz' ausführliche Entgegnung auf John Lockes *Versuch über den menschlichen Verstand*, die posthum unter dem Titel *Nouveaux essais sur l'entendement humain* veröffentlicht wurde (entstanden 1703–05). In diesem in Dialogform verfassten Text richtet sich Leibniz vor allem gegen Lockes empiristische Grundthese, dass unser gesamtes Wissen allein aus der Erfahrung stammt. Zwar ist Leibniz bereit zuzugestehen, dass all unsere Vorstellungen und Ideen sinnlichen Ursprungs sind; dies gilt jedoch nicht für den Verstand selbst, da dieser nicht aus den Sinnen gewonnen werden kann. Oder wie es Leibniz pointiert formuliert: »Nichts ist im Verstand, was nicht zuvor in den Sinnen war, außer dem Verstand selbst.« (Leibniz 1765, II.i.2).

3.3.1 Funktion und Aufgabe der Sprache

Wie bereits Locke betont auch Leibniz neben der kommunikativen die gedächtnisstützende Funktion der Wörter als Merk- und Mitteilungszeichen. Während jedoch Locke vor allem die kommunikative und soziale Funktion der Sprache unterstreicht, spricht Leibniz der mnemotechnischen Funktion der Sprache das Primat zu.[26] Im Gebrauch der Sprache zeigt sich, so Leibniz in seinen *Unvorgreiflichen Gedanken*, »daß die Worte nicht nur der Gedanken, sondern auch der Dinge Zeichen sind, und daß wir Zeichen nötig haben, nicht nur unsere Meinung andern anzudeuten, sondern auch unsern Gedanken selbst zu helfen« (Leibniz 1697, §5). So wie Mathematiker*innen und Händler*innen Zahlen und Ziffern benötigen, um ihre Berechnungen durchzuführen, so setzen auch wir »nicht nur in äußerlichen Reden, sondern auch in den Gedanken und innerlichen Selbst-Gesprächen das Wort an die Stelle der Sache« (Leibniz 1697, §5). In diesem Sinne sind die Worte gleichsam die »Rechenpfennige« und »Wechselzettel des Verstandes«, die wir nicht nur zum Sprechen, sondern auch zum Denken nötig haben, und von deren rechter Wahl viel abhängt, wenn sie dem Denken und dem Sprechen förderlich sein sollen. Nur wenn die Worte »wohl

---

[26] Vgl. hierzu die Darstellung bei Heinekamp 1992, 322.

gefaßt, wohl unterschieden, zulänglich, häufig, leichtfließend und angenehm sind« (Leibniz 1697, §7), können sie diese Aufgabe erfüllen. Sprache ist folglich nicht einfach nur der »Spiegel des Verstandes« (Leibniz 1697, §1), sondern Sprache wirkt zugleich auf den Verstand zurück. Sprach-, Verstandes- und Kulturentwicklung gehen folglich Hand in Hand und eine Verbesserung der Sprache verspricht eine Steigerung der geistigen und kulturellen Fähigkeiten einer Sprachgemeinschaft. Da zudem »die Sprachen im allgemeinen die ältesten Denkmäler der Völker vor der Schrift und den Künsten sind« (Leibniz 1765, III.ii.1), können laut Leibniz umgekehrt Sprachgeschichte und Sprachvergleich als Schlüssel dienen, um den Ursprung, die Verwandtschaften und die Wanderungen der Völker zu untersuchen.

3.3.2 Die Verknüpfung von Zeichen und Gegenständen

Bereits aus diesen allgemeinen Überlegungen folgt, dass ein Denken ohne symbolische Zeichen letztlich unmöglich ist; vielmehr sind Zeichen für das Denken und Schlussfolgern konstitutiv, wie Leibniz in seinem kurzen, aber maßgeblichen »Dialog über die Verknüpfung zwischen Dingen und Worten« (1677) deutlich macht. Zwar kann es »Gedanken ohne Wörter geben [...]. Aber nicht ohne irgendwelche andere Zeichen«. Das hat zur Konsequenz, »daß ich [...] niemals irgendeine Wahrheit erkenne, entdecke, beweise, ohne im Geiste Wörter oder andere Zeichen zu verwenden. In der Tat würden wir sogar ohne Zeichen nichts distinkt denken oder schlußfolgern können.« (Leibniz 1677a, 31) Doch wenn Denken und Schlussfolgern immer auf konkrete Zeichen angewiesen sind, wie ist dann eine von den jeweiligen Zeichen unabhängige Wahrheit und Erkenntnis überhaupt möglich?

Leibniz löst dieses Problem, indem er die Frage nach der Verknüpfung der Wörter mit den Dingen[27] radikal neu fasst: Entscheidend ist nicht die direkte Verknüpfung von Wort und Gegenstand, sondern vielmehr die Entsprechung zwischen der Ordnung der Zeichen einerseits und der Ordnung der Gegenstände andererseits. Damit reformuliert

---

[27] Leibniz versteht unter »Ding« nicht einfach nur einen raumzeitlichen Gegenstand, sondern auch abstrakte Gegenstände und Ideen, so wie auch »der auf Papier gezeichnete Kreis [...] nicht der wirkliche Kreis« ist (Leibniz 1677a, 31f.). Vgl. hierzu auch Poser 1996, 154.

Leibniz zugleich die klassische Vorstellung von der *Arbitrarität des Zeichens* und schränkt sie auf entscheidende Weise ein: Arbiträr ist allein die direkte Verknüpfung von Wort und Gegenstand, nicht jedoch die syntaktischen Verknüpfungen und Verbindungen, die die Zeichen untereinander eingehen. So sind zweifellos die lateinischen Ausdrücke »lux« (dt. »Licht«) und »fero« (dt. »tragen, bringen«) arbiträr, aber nicht das Kompositum »lucifer« (»Lichtbringer«); ebenso die entsprechenden griechischen Ausdrücke »phôs« und »pherô«, aber nicht die Verbindung »phôsphoros«. Nach diesem Prinzip müsste es, so Leibniz' Überlegung, möglich sein, alle komplexen sprachlichen Ausdrücke auf einfachste Grundwörter und -begriffe zurückzuführen, die dann wiederum so miteinander verknüpft würden, dass sich ihre Ordnung und Struktur auch in den Dingen wiederfinden ließe. Ein solches Programm lässt sich in den natürlichen Sprachen jedoch nur begrenzt durchführen, da einerseits dieses Prinzip in den natürlichen Sprachen nicht konsequent Anwendung findet und andererseits die Grundwörter und -begriffe uns heute großteils nicht mehr bekannt sind. Es muss aber überall dort streng beachtet werden, wo es – wie in der Mathematik oder in den Wissenschaften – um strenge Beweisführung geht, wie Leibniz pointiert festhält:

> Zeichen, wenn sie zur Beweisführung verwendet werden sollen, [müssen] irgendeine Verknüpfung und Ordnung, wie sie auch in den Dingen vorkommen, haben […] – wenn nicht in den einzelnen Wörtern (obgleich dies besser wäre), so doch wenigstens in ihrer Verknüpfung und Verbindung. Diese Ordnung und Entsprechung muß sich – wenn auch auf verschiedene Weise – in allen Sprachen finden. Und das läßt mich auf eine Überwindung der Schwierigkeit hoffen. Denn wenn auch die Zeichen beliebig sind, so ist doch in ihrem Gebrauch und ihrer Verknüpfung etwas, was nicht beliebig ist, nämlich ein Verhältnis [*proportio*] zwischen den Zeichen und den Dingen und damit auch Beziehungen zwischen all den verschiedenen Zeichen, die zum Ausdruck derselben Dinge dienen. Und dieses Verhältnis oder diese Beziehung [*proportio sive relatio*] ist das Fundament der Wahrheit. Sie bewirkt nämlich, daß, ob wir nun diese oder andere Zeichen verwenden, das Resultat stets dasselbe bleibt oder daß die Resultate, die wir finden, äquivalent sind oder in bestimmter Weise einander entsprechen. (Leibniz 1677a, 33f.)

Diese Passage bringt Leibniz' Überlegungen prägnant auf den Punkt: Zwar wäre es wünschenswert, wenn eine natürliche Beziehung zwischen den Dingen und den Wörtern bestehen würde (womit Leibniz sich als ein indirekter Anhänger von Platons Kratylos erweist); doch ist diese fehlende Verbindung kein Manko, solange die Verknüpfungen, die zwischen den Zeichen bestehen, dieselbe Struktur aufweisen wie die Verknüpfungen zwischen den Dingen, auf die die Zeichen referieren. Entscheidend ist folglich nicht die Entsprechung von Wort und Ding (diese wäre immer abhängig von der Wahl dieser oder jener Zeichen), sondern vielmehr die Entsprechung zwischen der Ordnung der Zeichen einerseits und die Ordnung der Dinge andererseits: »Diese Ordnung und Entsprechung muß sich – wenn auch auf verschiedene Weise – in allen Sprachen finden.« (Leibniz 1677a, 34f.) Anders gesagt, das was allen Sprachen und Zeichensystemen gemeinsam sein muss – natürlichen wie künstlichen –, ist diese (logische) Ordnung und Entsprechung, unabhängig von der Wahl dieser oder jener Zeichen, ja selbst unabhängig von der Wahl einer bestimmten Grammatik oder Syntax.

Leibniz selbst erläutert dies am Beispiel unterschiedlicher arithmetischer Kalküle. So ist es für die Wahrheit oder Falschheit einer Rechnung unerheblich, ob man diese oder jene Zeichen wählt, ob man das Dezimal- oder das Duodezimalsystem verwendet, solange das ausgedrückte Verhältnis dasselbe bleibt. Allein »dieses Verhältnis oder diese Beziehung« zwischen der Ordnung der Zeichen und der Ordnung der Dinge, nicht aber die direkte Beziehung von Zeichen und Gegenstand, »ist das Fundament« der Wahrheit« (Leibniz 1677a, 35). Folglich sind die Zeichen für sich betrachtet arbiträr; sie sind es jedoch nicht hinsichtlich ihres Gebrauchs und ihrer syntaktischen Verknüpfung zu komplexen Einheiten – ein Aspekt, der von Locke in seiner Untersuchung der Sprache weitgehend vernachlässigt wurde. »Du siehst, daß, wie beliebig man auch die Zeichen nimmt, dennoch alle Resultate miteinander übereinstimmen, wenn man bei ihrem Gebrauch eine gewisse Ordnung und Regel befolgt.« (Leibniz 1677a, 37)

Das gilt nicht nur für die Sprache, sondern letztlich für alle symbolischen Darstellungs- und Ausdrucksweisen: vom Modell über die geometrische Zeichnung und die algebraische Gleichung bis hin zur gesprochenen oder geschriebenen Rede. Auch hier kommt es Leibniz zufolge nicht darauf an, welche symbolische Ausdrucksweise man wählt, sondern allein auf die analoge Entsprechung zwischen Darstellung und dargestelltem Sachverhalt.

> Die Ausdrucksweise muß Beschaffenheiten enthalten, die den Beschaffenheiten des auszudrückenden Dinges entsprechen. Diese Ausdrucksweisen aber sind unterschiedlich; so drückt z. B. das Modell einer Maschine die Maschine selbst aus, eine perspektivische Umrißzeichnung drückt einen Körper aus, eine Rede drückt Gedanken und Wahrheiten aus, Zeichen drücken

Zahlen aus, eine algebraische Gleichung drückt einen Kreis oder eine andere Figur aus: und weil diese Ausdrucksweisen etwas gemein haben mit der Beschaffenheit des ausgedrückten Dinges, können wir zum Wissen um die Eigenschaften des ausgedrückten Dinges gelangen. Woraus folgt, daß das, was etwas ausdrückt, nicht notwendig von gleicher Art wie das Ausgedrückte sein muß, sofern nur eine gewisse Ähnlichkeit [*analogia*] zwischen beiden gegeben ist. (Leibniz 1678, 63f.)

Relevant ist folglich nicht die direkte Verknüpfung von Zeichen und Gegenstand; ebenso wenig muss das, was ausgedrückt wird, von gleicher Art sein wie das Ausgedrückte oder ihm auch nur ähnlich sein (zwischen einer algebraischen Gleichung und der durch diese ausgedrückten geometrischen Figur besteht keinerlei direkte Ähnlichkeit). Entscheidend ist vielmehr allein die *Analogie* oder *strukturelle Ähnlichkeit* zwischen der Ordnung der Zeichen und der Ordnung der Gegenstände, die für alle Sprachen dieselbe sein muss – ein Gedanke, der vom frühen Wittgenstein im Rahmen seiner logischen Abbildtheorie der Sprache wieder aufgenommen und produktiv weiterentwickelt wird (vgl. Kap. 7.2).

3.3.3 Von der natürlichen zur universalen Sprache

Damit ergibt sich die Möglichkeit, eine logische Struktur zu denken, die allen Sprachen und Zeichensystemen gemeinsam ist. Auch wenn sich die einzelnen Sprachen in ihrer Lexik und Grammatik stark voneinander unterscheiden, sich historisch verändern und entwickeln, so müssen sich diese doch letztlich auf eine allen Sprachen zugrundeliegende universale Struktur zurückführen lassen. Auf dieser logisch-universalen Struktur aufbauend ließe sich dann, wie Leibniz programmatisch fordert, eine philosophische Universalsprache, eine *characteristica universalis* im Sinne eines logischen Kalküls nach dem Vorbild der Mathematik konstruieren.[28]

Eine solche *characteristica universalis*, ein Projekt, das Leibniz Zeit seines Lebens verfolgt, wäre, wie er formuliert, »eine Art Alphabet der menschlichen Gedanken«, von dem ausgehend sich mittels Verknüpfung und Analyse »alles andere entdecken und beurteilen lassen [müßte]« (Leibniz 1677b, 47), kurz, ein universales Zeichensystem, in

---

[28] Zum Projekt einer Universalsprache von Descartes bis Leibniz vgl. Coseriu 1972, 184–195.

dem jedem Zeichen ein einfachster, nicht weiter zu zerlegender Grundbegriff eindeutig zugeordnet wäre. Aus diesen Zeichen ließen sich dann durch Kombination alle komplexen Begriffe und wahren Sätze bilden. In einem solchen Zeichensystem wäre, so Albert Heinekamp, »an den Zeichen selbst zu erkennen, welche Verbindungen wahr und welche falsch sind, und das Denken ließe sich auf ein Operieren mit Zeichen reduzieren […], und alle Fehler wären Rechenfehler« (Heinekamp 1992, 328). Dabei hat Leibniz keineswegs nur die Naturwissenschaften als Anwendungsfeld für seine *characteristica universalis* im Blick, sondern auch Metaphysik, Religion und Moral. Wie die Mathematik, jedoch sehr viel umfassender als diese, würde die *characteristica universalis* – rein nach Vernunftgründen und ohne Beimischung von Affekten – erlauben, »die Lehren, die im Leben am meisten gebraucht werden, d. h. die der Moral und Metaphysik, nach einem unfehlbaren Rechenverfahren zu beherrschen« (Leibniz 1677b, 51), und selbst die Religion würde dann auf ebenso festem Grund stehen wie die Arithmetik und die Geometrie (vgl. Leibniz 1677b, 55).

3.4 Zusammenfassung und Ausblick

Sowohl bei Locke als auch bei Leibniz zeigt sich eine generelle Skepsis gegenüber dem Erkenntniswert der Sprache. Nicht nur erweisen sich die natürlichen Sprachen aufgrund der Unbestimmtheit und Mehrdeutigkeit ihrer Begriffe als anfällig für alle möglichen Formen des Missbrauchs und der Manipulation, sie scheinen auch nur bedingt geeignet zu sein, die wirklichen Verhältnisse exakt auszudrücken. Während diese Unbestimmtheit und Mehrdeutigkeit im alltäglichen Verkehr zwischen den Menschen selten zu Schwierigkeiten führt, so hat sie doch dort nichts verloren, wo es um Wahrheit und Erkenntnis geht. Zugleich sind Locke und Leibniz davon überzeugt, dass Zeichen für das Denken und Schlussfolgern notwendig sind. Ohne die Merk- und Mitteilungsfunktion sprachlicher oder symbolischer Zeichen wäre weder Denken noch Verständigung möglich. Sprach- und zeichentheoretische Überlegungen erweisen sich somit als unumgänglich für erkenntnistheoretische Fragestellungen.

Dabei verfolgen Locke und Leibniz unterschiedliche Lösungsansätze und Strategien. Während Leibniz ausgehend von einem rationalistischen Ansatz das Projekt einer universalen Sprache verfolgt, die frei von den Mängeln und Unzulänglichkeiten der natürlichen Sprachen ist, geht Locke entsprechend seiner empiristischen Grundüberzeugung davon aus, dass jede Kritik und Analyse der Sprache bei der alltäglich gesprochenen Sprache ansetzen muss. Anders gesagt, während sowohl Locke als auch Leibniz – trotz aller Skepsis – von der Möglichkeit einer »gemeinsamen Sprache« der Wissenschaften überzeugt sind und an dem Wahrheitsanspruch der Philosophie festhalten, so unterscheiden sie sich doch wesentlich darin, wie sie diese »gemeinsame Sprache« zu denken versuchen. Während Leibniz eine ideale und erst noch zu konstruierende Sprache im Blick hat, kann diese Sprache nach Locke nur die konkret gesprochene Sprache sein, die als soziale Institution letztlich unhintergehbar ist. Ziel der Philosophie muss es nach Locke sein, die alltägliche Sprache von allen Unvollkommenheiten und Missbräuchen zu reinigen – durch die Vermeidung bedeutungsloser Wörter und die Verwendung von Wörtern ausschließlich nach dem herrschenden Sprachgebrauch.[29] Dagegen ist nach Leibniz die Reformfähigkeit der natürlichen Sprachen begrenzt, auch wenn er die Notwendigkeit und Möglichkeit einer solchen »Verbesserung« der Sprache explizit unterstreicht.

Während folglich nach Locke die natürliche und alltägliche Sprache den Ausgangs- und Endpunkt jeder Sprachreflexion darstellt, muss nach Leibniz – zumindest im Bereich der Wissenschaften – eine neu zu konstruierende universale Sprache, in der alle logischen Verhältnisse klar ausgedrückt sind, das Ziel der philosophischen Anstrengung sein. Das große Verdienst Leibniz' besteht dabei darin, dass er erstmals die Relevanz der Regelhaftigkeit der Sprache für die Bedeutung sprachlicher Ausdrücke mit ins Spiel bringt. Während Locke der Struktur und der Grammatik der Sprache kaum Beachtung schenkt und sich auf semantische und pragmatische Aspekte der Sprache konzentriert, befreit Leibniz die Sprachphilosophie von ihrer einseitigen Konzentration auf die Verbindung von Wort und Gegenstand und zeigt auf, dass sowohl natürliche Sprachen als auch künstliche Zeichensysteme ausgehend von

---

[29] Locke (1690, III.xi) nennt fünf Heilmittel gegen Unvollkommenheiten und Missbräuche der Sprache: 1. keine Verwendung von Wörtern ohne Bedeutung, 2. Verwendung von Wörtern nur mit klar bestimmter Bedeutung, 3. Verwendung der Wörter nach dem herrschenden Sprachgebrauch oder, wenn dies nicht möglich ist, 4. Definition der Wortbedeutung, und 5. Verwendung der Wörter immer in derselben Bedeutung.

ihren Verknüpfungsregeln und den ihnen zugrundeliegenden logischen Verhältnissen beschrieben werden müssen.

Locke und Leibniz vollziehen damit noch vor dem *linguistic turn* des 20. Jahrhunderts eine Hinwendung zur Sprache, auch wenn sie diese Wende noch nicht konsequent zu Ende denken, insofern bei ihnen die Sprachphilosophie die Erkenntnistheorie nicht ablöst, sondern vor allem als propädeutische Hilfsdisziplin für Philosophie und Wissenschaft fungiert. Darüber hinaus deuten Locke und Leibniz wichtige Grundgedanken an, die im 20. Jahrhundert in der Philosophie der normalen Sprache und der Philosophie der idealen Sprache wieder aufgenommen und weiterentwickelt werden. Während Locke im Rahmen seiner Kritik des Sprachgebrauchs Überlegungen des späten Wittgenstein vorwegnimmt und als ein früher Vorläufer einer Philosophie der normalen Sprache aufgefasst werden kann, antizipiert Leibniz die logische Abbildtheorie des frühen Wittgenstein und lässt sich als ein erster Vertreter einer Philosophie der idealen Sprache verstehen.

Offen bleibt dagegen sowohl bei Locke als auch bei Leibniz die Frage, wie der Zusammenhang von Sprache, Denken und Welt letztlich genau zu denken ist, d. h., wie die Verbindung von sinnlicher Wahrnehmung, Vorstellung und Lautäußerung, die bei ihnen scheinbar fraglos vorausgesetzt wird, überhaupt zustande kommt und wie ein (intentionaler) Bezug auf außersprachliche (konkrete oder abstrakte) Gegenstände letztlich möglich ist. Insbesondere die sprachphilosophischen Überlegungen von Herder und Humboldt versuchen, auf diese Fragen eine Antwort zu finden.

3.5 Literatur

Lektüreempfehlungen

Locke, John (1690): *Versuch über den menschlichen Verstand*. Übers. von C. Winckler. 5. Aufl. Hamburg: Meiner 2000, II.xxxiii.19, III.i–ii; III.iii.1–15, ergänzend v.1–10; vi.26–27, 43; x; xi.1–6.

Leibniz, Gottfried Wilhelm (1677a): »Dialog«, in: Leibniz, Gottfried Wilhelm: *Schriften zur Logik und zur philosophischen Grundlegung von Mathematik und Naturwissenschaft*. Philosophische Schriften Bd. 4. Hg. und übers. von Herbert Herring. Hamburg: Meiner 1996, 23–37.

Weitere Literatur

Bertram, Georg W. (2010): *Sprachphilosophie zur Einführung*. Hamburg: Junius.
Coseriu, Eugenio (1972): *Die Geschichte der Sprachphilosophie. Von den Anfängen bis Rousseau*. Neu bearb. und erw. von Jörn Albrecht. Mit einer Vor-Bemerkung von Jürgen Trabant. Tübingen/Basel: Francke 2003.
Eco, Umberto (1973): *Zeichen: Einführung in einen Begriff und seine Geschichte*. Aus dem Ital. von Günter Memmert. Frankfurt a. M.: Suhrkamp 1977.
Gärdenfors, Peter (1993): »The emergence of meaning«, in: *Linguistics and Philosophy* 16 (3), 285–309.
Heinekamp, Albert (1992): »Gottfried Wilhelm Leibniz (1646-1716)«, in: Dascal, Marcelo u.a. (Hg.): *Sprachphilosophie. Ein internationales Handbuch zeitgenössischer Forschung*. Berlin/New York: de Gruyter, 320–330.
Leibniz, Gottfried Wilhelm (1677b): »Anfangsgründe einer allgemeinen Charakteristik«, in: Leibniz, Gottfried Wilhelm: *Schriften zur Logik und zur philosophischen Grundlegung von Mathematik und Naturwissenschaft*. Philosophische Schriften. Bd. 4. Hg. und übers. von Herbert Herring. Frankfurt a. M.: Suhrkamp 1996, 39–58.
Leibniz, Gottfried Wilhelm (1678): »Was ist eine Idee?«, in: Leibniz, Gottfried Wilhelm: *Schriften zur Logik und zur philosophischen Grundlegung von Mathematik und Naturwissenschaft*. Philosophische Schriften. Bd. 4. Hg. und übers. von Herbert Herring. Frankfurt a. M.: Suhrkamp 1996, 59–66.
Leibniz, Gottfried Wilhelm (1697): *Unvorgreifliche Gedanken, betreffend die Ausübung und Verbesserung der deutschen Sprache. Zwei Aufsätze*. Hg. von Uwe Pörksen. Kommentiert von Uwe Pörksen und Jürgen Schiewe. Stuttgart: Reclam 1995.
Leibniz, Gottfried Wilhelm (1765): *Neue Abhandlungen über den menschlichen Verstand*. Philosophische Schriften. Bd. 3. Französisch/Deutsch. Hg. und übers. von Wolf von Engelhardt und Hans Heinz Holz. Frankfurt a. M.: Suhrkamp 1996.
Locke, John (1690): *An Essay concerning Human Understanding*. Ed. with a foreword by Peter H. Nidditch. Eight Impression. Oxford: Clarendon Press 1991.
Poser, Hans (1996): »Gottfried Wilhelm Leibniz (1646–1716)«, in: Borsche, Tilman (Hg.): *Klassiker der Sprachphilosophie. Von Platon bis Noam Chomsky*. München: Beck, 147–160.
Rogers, G. A. J. (1997): »Zur Entstehungsgeschichte des *Essay concerning Human Understanding*«, in: Thiel, Udo (Hg.): *John Locke, Essay über den menschlichen Verstand*. Berlin: Akademie, 11–38.
Streminger, Gerhard (1992): »John Locke (1632–1704)«, in: Dascal, Marcelo u. a. (Hg.): *Sprachphilosophie. Ein internationales Handbuch zeitgenössischer Forschung*. Berlin/New York: de Gruyter, 308–320.

4 Sprache als Medium der Welterschließung: Herder und Humboldt

4.1 Hermeneutische Zugänge zur Sprache

Im vorigen Kapitel ist deutlich geworden, dass Locke und Leibniz der Sprache und der Frage nach der sprachlichen Verfasstheit von Wahrheit und Erkenntnis eine wichtige Rolle zugestehen und damit eine erste Wende zur Sprache vollziehen. Mit Johann Georg Hamann (1730–1788), Johann Gottfried Herder (1744–1803) und Wilhelm von Humboldt (1767–1835) rückt die Sprache abermals, wenn auch unter anderen Vorzeichen, als zentrales Thema der Philosophie in den Fokus der Aufmerksamkeit.[30]

Die explizite Hinwendung zur Sprache bei diesen Denkern lässt sich als kritische Auseinandersetzung mit der philosophischen Tradition der Neuzeit verstehen, insbesondere mit Immanuel Kant, mit dem die genannten Autoren zum Teil persönlich bekannt und mit dessen Werk sie bestens vertraut waren. In Kants *Kritik der reinen Vernunft*, aber auch in den Werken der wichtigsten Vertreter des Deutschen Idealismus, spielt Sprache – zumindest vordergründig – keine tragende Rolle.[31] Dagegen versuchen Hamann, Herder und Humboldt in ihren Schriften aufzuzeigen, dass der menschliche Weltbezug und die menschliche Vernunft grundlegend sprachlich verfasst sind. Sprache rückt dabei im Zuge ihrer Untersuchungen nicht nur in erkenntnistheoretischer Hinsicht, sondern auch im Sinne einer grundlegenden Bestimmung des Menschseins in den Mittelpunkt der Betrachtung.

Obwohl alle drei Denker als akademische Außenseiter bezeichnet werden können, darf ihr Einfluss nicht unterschätzt werden. Gerade im 20. Jahrhundert wurden bei Hamann, Herder und Humboldt immer wieder Anleihen und Anregungen für die Theoriebildung gesucht. Explizite Bezugnahmen finden sich vor allem bei späteren Vertretern der

---

[30] Hamann, der mit seiner *Metakritik über den Purismus der Vernunft* (1784) die Auseinandersetzung mit Kant vor einem sprachphilosophischen Hintergrund forcierte, wird aufgrund der vielfachen Voraussetzungen und der hohen Komplexität seiner Schriften im Rahmen dieser Einführung nicht berücksichtigt.

[31] Auf implizite Ansätze einer Sprachphilosophie bei Kant und Hegel haben bereits Simon (1996) und Hoffmann (1996) aufmerksam gemacht.

philosophischen Hermeneutik, wie etwa bei Martin Heidegger und Hans-Georg Gadamer, aber auch bei Ernst Cassirer und Jürgen Habermas.

4.2 Johann Gottfried Herder: Der Ursprung der Sprache

Johann Gottfried Herder, 1744 in Mohrungen (dem heutigen Morag/Polen) geboren, wächst in bescheidenen Verhältnissen auf und studiert Theologie in Königsberg, wo er auch begeisterter Hörer von Immanuel Kant ist; seit seiner Studienzeit unterhält er zudem ein freundschaftliches Verhältnis zu Hamann. Neben seinen sprachphilosophischen Arbeiten verfasst er eine Reihe von literaturhistorischen, sprachgeschichtlichen sowie ästhetischen und geschichtsphilosophischen Studien. Nach Wanderjahren als Hauslehrer und Prediger, die ihn u. a. nach Riga und Straßburg bringen, bekleidet er – nicht zuletzt auf Betreiben Goethes – ab 1776 das Amt des Oberpredigers in Weimar und bleibt dort bis zu seinem Tod 1803.

Zu Herders wichtigsten sprachphilosophischen Werken zählt seine *Abhandlung über den Ursprung der Sprache* (1772), deren zentrale Passagen im Folgenden genauer erörtert werden sollen. Er widmet sich aber auch in anderen Texten und Zeit seines Lebens eindringlich der Sprachthematik, wie z. B. in *Ueber die neuere Deutsche Litteratur* (1767), *Vom Erkennen und Empfinden der menschlichen Seele* (1778), *Ideen zur Philosophie der Geschichte der Menschheit* (1784–91), *Über die Fähigkeit zu sprechen und zu hören* (1795) oder *Metakritik zur Kritik der reinen Vernunft* (1799).[32]

In seiner 1770 verfassten und 1772 erstmals publizierten *Abhandlung über den Ursprung der Sprache*[33] setzt sich der damals noch nicht einmal dreißigjährige Herder kritisch mit der – insbesondere im 18. Jahrhundert stark diskutierten – Frage auseinander, unter welchen Umständen

---

[32] Einen guten Überblick über die deutschsprachige Forschungslandschaft zu Herder bietet das *Herder-Handbuch* (Clairmont/Greif/Heinz 2015) sowie der Sammelband *Herder im Spiegel der Zeiten* (Borsche 2006); besonders hervorzuheben ist darin der Aufsatz »Herders antireduktionistische Sprachphilosophie« von Georg W. Bertram (Bertram 2006).

[33] In der Forschung werden in der Regel zwei unterschiedliche Werkausgaben zitiert: *Johann Gottfried Herder Werke*. Hg. von Ulrich Gaier et al. Frankfurt a. M.: Deutscher Klassiker Verlag 1985ff.; *Johann Gottfried Herder Sämtliche Werke*. Hg. von Bernard Suphan et al. Berlin: Weidmannsche Buchhandlung 1877ff. Nachdem beide Ausgaben für den studentischen Gebrauch nicht erschwinglich sind, wird hier auf die verbreitete Ausgabe von Reclam zurückgegriffen.

und in welcher Weise die Menschheit zur Sprache gekommen sei. Entgegen der weit verbreiteten Auffassung, dass der Ursprung der Sprache in einer Art Gründungsszenario verortet werden könne, geht Herder davon aus, dass die Bezugnahme auf Welt als immer schon sprachlich bestimmt und strukturiert gedacht werden muss. Entsprechend weist er die Vorstellung eines »Ursprungs« der Sprache, als ob davor so etwas wie eine sprachfreie Menschheit existieren würde, zurück.

Herder zufolge macht es keinen Sinn, eine zunächst sprachlose Existenz des Menschen anzunehmen und das menschliche Sprachvermögen erst als nachträgliche Errungenschaft anzusehen. Mit dieser Herangehensweise an die Frage nach dem Sprachursprung knüpft er an die auf Aristoteles zurückgehende Wesensbestimmung des Menschen als sprachbegabtes Lebewesen (*zôon lógon échon*) an und treibt diese Einsicht weiter, indem er den Blick auf den Zusammenhang von Sprache, Denken und Welt lenkt. Er versucht deutlich zu machen, dass diese drei Bereiche nicht unabhängig voneinander konzipiert werden können, sondern immer schon in irreduzibler Weise ineinander verschränkt sind.

4.2.1 Kritik göttlicher und tierischer Sprachursprungstheorien

Herders Abhandlung über die Sprache arbeitet sich zunächst an zwei Extrempositionen ab, die Sprache entweder auf einen »göttlichen« oder einen »tierischen« Ursprung zurückzuführen suchen.

Als Vertreter einer »göttlichen« Sprachursprungstheorie wird in der *Abhandlung* Johann Peter Süßmilch (1707–1767) angeführt.[34] Süßmilchs Auffassung nach kann die Sprache aufgrund ihrer grammatischen Vollkommenheit kein menschliches Machwerk sein. Sie muss den Menschen durch Gott gelehrt worden sein. In der Diskussion von Süßmilchs Theorie des göttlichen Ursprungs der Sprache macht Herder auf unzulässige Vorannahmen aufmerksam. Herder fragt nämlich, ob die von Süßmilch vorgeschlagene Unterrichtssituation nicht bereits ein Vernunft- und Sprachvermögen in Anspruch nehmen muss, womit diese Erläuterung implizit das voraussetzen würde, was sie explizit zu erklären versucht:

---

[34] Herder bezieht sich auf Süßmilchs Schrift *Versuch eines Beweises, daß die erste Sprache ihren Ursprung nicht von Menschen, sondern allein vom Schöpfer erhalten habe* (1766).

> Ohne Sprache hat der Mensch keine Vernunft und ohne Vernunft keine Sprache. Ohne Sprache und Vernunft ist er keines göttlichen Unterrichts fähig, und ohne göttlichen Unterricht hat er doch keine Vernunft und Sprache – wo kommen wir da je hin? Wie kann der Mensch durch göttlichen Unterricht Sprache lernen, wenn er keine Vernunft hat? Und er hat ja nicht den mindesten Gebrauch der Vernunft ohne Sprache. Er soll also Sprache haben, ehe er sie hat und haben kann? (Herder 1772, 37)

Herder wirft Süßmilch vor, seine These vom göttlichen Ursprung der Sprache durch Überlegungen zu begründen, die bereits ein Sprachvermögen in Anspruch nehmen; damit begeht Süßmilch in Herders Augen einen Zirkelschluss. Denn erst aufgrund seiner Vernünftigkeit ist der Mensch überhaupt in der Lage, am Unterrichtsgeschehen zu partizipieren; um aber denken und verstehen zu können, muss der Mensch bereits Sprache besitzen. Sprache und Vernunft setzen sich folglich wechselseitig voraus und bedingen einander, was zugleich heißt, dass Sprache kein sekundäres Vermögen ist, das zum Menschsein additiv hinzukommt. Die göttliche Ursprungstheorie erweist sich somit als unhaltbar.

In einem zweiten Schritt weist Herder auch die »tierische« Sprachursprungstheorie zurück, als deren Vertreter exemplarisch Étienne B. de Condillac (1715–1780) genannt wird.[35] Dieser behauptet, dass ausgehend von der unmittelbaren und noch gänzlich unartikulierten Kundgabe von Empfindungen wie Schmerz oder Lust, Sprache sich allmählich ausdifferenziert. Um diese Annahme zu untermauern, entwirft Condillac das Szenario zweier von jeder menschlichen Zivilisation isolierter Wüstenkinder. Diese wären laut Condillac in der Lage, ausgehend von einfachsten Empfindungsäußerungen sprachliche Ausdrucksformen zu entwickeln. Sie könnten Sprache auf scheinbar gänzlich natürliche Weise erfinden, indem sie einander auf Dinge und Sachverhalte aufmerksam machen und diese benennen. Doch auch in dieser Ursprungstheorie – so Herders Einwand – wird wiederum das vorausgesetzt, was erst erklärt werden soll, nämlich die Verbindung von Laut und bezeichnetem Gegenstand. Herder möchte im Gegenzug deutlich machen, dass jeder menschliche Objektbezug nur vor dem Hintergrund der Sprache gedacht werden kann. Sprache fungiert damit nicht mehr

---

35 Vgl. Herder 1772, 17; Herder bezieht sich vornehmlich auf die §§2–6 von Condillacs *Essai sur l'origine des connaissances humaines* (1746–54).

als nachträgliches Kommunikations- oder Ausdrucksmittel, sondern gehört *ab ovo* zum menschlichen Weltzugriff.[36]

In klarer Abgrenzung zur göttlichen und zur tierischen Sprachursprungstheorie versucht Herder aufzuzeigen, dass die spezifische Vernünftigkeit des Menschen nur als sprachliche gedacht werden kann und dass Sprache bereits Rationalität beinhaltet. Um methodisch nicht in dieselbe Falle wie die beiden skizzierten Extrempositionen zu tappen, müssen sprachphilosophische Überlegungen laut Herder *zum einen* klären, wie sich Menschen auf die Welt beziehen und welche Rolle hierbei Sprache einnimmt. Mit diesem Fokus rückt das Verhältnis von Sprache und Welt ins Zentrum der Aufmerksamkeit. *Zum anderen* muss das Verhältnis von Denken und Sprache erörtert werden. Mit dieser doppelten Perspektive stellt Herder in Aussicht, den Zusammenhang von Sprache, Denken und Welt nachzuzeichnen sowie den Nachweis zu erbringen, dass deren konstitutives Aufeinanderverwiesensein wesentlich für den Menschen ist.

4.2.2 Die menschliche Besonnenheit

Der Ursprung der Sprache lässt sich, wie Herder argumentiert, weder als göttlich noch als tierisch und damit als nachträgliche Errungenschaft des Menschen erklären. Folglich muss, so Herders Überlegung, Sprache als genuines Charakteristikum des Menschen begriffen werden. Um diese Behauptung zu untermauern, grenzt Herder den Menschen zunächst vom Tier ab, um daran anschließend die sprachliche Vernünftigkeit des Menschen zu behandeln. Herder macht auf einen grundlegenden Unterschied zwischen Mensch und Tier aufmerksam: Tiere sind für ihn dadurch gekennzeichnet, dass sie sich in einen »Kreis« eingebettet vorfinden, den sie Zeit ihres Lebens nicht verlassen, ja nicht zu verlassen brauchen. Sie bewegen sich instinktiv in festgelegten Bahnen und besitzen eine grundlegende Orientiertheit. Im Gegensatz zu dieser strikten Umweltgebundenheit des Tieres beschreibt Herder den Menschen als ein Wesen, das sich »ohne Kreis« und damit ohne instinktgeleitete Sicherheit bewegen muss. Insofern der Mensch weniger stark durch seine Instinkte bestimmt ist als das Tier, ist er gezwungen, seine

---

[36] Zu einer interessanten Variante einer Sprachursprungstheorie aus kognitions- und evolutionsbiologischer Sicht vgl. Tomasello 2008.

Sinne und Vermögen je nach unterschiedlichen Kontexten und Situationen so einzusetzen, dass er zuallererst eine Orientierung gewinnt. Aufgrund dieses Mangels wird der Mensch Herders Auffassung nach genötigt, seine Unsicherheit zu kompensieren und mit der Offenheit, die ihn vom Tier unterscheidet, konstruktiv umzugehen.

Dass dem Menschen im Gegensatz zum Tier das Vermögen zukommt, sich zu seiner eigenen Unbestimmtheit zu verhalten, beruht auf seiner Vernünftigkeit. Die Vernunft, die Herder dabei im Auge hat, ist keine abstrakte oder formale, sondern ist durch einen Bezug zur Sinnlichkeit gekennzeichnet. Terminologisch fasst er diese spezifisch menschliche Fähigkeit mit den Begriffen »Reflexion« und »Besonnenheit«. Diese Vermögen erlauben es dem Menschen, sich in ein mittelbares Verhältnis zu weltlichen Gegebenheiten zu bringen:

> Der Mensch beweiset Reflexion, wenn die Kraft seiner Seele so frei würket, daß sie in dem ganzen Ozean von Empfindungen, der sie durch alle Sinnen durchrauschet, *eine* Welle, wenn ich so sagen darf, absondern, sie anhalten, die Aufmerksamkeit auf sie richten und sich bewußt sein kann, daß sie aufmerke. (Herder 1772, 32)

Reflexion bedeutet nach Herder folglich dreierlei: Die Fähigkeit des Menschen, aus einer breiten Palette von Empfindungen erstens ein besonderes Merkmal von anderen Merkmalen zu unterscheiden, zweitens es festzuhalten und drittens es als solches aufmerksam zu betrachten.

Auch wenn aus heutiger Perspektive diese plane Differenzierung von Mensch und Tier problematisch ist, so ist es doch instruktiv nachzuvollziehen, wie Herder im weiteren Verlauf seiner Abhandlung aufzuzeigen versucht, dass die spezifisch menschliche Art der Bestimmung von einzelnen Merkmalen zugleich sprachlicher Natur ist. Zur Explikation seiner These entwirft er anschaulich ein kurioses Szenario, in dem ein Mensch ein Schaf »kennenlernt«. Im Unterschied zum instinktgeleiteten Verhalten eines Tieres – etwa zu einem Wolf, der das Schaf reißen will –, ist der Mensch in der Lage, mit »Besonnenheit« auf die Wahrnehmung des Schafes zu reagieren:

> Sobald er [der Mensch] in die Bedürfnis kommt, das Schaf kennenzulernen, so störet ihn kein Instinkt, so reißt ihn kein Sinn auf dasselbe zu nahe hin oder davon ab: es steht da, ganz wie es sich seinen Sinnen äußert. Weiß, sanft, wollicht – seine besonnen sich übende Seele sucht ein Merkmal – das Schaf *blöket*! Sie hat Merkmal gefunden. Der innere Sinn würket. Dies Blö-

ken, das ihr am stärksten Eindruck macht, das sich von allen andern Eigenschaften des Beschauens und Betastens losriß, hervorsprang, am tiefsten eindrang, bleibt ihr. (Herder 1772, 33)

Entscheidend ist hier zweierlei: Nicht nur ist der Mensch in der Lage, mit Besonnenheit dem Schaf gegenüber zu treten, sondern diese Instinktunabhängigkeit und Reflektiertheit erlaubt ihm darüber hinaus, ein bestimmtes Merkmal des sinnlich Erfahrenen abzusondern, herauszugreifen und festzuhalten. Diese menschliche Zugangsweise zur Welt ist dabei weder von Leidenschaften noch von Desinteresse geprägt, sondern hält die Balance zwischen Nähe und Ferne. Welches Merkmal sich der Mensch aussucht, scheint zwar prinzipiell zufällig zu sein – das Schaf stellt sich als »weiß, sanft, wollicht« dar –, doch es ist wohl nicht ganz zufällig, dass Herder mit dem Verweis auf das Blöken den inneren Hörsinn mit ins Spiel bringt, der gegenüber dem äußeren Seh- und Tastsinn hervorgehoben wird. Im Hörsinn besteht, wie sich gleich zeigen wird, eine größere Affinität zum (inneren Merk-)Wort. Dieses dient der Wiederkennung, denn die Identifizierungsleistung lässt sich in anderen Kontexten und Situationen wiederholen, indem das herausgegriffene Merkmal (hörend) erkannt und zugleich (innerlich sprechend) benannt wird:

> Das Schaf kommt wieder. Weiß, sanft, wollicht – sie [die menschliche Seele] sieht, tastet, besinnet sich, sucht Merkmal – es blökt, und nun erkennet sies wieder! »Ha! du bist das Blökende!« fühlt sie innerlich, sie hat es menschlich erkannt, da sies deutlich, das ist mit einem Merkmal, erkennet und nennet. (Herder 1772, 33)

4.2.3 Der Zusammenhang von Erkennen und Benennen

Der Konnex von Erkennen und Benennen ist der entscheidende Punkt, auf den hin Herders Überlegungen sich zuspitzen. Herder versucht auf diese Weise zu verdeutlichen, dass die Bezugnahme auf distinkte Momente der erfahrenen Welt – das Herausgreifen eines Merkmals, das zum Erkennen und Wiedererkennen dient – bereits sprachlich ist:

> Käme er [der Mensch] also auch nie in den Fall, einem andern Geschöpf diese Idee zu geben, und also dies Merkmal der Besinnung ihm mit den Lippen vorblöken zu wollen oder zu können, seine Seele hat gleichsam in ihrem Inwendigen geblökt, da sie diesen Schall zum Erinnerungszeichen wählte, und wiedergeblökt, da sie ihn daran erkannte – *die Sprache ist erfunden!*

Ebenso natürlich und dem Menschen notwendig erfunden, als der Mensch ein Mensch war. (Herder 1772, 33f.)

Eindringlich macht Herder auf die Verschränkung von sinnlich gegebenem Merk*mal* (»blöken«) und innerlich nachvollzogenem Merk*wort* (»vorblöken«, »wiederblöken«) aufmerksam. Das Merkmal erlaubt es dem Menschen, ein differentielles Moment als solches zu identifizieren, von anderen zu unterscheiden – denn nur das Schaf blökt –, und zu reidentifizieren (»Ha! du bist das Blökende!«).

Die Pointe der Herder'schen Überlegungen besteht darin, diesen Prozess selbst, durch den Merkmale zu Merkworten werden, bereits als einen genuin sprachlichen Vorgang zu verstehen – noch vor jeder konkreten sprachlichen Artikulation. Damit ist die Sprache konstitutiv mit dem menschlichen Weltbezug und mit Bewusstsein verwoben. Sprache bestimmt demnach grundlegend den menschlichen Umgang mit den Dingen und ermöglicht es, Gegebenheiten zu differenzieren sowie zu (re-)identifizieren und damit sowohl als solche zu erkennen als auch ausdrücklich zu benennen.

Sprachvermögen und Weltwissen gehen folglich nach Herder beim Menschen Hand in Hand und lassen sich nicht aufeinander reduzieren. Weder gibt es Sprache ohne Welt, noch Welt ohne Sprache. Sprache wird ebenso in der konkreten Auseinandersetzung mit der Welt gewonnen, wie Welt sprachlich – über das Festhalten von Merkmalen und die Bildung von Merkworten – erschlossen wird. Für Herder müssen Weltwissen, intentionaler Bezug und Sprache daher als ein ineinander verschränkter und sich wechselseitig bedingender Prozess verstanden werden. Welt, Denken und Sprache stehen in einem intrinsischen Verhältnis. Kein Moment kann auf ein anderes zurückgeführt oder kausalursächlich von diesem abgeleitet werden.

Bei Herder finden sich somit einige produktive Hinweise auf die Sprachlichkeit des Weltzugangs sowie auf das konstitutive Bedingungsverhältnis von Sprache, Denken und Welt. Völlig offen bleibt dagegen, in welchem Verhältnis die einzelnen (Merk-)Wörter zueinander stehen. Insofern liegt die Vermutung nahe, dass Herders Konzeption einen semantischen Atomismus impliziert, nach dem die einzelnen Worte unvermittelt nebeneinander stehen und nicht weiter nach deren grammatischer und syntaktischer Verbindung gefragt wird. Unklar bleibt ferner, welche Rolle die soziale Dimension der Sprache für Herder spielt. In seinen Überlegungen entwickelt sich Sprache ja geradezu monologisch im einzelnen Subjekt und seinem Verhältnis zur Welt, ohne dass geschichtlich-kulturelle Dimensionen weiter berücksichtigt werden. Humboldts Überlegungen zur Sprache lassen sich als Antworten auf diese offenen Punkte lesen.

4.3 Wilhelm von Humboldt: Sprache als Weltansicht

Wilhelm von Humboldt, 1767 in Potsdam geboren, entstammt einer preußischen Offiziersfamilie, die in den Adelsstand erhoben wurde. Zusammen mit seinem Bruder Alexander, dem bekannten Naturforscher, genießt er sehr früh eine umfassende Bildung, die sich auch auf klassische und moderne Sprachen erstreckt. Er studiert Jurisprudenz mit der Absicht, später in den Staatsdienst einzutreten. Neben seinem Studium setzt er sich jedoch zugleich intensiv mit Sprachen auseinander und widmet sich eingehend auch der Literatur sowie der Philosophie. Seit 1789 unterhält er eine Freundschaft mit Goethe und Schiller; ebenso ist er mit den Gebrüdern Schlegel, mit Novalis und Schleiermacher bekannt. Neben der Übernahme hochrangiger diplomatischer Tätigkeiten, die beispielsweise in seiner Rolle als Gesandter Preußens einen längeren Romaufenthalt mit sich bringt, zeichnet er für umfangreiche Bildungsreformen im preußischen Staat verantwortlich, die unter anderem zur Gründung der Berliner Universität führen, die noch heute seinen Namen trägt. Humboldt starb 1835 auf seinem Anwesen in Tegel nahe Berlin.[37]

Parallel zu seinen vielfältigen diplomatischen und politischen Aktivitäten betreibt Humboldt Zeit seines Lebens Sprachstudien, die durch sein philologisches, aber auch philosophisches Interesse motiviert sind. Aufgrund seiner empirischen Forschungstätigkeit – auch zu unterschiedlichen außereuropäischen Sprachen – gilt Humboldt heute als ein wichtiger Begründer der historisch-vergleichenden Sprachwissenschaft. Aus sprachphilosophischer Perspektive von besonderem Interesse ist die umfangreiche Einleitung mit dem Titel »Über die Verschiedenheit des menschlichen Sprachbaues und ihren Einfluß auf die geistige Entwicklung des Menschengeschlechts«, die er seiner Studie *Über die Kawi-Sprache auf der Insel Java* voranstellt und in der

---

[37] Eine grundlegende Einführung zu Humboldt liefert Borsche (1990), einen guten Überblick bietet Mueller-Vollmer (2011). Humboldts Schriften werde in der Forschung nach zwei Werkausgaben zitiert: *Wilhelm von Humboldt. Gesammelte Schriften. Ausgabe der Preußischen Akademie der Wissenschaften.* Hg. von Albert Leitzmann, Berlin 1903–1936 [Nachdruck 1968]. *Wilhelm von Humboldt. Werke in fünf Bänden.* Hg. von Andreas Flitner und Klaus Giel. Darmstadt: WBG 1960 ff. [Studienausgabe 2002]. Nachdem beide Ausgaben für den studentischen Gebrauch nicht erschwinglich sind, wird hier auf die verbreitete Ausgabe *Schriften zur Sprache* im Reclam-Verlag zurückgegriffen.

> Humboldt eine umfassende philosophische Erörterung unternimmt. Daneben finden sich im seinem Gesamtwerk noch weitere, meist kleinere Arbeiten zur Sprachphilosophie und Sprachwissenschaft, wie z. B. *Ueber das Entstehen der grammatischen Formen, und ihren Einfluss auf die Ideenentwicklung* (1822) oder *Ueber den Dualis* (1827).

4.3.1 Die sprachliche Erschlossenheit von Welt

Humboldts sprachphilosophische Erörterungen gehen wie die von Herder davon aus, dass Sprache für den menschlichen Weltzugang und für das eigene Selbstverhältnis von zentraler Bedeutung ist. Damit weist auch Humboldt jene Sprachauffassungen zurück, die Sprache lediglich als nachträgliche und äußerliche Vermittlungsinstanz zwischen Geist und Welt begreifen. Programmatisch bringt er seine Einsicht in einem Brief an Schiller vom September 1800 auf den Punkt:

> Die Sprache stellt offenbar unsre ganze geistige Tätigkeit subjektiv (nach der Art unsres Verfahrens) dar; aber sie erzeugt auch zugleich die Gegenstände, insofern sie Objekte unsres Denkens sind. Denn ihre Elemente machen die Abschnitte in unserm Vorstellen, das, ohne sie, in einer verwirrenden Reihe fortgehen würde. [...] Die Sprache ist daher, wenn nicht überhaupt, doch wenigstens sinnlich das Mittel, durch welches der Mensch zugleich sich selbst und die Welt bildet, oder vielmehr seiner dadurch bewußt wird, daß er eine Welt von sich abscheidet. (Humboldt 1800, 206f.)

Humboldt macht mit seinen Ausführungen Schiller gegenüber deutlich, dass die geistigen Tätigkeiten des Menschen sich in der Sprache artikulieren und diese zugleich dafür verantwortlich sind, dass Gedanken objektiv fassbar werden und nicht bloß flüchtig vorüberziehen. Das Denken gewinnt in der Sprache einen Halt. Dieses Vermögen,»Objekte unseres Denkens« zu bilden, führt dazu, dass der Mensch in der Lage ist, ein distinktes Verhältnis zur Welt auszubilden.

Um diese produktive Kraft der Sprache deutlicher machen zu können, ist es nach Humboldt erforderlich, Sprache, Denken und Welt aus ihrem wechselseitigen Bedingungsverhältnis heraus zu begreifen. In Anschluss an Herder insistiert Humboldt darauf, dass sich die geistige Tätigkeit ohne Versprachlichung im Unbestimmten verlieren würde. Denken formiert sich in der Sprache begrifflich und sie wirkt darüber hinaus in der stimmlichen Äußerung auf den Geist zurück. Damit tritt das produktive Wechselspiel zwischen Denken und Sprechen, zwischen subjektivem Vollzug und objektivem Gehalt, bei Humboldt dezidiert in den Mittelpunkt des Interesses:

> Die Sprache ist das bildende Organ des Gedankens. Die intellektuelle Tätigkeit, durchaus geistig, durchaus innerlich und gewissermaßen spurlos vorübergehend, wird durch den Laut in der Rede äußerlich und wahrnehmbar für die Sinne. Sie [die intellektuelle Tätigkeit] und die Sprache sind daher eins und unzertrennlich voneinander. Sie ist aber auch in sich an die Notwendigkeit geknüpft, eine Verbindung mit dem Sprachlaute einzugehen; das Denken kann sonst nicht zu einer Deutlichkeit gelangen, die Vorstellung nicht zum Begriff werden. Die unzertrennliche Verbindung des Gedanken, der Stimmwerkzeuge und des Gehörs zur Sprache liegt unabänderlich in der ursprünglichen, nicht weiter zu erklärenden Einrichtung der menschlichen Natur. (Humboldt 1830–35, 45f.)

Humboldt macht in diesem Textabschnitt Folgendes deutlich: Nur in und durch die Sprache kann sich das Denken ausprägen; sie fungiert als das »bildende Organ des Gedankens«, d. h. als Medium und nicht als abbildendes Werkzeug.[38] Erst mit dem Sprechen wird das Denken vernehmbar und erweist sich als Beständiges. Das Denken kann ohne diese sinnliche Konkretisierung, wie Humboldt argumentiert, »nicht zu einer Deutlichkeit gelangen, die Vorstellung nicht zum Begriff werden«. Dem Vollzug des Denkens und dem Vollzug des Sprechens ist jedoch eine weitere – *rezeptive* – Dimension eingeschrieben: Die Äußerungen müssen nämlich gehört und verstanden werden, um auf den Menschen zurückwirken zu können. Auf dieser Verschränkung von Denken, Sprechen und Hören bzw. Vernunft, Sprache und Verstehen beruht die »menschliche Natur«. Humboldt möchte mit diesen Hinweisen das Denken keineswegs auf Sprache reduzieren, sondern vielmehr darauf aufmerksam machen, dass Sprache den Vernunft- und Verstehensvollzügen je schon konstitutiv eingeschrieben ist und sich gerade in diesem Wechselspiel die Produktivität des menschlichen Geistes entfalten kann.

Humboldt versteht Sprache vom konkreten Sprechen her. Diese zentrale Einsicht kulminiert in dem Satz: »Sie [die Sprache] selbst ist kein Werk (Ergon), sondern eine Tätigkeit (Energeia).« (Humboldt 1830–35, 36). Sprache kann demnach nicht als vorliegendes Werk – z. B. als Zeichensystem oder Grammatik – gefasst werden, sondern sie kommt stets in konkreten Akten der lebendigen Rede zum Vorschein.

---

[38] Vgl. Jäger 1987 und 2007.

4.3.2 Die dialogische Verfasstheit von Sprache

Die lebendige Rede bezieht sich dabei keineswegs nur auf das Sprechen des einzelnen Individuums, wie in dem zuvor angeführten Zitat suggeriert wird, sondern muss nach Humboldt ausgehend von der Interaktion mit anderen Subjekten gedacht werden. In diesem Sinn ist nach Humboldt die menschliche Natur wesentlich *dialogisch* verfasst:

> In der Erscheinung entwickelt sich jedoch die Sprache nur gesellschaftlich, und der Mensch versteht sich selbst nur, indem er die Verstehbarkeit seiner Worte an andren versuchend geprüft hat. Denn die Objektivität wird gesteigert, wenn das selbstgebildete Wort aus fremdem Munde wiedertönt. Der Subjektivität aber wird nichts geraubt, da der Mensch sich immer eins mit dem Menschen fühlt; ja auch sie wird verstärkt, da die in Sprache verwandelte Vorstellung nicht mehr ausschließend *einem* Subjekt angehört. (Humboldt 1830–35, 48)

Um die »gesellschaftliche« Dimension der Sprache zu unterstreichen, insistiert Humboldt auf der Notwendigkeit und Produktivität des gemeinsamen Austausches. Die zuvor betonte Wechselwirkung von subjektivem Vollzug und objektiver Verlautbarung, die sich auch in Selbstgesprächen manifestiert, wird im Dialog mit anderen offensichtlich und gewinnt eine neue Qualität. Das Gespräch bildet den Ort, an dem das jeweilige Verständnis der Worte »geprüft« und in seiner Objektivität »gesteigert« werden kann, wenn die Sprechenden aufeinander eingehen, sich berichtigen oder ergänzen. In Gesprächen finden sich Menschen nicht nur bestätigt, sondern in ihnen wird zugleich der Raum für kritische Auseinandersetzungen oder Korrekturen eröffnet. So kann sich im Dialog eine »verwandelte Vorstellung« herausbilden, die nicht mehr nur einem *einzigen* Subjekt zugehört, sondern die Teilnehmenden eines Gesprächs auf ein Gemeinsames hin übersteigt.

In einem anderen für die Humboldt'schen sprachtheoretischen Überlegungen wesentlichen Text, der vergleichenden Grammatikstudie *Über den Dualis*,[39] wird die Rückbindung der Sprache an die Wechselrede noch stärker hervorgehoben:

> Es liegt aber in dem ursprünglichen Wesen der Sprache ein unabänderlicher Dualismus, und die Möglichkeit des Sprechens selbst wird durch Anrede

---

[39] In manchen Sprachen, z. B. im Griechischen, gibt es neben dem Singular und dem Plural noch eine weitere Flexionskategorie, die dann verwendet wird, wenn genau zwei Elemente bezeichnet werden sollen. Diese Flexionskategorie nennt man in der Grammatik »Dualis«.

und Erwiderung bedingt. Schon das Denken ist wesentlich von Neigung zu gesellschaftlichem Dasein begleitet, und der Mensch sehnt sich, abgesehen von allen körperlichen und Empfindungs-Beziehungen, auch zum Behuf seines bloßen Denkens nach einem dem *Ich* entsprechenden *Du*, der Begriff scheint ihm erst seine Bestimmtheit und Gewißheit durch das Zurückstrahlen aus einer fremden Denkkraft zu erreichen. Er wird erzeugt, indem er sich aus der bewegten Masse des Vorstellens losreißt, und, dem Subjekt gegenüber, zum Objekt bildet. Die Objektivität erscheint aber noch vollendeter, wenn diese Spaltung nicht in dem Subjekt allein vorgeht, sondern der Vorstellende den Gedanken wirklich außer sich erblickt, was nur in einem andren, gleich ihm vorstellenden und denkenden Wesen möglich ist. Zwischen Denkkraft und Denkkraft aber gibt es keine andre Vermittlerin als die Sprache. (Humboldt 1827, 24f.)

In diesem Zitat unterstreicht Humboldt abermals die dialogische Verfasstheit der Sprache, die auf »Anrede und Erwiderung« beruht, um im gegenseitigen Austausch »durch das Zurückstrahlen aus einer fremden Denkkraft« bestätigt zu werden. Über jedes Selbstgespräch hinausgehend beinhaltet der Dialog die Möglichkeit, an der »Denkkraft« anderer zu partizipieren und so den eigenen »Gedanken wirklich außer sich« zu vernehmen. Aus der Einsicht, dass jedes Sprechen immer auf Wechselrede hin orientiert ist, zieht Humboldt auch anthropologische Konsequenzen, indem er darauf aufmerksam macht, dass der Mensch nicht nur in seinen körperlichen Bedürfnissen auf andere angewiesen ist, sondern auch für den eigenen Selbstverständigungsprozess ein »dem *Ich* entsprechende[s] *Du*« sucht. Sowohl die Ausbildung des Denkens als auch – weit fundamentaler – die Etablierung eines eigenen Selbstverhältnisses ist damit an den sprachlichen Austausch mit anderen rückgebunden.

Im Gegensatz zu Herder, der in der *Abhandlung* die soziale Dimension der Sprache unberücksichtigt lässt, wenn er versucht, die Verschränkung von Sprache, Denken und Welt zu erklären, zeigen die Humboldt'schen Überlegungen auf, inwiefern das Menschsein überhaupt nur aus dialogischen Interaktionen mit anderen zu begreifen ist. Das Ich findet Objektivität – und damit ein spezifisches Selbst- und Weltverständnis – erst in dem Gespräch und im konkreten Austausch mit anderen. In Rückgriff auf Aristoteles ließe sich folglich sagen, dass bei Humboldt der Konnex zwischen dem Menschen als sprachlichem Wesen (*zôon lógon échon*) und dem Menschen in seiner sozialen Verfasstheit (*zôon politikón*) aus der dialogischen Verfasstheit der Sprache aufgezeigt wird.

In diesem Zusammenhang thematisiert Humboldt die jeweilige Singularität des Menschen und seine individuelle Weltansicht aus dem jeweiligen Verhältnis zu anderen. Das sich in der Sprache ausdrückende Einverständnis mit anderen führt gerade nicht zu einer Vereinheitlichung und zu völliger Übereinstimmung mit den Gesprächspartner*innen. Vielmehr möchte Humboldt begreiflich machen, dass eine dialogische Verständigung nie zu einem endgültigen Abschluss kommen kann. Eine falsch verstandene Einigkeit würde nicht nur zu einem Verlust der Individualität führen, sondern zugleich die Dynamik der sprachlichen Auseinandersetzung zum Erliegen bringen. Im Gegensatz zu einer allzu harmonistischen Deutung möchte Humboldt darauf aufmerksam machen, dass jedem Verstehen ein Nicht-Verstehen innewohnt:

> Erst im Individuum erhält die Sprache ihre letzte Bestimmtheit. Keiner denkt bei dem Wort gerade das, was der andre, und die noch so kleine Verschiedenheit zittert, wie ein Kreis im Wasser, durch die ganze Sprache fort. Alles Verstehen ist daher immer zugleich ein Nicht-Verstehen, alle Übereinstimmung in Gedanken und Gefühlen zugleich ein Auseinandertreten. (Humboldt 1830–35, 58f.)

Hier wird deutlich, dass Sprache an das je einzelne Individuum rückgebunden bleibt. Jede von einem Individuum getätigte Äußerung trägt ein idiomatisches Moment in sich, das sich nicht zugunsten einer Allgemeinheit auflösen und sich gänzlich in die Ansicht des anderen überführen lässt. Ähnlich wie Locke beharrt Humboldt darauf, dass sich das je eigene Denken und Verstehen von Sprache als irreduzibel erweist. Gerade in dieser Kluft, die jeden Menschen von allen anderen trennt, kann mit Humboldt ein genuin produktives Moment erblickt werden: Weil wir uns nie restlos verstehen und damit jedem Verstehen ein Nicht-Verstehen eingeschrieben bleibt, ist es möglich und auch notwendig, dass wir – immer wieder miteinander sprechend – uns einander mitteilen und miteinander verständigen. Denn der Prozess der Verständigung selbst – der immer neue Rückfragen, Erläuterungen oder Missverständnisse produziert – zeichnet dafür verantwortlich, dass wir immer wieder und aufs Neue miteinander sprechen. Wäre alles zur Gänze gesagt und vollends verstanden, gäbe es nichts mehr zu bereden. Gerade das Nicht-Verstehen erweist sich als produktiver Stachel eines jeden Gesprächs.

4.3.3 Historizität und Kulturalität der Sprache

Neben dem dialogischen Charakter des Verstehens, bei dem der eigene Standpunkt gerade nicht aufgelöst wird, sondern deutlicher hervortritt, macht Humboldt darauf aufmerksam, dass in »jeder Sprache eine eigentümliche Weltansicht« (Humboldt 1830–35, 53) mitgegeben wird. Die spezifischen Strukturen einer Einzelsprache präfigurieren nach Humboldt die je eigene Ansicht von Welt, die von anderen einzelsprachlichen Zugängen zu unterscheiden ist. Der Weltzugang ist dabei zwar sprachlich mitkonstituiert, jedoch nicht in einer absoluten Weise auf die jeweilige Einzelsprache festgelegt. Insofern wird es fraglich, ob Humboldt bloß einen Sprachdeterminismus vertritt, nach dem die (jeweilige) Sprache unseren Zugriff auf Welt in einer Weise formieren würde, die keine Handlungsoptionen mehr offenlässt. Immerhin fasst er die Möglichkeit ins Auge, durch das Erlernen einer Fremdsprache die bisherige Weltansicht zu modifizieren und zu erweitern, freilich ohne die Erstsprache(n) gänzlich abschütteln oder den Bereich der Sprache überhaupt verlassen zu können. Die jeweilige Weltansicht erweist sich somit nicht als geschlossen, sondern als prinzipiell offen für translinguale sowie interkulturelle Verständigungen und für eine damit einhergehende Modifizierung des eigenen sprachlichen Verständnisses.[40]

Damit macht Humboldt zugleich auf ein grundlegendes Spannungsmoment in der Sprache aufmerksam: Einerseits wird der je singuläre Weltzugang nur im Rückgriff und in der Übernahme der durch die Tradition überlieferten, in der Gemeinschaft sedimentierten Sprache gewährt. Es gibt keinen von aller historischen und kulturellen Bestimmtheit befreiten Zugang zu einer Welt an sich. Sprache stellt damit die Vorgaben dafür bereit, dass sich einzelne im Austausch mit anderen finden, ohne jeweils für sich einen absoluten oder sprachunabhängigen Standpunkt beanspruchen zu können. Andererseits bleibt jede einzelne

---

[40] Humboldt diskutiert in diesem Zusammenhang auch die Reichweite und Grenzen interkultureller Verständigung: »Die Erlernung einer fremden Sprache sollte daher die Gewinnung eines neuen Standpunkts in der bisherigen Weltansicht sein und ist es in der Tat bis auf einen gewissen Grad, da jede Sprache das ganze Gewebe der Begriffe und die Vorstellungsweise eines Teils der Menschheit enthält. Nur weil man in eine fremde Sprache immer, mehr oder weniger, seine eigne Welt-, ja seine eigne Sprachansicht hinüberträgt, so wird dieser Erfolg nicht rein und vollständig empfunden.« (Humboldt 1830–35, 53f.)

Sprache und die mit ihr einhergehende Weltansicht grundlegend auf den Vollzug von Individuen angewiesen und entwickelt sich im dialogischen Austausch permanent weiter. Die konstitutive Dimension der Sprache zeigt sich dabei nicht nur im Verstehen des einzelnen Menschen, sondern sie präfiguriert – wie Humboldt eindringlich vor Augen führt – die Weltansicht einer gesamten Sprachgemeinschaft. Die Struktur und die Grammatik der einzelnen Sprachen liefern geschichtlich und kulturell bedingte Deutungsmuster, die das unhintergehbare Vorverständnis für individuelle Bezüge bilden und auf denen die zwischenmenschlichen Interaktionen gründen.

4.4 Zusammenfassung und Ausblick

Im Gegensatz zu Positionen, die sowohl den menschlichen Weltzugang als auch das Denken als unabhängig von Sprache begreifen, zeigen die Arbeiten Herders und Humboldts auf, dass Sprache, Denken und Welt aus einem verschränkten Verhältnis heraus gedacht werden müssen. Nicht nur Denkvollzüge sind immer auf Sprache hingeordnet, sondern – und darin besteht die entscheidende Einsicht – Welt als Sinnzusammenhang ist immer schon sprachlich erschlossen. Es gibt keine intentionale Bezugnahme auf etwas, das sprachunabhängig zugänglich wäre.

Herder macht mit seinem Beispiel eines blökenden Schafes diese anti-psychologistische Spitze deutlich, wenn er unterstreicht, dass das Vermögen, *etwas als etwas* festzuhalten und es als dieses wiederzuerkennen, sich nur als sprachliches Geschehen begreifen lässt. Die ausgewählten sinnlichen Merkmale sind bereits selbst als innere Merkwörter zu verstehen. Eine repräsentationalistische oder instrumentalistische Sprachauffassung, bei der Denken und Welt unabhängig von Sprache vorliegen und deren Inhalte lediglich nachträglich in Worte gekleidet werden müssten, um sich anderen mitzuteilen, wird somit von Herder verabschiedet.

Herders Überlegungen enthalten aber auch problematische Aspekte. Zunächst scheint es so, als ob sich dieser Vorgang in einer Sphäre der Innerlichkeit abspielen würde und jede*r für sich – quasi monologisch – Merkmale respektive Merkwörter abzusondern und zu erfinden hätte; es bleibt unklar, ob und inwiefern die sozial-dialogische und geschichtlich-kulturelle Dimension von Sprache hier eine Rolle spielt. Unbeantwortet bleibt in seinen Ausführungen auch die Frage, wie die einzelnen

Wörter untereinander zusammenhängen; in diesem Sinne scheint es, als würde Herder eine Art semantischen Atomismus vertreten, da sich seiner Auffassung zufolge sprachliche Bedeutungen unabhängig voneinander generieren und nicht von einer Gesamtstruktur her gedacht werden.

Humboldt macht demgegenüber deutlich, dass die Bedeutung einzelner Worte nur vor dem Hintergrund einer ganzen, je schon sprachlich geprägten Weltansicht erschlossen wird. Die jeweilige Einzelsprache eröffnet damit nicht nur eine bestimmte, stets historisch-kontingente Ansicht von Welt, sondern stellt zugleich auch die Möglichkeiten bereit, uns zu anderen zu verhalten und mit ihnen auszutauschen. In diesem Sinne strukturiert Sprache unsere Welt, indem sie Deutungsmuster bereitstellt, die den Zugang zur Mit- und Umwelt präfigurieren. In welcher Weise diese Vorgaben schlagend werden, zeigt sich in der konkreten Ausgestaltung von Gesprächen mit anderen.

Diese sprachliche Prägung einer Weltansicht muss jedoch nicht deterministisch verstanden werden. Denn was und wie wir verstehen, zeigt sich in der jeweiligen Artikulation und im wechselseitigen Austausch. Erst in dieser permanenten und sich sinnlich manifestierenden Auseinandersetzung – nicht in Lexik oder Grammatik – erweist sich die dialogische Struktur der Sprache als produktiv, indem das eigene Verständnis mit anderen Auffassungen konfrontiert wird. Aus diesem sprachlichen Prozess geht das Selbstverständnis der Sprechenden, ihre jeweilige Form von Gemeinschaft und ihr spezifisches Übereinstimmen und Nichtübereinstimmen hervor.

Sprache fungiert bei Herder und Humboldt als Bedingung der Möglichkeit von Subjektivität, Sozialität und Objektivität. Wahrheit und Welt bilden keine sprachunabhängigen Größen mehr. Sprache erweist sich nicht nur als Medium der Welterschließung, sondern immer auch als Grenze, die andere Weltzugänge versperrt und ausschließt. Damit zeigen sich auch die eigenen geschichtlichen Bedingtheiten und kontingenten Einschränkungen, die nicht wiederum von einem Metastandpunkt eingeholt werden können.

Im Sinne eines Ausblicks lässt sich zudem festhalten, dass Herder und Humboldt bereits wesentliche Momente einer *hermeneutischen* Wende zur Sprache vorwegnehmen, die im 20. Jahrhundert von Martin Heidegger und Hans-Georg Gadamer radikalisiert und ausformuliert wird (vgl. Kap. 9). Als »hermeneutisch« (gr. *hermeneúein*: »verstehen«,

»auslegen«, »übersetzen«) ist diese Wende insofern zu bezeichnen, als mit ihr Sprache nicht einfach als ein Mittel zum Ausdruck und zur Mitteilung unserer Gedanken in den Blick kommt, sondern als fundamentaler menschlicher Verstehensprozess, Sinnzusammenhänge zu erfassen und an diesen mit anderen zu partizipieren. Sprache ermöglicht dieser hermeneutischen Auffassung zufolge die prinzipielle Erschlossenheit von Welt und ein grundlegendes Sich-Orientieren-Können in dieser.[41]

4.5 Literatur

Lektüreempfehlungen

Herder, Johann Gottfried (1772): *Abhandlung über den Ursprung der Sprache*. Hg. von Hans Dietrich Irmscher. Stuttgart: Reclam 1997, 24–43.

Humboldt, Wilhelm von (1830–35): »Einleitung zum Kawi-Werk. Über die Verschiedenheit des menschlichen Sprachbaues und ihren Einfluß auf die geistige Entwicklung des Menschengeschlechts«, in: Humboldt, Wilhelm von: *Schriften zur Sprache*. Hg. von Michael Böhler. Stuttgart: Reclam 1995, 30–207, insbes. 44–59.

Weitere Literatur

Bertram, Georg W. (2006): »Herders antireduktionistische Sprachphilosophie«, in: Borsche, Tilman (Hg.): *Herder im Spiegel der Zeiten*. München: Fink, 227–246.

Borsche, Tilman (1990): *Wilhelm v. Humboldt*. München: Beck.

---

[41] Herder und Humboldt zählen vor allem in der deutschsprachigen Rezeption nicht zur Hermeneutik (als Lehre des Verstehens); so kommen beispielsweise in der maßgeblichen Einführung von Grondin (2012) beide Autoren namentlich nicht vor. Im angelsächsischen Kontext wird die Sprachauffassung, die Herder und Humboldt zugeschrieben wird, mitunter auch (etwas unspezifisch) als »romantisch« oder »expressiv« bezeichnet (vgl. Taylor 1985, 256). Explizit schreibt demgegenüber Michael N. Forster Herder ein interpretatorisch-hermeneutisches Sprachverständnis zu und lässt mit ihm die moderne Sprachphilosophie beginnen: »A good case could be made that Herder is the founder not only of the modern philosophy of language but also of the modern philosophy of interpretation (›hermeneutics‹) and translation and that he has many things to say on these subjects from which we may still learn to day.« (Forster 2002, 323)

Borsche, Tilman (Hg.) (2006): *Herder im Spiegel der Zeiten.* München: Fink.
Clairmont, Heinrich/Greif, Stefan/Heinz, Marion (Hg.) (2015): *Herder Handbuch.* München: Fink.
Forster, Michael N. (2002): »Herder's Philosophy of Language, Interpretation, and Translation: Three Fundamental Principles«, in: *The Review of Metaphysics* 56 (2), 323–356.
Grondin, Jean (2012): *Einführung in die philosophische Hermeneutik.* 3. Auflage. Darmstadt: WBG.
Habermas, Jürgen (1998): »Hermeneutische und analytische Philosophie: Zwei komplementäre Spielarten der linguistischen Wende«, in: Habermas, Jürgen: *Wahrheit und Rechtfertigung. Philosophische Aufsätze.* Erw. Ausg. Frankfurt a. M.: Suhrkamp 2004, 65–102.
Hoffmann, Thomas Sören (1996): Georg Wilhelm Friedrich Hegel«, in: Borsche, Tilman (Hg.): *Klassiker der Sprachphilosophie Von Platon bis Noam Chomsky.* München: Beck, 257–273.
Humboldt, Wilhelm von (1800): *Der Briefwechsel zwischen Friedrich Schiller und Wilhelm von Humboldt.* 2. Bd. Hg. von Siegfried Seidl. Berlin: Aufbau 1962.
Humboldt, Wilhelm von (1827): »Über den Dualis«, in: Humboldt, Wilhelm von: *Schriften zur Sprache.* Hg. von Michael Böhler. Stuttgart: Reclam 1995, 21–29.
Jäger, Ludwig (1987): »Die Sprachtheorie Wilhelm von Humboldts«, in: Wimmer, Rainer (Hg.): *Sprachtheorie. Der Sprachbegriff in Wissenschaft und Alltag.* Düsseldorf: Cornelsen, 175–190.
Jäger, Ludwig (2007): »Medium Sprache. Anmerkungen zum theoretischen Status der Sprachmedialität« in: *Mitteilungen des Deutschen Germanistenverbandes* 54 (1), 8–24.
Mueller-Vollmer, Kurt (2011): »Wilhelm von Humboldt«, in: *The Stanford Encyclopedia of Philosophy* (Winter 2014 Edition). Hg. von Edward N. Zalta, http://plato.stanford.edu/archives/win2014/entries/wilhelm-humboldt (Zugriff 27.1.2016).
Simon, Josef (1996): »Immanuel Kant«, in: Borsche, Tilman (Hg.): *Klassiker der Sprachphilosophie Von Platon bis Noam Chomsky.* München: Beck, 233–256.
Taylor, Charles (1985): »Theories of Meaning«, in: *Human Agency and Language. Philosophical Papers I.* Cambridge: Cambridge Univ. Press, 248–292.
Tomasello, Michael (2008): *Die Ursprünge der menschlichen Kommunikation.* Aus dem Amerikan. von Jürgen Schröder. Frankfurt am Main: Suhrkamp 2009.

5 Die Rhetorizität der Sprache: Friedrich Nietzsche

5.1 Rhetorik und Philosophie

Die Bedeutung Friedrich Nietzsches (1844–1900) für sprachtheoretische und sprachphilosophische Fragestellungen ist erst ab den 1970er Jahren sukzessive von der Forschung entdeckt und entsprechend gewürdigt worden. Historisch und systematisch knüpft Nietzsche sowohl an die Traditionslinie des Sprachdenkens an, die Sprache als ein erkenntnistheoretisches Problem versteht, als auch an die Traditionslinie, die Sprache als Wesensbestimmung des Menschen in den Blick nimmt. Insofern Nietzsche den metaphysikkritischen Impetus nominalistischer Sprachkonzeptionen im Anschluss an John Locke aufnimmt und weiterdenkt, folgt er der ersten Traditionslinie; insofern er das Verhältnis von Sprache und Bewusstsein, von Sprache und Vernunft sowie die Sprachgebundenheit der abendländischen Philosophie und ihrer Begriffe unterstreicht, steht er in der Tradition von Herder und Humboldt. Dabei zeigt sich, dass Nietzsche nicht einfach nur die Überlegungen und zentralen Einsichten dieser Ansätze aufnimmt und weiterentwickelt; vielmehr radikalisiert er diese noch, indem er sie konsequent gegen ihre eigenen Voraussetzungen wendet.

Eine Schlüsselrolle kommt dabei der Rhetorik zu, die seit Platons Auseinandersetzung mit der Sophistik aus der philosophischen Reflexion ausgeschlossen bleibt. An diesem Ausschluss ändert auch die zaghafte Rehabilitierung der Rhetorik bei Aristoteles nur wenig, wenn er diese mit der Dialektik auf eine Stufe stellt, insofern beides Methoden sind, Argumente zu prüfen, zu widerlegen oder zu stützen (vgl. Rhet. 1354 a). Tatsächlich zeigt sich, dass sich die Rhetorik nicht auf eine bloße Methode reduzieren lässt; vielmehr bleibt die Philosophie – trotz aller Abgrenzungsversuche – wesentlich auf die Rhetorik verwiesen, sobald sie versucht, ihren Wahrheitsanspruch sprachlich-argumentativ durchzusetzen.[42] Besonders deutlich wird dieses Dilemma in Leibniz'

---

[42] Vgl. Robling u.a. 2003, 968. Zur Bedeutung der Rhetorik für die moderne Sprachphilosophie vgl. Hetzel 2010.

Einwand gegen Locke, dass sich auch noch die Kritik der Rhetorik notwendig rhetorischer Mittel bedienen müsse.[43] Dagegen erkennt Nietzsche das sprach- und erkenntniskritische Potential der antiken Rhetorik und stellt es konsequent in den Dienst seiner fundamentalen Kritik der Begriffe der abendländischen Philosophie und ihrer Denksysteme, die er trotz aller Differenzen in denselben grammatischen Strukturen gefangen sieht, aus denen sie nicht entkommen können.[44]

> Friedrich Nietzsche wird 1844 in Röcken bei Lützen (Sachsen) geboren. 1864 nimmt er sein Studium der Theologie und der Klassischen Philologie in Bonn und Leipzig auf und wird nur fünf Jahre später, im Alter von 24 Jahren, als Professor für Altphilologie nach Basel berufen. 1872 veröffentlicht Nietzsche sein erstes Hauptwerk *Die Geburt der Tragödie*, das in der akademischen Welt auf starken Widerstand stößt, was auch dazu führt, dass die Basler Studierenden seinen Kursen fernbleiben. In den Jahren 1869–1874 hält Nietzsche immer wieder Vorlesungen über die antike Rhetorik und Literatur. Im Wintersemester 1872/73 hält er vor nur zwei Hörern, einem Juristen und einem Germanisten, die Vorlesung »Darstellung der antiken Rhetorik«. In dieser Zeit entsteht auch die von Nietzsche bewusst zurückgehaltene Schrift *Ueber Wahrheit und Lüge im aussermoralischen Sinne* (1873). Nur zehn Jahre nach dem Antritt seiner Professur emeritiert Nietzsche 1879 aus gesundheitlichen Gründen und aufgrund seiner zunehmenden Entfremdung von der akademischen Philologie. Es beginnt ein Jahrzehnt unsteter Wanderschaft, das immer wieder von Perioden extremer Schaffenskraft geprägt ist. Fast alle wichtigen Werke Nietzsches entstehen in dieser Zeit. 1889 erleidet Nietzsche einen geistigen und körperlichen Zusammenbruch in Turin. Er kommt zunächst in die Obhut seiner Mutter nach Naumburg und nach deren Tod 1897 zu seiner Schwester Elisabeth Förster-Nietzsche nach Weimar (1897), die auch die Nachlassverwaltung von Nietzsches unveröffentlichten Schriften übernimmt. Am 25. August 1900 stirbt Nietzsche in Weimar.
> Die Nietzsche-Rezeption ist nicht zuletzt durch die problematische Editionsgeschichte seines Nachlasses geprägt.[45] Nur kurze Zeit nach Nietzsches Tod erscheint sein vermeintliches Hauptwerk *Der Wille zur Macht* (1901). Bei

---

[43] Vgl. Leibniz 1765, III.x.34: »[E]s scheint, mein Herr, daß Sie die Eloquenz mit ihren eigenen Waffen bekämpfen und daß Sie selbst eine Beredsamkeit von anderer Art haben, die jener trügerischen überlegen ist, wie es eine Venus Urania gibt, die Mutter der göttlichen Liebe, vor welcher jene andere Bastard-Venus, die Mutter der blinden Liebe, nicht wagen kann mit ihrem Sohn zu erscheinen, dessen Augen verbunden sind.«
[44] Vgl. hierzu sowie zu den folgenden Ausführungen Posselt 2010.
[45] Vgl. ausführlich zur Geschichte der Nietzsche-Editionen Meyer 2000.

diesem Werk handelt es sich um eine stark verfälschende Zusammenstellung von Notaten[46] aus Nietzsches Nachlass unter der Regie seiner Schwester. 1914 erscheint die berüchtigte »Kriegsausgabe« von *Also sprach Zarathustra*, die in einer Auflage von 150.000 Exemplaren an die deutschen Truppen verteilt wird. Der Versuch, Nietzsche für die nationalsozialistische und antisemitische Ideologie zu vereinnahmen, erreicht seinen Höhepunkt mit Adolf Hitlers Besuch des Nietzsche-Archivs am 31. Januar 1932 in Weimar. Anfang der 1960er Jahre beginnen die italienischen Philosophen Giorgio Colli und Mazzino Montinari mit den Arbeiten zu einer *Kritischen Gesamtausgabe* der Werke Nietzsche (KGW), die sich erstmals »den Prinzipien der Vollständigkeit und des Verzichts auf jegliche Systematisierung« (Meyer 2000, 440) verpflichtet.

Aus sprachphilosophischer Perspektive sind insbesondere Nietzsches frühe Vorlesungen zur Rhetorik sowie seine kurze, zu seinen Lebzeiten unveröffentlicht gebliebene Schrift *Ueber Wahrheit und Lüge im aussermoralischen Sinne* (1873) hervorzuheben. Darüber hinaus finden sich verstreute sprachphilosophische und -theoretische Überlegungen in der *Fröhlichen Wissenschaft* (1882), die 1887 um ein fünftes Buch erweitert wird, in *Jenseits von Gut und Böse* (1886), *Zur Genealogie der Moral* (1887), *Götzen-Dämmerung* (1889) sowie im Nachlass.

5.2 Die rhetorische Verfasstheit der Sprache

Erst durch die Veröffentlichung von Nietzsches Vorlesungsaufzeichnungen aus seiner frühen Basler Zeit und seiner kurzen, aber umso bemerkenswerteren Schrift *Ueber Wahrheit und Lüge im aussermoralischen Sinne* aus dem Jahre 1873, wurde deutlich, dass sich Nietzsches Sprachreflexion vor allem über seine Auseinandersetzung mit der antiken Rhetorik vollzieht.[47] Besonders hervorzuheben ist hier die Vorlesung *Darstellung der antiken Rhetorik* aus dem Wintersemester 1872/73. Bei dieser Vorlesung handelt es sich weniger um einen originären Text aus der Feder Nietzsches; vielmehr übernimmt Nietzsche zahlreiche Überlegungen zum Teil wortwörtlich oder in leichter Variation aus anderen Quellen, insbesondere aus dem ersten Band von *Die Sprache als Kunst*

---

46 In der Forschung hat sich mittlerweile die Rede von »Notaten« statt »Fragmenten« durchgesetzt. Vgl. Stegmaier 2007.

47 Nietzsches frühen Arbeiten zur Sprach- und Rhetoriktheorie sind mittlerweile sehr gut aufgearbeitet und dokumentiert. Vgl. hierzu vor allem den Sammelband von Kopperschmidt/Schanze 1994.

(1871) des Sprachphilosophen Gustav Gerber.[48] Die Beurteilung der Vorlesung wird noch dadurch erschwert, dass nach 1874 das Thema der Rhetorik aus Nietzsches Werk scheinbar weitgehend verschwindet. Während man einerseits daraus schließen könnte, dass die Rhetorik für Nietzsche ab diesem Zeitpunkt keine Rolle mehr spielt, gibt es andererseits gute Gründe dafür zu argumentieren, dass sich die Reflexion auf die rhetorische Verfasstheit der Sprache in Nietzsches späteren Schriften nicht verloren hat, sondern sich vielmehr soweit verallgemeinert hat, dass sie als eine Art Subtext Nietzsches gesamte Erkenntnis- und Metaphysikkritik organisiert.[49] Für diese Lesart spricht auch, dass Sprachreflexion für Nietzsche keineswegs Selbstzweck ist, sondern letztlich auf die Destruktion der metaphysischen Begriffe und Glaubenssätze zielt.

Die Pointe von Nietzsches Auseinandersetzung mit der antiken Rhetorik besteht darin, dass er Rhetorik nicht mehr bloß als eine menschliche Kunstfertigkeit versteht, als eine erlernbare und vermittelbare Technik, die nachträglich zur Sprache hinzutritt; vielmehr ist Rhetorik der Sprache und dem Sprechen selbst inhärent. Anders gesagt: »Sprache ist Rhetorik«, wie Nietzsche in der Vorlesung *Darstellung der antiken Rhetorik* prägnant formuliert. Dagegen ist das, was wir typischerweise Rhetorik nennen, nichts anderes ist als die systematische Herausarbeitung und »*Fortbildung der in der Sprache gelegenen Kunstmittel* [...] am hellen Lichte des Verstandes« (KGW II.4.425).[50] Rhetorik als Kunst der Beredsamkeit macht folglich nur jene Prozesse und Mechanismen explizit, die in Sprache und Rede selbst bereits wirksam sind und entwickelt sie zu einem systematischen Lehrgebäude. Damit weist Nietzsche zugleich die Möglichkeit einer klaren Unterscheidung zwischen der Natürlichkeit der Sprache und der Künstlichkeit der Rhetorik zurück: »Es giebt gar keine

---

48 Zur Quellenlage von Nietzsches Vorlesungen vgl. Meijers/Stingelin 1988, Most/Fries 1994. Fietz weist darauf hin, dass Gerbers *Die Sprache als Kunst* das entscheidende Verbindungsglied darstellt, »über das Nietzsche mit der Sprachphilosophie Wilhelm von Humboldts in Verbindung gebracht werden kann«, »obwohl es keinen Beleg für eine Humboldt-Lektüre Nietzsches gibt« (Fietz 1992, 135f.).
49 Vgl. de Man 1979, 147; Lacoue-Labarthe 1979, 136f.
50 Nietzsche wird im Folgenden – wie in der Forschung üblich – nach der *Kritischen Studienausgabe* (KSA) und der *Kritischen Gesamtausgabe* (KGW) zitiert. Sofern nicht anders angegeben, beziehen sich die Angaben immer auf den Band und die Seitenzahl.

unrhetorische ›Natürlichkeit‹ der Sprache, an die man appeliren könnte: die Sprache selbst ist das Resultat von lauter rhetorischen Künsten […].« (KGW II.4.425f.) Sprache und Rede sind somit immer schon rhetorisch verfasst. Während die abendländische Philosophie Rhetorik als eine bloße Kunstfertigkeit versteht, die der Sprache selbst äußerlich ist – als eine raffinierte Kochkunst, wie es bei Platon heißt, die selbst die unappetitlichsten Zutaten in etwas Schmackhaftes zu verwandeln vermag (vgl. Gorg. 462ff.) –, gibt es nach Nietzsche keinen Punkt in der Sprache, der nicht rhetorisch wäre. Weder gibt es einen neutralen Ort außerhalb der Sprache, den wir einnehmen könnten, noch einen Nullpunkt in der Sprache im Sinne eines reinen Sprechens, das sich keinerlei rhetorischer Verfahren und Figuren bedienen würde.

Den Nachweis für seine These erbringt Nietzsche, indem er zeigt, dass all jene Eigenschaften, die traditionellerweise der Rhetorik und den rhetorischen Tropen und Figuren – in Abgrenzung zur gewöhnlichen Sprache – zugeschrieben werden, konstitutiv für die Sprache und das Sprechen selbst sind.

> [D]ie Kraft, welche Aristot[eles] Rhetorik nennt, an jedem Dinge das heraus zu finden u. geltend zu machen was wirkt u. Eindruck macht, ist zugl. das Wesen der Sprache: diese bezieht sich, ebensowenig wie die Rhetorik, auf das Wahre, auf das Wesen der Dinge, sie will nicht belehren, sondern eine subjektive Erregung u. Annahme auf andere übertragen. (KGW II.4.425f.)

Mindestens drei miteinander verschränkte Aspekte kommen hier zu Geltung: Sprache ist nicht einfach ein Mittel zum Ausdruck unserer Gedanken oder zur Darstellung der Wirklichkeit, sondern wie die Rhetorik eine Kraft, »an jedem Dinge das heraus zu finden u. geltend zu machen[,] was wirkt« (KGW II.4.425). Dabei bezieht sich die Sprache ebenso wenig wie die Rhetorik auf das Wahre; tatsächlich ist sie ursprünglich nicht dazu erfunden worden, die Wahrheit zu sagen, eine Information zu vermitteln oder andere zu belehren. Vielmehr ist die hauptsächliche Aufgabe der Sprache, einen Reiz, einen Affekt, einen Trieb, eine Kraft auf *andere* zu übertragen. Mit diesem rhetorisch gewendeten Sprachbegriff geht zugleich eine Zurückweisung einer rein epistemologischen Sprachauffassung einher, die Sprache allein auf die Vermittlung wahrer oder falscher Aussagen reduziert. Sprache ist nach Nietzsche ein relationales Phänomen, eine Kraft, ein Handeln, ein Tun. Ziel der Sprache ist es, eine Meinung und eine Wirkung, und nicht eine Wahrheit oder ein bestimmtes Wissen zu übertragen: »Das ist der *erste*

Gesichtspunkt: die Sprache ist Rhetorik, denn sie will nur eine *dóxa*, keine *epistéme* übertragen.« (KGW II.4.426)

Verdeutlichen lässt sich das grundlegend rhetorische Moment der Sprache anhand der Wirkungsweise der rhetorischen Tropen und Figuren. Denn wie diese drückt »die Sprache [...] niemals etwas vollständig aus, sondern hebt nur ein ihr hervorstechend scheinendes Merkmal hervor« (KGW II.4.426). Dies ist etwa das Kennzeichen der Synekdoche, wenn man »Brot« statt »Nahrung« oder »Dach« statt »Haus« verwendet. Die Metapher wiederum »schafft die Wörter nicht neu, sondern deutet sie um« (KGW II.4.427), so wenn wir z. B. von einem »Bergfuß« oder einem »Flussarm« sprechen. Die Metonymie dagegen vertauscht Ursache und Wirkung, Autor und Werk, Behälter und Inhalt etc., etwa wenn wir sagen, dass wir »Goethe lesen« statt ein Buch von Goethe, oder »ein Glas trinken«, statt den Inhalt des Glases. Dabei handelt es sich nach Nietzsche gerade nicht um einen besonderen Sprachgebrauch; vielmehr machen die Tropen nur das explizit, was in der Sprache immer schon wirksam ist. Folglich sind die Tropen – wie die Rhetorik – nichts, was zur Sprache nachträglich hinzukommt, sondern »[a]lle Wörter [...] sind an sich u. von Anfang <an>, in Bezug auf ihre Bedeutung Tropen« (KGW II.4.426).

> In summa: die Tropen treten nicht dann u. wann an die Wörter heran, sondern sind deren eigenste Natur. Von einer »eigentlichen Bedeutung«, die nur in speziellen Fällen übertragen würde, kann gar nicht die Rede sein. (KGW II.4.427)

Damit weist Nietzsche nicht nur die Vorstellung eines natürlichen, gänzlich unrhetorischen Nullpunkts der Sprache zurück; noch entscheidender ist, dass sich jeder Versuch einer strengen Grenzziehung zwischen einer *eigentlichen, wörtlichen* Bedeutung einerseits und einer *uneigentlichen, übertragenen* Bedeutung andererseits als unmöglich erweist. Das gilt ebenso für die Unterscheidung zwischen einer *normalen, korrekten* und einer *abweichenden, missbräuchlichen* Sprachverwendung. Was üblich, was normal, was übertragen oder eine Figur ist, bestimmt allein der herrschende Sprachgebrauch: »Eine Figur, welche keine Abnehmer findet, wird Fehler. Ein vor irgend einem usus angenommener Fehler wird eine Figur.« (KGW II.4.427f.) Anders gesagt, Sprache ist eine soziale Institution, in der das, was als *normal, korrekt, gewöhnlich* oder aber als *anormal, inkorrekt, ungewöhnlich* erscheint, nicht als solches gegeben ist, sondern im Zuge historischer Konventionalisierungs- und Normalisierungsprozesse geformt, hervorgebracht und verändert wird.

5.3 »Ueber Wahrheit und Lüge«

5.3.1 Sprache als Setzungsakt

Die programmatische Schrift *Ueber Wahrheit und Lüge im aussermoralischen Sinne*, die Nietzsche als ein »pro memoria« (KSA 11.249) für sich selbst verfasste, entsteht im Sommer 1873 im Anschluss an Nietzsches Rhetorik-Vorlesung.[51] Der Text spannt trotz seiner Kürze einen thematischen weiten Bogen – von der Frage nach der Bedeutung des menschlichen Intellekts und dem Trieb zur Wahrheit über den metaphorischen Ursprung der Sprache bis hin zur Entstehung von Wissenschaft und Kunst – und gilt heute »als zentrales Dokument für N[ietzsche]s sprachkritische ›Erkenntnistheorie‹« (Schmid 2000, 89). Aber nicht nur inhaltlich, sondern auch stilistisch ist Nietzsches Text bemerkenswert, insofern er sich selbst gezielt rhetorischer Verfahren, Tropen und Figuren bedient und so die strikte Trennung von Inhalt und Form, Objekt- und Metasprache unterläuft.[52]

Gleich zu Beginn von *Ueber Wahrheit und Lüge* stellt Nietzsche – verkleidet in die Form einer Fabel – die Frage nach dem Status des menschlichen Intellekts und nach dem Ursprung des Triebes zur Wahrheit. Nietzsches erklärtes Ziel ist es, den menschlichen Intellekt als ein bloßes arterhaltendes Prinzip zu entlarven, das dem Mängelwesen Mensch mitgegeben ist und das seine Hauptkräfte in der Verstellung und Täuschung entwickelt. Der menschliche Intellekt ist keineswegs die Sternstunde der Menschheit, sondern nichts anderes als ein Hilfsmittel, den »unglücklichsten delikatesten vergänglichsten Wesen beigegeben, um sie eine Minute im Dasein festzuhalten« (KSA 1.876). Am Anfang des Triebes zur Wahrheit steht nicht die Suche nach Wahrheit, sondern einzig und allein der Trieb zur Selbsterhaltung. Den Ursprung des Triebes zur Wahrheit lokalisiert Nietzsche – in Anlehnung an Thomas Hobbes

---

51 Zur Frage von Nietzsches angeblicher »Geheimhaltung« von *Ueber Wahrheit und Lüge* vgl. u.a. Fietz 1992, 132; Behler 1993, 218f.
52 Zu Nietzsches Stil vgl. u.a. Behler 1996.

– im Krieg aller gegen alle. Aus Not, als gesellschaftliches Wesen existieren zu müssen, sieht sich der Mensch zu einem »Friedensschluss« genötigt:

> Dieser Friedensschluss bringt aber etwas mit sich, was wie der erste Schritt zur Erlangung jenes räthselhaften Wahrheitstriebes aussieht. Jetzt wird nämlich das fixirt, was von nun an »Wahrheit« sein soll d. h. es wird eine gleichmässig gültige und verbindliche Bezeichnung der Dinge erfunden und die Gesetzgebung der Sprache giebt auch die ersten Gesetze der Wahrheit: denn es entsteht hier zum ersten Male der Contrast von Wahrheit und Lüge […]. (KSA 1.877)

Mit der Ableitung der Gesetze der Wahrheit aus der Gesetzgebung der Sprache sowie der Gegenüberstellung von *Wahrheit* und *Lüge* anstatt von *Wahrheit* und *Falschheit* nimmt Nietzsche gegenüber der philosophischen Tradition eine radikale Umwertung vor. Nicht die Wahrheit geht der Sprache voraus und wird durch diese artikuliert, sondern Wahrheit selbst ist von Anfang an sprachlich verfasst. Sprache besitzt ein setzendes, normatives Moment, das mit den »ersten Gesetzen der Wahrheit« auch die soziale Ordnung hervorbringt und stabilisiert. Bedroht wird diese Ordnung durch die Lügner*in, die sich nicht an die »gültige und verbindliche Bezeichnung der Dinge« hält, sondern »die festen Conventionen durch beliebige Vertauschungen oder gar Umkehrungen der Namen [missbraucht]« (KSA 1.877f.). Wahrheit ist folglich weniger ein epistemologisches als ein moralisches Problem, weshalb der Gegenpol zur Wahrheit auch nicht die *Falschheit*, sondern die *Lüge* ist.

Dabei ist nach Nietzsche für die Gesellschaft weniger der Betrug entscheidend, der mit der Lüge einhergeht, als vielmehr die Folgen, die sich daraus ergeben. Sind die Folgen der Lüge angenehmer und lebenserhaltender Art, so ist sie durchaus willkommen, während die schädlichen Wahrheiten abgelehnt werden und zum Ausschluss der Lügner*in aus der Gesellschaft führen. Gegenüber der reinen folgenlosen, d. h. objektiven Wahrheit ist der Mensch dagegen indifferent (vgl. KSA 1.878). Ebenso wenig wie der Mensch von Natur aus zum Erkennen bestimmt ist (vgl. KSA 7.474), zielt die Sprache von Natur aus auf die Erkenntnis der Dinge.[53] Damit weist Nietzsche zugleich die Vorstellung einer Wahrheit oder Richtigkeit der Wörter am »Ursprung« der Sprache, wie sie in Platons *Kratylos* diskutiert wird, zurück:

---

53 Vgl. hierzu Lacoue-Labarthe 1979, 138.

> Die verschiedenen Sprachen neben einander gestellt zeigen, dass es bei den Worten nie auf die Wahrheit, nie auf einen adäquaten Ausdruck ankommt: denn sonst gäbe es nicht so viele Sprachen. Das »Ding an sich« (das würde eben die reine folgenlose Wahrheit sein) ist auch dem Sprachbildner ganz unfasslich und ganz und gar nicht erstrebenswerth. Er bezeichnet nur die Relationen der Dinge zu den Menschen und nimmt zu deren Ausdrucke die kühnsten Metaphern zu Hülfe. (KSA 1.879)

So wie Sprache nicht auf das Wahre und das Wesen der Dinge zielt, so ist auch die Sprache nicht der »adäquate Ausdruck aller Realitäten« (KSA 1.878). Sprache ist vielmehr grundlegend relational: Sie bezeichnet Beziehungen, Interessen, Triebe, Kräfteverhältnisse, aber nicht die Dinge selbst oder eine objektive Wahrheit. Damit konstituiert die Sprache nicht nur das Verhältnis von Individuum und Gesellschaft, sie ist zugleich das, was jeden Weltbezug überhaupt erst ermöglicht, jedoch weniger als ein Mittel der Welterschließung – wie bei Herder und Humboldt –, sondern vielmehr ein Mittel zu einer aktiven Weltauslegung und -zurechtmachung, wie Nietzsche vor allem in seinen späteren Schriften deutlich machen wird.

5.3.2 Der metaphorische Ursprung der Begriffe

Nietzsche richtet sich mit seiner sprachtheoretisch gewendeten Erkenntniskritik gleich gegen drei traditionelle Wahrheitsbegriffe: 1. gegen einen konventionalistischen Wahrheitsbegriff, der Wahrheit als Übereinkunft versteht, 2. gegen einen korrespondenz- oder adäquationstheoretischen Wahrheitsbegriff, der Wahrheit als Entsprechung (*adaequatio*) von Begriff und Gegenstand definiert, sowie 3. gegen einen metaphysischen Wahrheitsbegriff, der Wahrheit als eine »folgenlose«, absolute, sprachfreie Wahrheit fasst. Diesen klassischen Wahrheitsbegriffen stellt Nietzsche einen *rhetorischen* Wahrheitsbegriff entgegen. In *Ueber Wahrheit und Lüge* beschreibt Nietzsche die Entstehung der Sprache als einen metaphorischen Prozess, an dessen Anfang nicht die Erkenntnis des Gegenstandes steht, sondern ein bloßer Reiz:

> Ein Nervenreiz zuerst übertragen in ein Bild! erste Metapher. Das Bild wieder nachgeformt in einem Laut! Zweite Metapher. Und jedesmal vollständiges Ueberspringen der Sphäre, mitten hinein in eine ganz andere und neue. (KSA 1.879)

Der metaphorische Prozess wird hier von Nietzsche nicht länger im Anschluss an Aristoteles als die »Übertragung eines Wortes« (Poet.

1457 b) verstanden, also als ein sprachlicher Vorgang, durch den ein Wort gemäß einer Analogie von einem Kontext, in dem es seine wörtliche Bedeutung hat, in einen fremden Kontext übertragen wird, in dem es in *uneigentlicher* Bedeutung verwendet wird. Vielmehr beruht dieser Prozess auf einem vollständigen Überspringen unterschiedlicher Sphären – von einem physiologischen Reiz zu einem visuellen Bild, von einem Bild zu einem akustischen Laut –, ohne dass sich hier noch von Ähnlichkeit oder Analogie reden ließe. Das heißt auch, dass der metaphorische Prozess nicht länger umkehrbar ist: Während es entsprechend der klassischen Metapherndefinition immer möglich ist, einen metaphorischen Ausdruck wieder durch einen eigentlichen Ausdruck zu ersetzen, schließt Nietzsche eine Rückübersetzung jener »ursprünglichen« Metaphern in eine »eigentliche« Sprache aus. Dabei endet der metaphorische Prozess keineswegs mit der Bildung der ersten Laute und Worte, vielmehr setzt er sich auf der Ebene der Begriffe fort und entwickelt hier seine stärkste Wirkung.

> Denken wir besonders noch an die Bildung der Begriffe: jedes Wort wird sofort dadurch Begriff, dass es eben nicht für das einmalige ganz und gar individualisirte Urerlebniss, dem es sein Entstehen verdankt, etwa als Erinnerung dienen soll, sondern zugleich für zahllose, mehr oder weniger ähnliche, d. h. streng genommen niemals gleiche, also auf lauter ungleiche Fälle passen muss. Jeder Begriff entsteht durch Gleichsetzen des Nicht-Gleichen. (KSA 1.879f.)

Dieses Gleichsetzen ist ein aktiver, rhetorischer Prozess, der ein gewaltsames Moment impliziert, das in dem »Uebersehen des Individuellen und Wirklichen« begründet ist (KSA 1.880). Weder der Metaphern- noch der Begriffsbildung liegt eine tatsächliche Ähnlichkeit zugrunde, vielmehr ergibt sich für uns die Möglichkeit des Vergleichs immer erst im Nachhinein. Ähnlich wie bereits Locke argumentiert Nietzsche, dass die »Natur« keine Begriffe oder Gattungen kennt; diese werden erst von den Menschen an die Natur herangetragen. Dabei ist sich Nietzsche durchaus darüber im Klaren, dass auch noch seine eigene Rede von »individualisirtem Urerlebniss«, von »Individuum«, »Gattung« und »Begriff« und damit seine Behauptung, dass wir »nichts als Metaphern der Dinge [besitzen], die den ursprünglichen Wesenheiten ganz und gar nicht entsprechen« (WL 879), in der metaphysischen Sprache gefangen bleibt, die er zu kritisieren versucht: »Denn auch unser Gegensatz von Individuum und Gattung ist anthropomorphisch und entstammt nicht dem Wesen der Dinge, wenn wir auch nicht zu sagen wagen, dass er ihm nicht entspricht: das wäre nämlich eine dogmatische Behauptung und als solche ebenso unerweislich wie ihr Gegentheil.« (KSA 1.880)

Damit lässt sich eine erste Antwort auf die Frage geben, inwiefern Wahrheit sprachlich und rhetorisch verfasst ist: Wahrheit ist ein sprachlicher Setzungsakt, der Verbindlichkeit und Gültigkeit für alle verlangt; eine komplexe Konstellation menschlicher Relationen und Kräfteverhältnisse ohne festen Punkt und Zentrum; das Ergebnis eines Abnutzungs-, Kanonisierungs- und Vergesellschaftungsprozesses; sowie, was vielleicht am schwersten wiegt, eine Wahrheit, die sich selbst nur rhetorisch formulieren und geltend machen lässt. Damit ist nicht gesagt, dass es keine Wahrheit gäbe oder dass Nietzsche jeden Wahrheitsanspruch suspendieren würde; vielmehr gibt es nur *Wahrheiten* – im Plural:

> Was ist also Wahrheit? Ein bewegliches Heer von Metaphern, Metonymien, Anthropomorphismen kurz eine Summe von menschlichen Relationen, die, poetisch und rhetorisch gesteigert, übertragen, geschmückt wurden, und die nach langem Gebrauche einem Volke fest, canonisch und verbindlich dünken: die Wahrheiten sind Illusionen, von denen man vergessen hat, dass sie welche sind, Metaphern, die abgenutzt und sinnlich kraftlos geworden sind, Münzen, die ihr Bild verloren haben und nun als Metall, nicht mehr als Münzen in Betracht kommen. (KSA 1.880f.)

Nietzsche beschreibt hier den rhetorischen Prozess, durch den wir durch Gewohnheit und Vergessen zu Begriffen gelangen, wobei er sich selbst exzessiv rhetorischer Bilder und Vergleiche bedient. Jede Metapher durchläuft einen Prozess der Abnutzung und Erstarrung, im Zuge dessen sie ihre figurative Kraft verliert und zu einem bloßen Schema und letztlich zu einem Begriff verflüchtigt wird. Unsere Begriffe sind folglich nur Reste und Rückstände erstarrter und verblasster Metaphern, aus denen wir das hierarchisch geordnete und strukturierte Begriffsgebäude der Wissenschaft errichten, das dann »als das Festere, Allgemeinere, Bekanntere, Menschlichere und daher als das regulierende und Imperativische« der »anschaulichen Welt der ersten Eindrücke gegenübertritt« (KSA 1.881f.). »Wahrheit« heißt dann nichts anderes, als jeden Begriff so zu gebrauchen, wie er zuvor festgelegt worden ist (KSA 1.882), während diese Wahrheit selbst »keinen einzigen Punct [enthält], der ›wahr an sich‹, wirklich und allgemeingültig, abgesehen von dem Menschen, wäre« (KSA 1.883).

Entscheidend dabei ist nach Nietzsche nicht das Vergessen der Wahrheit – diese ist uns auch gar nicht zugänglich –, sondern das Vergessen der Lüge und Selbsttäuschung, die am Anfang jeder Wahrheit steht. Nur indem wir vergessen, dass Sprechen darin besteht, »nach einer festen Convention zu lügen«, »eben *durch diese Unbewusstheit*, eben durch dies Vergessen« gelangen wir schließlich »zum Gefühl der Wahrheit« (KSA 1.881). Dieses Vergessen und diese »Unbewusstheit« ist aber nun gerade, so die Pointe Nietzsches, die Voraussetzung für die Konstitution des Subjekts und des »Selbstbewusstseins«. Denn nur dadurch, dass der Mensch den rhetorischen Ursprung seiner Begriffe und sich selbst »als *künstlerisch schaffendes* Subjekt vergisst, lebt er mit einiger Ruhe, Sicherheit und Consequenz; wenn er einen Augenblick nur aus den Gefängniswänden dieses Glaubens heraus könnte, so wäre es mit seinem ›Selbstbewusstsein‹ vorbei« (KSA 1.883). Subjektivität und Selbstbewusstsein sind folglich nicht einfach gegeben, sondern etwas Gewordenes und Gemachtes, das Ergebnis eines letztlich unabschließbaren und fragilen Prozesses, der wesentlich rhetorisch verfasst ist.

5.4 Die Entwicklung von Sprache und Bewusstsein

Die Überlegungen zum Verhältnis von Sprache und Bewusstsein, die sich in *Ueber Wahrheit und Lüge* nur angedeutet finden, werden von Nietzsche in den 1880er Jahren wieder aufgenommen. Besonders hervorzuheben ist hier der Abschnitt 354 aus dem fünften Buch der *Fröhlichen Wissenschaft* (1887), der den Titel »Vom Genius der Gattung« trägt. Wie bereits Herder und Humboldt betont auch Nietzsche die Koevolution von Sprache und Bewusstsein. Im Unterschied zu diesen hebt er jedoch vor allem den nötigenden Charakter dieses prinzipiell unabgeschlossenen Prozesses hervor:

> Kurz gesagt, die Entwicklung der Sprache und die Entwicklung des Bewusstseins […] gehen Hand in Hand. […] [D]as Bewusstwerden unserer Sinneseindrücke bei uns selbst, die Kraft, sie fixiren zu können und gleichsam ausser uns zu stellen, hat in dem Masse zugenommen, als die Nöthigung wuchs, sie *Anderen* durch Zeichen zu übermitteln. Der Zeichen-erfindende Mensch ist zugleich der immer schärfer seiner selbst bewusste Mensch; erst als sociales Thier lernt der Mensch seiner selbst bewusst werden, – er thut es noch, er thut es immer mehr. (KSA 3.592)

Auch hier wieder, wie schon in *Ueber Wahrheit und Lüge*, finden wir das nötigende Moment am Ursprung von Sprache und Bewusstsein. Denn als das »gefährdetste Thier« brauchte der Mensch »Hülfe, Schutz, er brauchte Seines-Gleichen, er musste seine Noth auszudrücken, sich verständlich zu machen wissen – und zu dem Allen hatte er zuerst ›Bewusstsein‹ nöthig« (KSA 3.591). Bewusstsein hat sich, so Nietzsche, überhaupt erst »unter dem Druck des Mittheilungs-Bedürfnisses entwickelt«, »zwischen Mensch und Mensch«, »zwischen Befehlenden und Gehorchenden«, niemals jedoch im einzelnen Individuum. Bewusstsein ist folglich »eigentlich nur ein Verbindungsnetz« für den schwachen, auf gesellschaftlichen Schutz angewiesenen Menschen: »der einsiedlerische und raubthierhafte Mensch hätte seiner nicht bedurft« (KSA 3.591). Dabei verortet Nietzsche den Prozess der Selbstbewusstwerdung des Menschen keineswegs in der Vorgeschichte der Menschheit; vielmehr unterstreicht er dessen Kontinuität und permanente Verfeinerung.

Zugleich ist nach Nietzsche das »bewusst werdende Denken« nur der kleinste Teil unseres Denkens, noch dazu »der oberflächlichste, der schlechteste Theil« (KSA 3.593). Grund dafür ist die sprachliche Verfasstheit des Bewusstseins: »denn allein dieses bewusste Denken *geschieht in Worten, das heisst in Mittheilungszeichen*, womit sich die Herkunft des Bewusstseins selber aufdeckt.« Kurz, das Bewusste ist immer das Oberflächliche, Gemeine; die Welt, »deren wir bewusst werden können, [ist] nur eine Oberflächen- und Zeichenwelt« (KSA 3.593), während das in der Sprache sich manifestierende Bewusstsein eigentlich ein Nebenprodukt der Kommunikationsbedürftigkeit des Herdentiers Mensch darstellt. Auffällig ist, dass Nietzsche seine These nicht einfach nur postuliert, sondern sie zugleich rhetorisch wirkungsvoll in Szene setzt, wie die genauere Analyse des Aphorismus zeigt. An zentraler Stelle schreibt Nietzsche:

> Mein Gedanke ist, wie man sieht, dass das Bewusstsein nicht eigentlich zur Individual-Existenz des Menschen gehört, vielmehr zu dem, was an ihm Gemeinschafts- und Heerden-Natur ist; dass es, wie daraus folgt, auch nur in Bezug auf Gemeinschafts- und Heerden-Nützlichkeit fein entwickelt ist, und dass folglich Jeder von uns, beim besten Willen, sich selbst so individuell wie möglich zu *verstehen*, »sich selbst zu kennen«, doch immer nur gerade das Nicht-Individuelle an sich zum Bewusstsein bringen wird, sein »Durchschnittliches«, – dass unser Gedanke selbst fortwährend durch den Charakter des Bewusstseins – den in ihm gebietenden »Genius der Gattung« – gleichsam *majorisirt* und in die Heerden-Perspektive zurück-übersetzt wird. (KSA 3.592; meine Unterstreichung)

Folgt man Nietzsches Argumentation, dann ist das Bewusstsein nicht Teil der individuellen Existenz, sondern gehört zur gesellschaftlichen, sozialen Natur des Menschen. Das hat zur Konsequenz, dass alles, was wir über uns zu Bewusstsein zu bringen vermögen – so sehr wir auch darauf beharren, uns als Individuen zu verstehen –, immer nur das Durchschnittliche und Allgemeine sein wird, das wir mit anderen gemein haben, und gerade nicht das Besondere und Singuläre. Bemerkenswert ist dabei, dass Nietzsche *seinen* Gedanken nicht einfach nur konstatiert, sondern zugleich vollzieht, wenn er zunächst von »meinem« und dann von »unserem Gedanken« spricht, der »durch den Charakter des Bewusstseins [...] gleichsam *majorisirt* und in die Heerden-Perspektive zurück-übersetzt wird«. Damit performiert Nietzsches Text zugleich das, was er beschreibt und kritisiert: die Verallgemeinerung und Verdurchschnittlichung der Gedanken.

Entscheidend ist darüber hinaus, dass der Gedanke nicht einfach von der individuellen Perspektive in die Herdenperspektive übersetzt, sondern vielmehr *zurück-übersetzt* wird. Demnach ist die ursprüngliche Perspektive nicht die individuelle Perspektive, die dann in einem zweiten Schritt in die Herdenperspektive übersetzt würde. Vielmehr ist die Herdenperspektive der Ausgangspunkt, von dem ausgehend eine individuelle Perspektive überhaupt erst möglich wird. In diesem Sinne verdankt sich bereits die Möglichkeit, »ich« zu sagen, dem sprachlichen Prozess der Majorisierung und Verallgemeinerung. Anders gesagt, ich kann nur »ich« sagen, insofern ich es im allgemeinen Medium der Sprache tue. Ich kann nur »ich« sagen, insofern dieses Ich immer schon das Ich aller anderen ist und niemals nur mein eigenes. Damit ist nicht gesagt, dass wir nicht »ich« sagen könnten. Zweifellos tun wir dies jeden Tag unzählige Male. Aber dieses Ich – und mithin Bewusstsein und Individualität – kann nicht länger als eine ursprüngliche Instanz verstanden werden, sondern ist immer schon über die Herdenperspektive gebrochen und vermittelt, während wir uns umgekehrt ohne diesen Verallgemeinerungsprozess ins Durchschnittliche und Gemeine überhaupt nicht als Individuen denken könnten. Es geht Nietzsche also nicht darum, das Verhältnis von individueller und Herdenperspektive einfach umzukehren oder den Übersetzungsprozess als eine unilaterale Bewegung zu verstehen. Vielmehr verweist er auf das letztlich unentscheidbare Oszillieren zwischen individueller und allgemeiner Perspektive, zwischen Ich und Wir. Nicht nur die Entwicklung von Sprache und Bewusstsein, sondern auch die von Individuum und Gesellschaft gehen Hand in Hand und sind füreinander konstitutiv.

5.5 Sprache als Interpretation und Machtaneignung

Wenn Denken sprachlich verfasst und unser Bewusstsein nichts anderes als eine oberflächliche Zeichenwelt ist, dann stellt sich auch die Frage, inwiefern unsere Begriffe durch die grammatischen Strukturen der Sprache selbst bedingt sind. Bereits in *Ueber Wahrheit und Lüge* von 1873 hatte Nietzsche den historischen und relationalen Charakter der Begriffe unterstrichen. Diesen Gedanken nimmt Nietzsche dreizehn Jahre später in *Jenseits von Gut und Böse* (1886) im ersten Hauptstück »von den Vorurtheilen der Philosophen« wieder auf. Weder sind die philosophischen Begriffe von vornherein gegeben, noch entstehen sie isoliert voneinander, »so plötzlich und willkürlich sie auch in der Geschichte des Denkens anscheinend heraustreten« (KSA 5.34). Vielmehr sind sie etwas Gewachsenes, das eine Geschichte hat, sowie Teil eines Systems, in dem jeder Begriff sich nur in Relation und in Abgrenzung zu anderen Begriffen entwickeln konnte. Als Indiz dafür wertet Nietzsche die »Familien-Ähnlichkeit« aller Philosophien, die derselben Sprachfamilie angehören.

> Die wunderliche Familien-Ähnlichkeit alles indischen, griechischen, deutschen Philosophirens erklärt sich einfach genug. Gerade, wo Sprach-Verwandtschaft vorliegt, ist es gar nicht zu vermeiden, dass, Dank der gemeinsamen Philosophie der Grammatik – ich meine Dank der unbewussten Herrschaft und Führung durch gleiche *grammatische Funktionen* – von vornherein Alles für eine gleichartige Entwicklung und Reihenfolge der philosophischen Systeme vorbereitet liegt: ebenso wie zu gewissen andern Möglichkeiten der Welt-Ausdeutung der Weg wie abgesperrt erscheint. (KSA 5.34f.)

Zentral ist hier die der Gedanke der Grammatikalität und Systematizität. Die Ähnlichkeit der philosophischen Systeme des indoeuropäischen Sprachraums ergibt sich nicht einfach aus der Gleichheit oder Ähnlichkeit einzelner philosophischer Begriffe, sondern vielmehr aus der gemeinsamen grammatischen Struktur, die den einzelnen Sprachen und damit auch den philosophischen Systemen zugrunde liegt. Damit nimmt Nietzsche einen wichtigen Gedanken Humboldts wieder auf, gibt ihm jedoch eine andere Wendung. Denn während Humboldt die mit jeder einzelnen Sprache einhergehende Individualität und Weltansicht hervorhebt, schließt Nietzsche aus der Sprachverwandtschaft der indoeuropäischen Sprachen auf eine »gemeinsame Philosophie der

Grammatik«, die dazu führt, dass die auf den ersten Blick unterschiedlichsten philosophischen Ansätze einer gemeinsamen Bahn und Systematik folgen. Entsprechend sind nach Nietzsche die Gemeinsamkeiten der philosophischen Systeme gerade kein Argument für die Einheit und Universalität der Vernunft, sondern vielmehr ein Zeugnis ihrer Sprachbedingtheit. Zwar geht Nietzsche wie Humboldt von der Gleichursprünglichkeit von Sprache und Bewusstsein aus, er kehrt jedoch die damit verbundenen Wertsetzungen um. Während Humboldt daraus eine Aufwertung der Sprache im Allgemeinen, der verschiedenen Einzelsprachen im Besonderen und der jeweils damit verbundenen Weltansichten ableitet, nimmt Nietzsche dies als Indiz für die Oberflächlichkeit und Beschränktheit des bewussten Denkens »durch gleiche grammatische Funktionen« (KSA 5.34). Damit scheint Nietzsche auf den ersten Blick eine Art sprachlichen Determinismus zu vertreten, demgemäß die Grammatik unserer Sprache das Denken bestimmt. Tatsächlich gibt es kein einfaches Entkommen aus der Sprache und der Metaphysik, wie Nietzsche in einem Notat aus dem Nachlass vermerkt:

> Wir werden am letzten den ältesten Bestand von *Metaphysik* los werden, gesetzt daß wir ihn loswerden können – jenen Bestand, welcher in der *Sprache* und den *grammatischen Kategorien* sich einverleibt und dermaßen unentbehrlich gemacht hat, daß es scheinen möchte, wir würden aufhören, *denken* zu können, wenn wir auf diese Metaphysik Verzicht leisteten. (KSA 12.237)

Es ist nicht unwesentlich, dass Nietzsche diese Vermutung im Konjunktiv formuliert. Denn auch wenn die metaphysischen Begriffe für das Denken scheinbar unentbehrlich sind, so sind sie doch keineswegs notwendig gegeben. Im Gegenteil, als »conventionelle[] Fiktionen zum Zweck der Bezeichnung, der Verständigung, *nicht* der Erklärung« (KSA 5.36), oder – wie Nietzsche bereits früher in *Ueber Wahrheit und Lüge* formuliert – als rhetorisch überformte Relationen und Abstraktionen, »die nach langem Gebrauche einem Volke fest, canonisch und verbindlich dünken« (KSA 1.880), sind die philosophischen Begriffe grundlegend kontingent, was jedoch keineswegs heißt, dass wir uns ihrer einfach entledigen könnten. Das ist zugleich der Kerngedanke von Nietzsches sprachlich gewendeter Metaphysik- und Erkenntniskritik. Zwar ist es nicht möglich, unser sprachliches Ausdrucksmittel einfach zu ändern, aber »es ist möglich, zu begreifen, inwiefern es bloße Semiotik« (KSA 13.302) ist – und damit offen für aktive Reinterpretationen und Wiederaneignungen. Anders gesagt, auch wenn das begriffliche und vernünftige Denken »*ein Interpretiren nach einem Schema [ist], welches wir nicht abwerfen können*« (KSA 12.193f.), so ist es eben doch Interpretation und als ein solches Interpretieren immer auch »Durchsetzung von Machtansprüchen« und folglich Ausdruck und Setzung eines interpretierenden »Willens zur Macht« (KSA 5.37).

Dabei ist sich Nietzsche durchaus im Klaren darüber, dass eine solche Behauptung selbst nur Interpretation ist, und er fügt pointiert hinzu: »Gesetzt, dass auch dies nur Interpretation ist – und ihr werdet eifrig genug sein, dies einzuwenden? – nun, um so besser.« (KSA 5.37) Damit scheint Nietzsche den Einwand vorwegzunehmen, dass er sich selbst widerspreche, wenn er behauptet, dass Sprechen ein Interpretieren und die »Durchsetzung von Machtansprüchen« sei, während er zugleich den Anspruch erhebt, den anderen von der Richtigkeit seiner Aussage nicht durch Zwang und Gewalt, sondern durch gute Argumente überzeugen zu können.[54] Denn wendet man nun ein, dass auch die Behauptung, dass Sprechen ein Interpretieren ist, nur Interpretation sei: »nun, um so besser«, denn dann bestätige man gerade den behaupteten Satz, indem man ihn zurückweist.

Wenn jedoch alles Interpretation ist, heißt dies dann nicht, dass alles wahr ist, solange es nur lebensdienlich ist, und dass die »bessere« Interpretation einfach jene ist, der es gelingt, ihre Machtansprüche durchzusetzen? Oder gibt es eine Art Kriterium, um »bessere« von »schlechteren« Interpretationen zu unterscheiden? Zwei Antwortmöglichkeiten lassen sich hier andeuten: Mit dem Historiker und Philosophen Michel Foucault gesprochen wäre jene Interpretation die angemessenere, die weiß, dass sie perspektivisch ist und die innerhalb ihres eigenen »Erkenntnisprozesses die eigene Genealogie zu ergründen« und kritisch zu reflektieren erlaubt (Foucault 1971, 183).[55] Aus der Perspektive des Literaturtheoretikers Paul de Man wäre jene Interpretation oder jener Text vorzuziehen, »der implizit oder explizit seinen eigenen rhetorischen Modus bezeichnet und seine mögliche Fehldeutung als Korrelat seines rhetorischen Charakters vorwegnimmt« (de Man 1993, 221). Dies sind zwar keine verallgemeinerbaren Kriterien, die man wie einen neutralen Maßstab von außen an jede Interpretation anlegen könnte, aber

---

54 Zu dem Vorwurf, Nietzsches Argumentation verwickle sich immer wieder in performative Selbstwidersprüche vgl. z. B. Apel 1997; Habermas 1988, 191.
55 Zur *Genealogie* als einer kritischen Haltung und Praxis bei Nietzsche und Foucault vgl. Saar 2009.

zumindest interne Kriterien, die jede Interpretation selbst bereitstellt und an denen sie sich messen lassen muss. So bemisst sich das kritische Potential einer Interpretation nicht zuletzt daran, inwiefern sie in der Lage ist, auch noch den Ort, von dem aus sie spricht, die historischen und begrifflichen Bedingungen, die dieses Sprechen ermöglichen, die rhetorischen Bewegungen, die diese Sprechen vollzieht, sowie die Macht- und Kräfteverhältnisse, die das sprechende Subjekt konstituieren, zu thematisieren und zu reflektieren. Eine solche Interpretation wäre weder beliebig noch die bloße Durchsetzung von Machtansprüchen, sondern die kontinuierliche Reflexion auf die eigenen Möglichkeitsbedingungen und damit zugleich auf den Umstand, dass es keinen neutralen, d. h. rhetorik-, macht- und interessefreien Standpunkt außerhalb der Sprache und des Sprechens gibt, der für sich eine privilegierte Position reklamieren könnte.

5.6 Zusammenfassung und Ausblick

Obgleich Nietzsche keine systematische Abhandlung zur Sprache hinterlassen hat, so ist doch sein Beitrag für die Sprachphilosophie nicht zu unterschätzen. In der Tat erreicht die Reflexion auf die sprachliche Bedingtheit von Denken und Bewusstsein, auf die enge Verwobenheit von Sprache, Individuum und Gesellschaft sowie auf die Unhintergehbarkeit der Sprache für die Behandlung erkenntnistheoretischer, historischer und moralischer Fragestellungen mit Nietzsche einen vorläufigen Höhepunkt. Dabei knüpft Nietzsche thematisch ebenso an die erkenntniskritische Problematisierung der Sprache bei Locke und Leibniz an wie an die Thematisierung der Gleichursprünglichkeit von Sprache, Welt und Bewusstsein bei Herder und Humboldt. Sprachreflexion ist jedoch für Nietzsche niemals nur Selbstzweck, sondern zielt – ähnlich wie bei Locke – auf die Kritik der Metaphysik und ihrer grundlegenden Begriffe wie *Substanz, Subjekt, Identität* oder *Bewusstsein*. Zentrale Bedeutung kommt hier der Rhetorik zu, die von Nietzsche nicht länger als eine lehrbare und erlernbare Technik verstanden wird, sondern der Sprache und dem Sprechen selbst inhärent ist. Damit liefert die Rhetorik zugleich den Schlüssel für eine sprachtheoretisch gewendete Erkenntniskritik. So gesehen vollzieht Nietzsche nicht nur eine Wende zur

Sprache, sondern er gibt dieser Wende auch noch einen *rhetorischen Dreh*.[56]

Nietzsche hebt auf diese Weise – neben dem Wirkungs- und Handlungscharakter der Sprache – die in der Sprache und im Sprechen historisch sedimentierten sozialen Praktiken, Normen und Machtbeziehungen hervor, die im Rahmen einer rein erkenntnistheoretischen Sprachbetrachtung nicht thematisch werden. Darüber hinaus besitzt Sprache eine grundlegend subjekt- und bewusstseinskonstitutive Funktion. Bewusstsein, Welt, Individuum und Gesellschaft und nicht zuletzt das rationale Subjekt sind nicht zu trennen von den sprachlichen, semiotischen und rhetorischen Prozessen, mit denen sie verwoben sind.

Der Gefahr eines mit einer solchen Position einhergehenden Sprachdeterminismus oder -relativismus versucht Nietzsche u. a. mit einer gesteigerten Form der Reflexivität zu begegnen: Gerade weil wir nicht außerhalb der sprachlichen und grammatischen Strukturen und Schemata zu denken vermögen, gilt es, diese konsequent zu reflektieren und sie von innen heraus zu destruieren. Gerade weil es nicht möglich ist, einen neutralen und souveränen Beobachterstandpunkt außerhalb der Sprache einzunehmen, gilt es, der eigenen Erkenntnisbewegung und der spezifischen Situiertheit des eigenen Sprechens permanent Rechnung zu tragen. Gerade weil Sprechen ein Subjekt impliziert, das durch gesellschaftliche Institutionen und Praktiken geformt und hervorgebracht wird, gilt es, das Sprechen auf seine kontingenten Autoritäts- und Machteffekte hin zu befragen. Damit liefert Nietzsche zwar kein äußeres normatives Kriterium zu Beurteilung von Wahrheits- und Geltungsansprüchen – ein solches Kriterium kann es nach Nietzsche auch gar nicht geben –, aber doch ein »internes« Kriterium, um jene Ansprüche zu entlarven und zurückzuweisen, die gegenüber ihrer eigenen Gewordenheit und Situiertheit blind sind.

Nietzsches Überlegungen zu Sprache und Rhetorik sowie zur Entstehung der Begriffe werden von unterschiedlichen philosophischen Strömungen im letzten Drittel des 20. Jahrhunderts produktiv aufgenommen und weiterentwickelt. So ist weder Michel Foucaults Diskurs- und Machtanalyse ohne Nietzsches Insistieren auf dem gewaltsamen und nötigenden Charakter der Sprache denkbar, noch Jacques Derridas Dekonstruktion ohne Nietzsches Verweis auf die Unhintergehbarkeit

---

56 Vgl. hierzu auch Stingelin 2000, 313.

der historischen Sedimentierungen und normativen Hierarchien, die allen philosophischen Begrifflichkeiten innewohnen. Auch Judith Butlers Konzeption der Performativität verdankt sich wesentlich Nietzsches Kritik an klassischen Subjekt- und Identitätsbegriffen.

5.7 Literatur

Lektüreempfehlungen

Nietzsche, Friedrich (KGW): »Darstellung der antiken Rhetorik«, in: *Werke. Kritische Gesamtausgabe.* II. Abt., 4. Bd.: Vorlesungsaufzeichnungen (WS 1871/72–WS 1874/75). Berlin/New York: de Gruyter 1995, 413–502, insbes. 413–428.

Nietzsche, Friedrich (KSA 1): *Ueber Wahrheit und Lüge im aussermoralischen Sinne,* in: *Sämtliche Werke. Kritische Studienausgabe.* Bd. 1. München u. a.: dtv/de Gruyter 1988, 873–890.

Nietzsche, Friedrich (KSA 3): *Die fröhliche Wissenschaft,* in: *Sämtliche Werke. Kritische Studienausgabe.* Bd. 3. München u. a.: dtv/de Gruyter 1988, 590–593.

Nietzsche, Friedrich (KSA 5): *Jenseits von Gut und Böse. Vorspiel zu einer Philosophie der Zukunft,* in: *Sämtliche Werke. Kritische Studienausgabe.* Bd. 5. München u. a.: dtv/de Gruyter 1988, 34–37.

Weitere Literatur

Apel, Karl-Otto (1997): »Dialog mit Karl-Otto Apel«, in: *Sic et Non,* http://archiv.sicetnon.org/artikel/aktuelles/apel.htm (Zugriff 27.1.2016).

Aristoteles (Poet.): *Poetik.* Griechisch/Deutsch. Übers. und hg. von Manfred Fuhrmann. Stuttgart: Reclam 1982.

Aristoteles (Rhet.): *Rhetorik.* Übers. von Franz G. Sieveke. 4. Aufl. München: Fink 1993.

Behler, Ernst (1996): »Friedrich Nietzsche (1844–1900)«, in: Borsche, Tilman (Hg.): *Klassiker der Sprachphilosophie. Von Platon bis Noam Chomsky.* München: Beck, 291–305.

de Man, Paul (1993): *Die Ideologie des Ästhetischen.* Hg. von Christoph Menke, aus dem Amerikan. von Jürgen Blasius. Frankfurt a. M.: Suhrkamp.

de Man, Paul (1979): *Allegorien des Lesens.* Aus dem Amerikan. von Werner Hamacher und Peter Krumme. Mit einer Einleitung von Werner Hamacher. Frankfurt a. M.: Suhrkamp 1988.

Fietz, Lothar (1992): *Medienphilosophie: Musik, Sprache und Schrift bei Friedrich Nietzsche*. Würzburg: Königshausen & Neumann.

Foucault, Michel (1971): »Nietzsche, die Genealogie, die Historie«, in: Foucault, Michel: *Schriften in vier Bänden. Dits et Ecrits.* Band II: 1970–1975. Hg. von Daniel Defert u. Francois Ewald. Frankfurt a. M.: Suhrkamp 2001, 166–191.

Gerber, Gustav (1871): *Die Sprache als Kunst.* Fotomechan. Nachdr. der 2. Aufl. Hildesheim: Olms 1961.

Habermas, Jürgen (1988): *Der philosophische Diskurs der Moderne.* Zwölf Vorlesungen. Frankfurt a. M.: Suhrkamp.

Hetzel, Andreas (2010): *Die Wirksamkeit der Rede. Zur Aktualität klassischer Rhetorik für die moderne Sprachphilosophie.* Bielefeld: transcript.

Kopperschmidt, Josef/Schanze, Helmut (Hg.) (1994): *Nietzsche oder »Die Sprache ist Rhetorik«.* München: Fink.

Lacoue-Labarthe, Philippe (1979): »Der Umweg«, in: Hamacher, Werner (Hg.): *Nietzsche aus Frankreich.* Hamburg: EVA 2007, 125–163.

Leibniz, Gottfried Wilhelm (1765): *Neue Abhandlungen über den menschlichen Verstand.* Philosophische Schriften Bd. 3. Französisch/Deutsch. Hg. und übers. von Wolf von Engelhardt und Hans Heinz Holz. Frankfurt a. M.: Suhrkamp 1996.

Meijers, Anthonie/Stingelin, Martin (1988): »Konkordanz zu den wörtlichen Abschriften und Übernahmen von Beispielen und Zitaten aus Gustav Gerber: Die Sprache als Kunst (Bromberg 1871) in Nietzsches Rhetorik-Vorlesung und in ›Ueber Wahrheit und Lüge im aussermoralischen Sinne‹«, in: *Nietzsche-Studien* 17, 350–368.

Meyer, Katrin (2000): »Geschichte der Nietzsche-Editionen«, in: Ottmann, Henning (Hg.): *Nietzsche-Handbuch: Leben, Werk, Wirkung.* Stuttgart: Metzler, 437–440.

Most, Glenn/Fries, Thomas (1994): »Die Quellen von Nietzsches Rhetorik-Vorlesung«, in: Kopperschmidt, Josef/Schanze, Helmut (Hg.): *Nietzsche oder »Die Sprache ist Rhetorik«.* München: Fink, 17–38.

Nietzsche, Friedrich (KSA): *Sämtliche Werke. Kritische Studienausgabe.* 15 Bde. Hg. von Giorgio Colli und Mazzino Montinari. 2. durchges. Auflage. München u. a.: dtv/de Gruyter 1988.

Platon (Gorg.): *Gorgias*, in: *Sämtliche Werke.* Bd. 2. Griechisch/Deutsch. Nach der Übersetzung Friedrich Schleiermachers, ergänzt durch Übersetzungen von Franz Susemihl u. a. Frankfurt a. M.: Insel 1991.

Posselt, Gerald (2010): »Nietzsche – Sprache, Rhetorik, Gewalt«, in: Kuch, Hannes/Herrmann, Steffen K. (Hg.): *Philosophien sprachlicher Gewalt. 21 Grundpositionen von Platon bis Butler.* Weilerswist: Velbrück, 95–119.

Robling, Franz Hubert u. a. (2003): »Philosophie«, in: Ueding, Gert (Hg.): *Historisches Wörterbuch der Rhetorik.* Tübingen: Niemeyer, 968–1074.

Saar, Martin (2009): »Genealogische Kritik«, in: Jaeggi, Rahel/Wesche, Tilo (Hg.): *Was ist Kritik?* Frankfurt a. M.: Suhrkamp, 249–267.

Schmid, Holger (2000): »Nachlaß 1872–1876«, in: Ottmann, Henning (Hg.): *Nietzsche-Handbuch: Leben, Werk, Wirkung*. Stuttgart: Metzler, 87–90.

Stegmaier, Werner (2007): »Nach Montinari. Zur Nietzsche-Philologie«, in: *Nietzsche-Studien* 36, 80–94.

Stingelin, Martin (2000): »Rhetorik«, in: Ottmann, Henning (Hg.): *Nietzsche-Handbuch: Leben, Werk, Wirkung*. Stuttgart: Metzler, 313–315.

6 Die logische Analyse der Sprache: Gottlob Frege

6.1 Sprache als Möglichkeitsbedingung von Erkenntnis

Mit Gottlob Frege (1848–1925) verbindet man gemeinhin ein neues Kapitel in der Geschichte des Sprachdenkens. Wesentlich beeinflusst durch die logischen und sprachtheoretischen Arbeiten des Mathematikers und Logikers Frege kommt es Anfang des 20. Jahrhunderts zu einer Radikalisierung der Frage nach dem erkenntnistheoretischen Wert der Sprache – eine Entwicklung, die auch als *linguistic turn* bezeichnet wird.[57] Im Zuge dieser »sprachkritischen Wende«, »sprachanalytischen Wende« oder »Wende zur Sprache«, wie der *linguistic turn* auch genannt wird, etabliert sich Sprachphilosophie erstmals als eine eigenständige Teildisziplin der Philosophie und übernimmt – »nicht als Thematisierung des Gegenstands Sprache unter anderen, sondern als *Reflexion auf die sprachlichen Bedingungen der Möglichkeit der Erkenntnis*« (Apel 1973, 311) – die Position der Erkenntnistheorie als *prima philosophia*. Dahinter steht die Überlegung, dass die Frage nach der Wahrheit oder Falschheit von Urteilen erst dann angemessen gestellt und beantwortet werden kann, wenn man zuvor Sinn und Bedeutung der infrage stehenden Aussagen geklärt hat. In der Folge wird »die – sprachanalytisch zu klärende – Frage nach dem möglichen Sinn (oder Unsinn) von Sätzen der erkenntnistheoretischen Frage nach der möglichen Wahrheit (Geltung, Objektivität) von Urteilen vorgeschaltet« (Apel 1973, 311). Kurz, Sprache gilt nicht länger als *ein* Erkenntnisgegenstand unter anderen, vielmehr wird Sprache selbst zur Bedingung der Möglichkeit von Erkenntnis.

Der *linguistic turn* im Sinne einer sprachanalytischen Wende am Anfang des 20. Jahrhunderts ist jedoch weder die erste noch die einzige Wende zur Sprache im Verlauf der Philosophiegeschichte. Eine erste Hinwendung zur Sprache deutet sich bereits bei John Locke an, wenn er argumentiert, dass der Frage nach »Ursprung, Gewissheit und Umfang der menschlichen Erkenntnis« (Locke 1690, 2) die Frage nach der »Beschaffenheit, Verwendung und Bedeutung der Sprache« notwendig vorausgehen müsse (Locke 1690, II.xxxiii.19), oder auch bei Gottfried

---

[57] Der Ausdruck »linguistic turn« geht auf den Philosophen Gustav Bergmann zurück und wurde durch die von Richard Rorty (1967) herausgegebene gleichnamige Anthologie bekannt gemacht.

Wilhelm Leibniz, wenn er fordert, dass in einer universalen Sprache die Ordnung der Zeichen der Ordnung der Dinge entsprechen müsse (Kap. 3). Eine hermeneutische Wende zur Sprache zeichnet sich desgleichen bei Gottfried Herder und Wilhelm von Humboldt ab, wenn sie darauf verweisen, dass das menschliche Selbst- und Weltverhältnis grundlegend sprachlich verfasst ist (vgl. Kap. 4).[58] Und auch der Strukturalismus im Anschluss an Ferdinand de Saussure vollzieht eine sprachliche Wende ganz eigener Art, wenn er die menschliche Sprache als das primäre System versteht, das allen anderen symbolischen und kulturellen Zeichensystemen zugrunde liegt (vgl. Kap. 10).[59]

Gottlob Frege wird 1848 Wismar geboren und studiert ab 1869 zunächst in Jena, später in Göttingen (1871–73) Mathematik, Physik, Chemie und Philosophie. Im Wintersemester 1873/74 nimmt Frege seine Lehrtätigkeit in Jena auf, wo er 1879 zum außerordentlicher Professor und 1896 zum ordentlichen Honorarprofessor für Mathematik ernannt wird, eine Position, die er bis zu seiner Emeritierung im Jahre 1917 innehat. In dieser Zeit hält Frege ausschließlich Vorlesungen über mathematische Themen (Algebra, Analysis, Funktionentheorie) und – mit Unterbrechungen – über die Begriffsschrift; er liest jedoch nie zu Themen aus dem Bereich der Sprachphilosophie, Logik oder Semantik. Sein einziger bekannter Student ist Rudolf Carnap, der in den Jahren 1910–1914 in Jena studiert und später zu einem der wichtigsten Vertreter des Logischen Empirismus des Wiener Kreises wird. Nach dem Tod seiner Frau 1904 zieht Frege sich weitgehend aus dem akademischen Betrieb zurück und nimmt erst nach seiner Emeritierung 1917 seine Forschungs- und Publikationstätigkeit wieder auf. 1925 stirbt Frege in Bad Kleinen.

Freges bahnbrechende Beiträge zu Mathematik und Logik sind unbestritten. Frege gilt heute als Begründer der modernen Logik und als einer der Gründerväter der analytischen Philosophie. In seiner *Begriffsschrift* entwickelt Frege, nachdem die Logik seit Aristoteles' *Erster Analytik* kaum nennenswerte Fortschritte verzeichnen konnte, das erste vollständige Kalkül der Junktoren- und Quantorenlogik.[60] Frege selbst bezeichnet seine 1879 erschienene *Begriffsschrift* als »eine der arithmetischen nachgebildete Formelsprache des reinen Denkens«, die dazu dienen soll, »die Bündigkeit einer Schlusskette auf die sicherste Weise zu prüfen und jede Voraussetzung, die

---

58 Zu einer möglichen Vordatierung des *linguistic turn* auf Herder und Humboldt vgl. Rorty 1994, 100.
59 Wir werden im letzten Kapitel noch ausführlich auf die Unterschiede dieser einzelnen Wenden zur Sprache eingehen, wie sie sich aus analytischer, hermeneutischer und strukturalistischer Perspektive darstellen.
60 Vgl. hierzu Patzig 1985, 254.

sich unbemerkt einschleichen will, anzuzeigen« (Frege 1879, x). Zu seinen wichtigsten Werken zählen *Die Grundlagen der Arithmetik – eine logisch-mathematische Untersuchung über den Begriff der Zahl* (1884) und die *Grundgesetze der Arithmetik, begriffsschriftlich abgeleitet* (1. Bd. 1893, 2. Bd. 1903). Freges bedeutendste Beiträge zur Sprachphilosophie sind die Aufsätze »Funktion und Begriff« (1891), »Über Sinn und Bedeutung« (1892), »Über Begriff und Gegenstand« (1892) und der späte Aufsatz »Der Gedanke. Eine logische Untersuchung« (1918).

6.2 Sinn und Bedeutung von Eigennamen

Die Arbeiten und Überlegungen Freges sind ein gutes Beispiel dafür, dass die Sprachphilosophie wichtige Impulse häufig aus anderen Disziplinen erhalten hat. So gelangt Frege nicht ausgehend von philosophischen, sondern von mathematisch-logischen Fragen zu sprachphilosophischen Überlegungen. Gleich zu Beginn des 1892 publizierten Aufsatzes »Über Sinn und Bedeutung« (1892) steht die Frage, ob Gleichheit bzw. Identität eine Beziehung zwischen *Gegenständen* oder eine Beziehung zwischen *Zeichen für Gegenstände* sei. Um diese Frage zu klären, stellt Frege folgende Überlegung an: Während Sätze der Art »a = a« Tautologien darstellen, die *a priori* gelten und im Sinne Kants analytisch zu nennen sind, enthalten Sätze der Form »a = b« oft eine Erweiterung unserer Erkenntnis und sind in der Regel nicht *a priori* zu begründen. Man denke hier z. B. an eine kriminalistische Ermittlung, die zu dem Ergebnis kommt, dass Herr Josef Meyer (»a«) identisch mit dem gesuchten Bankräuber (»b«) ist, der am 18.5.2015 eine Bank in der Wiener Innenstadt überfallen hat. Daraus scheint zu folgen, dass Gleichheit nicht einfach eine Beziehung zwischen Gegenständen ist. Denn wäre Gleichheit lediglich eine Beziehung zwischen Gegenständen, so wäre mit einer Identitätsaussage allein die Übereinstimmung eines Dings mit sich selbst ausgedrückt, während für die Erkenntnis mit einer solchen Aussage nichts gewonnen wäre. Gleichheit ist aber auch nicht einfach eine Beziehung zwischen Zeichen, denn dann wären »a« und »b« in jedem Fall verschieden (vgl. Frege 1891, 3).[61] Erst wenn sich die Zeichen »a« und »b« nicht nur ihrer Gestalt nach unterscheiden – denn welches Zeichen man für einen Gegenstand wählt, ist an sich willkürlich –, sondern auch

---

[61] Freges Aufsätze werden im Folgenden nach der Paginierung der Erstausgaben zitiert.

in der Art und Weise, *wie* sie den Gegenstand bezeichnen, drückt »a = b« etwas anderes aus als »a = a« und besitzt für uns einen Erkenntniswert.[62] Diese Einsicht veranlasst Frege zu der grundlegenden Unterscheidung von *Sinn* und *Bedeutung*.

> Es liegt nun nahe, mit einem Zeichen (Namen, Wortverbindung, Schriftzeichen) außer dem Bezeichneten, was die Bedeutung des Zeichens heißen möge, noch das verbunden zu denken, was ich den Sinn des Zeichens nennen möchte, worin die Art des Gegebenseins enthalten ist. (Frege 1892, 26.)

So bezeichnen die beiden Ausdrücke »Morgenstern« und »Abendstern« beide denselben Gegenstand, nämlich den Planeten Venus; sie unterscheiden sich aber in der Art und Weise, wie sie diesen bezeichnen oder, wie Frege es formuliert, in der *Art seines Gegebenseins*. Während »Abendstern« den hellsten Himmelskörper am Abendhimmel bezeichnet, verweist »Morgenstern« auf den hellsten Himmelskörper, der vor Sonnenaufgang sichtbar ist. Demnach ist die *Bedeutung* eines Zeichens der Gegenstand, für den es steht; der *Sinn* eines Zeichens ist die Art und Weise, wie uns dieser Gegenstand in der Sprache gegeben ist. Dabei entspricht der Sinn eines Zeichens seiner Ausdrucksfunktion und die Bedeutung seiner Bezeichnungsfunktion: »Wir drücken mit einem Zeichen dessen Sinn aus und bezeichnen mit ihm dessen Bedeutung.« (Frege 1892, 31) Während jedem Zeichen »ein bestimmter Sinn und diesem wieder eine bestimmte Bedeutung« entspricht, kann eine bestimmte Bedeutung (ein Gegenstand) durch mehrere Zeichen bezeichnet werden (Frege 1892, 27), wie die zahllosen unterschiedlichen Bezeichnungen für den Planeten Venus – »Morgenstern«, »Abendstern«, »morning star«, »phôsphoros« etc. – in den verschiedenen Sprachen deutlich machen.

Nun kommt es aber nach Frege in den natürlichen Sprachen häufig vor, dass ein sprachlicher Ausdruck zwar einen Sinn, aber keine Bedeutung hat. Solche Ausdrücke wie »der von der Erde am weitesten entfernte Himmelskörper« oder »die am stärksten konvergente Reihe« haben sicherlich einen Sinn – wir können über sie nachdenken, sprechen und diskutieren –, aber es ist zweifelhaft, ob ihnen auch eine Bedeutung entspricht, d. h. ob durch sie ein realer Gegenstand bezeichnet wird. »Dadurch also, daß man einen Sinn auffaßt, hat man noch nicht mit

---

[62] In der Forschung ist die Frage, wie Frege Gleichheit letztlich genau versteht und wie sich seine Auffassung in »Über Sinn und Bedeutung« von seiner früheren Konzeption in der *Begriffsschrift* unterscheidet, nach wie vor umstritten. Vgl. u.a. Heck 2003 und Textor 2009, 112ff.

Sicherheit eine Bedeutung.« (Frege 1892, 28) Oder anders formuliert: Ein Ausdruck kann *sinnvoll* und dennoch *bedeutungslos* sein. Dies ist z. B. der Fall bei Ausdrücken wie »Odysseus« und »Pegasus«, die zwar sicherlich einen Sinn, aber keine Bedeutung besitzen. Sie sind daher nicht der Wissenschaft, sondern vielmehr der Dichtung zuzurechnen.

Wenn allerdings immer die Möglichkeit besteht, dass wir es mit bedeutungslosen Zeichen zu tun haben, dann lässt sich von skeptischer Seite fragen, wie wir uns sicher sein können, dass ein Name wie z. B. »Mond« eine Bedeutung hat, bzw. »daß überhaupt irgend etwas eine Bedeutung hat« (Frege 1892, 31). Nach Frege kann diese Frage vorerst unbeantwortet bleiben. Entscheidend ist vielmehr, dass wir im Sprechen die Existenz einer Bedeutung notwendig voraussetzen. Sobald wir z. B. den Satz formulieren »Der gegenwärtige König von Frankreich ist kahlköpfig«, setzen wir im Sprechen voraus, dass es einen König von Frankreich gibt, auch wenn dies vielleicht nicht den Fakten entspricht: »[E]s genügt zunächst, auf unsere Absicht beim Sprechen oder Denken hinzuweisen, um es zu rechtfertigen, von der Bedeutung eines Zeichens zu sprechen, wenn auch mit dem Vorbehalt: falls eine solche vorhanden ist.« (Frege 1892, 32)

Ein »Eigenname« ist laut Frege dementsprechend ein sprachlicher Ausdruck, dessen Bedeutung »ein bestimmter Gegenstand ist« (Frege 1892, 27). Darunter versteht Frege sowohl Eigennamen im engeren Sinne (z. B. »London«, »Kolumbus« etc.) als auch sogenannte Kennzeichnungen (z. B. »die Hauptstadt Englands«, »der Entdecker Amerikas« etc.).[63] Dabei geht Frege davon aus, dass »[d]er Sinn eines Eigennamens [...] von jedem erfaßt [wird], der die Sprache oder das Ganze von Bezeichnungen hinreichend kennt, der er angehört« (Frege 1892, 27). Das Verstehen des Sinns eines Eigennamens setzt also nicht nur Sprach-, sondern auch Weltwissen voraus, das mit dem Erlernen einer Sprache einhergeht. Dabei besitzen Eigennamen in natürlichen Sprachen häufig mehr als nur einen Sinn. So ist der Sinn des Eigennamens »Aristoteles« z. B. »der Lehrer Alexanders des Großen«, aber auch »der berühmteste Schüler Platons« oder »der Verfasser der *Nikomachischen Ethik*«. Je nachdem, welchen Sinn man wählt, wird die Bedeutung des Eigennamens »Aristoteles« auf unterschiedliche Weise »beleuchtet«, da jeder Sinn einen anderen Aspekt des Gegenstandes herausstellt, eine

---

[63] Zum Problem der Eigennamen, das von Frege erstmals aufgeworfen und im 20. Jahrhundert breit diskutiert wird, vgl. Wolf 1993.

andere Art, wie uns dieser Gegenstand gegeben ist. Daraus folgt umgekehrt, dass wir, wenn wir eine umfassende Erkenntnis der Bedeutung, die durch den Eigennamen »Aristoteles« bezeichnet wird, besitzen würden, »wir von jedem gegebenen Sinne sogleich angeben könnten, ob er zu ihr gehöre« (Frege 1892, 27). Dahin jedoch gelangen wir nie; denn dies würde voraussetzen, dass wir ein absolutes Wissen von der historischen Person Aristoteles besitzen, was faktisch unmöglich ist. Das hat auch Konsequenzen für die Beurteilung eines Satzes, der einen Eigennamen enthält. Denn je nachdem welchen Sinn man z. B. dem Eigennamen »Aristoteles« beilegt, wird der Satz »Aristoteles war der Lehrer von Alexander dem Großen« entweder ein analytisches oder ein synthetisches Urteil enthalten. Solche Mehrdeutigkeiten und »Schwankungen des Sinns« lassen sich nach Frege in den natürlichen Sprachen kaum vermeiden; sie haben aber in den »beweisenden Wissenschaften« und überall dort, wo es um Wahrheit und Erkenntnis geht, nichts verloren und lassen sich letztlich nur durch die Konstruktion einer »vollkommenen Sprache« beheben (vgl. Frege 1892, 27, Anm. 2).

Vorstellung und Färbung

Nachdem Frege auf diese Weise Sinn und Bedeutung von Eigennamen voneinander abgegrenzt hat, zeigt er auf, dass von diesen noch die *Vorstellung* zu unterscheiden ist, die mit dem jeweiligen Zeichen im subjektiven Bewusstsein verbunden wird. Die Vorstellung ist dabei nach Frege »ein aus Erinnerungen von Sinneseindrücken, die ich gehabt habe, und von Tätigkeiten, inneren sowohl wie äußeren, die ich ausgeübt habe, entstandenes inneres Bild« (Frege 1892, 29), das stark mit Gefühlen behaftet ist und allein dem einzelnen Bewusstsein angehört. Die Vorstellung ist folglich rein *subjektiv*, da sie immer nur meine Vorstellung ist. Die Vorstellungen anderer sind mir – wie die Ideen bei Locke – grundsätzlich nicht zugänglich. Dagegen ist der Sinn intersubjektiv erfassbar, insofern er gemeinsames Eigentum von vielen und nicht nur Teil des einzelnen Bewusstseins ist (vgl. Frege 1892, 29). Damit können wir nach Frege die Unterscheidung von *Sinn, Bedeutung* und *Vorstellung* wie folgt zusammenfassen:

> Die Bedeutung eines Eigennamens ist der Gegenstand selbst, den wir damit bezeichnen; die Vorstellung, welche wir dabei haben, ist ganz subjektiv; dazwischen liegt der Sinn, der zwar nicht mehr subjektiv wie die Vorstellung, aber doch auch nicht der Gegenstand selbst ist. (Frege 1892, 30)

Frege selbst erläutert das Verhältnis von Sinn, Bedeutung und Vorstellung anhand eines Vergleichs: der Beobachtung des Monds durch ein Fernrohr. In diesem Vergleich entspricht dem Mond die Bedeutung des Zeichens; er ist der Gegenstand, der beobachtet wird. Dieser Gegenstand entwirft im Fernrohr ein reelles Bild, das dann auf die Netzhaut der Betrachter*in fällt. Dem reellen Bild im Fernrohr entspricht dabei der Sinn, während dem Netzhautbild der Betrachter*in die Vorstellung zuzuordnen ist. Das reelle Bild im Fernrohr ist zwar einseitig, insofern es nur einen Aspekt des beobachteten Gegenstandes zu vermitteln vermag (den Mond zu einem bestimmten Zeitpunkt aus einer bestimmten Perspektive), aber dennoch objektiv, insofern es allen Beobachter*innen gleichermaßen zugänglich ist (vgl. Frege 1892, 30).

Somit lassen sich sprachliche Ausdrücke auf drei Ebenen unterscheiden: auf der Ebene der *Vorstellung*, des *Sinns* und der *Bedeutung*. Dazu kommen noch die *Färbungen* und *Beleuchtungen*, »welche Dichtkunst [und] Beredsamkeit dem Sinne zu geben suchen« (Frege 1892, 31). Dabei handelt es sich, vereinfacht gesagt, um die psychologischen Wirkungen sprachlicher Ausdrücke, also all das, was auf »das Gefühl, die Stimmung des Hörers wirken oder seine Einbildungskraft anregen [soll]. Wörter wie ›leider‹, ›gottlob‹ gehören hierher« (Frege 1918, 63). Diese Färbungen sind zwar nicht beliebig und gänzlich subjektiv, denn sonst könnte von einer bestimmten Wirkung gar nicht die Rede sein; sie sind aber auch nicht objektiv, da sie von den einzelnen Sprecher*innen sehr unterschiedlich empfunden werden können, und sind daher vom Sinn zu trennen (vgl. Frege 1892, 31). So macht es zwar einen Unterschied, »[o]b ich das Wort ›Pferd‹ oder ›Roß‹ oder ›Gaul‹ oder ›Mähre‹ gebrauche«, doch diese Differenz erstreckt sich nach Frege nicht auf den Sinn oder Gedanken, sondern lediglich auf das, was »man Stimmung, Duft, Beleuchtung in einer Dichtung nennen kann« (Frege 1918, 63). Damit kommen die Färbungen ungefähr dem nahe, was man in der modernen Sprachwissenschaft die *Konnotationen* eines Wortes nennt, also all das, was mit einem sprachlichen Ausdruck noch mitgemeint und mitverstanden werden kann und soll. Dichtung und Alltagssprache sind nach Frege voll von solchen *gefärbten* Ausdrücken, aber auch in wissenschaftlichen, insbesondere geisteswissenschaftlichen Darstellungen fehlen sie niemals ganz, obgleich sie in den strengen Wissenschaften, wie Mathematik, Physik und Chemie, »die um so trockener sind, je strenger sie sind« (Frege 1918, 63), nach Frege nichts verloren haben. Damit lassen sich fünf Aspekte isolieren, die für Freges Zeichenbegriff konstitutiv sind: 1. das *Zeichen* selbst im Sinne der Zeichengestalt, 2. der *Sinn*, der durch das Zeichen »ausgedrückt« wird, 3. die *Bedeutung*, die durch das Zeichen »bezeichnet« wird, 4. die *Vorstellung*, die in dem einzelnen Bewusstsein durch das Zeichen hervorgerufen wird, und schließlich 5. die *Färbung*, die von den Sprecher*innen und Hörer*innen mit dem Sinn des Zeichens im Bewusstsein verbunden wird.[64]

6.3 Sinn und Bedeutung von Sätzen

Ausgehend von der Unterscheidung von Sinn und Bedeutung bei Eigennamen fragt Frege nach der Entsprechung dieser Unterscheidung bei Sätzen. Als den *Sinn* eines Satzes bestimmt Frege den in einem Satz sprachlich ausgedrückten *Gedanken*. Allgemein gilt, dass jeder Behauptungssatz einen Gedanken enthält. Entscheidend dabei ist, dass der Gedanke nicht dem einzelnen Bewusstsein angehört. Er ist nicht »das subjektive Tun des Denkens, sondern dessen objektive[r] Inhalt, der fähig ist, gemeinsames Eigentum von vielen zu sein« (Frege 1892, 32, Anm. 5). Der Sinn eines Satzes, sein Gedanke, ist also keineswegs subjektiv, sondern objektiv, insofern er von vielen erfasst werden kann.[65] Wenn aber nun der Sinn eines Satzes sein Gedanke ist, was ist dann seine Bedeutung? Freges Antwort ist ebenso einfach wie verblüffend: Die *Bedeutung* eines Satzes, sofern eine solche vorhanden ist, ist »entweder das Wahre oder das Falsche«, also sein Wahrheitswert (Frege 1892, 34). In Anlehnung an die Unterscheidung von Sinn und Bedeutung von Eigennamen lässt sich folglich sagen, dass jeder Behauptungssatz einen *Gedanken ausdrückt* und einen *Wahrheitswert bezeichnet*. Daraus folgt aber auch, dass die Bedeutung aller wahren Sätze dieselbe ist (nämlich »das

---

[64] Vgl. hierzu Gabriel 1971, xvi.
[65] Frege spricht in »Der Gedanke« auch von einem »dritten Reich« objektiver, aber geistiger Gegenstände: »Ein drittes Reich muß anerkannt werden. Was zu diesem gehört, stimmt mit den Vorstellungen darin überein, daß es nicht mit den Sinnen wahrgenommen werden kann, mit den Dingen aber darin, daß es keines Trägers bedarf, zu dessen Bewußtseinsinhalte es gehört.« (Frege 1918, 69)

Wahre«) oder, wie Frege es formuliert: In der Bedeutung der Sätze ist »alles einzelne verwischt« (Frege 1892, 35). So haben die Sätze (a) »Der Morgenstern ist ein Planet« und (b) »Der Abendstern ist ein Planet« dieselbe Bedeutung, nämlich das Wahre, während sie zwei unterschiedliche Gedanken ausdrücken.

Es ist jedoch keineswegs selbstverständlich, dass ein Satz eine Bedeutung hat. Das ist nur dann der Fall, wenn allen seinen Teilen eine Bedeutung zukommt. Hat auch nur ein Ausdruck eines Satzes keine Bedeutung, wie der Ausdruck »Odysseus« in dem Satz »Odysseus wurde tief schlafend in Ithaka ans Land gesetzt«, dann wird auch der ganze Satz bedeutungslos, auch wenn er durchaus sinnvoll sein kann. Frege schließt daraus, dass die Bedeutung eines Satzes, d. h. sein Wahrheitswert, allein von den Bedeutungen der in ihm enthaltenen Ausdrücke abhängt, nicht jedoch von ihrem Sinn. So kann man in dem Satz »Der Morgenstern ist der Planet Venus« problemlos die bedeutungsgleichen Ausdrücke »Morgenstern« und »Abendstern« gegeneinander austauschen, ohne dass sich der Wahrheitswert des Satzes ändert, auch wenn der ausgedrückte Gedanke ein anderer ist. Verallgemeinert man diese Einsicht, so gelangt man zum *Substitutionsprinzip*, das Frege im Anschluss an Leibniz formuliert (vgl. Frege 1892, 35): Wird in einem Satz ein Teilausdruck durch einen anderen mit gleicher Bedeutung ersetzt, so bleibt die Bedeutung des Satzes, d. h. sein Wahrheitswert, erhalten, während sich der in ihm ausgedrückte Gedanke ändert.

Das *Substitutionsprinzip* gilt jedoch nur für die Bedeutung, nicht für den Sinn. Denn für den Sinn eines Satzes, d. h. für den Gedanken, der in ihm ausgedrückt wird, kommt nur der Sinn seiner Teile in Betracht, nicht jedoch der Umstand, ob ihnen eine Bedeutung zukommt oder nicht. So bleibt in dem Satz »Odysseus wurde tief schlafend in Ithaka ans Land gesetzt« der Gedanke derselbe unabhängig davon, ob der Eigenname »Odysseus« eine Bedeutung hat oder nicht. Ein solcher Satz hat nach Frege zwar einen Sinn, aber keine Bedeutung und folglich auch keinen Wahrheitswert; er ist nicht wahrheitsdefinit. Solche sinnvollen, aber bedeutungslosen Sätze bilden den Hauptbestandteil von Dichtung und Literatur und wahrscheinlich auch einen nicht unerheblichen Anteil der Alltagssprache; in der Wissenschaft haben sie jedoch nach Frege keinen Platz.

Damit wird auch noch ein anderer zentraler Aspekt deutlich: Weder liefert die Bedeutung eines Satzes allein eine Information, noch vermittelt der in einem Satz ausgedrückte Gedanke als solcher bereits eine Erkenntnis. Erst der Gedanke zusammen mit seinem Wahrheitswert besitzt einen Erkenntniswert. Das ist auch der Grund dafür, warum wir uns nicht einfach mit dem Sinn eines Satzes, seinem Gedanken, zufriedengeben, sondern dessen Bedeutung zu ermitteln versuchen. In diesem Streben nach Wahrheit und Erkenntnis – im Unterschied zum Kunstgenuss – sieht Frege auch zugleich die Aufgabe der Wissenschaft. »Das Streben nach Wahrheit also ist es, was uns überall vom Sinn zur Bedeutung vorzudringen treibt.« (Frege 1892, 33) Das ist auch genau der Schritt, den wir vollziehen, wenn wir urteilen. Denn wenn man urteilt, interessiert man sich gerade für die Frage, ob ein Gedanke wahr oder falsch ist. Urteilen kann folglich »als Fortschreiten von einem Gedanken zu seinem Wahrheitswerte gefaßt werden« (Frege 1892, 35). Dies darf jedoch nicht mit der Kombination von Subjekt und Prädikat in der klassischen Logik verwechselt werden. Denn indem man ein Subjekt mit einem Prädikat zusammenfügt, hat man noch kein Urteil ausgesprochen bzw. behauptet, dass ein Gedanke auch wahr ist, sondern allein zwei Gedankenteile zu einem Gedanken verknüpft: »Man gelangt durch die Zusammenfügung von Subjekt und Prädikat immer nur zu einem Gedanken, nie von einem Sinne zu dessen Bedeutung, nie von einem Gedanken zu dessen Wahrheitswerte.« (Frege 1892, 35)

Diese Überlegungen veranlassen Frege, zwischen drei Ebenen zu unterscheiden: zwischen dem *Denken* als dem »Fassen des Gedankens«, dem *Urteilen* als der »Anerkennung der Wahrheit eines Gedankens« und dem *Behaupten* als der »Kundgebung dieses Urteils« (Frege 1918, 62). Frege argumentiert, dass ein Behauptungssatz neben dem Gedanken auch noch eine *behauptende Kraft* besitzen muss, die etwa bei Sätzen, die im Theater geäußert werden, fehlt – also generell immer dann, »wenn wir nicht im Ernste sprechen« (Frege 1918, 63). Während wir einen Fragesatz mit »Ja« oder »Nein« beantworten und dadurch in eine Behauptung verwandeln können, besteht das Problem bei *nicht-ernsthaften* Äußerungen darin, dass diese sich auch noch der basalen Unterscheidung von Wahrheit und Lüge entziehen: »Der Schauspieler in seiner Rolle behauptet nicht, er lügt auch nicht, selbst wenn er etwas sagt, von dessen Falschheit er überzeugt ist.« (Frege 1918, 63) Wir haben es hier mit einem Sprechen zu tun, das »nur Spiel, nur Dichtung« ist und dem jede behauptende Kraft und der »nötige Ernst fehlt« (Frege 1918, 63). Beide Aspekte – sowohl das Kriterium der *Ernsthaftigkeit* zur Beurteilung von Äußerungen als auch die jeweilige *Kraft*, die mit einer Äußerung in unterschiedlichen Kontexten verbunden ist – werden in John L. Austins Sprechakttheorie eine wichtige Rolle spielen (vgl. Kap. 8).

6.4 Die logische Struktur der Sprache

Frege vollzieht nun den Schritt von der Analyse einfacher Sätze wie »Der Morgenstern ist ein Planet« zur Analyse komplexer Satzverbindungen, die sich aus mehreren Satzteilen zusammensetzen. Dabei stellt sich die Frage, ob das *Substitutionsprinzip* nur für bedeutungsgleiche Ausdrücke oder auch für bedeutungsgleiche Satzteile gilt. Wäre dies der Fall, dann müsste es möglich sein, einen Teilsatz durch einen anderen Teilsatz mit demselben Wahrheitswert zu ersetzen, ohne dass sich der Wahrheitswert des gesamten Satzes ändern würde. Dies gilt sicherlich für wahrheitsfunktionale Verknüpfungen wie »und«, »oder«, »wenn ..., dann ...« etc., die im Rahmen der Junktorenlogik verwendet werden. Ersetzt man z. B. in dem Satz »Tom ist verheiratet *und* Tom hat ein Kind« den zweiten Teilsatz durch den bedeutungsgleichen Satz »Tom hat einen Hund«, dann bleibt auch der Wahrheitswert des gesamten Satzes erhalten. Versucht man dagegen, das Substitutionsprinzip auf komplexe Sätze der natürlichen Sprache auszuweiten, so zeigt sich schnell, dass hier das Prinzip nur sehr beschränkt Gültigkeit hat. Vergleicht man z. B. die beiden Sätze

(a) Paul weiß, dass Benedikt XVI. bis 2013 Papst war.
(b) Paul weiß, dass Joseph Ratzinger bis 2013 Papst war.

so kann es sein, dass (a) wahr und (b) falsch ist und umgekehrt. Denn es kann sein, dass Paul zwar weiß, dass der 2013 zurückgetretene Papst Benedikt XVI. heißt, nicht aber, dass dessen bürgerlicher Name Joseph Ratzinger ist. Wir können also nicht unbeschadet der Wahrheit des ganzen Satzes die Teilsätze »Benedikt XVI. war bis 2013 Papst« und »Joseph Ratzinger war bis 2013 Papst« gegeneinander austauschen. Der Grund hierfür ist, dass es bei dem Nebensatz nicht auf dessen *Bedeutung*, d. h. seinen Wahrheitswert ankommt, sondern allein auf seinen *Sinn*, d. h. auf den in ihm ausgedrückten Gedanken.

Diese Schwierigkeiten, die sich durchwegs bei Sätzen natürlicher Sprachen zeigen, veranlassen Frege dazu, genauer zu untersuchen, wann und warum jeweils das Substitutionsprinzip in alltagssprachlichen Sätzen nicht gilt. Zwei Fälle sind hier von besonderem Interesse: 1. Sätze, in denen der Nebensatz erst zusammen mit dem Hauptsatz einen vollständigen Gedanken ergibt; 2. Sätze, in denen der Satz mehr Gedanken als einzelne Teilsätze enthält, sodass nicht alle Gedanken explizit ausgedrückt werden.

6.4.1 Gerade und ungerade Rede

In die erste Gruppe fallen vor allem Satzkonstruktionen, in denen der Nebensatz in *indirekter Rede* oder, wie Frege es formuliert, in *ungerader Rede* verwendet wird, wie dies z. B. der Fall ist, wenn wir die Rede eines anderen wiedergeben, wie in den Sätzen »Paul hat gesagt, dass es regnet«, »Maria behauptet, dass auf dem Mars grüne Männchen leben«, »Peter ist überzeugt, dass die Erde eine Scheibe ist« etc. In diesen Fällen ist nach Frege die Bedeutung des Nebensatzes nicht sein Wahrheitswert, sondern sein gewöhnlicher Sinn. So ist es für die Wahrheit oder Falschheit des Satzes »Maria behauptet, dass auf dem Mars grüne Männchen leben« völlig unerheblich, ob auf dem Mars tatsächlich grüne Männchen leben. Wesentlich ist allein der Umstand, ob Maria dies tatsächlich behauptet hat oder nicht. Folglich bildet erst der Sinn des Hauptsatzes – »Maria behauptet« – zusammen mit dem Sinn des Nebensatzes – »auf dem Mars leben grüne Männchen« – einen vollständigen Gedanken, der einen Wahrheitswert besitzt (vgl. Frege 1892, 37).

Das gilt ebenso für die Bedeutung einzelner Ausdrücke, die in einem Satz in *ungerader Rede* verwendet werden: In dem Satz »Peter weiß, dass der Morgenstern die Venus ist«, wird nicht nur der Nebensatz, sondern auch der Eigenname »Morgenstern« in ungerader Rede verwendet, d. h. seine Bedeutung ist nicht der Planet Venus, sondern sein gewöhnlicher Sinn. Dies wird deutlich, sobald man den Eigennamen »Morgenstern« durch den bedeutungsgleichen, aber sinnverschiedenen Ausdruck »Abendstern« ersetzt. Denn es ist möglich, dass Peter weiß, dass der Morgenstern der Planet Venus ist, aber nicht, dass dies auch für den Abendstern gilt, sodass der Satz »Peter weiß, dass der Abendstern die

Venus ist« falsch ist. Da es allein auf den Sinn des Nebensatzes ankommt und nicht auf seine Bedeutung, kann dieser nicht einfach durch einen bedeutungsgleichen Nebensatz, der denselben Wahrheitswert besitzt, ersetzt werden.

Damit macht Frege zugleich auf einen wichtigen Unterschied im Sprachgebrauch aufmerksam. Normalerweise verwenden wir die Worte unserer Sprache so, dass wir uns mit ihnen auf die Gegenstände beziehen wollen, über die wir reden. Hier ist das, wovon man spricht, die Bedeutung der Worte: »Es kann aber auch vorkommen, daß man von den Worten selbst oder von ihrem Sinn reden will.« (Frege 1892, 28) Ersteres ist z. B. der Fall, wenn man die Worte eines anderen in *gerader* oder *direkter Rede*, z. B. durch die Verwendung von Anführungszeichen, anführt oder zitiert: »Die eigenen Worte bedeuten dann zunächst die Worte des anderen, und erst diese haben die gewöhnliche Bedeutung. Wir haben dann Zeichen von Zeichen.« (Frege 1892, 28) In diesem Fall werden die Worte nicht *gebraucht*, sondern lediglich *erwähnt* oder *zitiert*, wie z. B. das Wort »Katze« in dem Satz »›Katze‹ hat fünf Buchstaben«.[66] Will man sich dagegen auf den Sinn eines Ausdrucks »A« beziehen, so kann man dies durch die Wendung »der Sinn des Ausdrucks ›A‹« tun. Ähnlich verhält es sich, wenn wir die Worte eines anderen in *ungerader* oder *indirekter Rede* wiedergeben; »auch in dieser Redeweise [haben] die Worte nicht ihre gewöhnliche Bedeutung [...], sondern [...] bedeuten [das], was gewöhnlich ihr Sinn ist. [...] Die ungerade Bedeutung eines Wortes ist also sein gewöhnlicher Sinn« (Frege 1892, 28).

6.4.2 Implikationen und Präsuppositionen

Die zweite Gruppe betrifft Sätze, in denen nicht alle im Satz enthaltenen Gedanken explizit artikuliert und ausgedrückt sind. So ist es z. B. häufig der Fall, dass die Sprecher*innen oder Hörer*innen mit einem Satz noch eine Reihe von Nebengedanken verbinden, die nicht logisch impliziert sind (1). Diese Nebengedanken wirken – wie Färbungen und Beleuchtungen – vor allem auf Gefühl und Stimmung der Hörer*innen, wobei sich nicht immer einfach sagen lässt, ob sie selbst zum Sinn des Satzes gehören oder mit diesem lediglich assoziativ verbunden sind.

---

66 In der analytischen Philosophie und der Sprachwissenschaft spricht man hier von der Unterscheidung von *Gebrauch* (*use*) und *Erwähnung* (*mention*).

> Fast immer, scheint es, verbinden wir mit einem Hauptgedanken, den wir aussprechen, Nebengedanken, die auch der Hörer, obwohl sie nicht ausgedrückt werden, mit unseren Worten verknüpft nach psychologischen Gesetzen. Und weil sie so von selbst mit unseren Worten verbunden erscheinen, fast wie der Hauptgedanke selbst, so wollen wir dann auch wohl einen solchen Nebengedanken mit ausdrücken. Dadurch wird der Sinn des Satzes reicher, und es kann wohl geschehen, daß wir mehr einfache Gedanken als Sätze haben. In manchen Fällen muß der Satz so verstanden werden, in anderen kann es zweifelhaft sein, ob der Nebengedanke mit zum Sinn des Satzes gehört oder ihn nur begleitet. (Frege 1892, 46)

Darüber hinaus kann es der Fall sein, dass ein Satz mehr Gedanken enthält, als sich aus seiner grammatischen Struktur erschließen lassen (2) oder dass ein Gedanke nicht selbst zum Sinn eines Satzes gehört, sondern nur vorausgesetzt wird, wie im Fall der sogenannten Existenzpräsuppositionen (3).

(1) So enthält z. B. der Satz »Der kleine Tom verlor leider den Wettbewerb« neben dem Gedanken, dass Tom den Wettbewerb verloren hat, auch noch die Nebengedanken »Es ist *bedauerlich*, dass Tom den Wettbewerb verloren hat« und »Tom hat verloren, weil er *klein* ist«. Entsprechendes gilt für den Satz »Tom und Mary heirateten und bekamen ein Kind«, der neben dem Gedanken, dass Tom und Mary geheiratet und ein Kind bekommen haben, auch noch den Nebengedanken enthält, dass sie *zuerst* geheiratet und *dann* ein Kind bekommen haben. Während es aus Perspektive der Logik keinen Unterschied macht, ob wir sagen »Tom und Mary heirateten *und* bekamen ein Kind« oder »Tom und Mary bekamen ein Kind *und* heirateten«, spielt dieser Unterschied in der Alltagssprache eine entscheidende Rolle, da hier dem zweiten »und« nicht nur eine wahrheitsfunktionale Bedeutung wie in der Logik, sondern auch eine temporale Bedeutung zukommt.

(2) Im zweiten Fall enthält ein Satz mehr einzelne Gedanken, als seine grammatische Struktur erkennen lässt. So enthält der Satz

> Weil Eis spezifisch leichter ist als Wasser, schwimmt es auf Wasser.

drei Gedanken, obwohl die Satzkonstruktion zunächst nur auf zwei Gedanken schließen lässt, die durch die kausale Konjunktion »weil« verbunden sind:

> (a) Eis ist spezifisch leichter als Wasser.
> (b) Wenn etwas spezifisch leichter ist als Wasser, dann schwimmt es auf Wasser.
> (c) Eis schwimmt auf Wasser.

In diesem Fall macht erst die zweite unausgesprochene Implikation zusammen mit dem ersten Gedanken den Sinn des gesamten Satzes aus, während sich der Sinn des Satzes aus dem ersten und dem dritten Gedanken oder dem zweiten und dem dritten Gedanken allein nicht erschließen lässt (vgl. Frege 1892, 48).

(3) Etwas anders liegt der Sachverhalt, wenn mit einem Satz Voraussetzungen gemacht werden, die nicht selbst zum Sinn des Satzes gehören, ohne die der Satz jedoch bedeutungslos wäre. In der Forschung spricht man in diesem Zusammenhang auch von sogenannten *Existenzpräsuppositionen*. So wird in dem Satz »Kepler starb im Elend« vorausgesetzt, dass der Name »Kepler« etwas bezeichnet, ohne dass diese Voraussetzung selbst zum Sinn des Satzes gehört: »Wenn das der Fall wäre, müßte die Verneinung nicht lauten ›*Kepler starb nicht im Elend*‹, sondern ›*Kepler starb nicht im Elend, oder der Name ›Kepler‹ ist bedeutungslos*‹.« (Frege 1892, 40) Maßgeblich ist hier das *Negationskriterium*, das besagt, dass Präsuppositionen unter Negation erhalten bleiben. Denn unabhängig davon, ob ich sage »Kepler starb im Elend« oder »Kepler starb nicht im Elend«, wird mit dieser Aussage vorausgesetzt, dass der Eigenname »Kepler« eine Bedeutung hat, dass es eine Person mit Namen »Kepler« gegeben hat.

6.4.3 Kontext- und Kompositionalitätsprinzip

Aus Freges Analysen ergeben sich einige wichtige Konsequenzen und Prinzipien: Eine unmittelbare Konsequenz seiner Überlegungen ist, dass die *sprachliche Struktur* eines Satzes nicht notwendig seiner *logischen Struktur* entspricht. In den natürlichen Sprachen gibt es eine starke Diskrepanz zwischen der grammatischen Form des Satzes und seiner logischen Struktur. So entsprechen, wie wir gesehen haben, die in einem Satz enthaltenen Gedanken nur selten den einzelnen Teilsätzen (viele alltagssprachliche Sätze weisen mehr Gedanken als Teilsätze auf), und häufig ist die Bedeutung eines Nebensatzes nicht sein Wahrheitswert, sondern sein Sinn, wie Frege am Beispiel der *ungeraden* Rede deutlich macht.

Damit einher geht die Einsicht, dass sich Sinn und Bedeutung sprachlicher Ausdrücke und Teilsätze nicht isoliert voneinander, sondern nur im Zusammenhang eines Satzes erschließen lassen, was in der

Forschungsliteratur auch als *Kontextprinzip* bezeichnet wird.[67] Zwar kann man sprachlichen Ausdrücken auch unabhängig vom Kontext Sinn und Bedeutung zusprechen, aber erst im Kontext eines vollständigen Satzes lassen sich Sinn und Bedeutung sprachlicher Ausdrücke abschließend bestimmen, wie die Analyse komplexer Satzverbindungen gezeigt hat: »Man muß […] immer einen vollständigen Satz ins Auge fassen. Nur in ihm haben die Wörter eigentlich eine Bedeutung.« (Frege 1884, § 60)

Darüber hinaus hat sich herausgestellt, dass sich Sinn und Bedeutung komplexer Ausdrücke nicht einfach additiv aus Sinn und Bedeutung ihrer einzelnen Bestandteile zusammensetzen lassen. Es ist vielmehr immer auch die syntaktische Konstruktion zu berücksichtigen, wie bereits solche einfachen Beispiele wie »Brotkasten/Kastenbrot«, »das Bild des Malers/der Maler des Bildes« oder »Maria liebt Fritz/Fritz liebt Maria« deutlich machen. Daraus ergibt sich das sogenannte *Kompositionalitätsprinzip*, das auch *Frege-Prinzip* genannt wird: Sinn und Bedeutung eines komplexen sprachlichen Ausdrucks ergeben sich aus Sinn und Bedeutung der ihn konstituierenden Teile *und* der Art und Weise ihrer syntaktischen Komposition.[68] Eine solche Analyse erfordert wiederum die Berücksichtigung des Kontextes, sodass sich Kontext- und Kompositionalitätsprinzip ergänzen.

6.5 Zusammenfassung und Ausblick

Es ist bezeichnend, dass es vor allem logisch-mathematische Überlegungen sind, die Freges sprachtheoretische Analysen und Reflexionen anleiten. Im Zentrum seiner Analysen steht dabei der wahrheitsfähige Behauptungssatz; nur dieser kann wahr oder falsch sein und hat folglich eine Bedeutung. Alle anderen Sätze, wie die der Dichtung und der Literatur, aber auch viele alltagssprachliche Sätze, sind dagegen bedeutungslos und daher ohne wissenschaftlichen Wert, auch wenn ihnen durchaus ein Sinn zukommen kann. Damit wird nicht bestritten, dass nicht-wahr-

---

[67] Das Kontextprinzip ist in der Forschung allerdings umstritten. Vgl. Mayer 1996, 74ff.; Bermes 1997, 59. Explizit genannt wird es von Frege nur in den *Grundlagen der Arithmetik* von 1884.
[68] Vgl. hierzu Linke u.a. 1994, 139f.

heitsfunktionale Sätze wichtige Aufgaben in der alltäglichen Kommunikation erfüllen; der Primat liegt aber klar auf dem Behauptungssatz, der allein Anspruch auf Wahrheit und Erkenntnis erheben kann.

Ausgehend von der Einsicht, dass die logische Struktur der Sprache nicht immer ihrer grammatischen entspricht, kommt Frege – im Sinne jener Traditionslinie, die Sprache vor allem als ein epistemologisches Problem versteht – zu dem Ergebnis, dass die natürlichen Sprachen für den Erkenntnisprozess nur begrenzt geeignet sind. Ihre Ausdrücke sind mehrdeutig und »die logischen Verhältnisse werden durch die Sprache fast immer nur angedeutet, [...] nicht eigentlich ausgedrückt« (Frege 1882, 51). Der Grund dafür ist nach Frege, dass die »Volkssprachen« weniger den exakten Ausdruck der Gedanken zum Ziel haben, sondern vielmehr pragmatischen, kommunikativen und psychologischen Zwecken folgen. Aus logisch-epistemologischer Perspektive jedoch sind die natürlichen Sprachen mit einem grundlegenden Mangel behaftet, der sich weder durch Kritik noch Verbesserung der Alltagssprache ausmerzen lässt, sondern nur durch die Konstruktion einer logisch vollkommenen Sprache behoben werden kann, die von allen Mängeln, Ungenauigkeiten und Mehrdeutigkeiten der natürlichen Sprache frei ist.

Die Konstruktion einer idealen Sprache

Frege fordert daher für die Wissenschaft – wie schon vor ihm Leibniz – ein künstliches Zeichensystem, das er »Begriffsschrift« nennt. In einem solchen Zeichensystem sind alle logischen Verhältnisse klar ausgedrückt; es darf keine bedeutungslosen Ausdrücke geben, jeder Ausdruck muss genau einen Sinn und eine Bedeutung haben und Begriffe müssen scharf begrenzt sein, d. h., es muss für jeden Gegenstand bestimmt sein, ob er unter den Begriff fällt oder nicht. Den Zeichen selbst kommt dabei eine zentrale Rolle zu. Nicht nur benötigen wir sinnliche Zeichen zum Denken, da sie »uns gegenwärtig machen, was abwesend, unsichtbar, vielleicht unsinnlich ist« (Frege 1882, 49); Zeichen sind für das begriffliche Denken unentbehrlich, da erst sie uns erlauben, »in die innere Welt unserer Vorstellungen ein[zudringen] und [...] uns darin nach Belieben [zu] bewegen«. Auch wenn »wir nicht mehr laut zu sprechen brauchen, um zu denken«, so denken wir doch trotzdem in Worten »und wenn nicht in Worten, doch in mathematischen oder andern Zeichen« (Frege 1882, 49). Gerade aber die menschliche Sprache weist den entscheidenden Mangel auf, dass es ihr nicht gelingt, »das Denken vor Fehlern zu bewahren« (Frege 1882, 50); dies kann nur eine logische Begriffsschrift leisten. Dabei ist sich Frege der Begrenztheit eines solchen künstlichen Kalküls durchaus bewusst. Die Begriffsschrift kann die Alltagsprache nicht ersetzen; sie ist vielmehr ein Werkzeug zu einem bestimmten Zweck, was Frege anhand des Vergleichs der menschlichen Sprache mit der menschlichen Hand und der Begriffsschrift mit einem künstlich geschaffenen Werkzeug illustriert.[69]

> Die hervorgehobenen Mängel haben ihren Grund in einer gewissen Weichheit und Veränderlichkeit der Sprache, die andererseits Bedingung ihrer Entwicklungsfähigkeit und vielseitigen Tauglichkeit ist. Die Sprache kann in dieser Hinsicht mit der Hand verglichen werden, die uns trotz ihrer Fähigkeit, sich den verschiedensten Aufgaben anzupassen, nicht genügt. Wir schaffen uns künstliche Hände, Werkzeuge für besondere Zwecke, die so genau arbeiten, wie die Hand es nicht vermöchte. Und wodurch wird diese Genauigkeit möglich? Durch eben die Starrheit, die Unveränderlichkeit der Teile, deren Mangel die Hand so vielseitig macht. (Frege 1882, 52)

Folgt man dieser Analogie, dann zeigt sich zweierlei: Einerseits ist die Begriffsschrift – verstanden als ein Werkzeug zu speziellen Zwecken – der natürlichen Sprache weit überlegen; andererseits lässt sich die Begriffsschrift nur ausgehend von und auf Basis der Sprache konstruieren und handhaben. Damit bleibt die Begriffsschrift – trotz ihrer Spezialisierung und vermeintlichen Überlegenheit – von der konkret gesprochenen Sprache abhängig. Sie kann die Sprache nicht ersetzen, sondern bestenfalls ergänzen und komplementieren. Zugleich ist ihre Genauigkeit teuer erkauft, nämlich durch jene Starrheit und Unveränderlichkeit, die die natürliche Sprache so vielseitig und anpassungsfähig macht.

Das hat weitreichende Konsequenzen für die Frage, wie das Verhältnis von Sprache und Logik genau zu denken ist. Denn folgt man den Implikationen, die Frege selbst nahelegt, dann ist die Logik weniger das Fundament der Sprache, sondern vielmehr eine Forderung, die von außen – einhergehend mit dem Ideal der Genauigkeit und Exaktheit – an die Sprache herangetragen wird. Dann aber stellt sich die Frage, ob die Sprache tatsächlich mangelhaft und ungeeignet ist, die logischen Verhältnisse exakt auszudrücken, oder ob es sich nicht vielmehr so verhält,

---

[69] Im Vorwort seiner *Begriffsschrift* wählt Frege (1879, xi) den Vergleich von Auge und Mikroskop.

dass die formale Logik ungeeignet ist, der Komplexität und Reichhaltigkeit der Sprache Rechnung zu tragen. Wir hätten es folglich weniger mit einem Mangel der Sprache gegenüber der Logik zu tun, als vielmehr mit einem Ungenügen der Logik gegenüber der Sprache. Darüber hinaus wären die von Frege »hervorgehobenen Mängel« der Sprache nicht einfach Mängel, sondern gerade das, was Sprache als Sprache ausmacht und konstituiert – nämlich »Bedingung ihrer Entwicklungsfähigkeit und vielseitigen Tauglichkeit« (Frege 1882, 52) –, während die am Modell der Logik gewonnene ideale Sprache zwar genau und exakt wäre, aber gerade aufgrund dieser Exaktheit und der damit einhergehenden Starrheit der Mannigfaltigkeit der sprachlichen Erscheinungsformen nicht gerecht zu werden vermag. Wir werden auf diese Fragen im Zusammenhang mit der Kritik des späten Wittgenstein an seinem Frühwerk zurückkommen (vgl. Kap. 7.3).

6.6 Literatur

Lektüreempfehlung

Frege, Gottlob (1892): »Über Sinn und Bedeutung«, in: Frege, Gottlob: *Funktion, Begriff, Bedeutung: Fünf logische Studien*. Hg. und eingel. von Günther Patzig. Göttingen: Vandenhoeck & Ruprecht 2008, 23–46.

Weitere Literatur

Apel, Karl-Otto (1973): »Sprache als Thema und Medium der transzendentalen Reflexion. Zur Gegenwartssituation der Sprachphilosophie«, in: Apel, Karl-Otto: *Transformation der Philosophie. Bd. 2: Das Apriori der Kommunikationsgemeinschaft*. Frankfurt a. M.: Suhrkamp, 311–329.
Bermes, Christian (1997): *Philosophie der Bedeutung. Bedeutung als Bestimmung und Bestimmbarkeit. Eine Studie zu Frege, Husserl, Cassirer und Hönigswald*. Würzburg: Königshausen & Neumann.
Frege, Gottlob (1879): *Begriffsschrift, eine der arithmetischen nachgebildete Formelsprache des reinen Denkens*, in: Frege, Gottlob: *Begriffsschrift und andere Aufsätze*. Mit E. Husserls und H. Scholz' Anmerkungen hg. von Ignacio Angelelli. 2. Aufl. Darmstadt: WBG 1993.
Frege, Gottlob (1882): »Über die wissenschaftliche Berechtigung einer Begriffsschrift«, in: Frege, Gottlob: *Funktion, Begriff, Bedeutung: Fünf logische Studien*. Göttingen: Vandenhoeck & Ruprecht 2008, 70–76.

Frege, Gottlob (1884): *Die Grundlagen der Arithmetik. Eine logisch mathematische Untersuchung über den Begriff der Zahl.* Auf der Grundlage der Centenarausgabe hg. von Christian Thiel. Hamburg: Meiner 1988.

Frege, Gottlob (1891): »Funktion und Begriff«, in: Frege, Gottlob: *Funktion, Begriff, Bedeutung: Fünf logische Studien.* Göttingen: Vandenhoeck & Ruprecht 2008, 1–22.

Frege, Gottlob (1918): »Der Gedanke. Eine logische Untersuchung«, in: Frege, Gottlob: *Logische Untersuchungen.* 5. Aufl. Göttingen: Vandenhoeck & Ruprecht 2003, 30–53.

Gabriel, Gottfried (1971): »Logik und Sprachphilosophie bei Frege. Zum Verhältnis von Gebrauchssprache, Dichtung und Wissenschaft«, in: Frege, Gottlob: *Schriften zur Logik und Sprachphilosophie: aus dem Nachlaß.* Mit einer Einl., Anm., Bibliogr. und Reg. hg. von Gottfried Gabriel. Hamburg: Meiner, XI–XXX.

Linke, Angelika/Nussbaumer, Markus/Portmann, Paul R. (1994): *Studienbuch Linguistik.* 2. Aufl. Tübingen: Niemeyer.

Mayer, Verena (1996): *Gottlob Frege.* München: Beck.

Patzig, Günther (1985): »Gottlob Frege (1848–1925)«, in: Höffe, Otfried (Hg.): *Klassiker der Philosophie.* 2. verb. Aufl. München: Beck, 251–273.

Rorty, Richard (Hg.) (1967): *The Linguistic Turn. Essays in Philosophical Method.* With two Retrospective Essays. Chicago/London: Univ. of Chicago Press 1992.

Rorty, Richard (1994): *Hoffnung statt Erkenntnis. Eine Einführung in die pragmatische Philosophie.* Aus d. Amerikan. von Joachim Schulte. Wien: Passagen.

Textor, Markus (2009): *Routledge Philosophy Guidebook to Frege on Sense and Reference.* London: Routledge.

Wolf, Ursula (Hg.) (1993): *Eigennamen. Dokumentation einer Kontroverse.* Frankfurt a. M.: Suhrkamp.

7 Von der idealen zur normalen Sprache: Ludwig Wittgenstein

7.1 Die Entwicklung von Wittgensteins Sprachdenken

Auf Ludwig Wittgenstein berufen sich innerhalb der analytischen Philosophie sowohl der sogenannte idealsprachliche als auch der normalsprachliche Ansatz. Ersterer bezieht sich vornehmlich auf den *Tractatus logico-philosophicus* (1921), während zweiterer die posthum erschienenen *Philosophischen Untersuchungen* (1953) in den Mittelpunkt der Auseinandersetzung rückt. Diese heterogene Rezeption hat unter anderem dazu geführt, zwischen zwei Werkphasen zu differenzieren und zwischen einem »frühen Wittgenstein« (»Wittgenstein I«) und einem »späten Wittgenstein« (»Wittgenstein II«) zu unterscheiden.[70] Doch eine allzu glatte Trennung von Früh- und Spätwerk lässt sich nach der Veröffentlichung des gesamten Nachlasses und der darin enthaltenen Zwischenschritte nicht mehr aufrechterhalten. Wenngleich Wittgensteins Zugang zu einzelnen Themenkomplexen starken Revisionen unterworfen ist, gehen rezente Interpretationen verstärkt von *einem* Denkweg aus, der – über die unterschiedlichen Schaffensperioden hinweg – durch konstant bleibende Fragestellungen ausgezeichnet ist. Die Tragweite der diversen Modifikationen lässt sich schärfer in den Blick nehmen, wenn man neben den von Wittgenstein selbst immer wieder hervorgehobenen Unterschieden auch die Gemeinsamkeiten mitbedenkt. Dabei bildet die Frage nach der Sprache – trotz der oder gerade aufgrund der heterogenen Anläufe – das Grundthema des Wittgenstein'schen Denkens.

Im vorherigen Kapitel wurde gezeigt, inwiefern Gottlob Frege ausgehend von mathematisch-logischen Überlegungen sprachtheoretische Fragestellungen behandelt. Freges Auseinandersetzung mit der Sprache beschränkt sich dabei in erster Linie auf den mathematisch-logischen Bereich und geht noch nicht so weit, daraus Konsequenzen für den gesamten Bereich der Philosophie zu ziehen. Diese Überlegungen führt Wittgenstein in einer radikalisierten Weise fort: Er erhebt im Unter-

---

[70] Die Einteilung in Wittgenstein I und Wittgenstein II prägte im angelsächsischen Raum v. a. Pitcher (1964) und im deutschsprachigen Bereich Stegmüller (1989).

schied zu Frege den Anspruch, ausgehend von einer logischen Sprachanalyse sämtliche philosophischen Probleme lösen zu können. Die Grundüberzeugung, dass epistemologische Fragestellungen und in weiterer Folge auch ontologische Probleme in Rückgriff auf ihr sprachliches Fundament erörtert werden müssen, markiert den von Wittgenstein mitvollzogenen *linguistic turn* innerhalb der analytischen Philosophie.[71] Erst auf Basis einer kritisch-logischen Analyse der Sprache können Fragen nach der Reichweite und Grundlage von Erkenntnis gestellt werden. Der Gehalt philosophischer Überlegungen ist somit nicht von deren sprachlichen Zusammenhängen zu trennen. In diesem Sinne insistiert Wittgenstein im *Tractatus* darauf, dass »die Grenzen *der* Sprache […] die Grenzen *meiner* Welt bedeuten« (TLP 5.62). Damit wird angezeigt, dass es keinen von der Sprache unabhängigen Standort geben kann. Der frühe Wittgenstein schenkt dabei der Unterscheidung von sinnvoll und nicht sinnvoll Sagbarem sowie der Beziehung zwischen Sprache und Welt größte Aufmerksamkeit. Im Mittelpunkt stehen dabei die sprachkritische Klärung von Sätzen sowie die epistemische Dimension der Sprache.

In Wittgensteins Spätwerk hingegen wandelt sich die rein erkenntnistheoretische Fokussierung der Sprachbetrachtung. Dort finden sich umfangreiche Reflexionen zur Frage, was es für den Menschen heißt, mit anderen an sprachlichen Praktiken partizipieren zu können. Dabei steht nicht mehr der wahrheitsfähige Satz oder der referentielle Bezug zu einer (bereits vorliegenden) Welt im Vordergrund, sondern der in diversen kulturellen oder historischen Kontexten unterschiedlich ausfallende *Gebrauch* von Sprache. Diese Entwicklung führt Wittgenstein weg von einer idealsprachlichen Herangehensweise, die sich am Maßstab der formalen Logik orientiert, hin zur alltäglichen Verwendung von Sprache. Diese Verschiebung reicht jedoch tiefer, als es der Wechsel von einer logischen Analyse der Sprache hin zum Fokus auf den alltäglichen Gebrauch gemeinhin suggeriert. Vielmehr stellt Wittgenstein in bahnbrechender Weise Überlegungen zu der Frage an, inwiefern Sprache allererst den Zugang zu diversen Lebensformen und Weltbildern eröffnet.

Aus einer reichen Wiener Familie stammend und bestens vertraut mit der kulturellen Szene der Donaumetropole, studiert der 1889 geborene Ludwig

---

[71] Vgl. Hacker 2013, 931.

Wittgenstein zunächst nicht Philosophie, sondern in Berlin und Manchester Ingenieurswissenschaften. Aufgrund der intensiven Beschäftigung mit Fragen der Mathematik und der Logik sowie des persönlichen Austauschs mit Frege und Russell widmet er sich ab 1912 eingehend philosophischen Grundfragen. Er verschenkt sein gesamtes Vermögen an finanziell bedürftige Künstler*innen und zieht freiwillig in den Ersten Weltkrieg. Während dieser Zeit entsteht der *Tractatus logico-philosophicus*, der 1921 publiziert wird. Mit diesem schmalen Bändchen avanciert Wittgenstein schlagartig zu einem der wichtigsten Vertreter der sprachanalytischen Philosophie. Der akademische Betrieb bereitet ihm allerdings stets ein gewisses Unbehagen und er betätigt sich in gänzlich anderen Bereichen, wie etwa als Volksschullehrer, Gärtner oder Architekt. Aufgrund einer erneuten Hinwendung zu philosophischen Problemen, nicht zuletzt in Auseinandersetzung mit Vertretern des Wiener Kreises, übersiedelt Wittgenstein 1929 von Wien nach Cambridge und nimmt seine akademische Tätigkeit wieder auf. Dort arbeitet er unermüdlich an umfangreichen Manuskripten, ohne jedoch – von einzelnen Miszellen abgesehen – davon etwas zu veröffentlichen. 1951 stirbt Wittgenstein in Cambridge an einem Krebsleiden. Sein umfangreicher Nachlass – darunter auch seine bekannten *Philosophischen Untersuchungen* – wird posthum veröffentlicht.

7.2 *Tractatus*: Die logische Abbildtheorie der Sprache

7.2.1 Inhalt, Form und Programm des *Tractatus*

Wittgensteins *Tractatus logico-philosophicus* (TLP) wird während des Ersten Weltkrieges geschrieben und 1918 fertiggestellt, aber erst 1921 in deutscher Sprache und 1922 in einer deutsch-englischen Ausgabe mit einem Vorwort von Russell veröffentlicht. Im Zentrum stehen vor allem logische und erkenntnistheoretische Fragen hinsichtlich des logischen Aufbaus der Welt und der Sprache und inwiefern Sprache überhaupt in der Lage ist, Wirklichkeit adäquat zu repräsentieren. Wittgenstein geht dabei von der Grundannahme aus, dass dem Satz die Funktion zukommt, ein Abbild der Welt zu vermitteln. Dem Satz wird somit die prinzipielle Möglichkeit zugestanden, die Wirklichkeit angemessen zu erfassen und logisch korrekt wiederzugeben. Die logische Analyse der Sprache bildet den methodischen Ausgangspunkt für die Erörterung sämtlicher philosophischer Probleme. Vor dem Hintergrund der Sprachanalyse werden Fragen über den Aufbau und Zusammenhang der Welt ebenso diskutiert wie Erörterungen über den Status des Subjekts oder die (Nicht-)Mitteilbarkeit von ethischen oder ästhetischen Überlegungen. Das Ziel der gesamten Untersuchung besteht darin, philosophische Grundirrtümer dadurch zu entlarven, dass das logische Fundament der Sprache freigelegt wird.

Nicht nur inhaltlich, sondern auch durch seine Struktur, seinen eigenwilligen Stil und seinen hyperbolischen philosophischen Anspruch besticht der *Tractatus*. Bereits auf den ersten Blick zeigt sich die ungewöhnliche Form dieses Werkes: Nach einem kurzen Vorwort strukturieren sieben Obersätze, denen untergeordnete Sätze zur Erläuterung und Ergänzung beigefügt sind, den Text. Die Dezimalzahlen sollen dabei, wie Wittgenstein eigens in einer Lektüreanleitung hervorhebt, das »logische Gewicht der Sätze« markieren (TLP 1, Anm.), doch sind die argumentativen Abhängigkeitsverhältnisse unter den Haupt- und Nebensätzen oftmals nur schwer nachzuvollziehen. Die Überlegungen werden in komprimierter Weise vorgetragen, ohne sie mit Beispielen zu veranschaulichen oder mittels zusammenhängender Erläuterungen argumentativ zu untermauern. Weiterführende Auseinandersetzungen mit anderen Denker*innen aus der Geschichte der Philosophie fehlen ebenso wie ein wissenschaftlicher Apparat in Form von Fußnoten, Literaturangaben etc. Es werden lediglich an einigen Stellen Frege und Russell erwähnt sowie beiläufig Verweise auf Ockham und Kant angebracht.

Doch es bleibt nicht nur bei stilistischen Auffälligkeiten: Bereits im »Vorwort« tut sich ein ungeheurer Anspruch kund, wenn der knapp dreißigjährige Wittgenstein behauptet, dass »die *Wahrheit* der hier mitgeteilten Gedanken unantastbar und definitiv« sei, und er daher davon überzeugt sei, sämtliche philosophischen »Probleme im Wesentlichen endgültig gelöst zu haben« (TLP Vw). Diese selbstbewusste Proklamation wird im daran anschließenden Satz auf bemerkenswerte Weise konterkariert, wenn Wittgenstein behauptet, der Wert seiner Ausführungen bestehe primär darin, gezeigt zu haben, »wie wenig damit getan ist, daß diese Probleme gelöst sind« (TLP Vw). Den gesamten Text durchzieht eine schillernde Ambiguität, die nicht nur bei der ersten Leserschaft – wie etwa Frege[72] – Ratlosigkeit hinterlassen hat, sondern

---

[72] Frege schreibt an Wittgenstein, nachdem dieser ihm sein Manuskript überlassen hat, Folgendes über den *Tractatus*: »Ich finde sie [die Abhandlung] schwer verständlich. Sie setzen Ihre Sätze nebeneinander – meistens, ohne sie zu begründen oder wenigstens ohne sie ausführlich genug zu begründen. So weiss

wohl auch dafür mitverantwortlich zeichnet, dass dieser Text bis heute einen Gegenstand interpretatorischer Debatten bildet.[73]

Im Folgenden sollen lediglich zwei Aspekte des *Tractatus* näher erörtert werden: Zunächst wird dargelegt, was Wittgenstein unter »Sprachkritik« versteht und welchen Einfluss sie auf ein künftiges Philosophieren haben soll. Im Anschluss daran wird das Verhältnis von Sprache und Welt in Rückgriff auf das skizziert, was Wittgenstein »logisches Bild« nennt.

7.2.2 Philosophie als radikalisierte Sprachkritik

Den Ausgangspunkt von Wittgensteins Überlegungen bildet – wie schon bei Locke, Leibniz und Frege – die Ambiguität und Ungenauigkeit der Alltagssprache. Sein Programm, wie zukünftig Philosophie betrieben werden soll, bündelt Wittgenstein im *Tractatus* prägnant in folgendem Satz: »Alle Philosophie ist ›Sprachkritik‹.« (TLP 4.0031) Der Terminus »Sprachkritik« kann dahingehend verstanden werden, dass Wittgenstein zwischen unterschiedlichen Verwendungsweisen von Sprache differenziert. Bereits im »Vorwort« insistiert Wittgenstein darauf, dass es ihm um die Grenzziehung zwischen dem geht, was »sich klar sagen« lässt, und dem, worüber »man schweigen« muss (TLP Vw). Das Klarwerden von Sätzen ist Wittgensteins Auffassung nach deshalb dringend geboten, da bereits die Alltagssprache unpräzise ist und Verwirrungen stiftet:

> In der Umgangssprache kommt es ungemein häufig vor, daß dasselbe Wort auf verschiedene Art und Weise bezeichnet […], oder, daß zwei Wörter, die auf verschiedene Art und Weise bezeichnen, äußerlich in der gleichen Weise im Satze angewandt werden. (TLP 3.323)

Um diesen irritierenden Eigenheiten der Sprache zu entgehen, sucht Wittgenstein eine exakte Sprache, die in der Logik fundiert ist. Mit der Forderung einer idealen Sprache übt Wittgenstein zugleich – analog zu den Vertretern des sogenannten »Wiener Kreises«[74] – eine grundlegende Kritik an der philosophischen Tradition, die pejorativ als »Meta-

---

ich oft nicht, ob ich zustimmen soll, weil mir der Sinn nicht deutlich genug ist.« (Frege an Wittgenstein, 28. Juni 1919)
[73] Vgl. u.a. Crary/Read 2000 und Read/Lavery 2011.
[74] Vgl. Carnap/Hahn/Neurath 1979.

physik« bezeichnet wird. Den herkömmlichen philosophischen Ansätzen mangelt es nicht nur an der geforderten logischen Exaktheit, sie versteigen sich auch in »spekulative« Aussagen, die nicht als sinnvoll gelten können:

> Die meisten Sätze und Fragen, welche über philosophische Dinge geschrieben worden sind, sind nicht falsch, sondern unsinnig. Wir können daher Fragen dieser Art überhaupt nicht beantworten, sondern nur ihre Unsinnigkeit feststellen. Die meisten Fragen und Sätze der Philosophen beruhen darauf, daß wir unsere Sprachlogik nicht verstehen. (TLP 4.003)

Sämtliche Behauptungen der Metaphysik werden von Wittgenstein kategorisch als »unsinnig« abgelehnt. Doch was zeichnet einen sinnvollen Satz aus und warum sind »metaphysische« Aussagen in dem Maße unsinnig, dass sie nicht einmal falsch sein können? Im Gegensatz zu unsinnigen Sätzen bzw. Scheinsätzen, die keine Bedeutung haben, da sie oder einzelne Bestandteile von ihnen sich auf nichts in der Wirklichkeit beziehen, rekurrieren sinnvolle Sätze auf mögliche Sachverhalte in der Welt. Sinnvolle Sätze sind für Wittgenstein empirisch ausweisbar und daher verifizierbar oder falsifizierbar. Unsinnige Sätze können nicht einmal falsifiziert werden, da sie sich auf nichts Wirkliches beziehen.[75] Die neue und zugleich einzige Aufgabe der Philosophie besteht darin, Sprachkritik zu betreiben, d. h. zwischen sinnvollen Sätzen – also Sätzen, die sich auf empirisch Ausweisbares beziehen – und nicht-sinnvollen Verwendungsweisen von Sprache – in denen der Bezug zur Wirklichkeit fehlt – zu unterscheiden:

> Die richtige Methode der Philosophie wäre eigentlich die: Nichts zu sagen, als was sich sagen läßt, also Sätze der Naturwissenschaft – also etwas, was mit Philosophie nichts zu tun hat –, und dann immer, wenn ein anderer etwas Metaphysisches sagen wollte, ihm nachzuweisen, daß er gewissen Zeichen in seinen Sätzen keine Bedeutung gegeben hat. (TLP 6.53)

Jede Aussage, die nicht auf empirischen Beobachtungen fußt und sich nicht an der naturwissenschaftlich erfassbaren Wirklichkeit ausrichtet,

---

[75] Wittgenstein unterscheidet darüber hinaus zwischen *sinnlosen* und *unsinnigen* Sätzen. Sinnlose, aber keineswegs unsinnige Sätze sind Tautologien oder Kontradiktionen: »Die Tautologie hat keine Wahrheitsbedingungen, denn sie ist bedingungslos wahr; und die Kontradiktion ist unter keiner Bedingung wahr. Tautologie und Kontradiktion sind sinnlos. Tautologie und Kontradiktion sind aber nicht unsinnig; sie gehören zum Symbolismus, und zwar ähnlich wie ›0‹ zum Symbolismus der Arithmetik.« (TLP 4.461 u. 4.4611)

wird als »unsinnig« bzw. »metaphysisch« zurückgewiesen. Der Sinn eines sprachlichen Ausdrucks lässt sich somit nur in Rückgriff auf seinen etwaigen Wahrheitsgehalt eruieren. Sämtliche Sätze, die dieser Forderung nicht entsprechen, werden aus dem Bereich des sinnvoll Sagbaren ausgeschlossen. Die Konsequenzen, die sich aus dieser massiven Einschränkung ergeben, sind weitreichend: Alle nicht-deskriptiven und nicht im Sinne der Naturwissenschaft wahrheitsfähigen Aussagen, wie z. B. Sätze der Ethik, der Kunst oder der Religion etc., haben keinen Platz innerhalb dieser neuen Ausrichtung der Philosophie. Sätze über das Sein, über Gott, über Gut oder Böse, über Wert und Würde sind bloße Scheinsätze, denn über sie kann – im Sinne des *Tractatus* – nichts Sinnvolles gesagt werden, da ihnen nichts in der Wirklichkeit entspricht.

Mit dieser Fokussierung auf die Unterscheidbarkeit zwischen dem Sinnvollen und dem Unsinnigen ändert sich auch das Selbstverständnis der Philosophie. Sie entwirft nicht mehr eigene Denksysteme, sondern sie beabsichtigt lediglich, zwischen dem Sagbaren und dem Unsagbaren eine Trennlinie zu ziehen und den etwaigen Sinn von Sätzen in logischer Hinsicht zu analysieren. Sprachkritik geht mit der Analyse der Sprache Hand in Hand:

> Der Zweck der Philosophie ist die logische Klärung der Gedanken. [...] Das Resultat der Philosophie sind nicht »philosophische Sätze«, sondern das Klarwerden von Sätzen. Die Philosophie soll die Gedanken, die sonst, gleichsam, trübe und verschwommen sind, klar machen und scharf abgrenzen. (TLP 4.112)

Damit wird verständlich, warum Wittgenstein im »Vorwort« ankündigen konnte, dass mittels der logischen Analyse der Sprache alle philosophischen Probleme gelöst seien. Die Sprachanalyse zeigt die Grenze zwischen dem logisch korrekt Sagbaren der empirischen Naturwissenschaften und dem Unsinnigen unzulässiger »metaphysischer« Spekulationen auf.[76] Wenn es der Philosophie ausschließlich um die Unterscheidung zwischen sinnvollen und nicht-sinnvollen Sätzen geht, stellt sich

---

[76] So problematisch dieser Ausschluss ganzer Bereiche und dieses Schweigeverdikt zu »metaphysischen« Sätzen auch sind, so dürfen sie jedoch bei Wittgenstein nicht einfachhin mit der Irrelevanz von Religion, Ethik oder Ästhetik gleichgesetzt werden. Wittgensteins Schweigen kann daher auch als eine Selbstbeschränkung der Philosophie angesehen werden. In einem Brief thematisiert er diese notwendige Zurückhaltung explizit: »[D]enn der Sinn des Buches ist ein Ethischer [sic!]. [...] Alles das, was *viele* heute *schwefeln*, habe ich

selbstverständlich zuallererst die Frage, inwiefern Sprache überhaupt in der Lage ist, Wirklichkeit adäquat wiederzugeben. Auf diese Herausforderung reagiert Wittgenstein mit seinen Überlegungen zu einer logischen Abbildtheorie.

7.2.3 Der Satz als logisches Bild

Eines der zentralen Probleme im *Tractatus* ist die Frage nach dem Verhältnis von Sprache und Welt. Um diese Frage zu klären, entwirft Wittgenstein zunächst eine eigene Ontologie, die von einem stufenweisen Aufbau der Welt ausgeht und ihre strukturgleichen Entsprechungen in der Sprache findet. Der erste, oft zitierte Satz des *Tractatus* lautet: »Die Welt ist alles, was der Fall ist.« (TLP 1) Wittgenstein erläutert Schritt für Schritt, was es mit dieser Aussage in Hinblick auf die Strukturierung der Welt auf sich hat: Die Welt als Wirklichkeit besteht für Wittgenstein in der »Gesamtheit der Tatsachen«, d. h. in allen tatsächlich bestehenden (und nicht bloß möglichen) Sachverhalten (vgl. TLP 2.04). Unter einem Sachverhalt versteht Wittgenstein die »Verbindung von Gegenständen« (TLP 2.01). Die Gegenstände sind uns folglich nicht als solche, sondern nur in ihren spezifischen Verknüpfungen und somit immer nur als Teile von Sachverhalten gegeben. Erst auf der Ebene der Sachverhalte kann für Wittgenstein sinnvoll gefragt werden, ob die Verbindungen gegeben sind oder nicht, ob sie der Fall sind, d. h. ob sie tatsächlich bestehen und damit wahr oder ob sie nicht bestehen und falsch sind.

Wie wird aber das Bestehen eines Sachverhaltes erfasst und inwiefern korrespondieren diese Einsichten mit sprachlichen Aussagen? Wittgensteins Auffassung zufolge sind wir angesichts von »Bildern« in der Lage zu fragen, ob die Wirklichkeit mit ihnen übereinstimmt oder nicht (vgl. TLP 2.21). Mit ihrer Hilfe wird das Bestehen oder Nichtbestehen eines Sachverhaltes dargestellt, denn das Bild – und der logisch korrekte Aussagesatz ist gerade ein solches Bild – fungiert gleichsam als »Modell der Wirklichkeit« (TLP 2.12). Die Relation zwischen dem Aufbau der Welt einerseits und der Struktur der Sprache andererseits beruht jedoch nicht auf einer direkten Ähnlichkeit, sondern sie besteht in einer

---

in meinem Buch festgelegt, indem ich darüber schweige.« (Brief an L. v. Ficker, Okt./Nov. 1919)

Äquivalenz der *logischen Form* (vgl. TLP 2.2). Bild und Abgebildetes müssen, um auf eine gemeinsame logische Form rekurrieren zu können, dieselbe Anzahl von Einzelgliedern sowie dieselben kombinatorischen Möglichkeiten teilen. Aufgrund dieser Strukturgleichheit stimmen Sprache und Welt bis in ihre Elemente und Binnenverhältnisse miteinander überein. Wahre Sätze bilden so bestehende Sachverhalte ab. Die spezifische Verbundenheit von Gegenständen wird im Bild in der Weise dargestellt, dass in ihm dieselbe spezifische Konfiguration der Bildelemente zum Ausdruck kommt. Um diese Strukturbeziehung deutlich zu machen, weist Wittgenstein darauf hin, dass ein und derselbe Sachverhalt durch ganz unterschiedliche »Bilder« dargestellt werden kann, die dennoch alle korrekt sein können, solange sie eine gemeinsame logische Struktur aufweisen:

> Die Grammophonplatte, der musikalische Gedanke, die Notenschrift, die Schallwellen, stehen alle in jener abbildenden internen Beziehung zu einander, die zwischen Sprache und Welt besteht. Ihnen allen ist der logische Bau gemeinsam. (TLP 4.014)

Die Wirklichkeit kann auf verschiedene Weise wiedergegeben werden, solange darin dieselbe logische Form zum Ausdruck kommt. Allein die Sprache aber oder, genauer, der Satz ist in der Lage, die Verhältnisse der Wirklichkeit in der Weise zu zeigen, dass sie verifiziert oder falsifiziert werden können: »Der Satz *zeigt*, wie es sich verhält, *wenn* er wahr ist. Und er *sagt*, *daß* es sich so verhält. Die Wirklichkeit muß durch den Satz auf ja oder nein fixiert sein.« (TLP 4.022f.) Somit spiegelt der Satz – als ein Bild der Wirklichkeit – die Verknüpfung der Gegenstände der Wirklichkeit in seiner eigenen syntaktischen Struktur wider. Er vermag es, einen Sachverhalt der Welt so abzubilden, dass er »auf ja oder nein fixiert« werden kann. Diese wahrheitsfunktionale Dimension – das Feststellen von korrekten oder inkorrekten Tatsachen – zeichnet die Sprache aus.

Analog zur Struktur der Welt, die auf bestehenden Sachverhalten beruht, steht auch bei der Analyse der Sprache die relationale Verknüpfung im Vordergrund. Das zentrale Element der sprachlichen Analyse ist daher nicht der Name, der – wie Wittgenstein betont – zwar den Gegenstand bedeutet (vgl. TLP 3.203), sondern der Satz: »Nur der Satz hat Sinn; nur im Zusammenhang des Satzes hat der Name Bedeutung.« (TLP 3.3) Denn nur der Satz kann als ein korrektes oder inkorrektes

Bild der Wirklichkeit angesehen werden, insofern ein bestehender Sachverhalt angemessen oder nicht angemessen repräsentiert wird (vgl. TLP 4.01 und 4.1). Nur der Satz – und nicht etwa der Name – ist prinzipiell verifizierbar oder falsifizierbar und lediglich er sagt als logisches Bild etwas über die Wirklichkeit aus. Die Gesamtheit der Sätze bildet – ebenso wie die Gesamtheit der Tatsachen die Welt ausmacht – die Sprache (vgl. TLP 4.001).

Im Sinn der logischen Analyse der Sprache ist es Wittgensteins erklärtes Ziel, die Sprache in ihre einfachsten Bestandteile zu zerlegen (vgl. TLP 2.0201). Sätze können nach Wittgenstein in basale Elemente – sogenannte Elementarsätze (vgl. TLP 4.21) – zerlegt werden. Dieses Vorgehen ist von der Grundidee getragen, dass mit dem Auffinden sämtlicher Elementarsätze eine vollständige Beschreibung der Welt möglich ist, da alle weiteren wahren Sätze sich von den Elementarsätzen logisch ableiten lassen.

Wenn aber nun der Satz ein Bild der Wirklichkeit ist, wie lassen sich dann Sätze verifizieren oder falsifizieren? Wie weiß man, ob der Satz als Bild angemessen einen Sachverhalt wiedergibt? Um herauszufinden, ob ein Satz ein wahres oder falsches Bild der Wirklichkeit liefert, müssen wir ihn, wie Wittgenstein betont, »mit der Wirklichkeit vergleichen« (TLP 2.223). Um dies zu erläutern, stellt Wittgenstein folgende Überlegung an: Ein Satz ist dann wahr, wenn der im Satz dargestellte Sachverhalt besteht, und er ist falsch, wenn der im Satz dargestellte Sachverhalt nicht besteht. Ja, ein Satz kann, wie das die zuvor dargestellte Differenz zwischen dem sinnvoll Sagbaren und dem Unsinnigen bereits demonstriert hat, überhaupt nur dann einen Sinn haben, wenn er das Bestehen respektive Nichtbestehen eines Sachverhalts abbildet. Ohne diesen ausdrücklichen Bezug zur Wirklichkeit kann ein Satz nicht sinnvoll sein, genauso wenig wie aus dem Bild ohne den Vergleich mit den Sachverhalten der Welt nicht zu schließen ist, ob es wahr oder falsch ist. »Nur dadurch kann der Satz wahr oder falsch sein, indem er ein Bild der Wirklichkeit ist.« (TLP 4.06) Allein in dieser wahrheitsfunktionalen Dimension, die über die *logische Isomorphie* zwischen Bild und Abgebildeten begründet wird, hat der Satz seine Berechtigung. Außerhalb einer möglichen Verifikation oder Falsifikation bzw. losgelöst von einer Bestätigung oder Negation eines Sachverhaltes können Aussagen nicht sinnvoll sein.

In seinem Spätwerk unterzieht Wittgenstein den *Tractatus* einer grundlegenden Kritik. Diese soll nun anhand der Darstellung der *Philosophischen Untersuchungen* nachgezeichnet werden.

7.3 *Philosophische Untersuchungen*: Der Gebrauch der Sprache

Wittgensteins erneute Zuwendung zu philosophischen Fragen ab 1929 ist von seiner kritischen Auseinandersetzung mit seinem eigenen Frühwerk geprägt. Auf ganz unterschiedlichen Ebenen setzt er sich dabei mit dem *Tractatus* auseinander und weist im Vorwort der *Philosophischen Untersuchungen* auf »schwere Irrtümer […] in jenem ersten Buche« (PU Vw) hin. Dabei erklärt Wittgenstein nicht einfach seine früheren Überlegungen für nichtig, sondern möchte, dass sie zusammen mit seinen späteren Ausführungen gelesen werden, da seine aktuellen Überlegungen »nur durch den Gegensatz und auf dem Hintergrund meiner älteren Denkweise ihre rechte Bedeutung erhalten könnten« (PU Vw). In welcher Relation der *Tractatus* zu den *Philosophischen Untersuchungen* steht, wird von Wittgenstein weniger explizit ausgeführt, denn indirekt angedeutet.

Wittgenstein verwehrt sich im Spätwerk gegen die Suche nach einer idealen Sprache; für ihn ist es vollkommen ausreichend, den tatsächlichen Gebrauch und die Grammatik der alltäglichen Sprache zu untersuchen. Wittgenstein verabschiedet sich nicht nur von der sprachkritischen Einteilung in sinnvolle und nichtsinnvolle Sätze sowie der analytischen Herauspräparierung atomarer Grundeinheiten, sondern auch von der Annahme einer logischen Isomorphie von Sprache und Welt. Entscheidend ist dabei, dass Sprache nicht mehr hinsichtlich ihrer abbildenden Funktion betrachtet wird, sondern nun in einem umfassenderen Sinne in den Blick kommt, insofern ihre konstitutive Dimension für soziale Praktiken und die in diesen involvierten Sprecher*innen zur Geltung gebracht wird. Im Gegensatz zu einer strukturellen logischen Invarianz betont Wittgenstein nunmehr die irreduzible Pluralität von Sprachspielen, die von unterschiedlichen historischen, kulturellen und sozialen Kontexten bedingt sind, ohne einen Letztfundierungsanspruch zu erheben oder auf eine einzige maßgebliche Form zurückgeführt zu werden (vgl. Kap. 7.3.2). Damit einhergehend vervielfältigen sich auch die Themengebiete, denen sich Wittgenstein in seinem Spätwerk zuwendet: Die Überlegungen zur Sprache werden von Fragen der

Mathematik und Psychologie, aber auch der Kultur, Religion und Ästhetik flankiert.

Es gibt aber auch auf der stilistischen Ebene gravierende Unterschiede zum *Tractatus*, die Wittgenstein erneut als innovativen Autor philosophischer Prosa ausweisen und dokumentieren, in welch grundlegender Weise bei ihm »Form« und »Inhalt« miteinander verknüpft sind. Hinweise auf die textuellen Eigenheiten der *Philosophischen Untersuchungen* nehmen im »Vorwort« breiten Raum ein. Weit weniger als mit inhaltlichen Belangen setzt Wittgenstein sich dort auffallend stark mit Fragen des Stils und der Komposition auseinander. Wittgenstein reflektiert dort über seine eigene Schreibweise:

> Ich habe die Gedanken alle als *Bemerkungen*, kurze Absätze, niedergeschrieben. Manchmal in längeren Ketten, über den gleichen Gegenstand, manchmal in raschem Wechsel von einem Gebiet zum andern überspringend. (PU Vw)

Diese mitunter nur lose verbundenen Abschnitte wollte Wittgenstein wohl ursprünglich zu einem einheitlichen Werk bündeln. Doch sein Ringen um eine lückenlose Abfolge der Überlegungen scheitert, sobald er versucht, sie in eine Systematik zu pressen. Wittgenstein beschränkt sich in der Folge auf das Verfassen überschaubarer Paragraphen – jedoch nicht unbedingt deswegen, weil er unfähig ist, ein Buch im klassischen Stil zu verfassen, sondern auch weil sich die Gedanken gegen ein Prokrustesbett von formalen und dogmatischen Vorgaben sperren. Wittgenstein wird seinem Selbstverständnis nach von der zu behandelnden Sache gleichsam gezwungen, den herkömmlichen, in sich abgeschlossenen Werkbegriff und eine lineare Darstellungsweise fallen zu lassen.

In den *Philosophischen Untersuchungen* nummeriert Wittgenstein zwar die einzelnen Abschnitte durch, doch verzichtet er auf ein Inhaltsverzeichnis oder auf Kapitelüberschriften, sodass sich die Leser*innen zunächst nur schwer im Text orientieren können. Ein stufenweiser Aufbau oder eine fortschreitende Exposition der Fragestellung wird vom Autor nicht vorgegeben; manchmal werden Themen in Blöcken abgehandelt, manchmal kehren Problemkomplexe an einer späteren Stelle wieder. Doch nicht nur auf der Makroebene unterlaufen die *Philosophischen Untersuchungen* die herkömmlichen Lektüreerwartungen. In den jeweiligen Paragraphen kommen meist zwei, mitunter auch mehrere Stimmen zu Wort, sodass sich in diesen Dialogen weder durchgängig eine belehrende Instanz noch eine hörige Schülerschaft verorten lässt. Damit tritt das Autor-Subjekt (die Stimme Wittgensteins) zugunsten einer Mehrstimmigkeit in den Hintergrund.[77] Eine zusätzliche Facette bilden die unzähligen Bilder und Gleichnisse, die meistens mehrere Lesarten zulassen und nicht als eine bloße Illustration des Dargelegten fungieren. Der Text präsentiert daher nicht einfach die Ansicht seines Urhebers, sondern fordert die Leserschaft gerade aufgrund seiner Polyphonie auf, sich auf unterschiedliche Sichtweisen einzulassen und sich selbst ein Bild zu machen.

Damit verabschiedet sich Wittgenstein von einer abgeschlossenen Textstruktur zugunsten einer erheblich offeneren Form, die es erlaubt, aus unterschiedlichen Perspektiven Themengebiete zu beleuchten. So bezeichnet er seine Bemerkungen auch als »Landschaftsskizzen«, die keinen Totalitätsanspruch einer Gesamtsicht erheben, sondern als prägnante, aber zugleich unvollendete Zeichnungen, auf bestimmte Punkte aufmerksam machen möchten, die auf »langen und verwickelten Fahrten entstanden sind« (PU Vw). Gerade die Form der Bemerkungen erlaubt es Wittgenstein, auf die jeweilige Fragestellung in abermaligen Anläufen zurückzukommen und sie so von einem anderen Blickwinkel her zu betrachten. Die *Philosophischen Untersuchungen* sind daher weniger ein abgeschlossenes Buch denn ein collagenartig arrangiertes »Album« (PU Vw), dessen Aufnahmen nicht in eine rigide Form gezwängt werden sollen, sondern als Ferment lebendigen Fragens und offenen Denkens fungieren möchten.

7.3.1 Kritik an der metaphysischen Sprachauffassung

Die *Philosophischen Untersuchungen* beginnen überraschenderweise mit einem lateinischen Zitat des frühchristlichen Denkers Aurelius Augustinus (354–430 n. Chr.). In den *Confessiones* – einer der wirkmächtigsten Autobiographien der abendländischen Literatur – zeichnet Augustinus ein anschauliches Bild des kindlichen Spracherwerbs. Mit Hilfe dieses Passus möchte Wittgenstein nicht eine philosophiehistorische Auseinandersetzung mit spätantiken Positionen beginnen, sondern sich an der in seinen Augen vorherrschenden Sprachauffassung abarbeiten, die für die gesamte philosophische Tradition der abendländischen Metaphysik und auch noch für ihn selbst im *Tractatus* leitend war.

---

[77] Vgl. Cavell 1996, Pichler 2004 und Flatscher 2011.

Wittgenstein übersetzt den Abschnitt folgendermaßen aus dem Lateinischen ins Deutsche:

> Nannten die Erwachsenen irgend einen Gegenstand und wandten sie sich dabei ihm zu, so nahm ich das wahr und ich begriff, daß der Gegenstand durch die Laute, die sie aussprachen, bezeichnet wurde, da sie auf *ihn* hinweisen wollten. [...] So lernte ich nach und nach verstehen, welche Dinge die Wörter bezeichneten, die ich wieder und wieder, an ihren bestimmten Stellen in verschiedenen Sätzen, aussprechen hörte. Und ich brachte, als nun mein Mund sich an diese Zeichen gewöhnt hatte, durch sie meine Wünsche zum Ausdruck. (Augustinus, Confessiones I, 8; zit. n. PU 1)

Wittgenstein arbeitet sich in seinen weiteren Ausführungen gleich in mehrfacher Hinsicht an diesem Bild der Sprache ab: *Erstens* erscheint es ihm fraglich, den Spracherwerb über hinweisende Gesten begreifbar machen zu wollen; dieser vermeintlich sichere Konnex zwischen Sprache und Welt wird sich in mehrfacher Hinsicht als unzuverlässig herausstellen. *Zweitens* wird die Vorstellung, dass eine einfache Verbindung zwischen Wort und Gegenstand hergestellt werden könne, zur Diskussion gestellt. Diese sogenannte »Namenstheorie der Bedeutung«, die bereits im Kapitel zu Locke nachgezeichnet wurde (vgl. Kap. 3.2), erweist sich für Wittgenstein als zu vereinfachend. Und *drittens* wird Sprache in der angeführten Passage aus den *Confessiones* lediglich als nachträgliches Zeichen für geistige Vorstellungen gefasst, das für die intersubjektive Kommunikation benutzt werden kann. Problematisch erscheint Wittgenstein nicht nur die Reduktion der Sprache auf ihren instrumentellen Gehalt, sondern auch die implizite Voraussetzung eines sprachunabhängigen Denkens, die im augustinischen Modell dadurch zum Ausdruck kommt, dass das Kind bereits vorab ein umfangreiches Weltwissen besitzt, das lediglich in einem zweiten Schritt sprachlich artikuliert wird. Im Folgenden soll nachgezeichnet werden, worin die Kritikpunkte Wittgensteins an dieser tradierten Sprachauffassung im Detail bestehen.

Das Ungenügen der hinweisenden Geste

Wittgenstein weist die Annahme zurück, dass die Zeigegeste einen ursprünglichen Bezug zwischen Sprache und Welt stiften könnte. Anhand eines Beispiels versucht der Text zu verdeutlichen, dass die sogenannte ostensive Definition eine Reihe von Unklarheiten beinhaltet, da sie nicht in der Lage ist, in einem noch sprachfreien Umfeld Wörtern eine Bedeutung unmissverständlich zuzuordnen. So muss der Hinweis auf *zwei* Nüsse (»Das da sind *zwei* Nüsse!«), mittels dessen die Anzahl einem Sprachunkundigen verständlich gemacht werden soll, nicht zwingend die Kategorie der Quantität im Blick haben. Genauso plausibel wäre es, wenn der Gestus vonseiten eines vollkommen Sprachunkundigen als Erklärung der Farbe, Größe, Form oder Nusssorte ausgelegt werden würde. Wittgenstein zieht daher den Schluss, dass »die hinweisende Definition […] in *jedem* Fall so oder anders gedeutet werden [kann]« (PU 28). Sie stellt daher gerade kein hinreichendes Kriterium für eine abgesicherte Verbindung von Wort und Gegenstand bereit.

Das Gelingen der hinweisenden Geste hängt vielmehr davon ab, ob man den Hinweis angemessen innerhalb eines etablierten Verstehenshorizonts einordnen kann. Das kann allerdings nicht in einem gänzlich vor- oder außersprachlichen Rahmen geschehen, sondern nur innerhalb eines sprachlichen Kontextes. Wittgenstein lenkt das Augenmerk darauf, dass berücksichtigt werden muss, »was vor und nach dem Zeigen geschieht« (PU 35), indem beispielsweise im Vorhinein auf einen umrissenen Erklärungsbereich hingewiesen (»Diese Anzahl wird ›Zwei‹ genannt!«) oder im Nachhinein eine nicht in der Weise beabsichtigte Annahme korrigiert wird (»Nein, ich habe nicht die Farbe der Nüsse gemeint, sondern ihre Anzahl!«). Diese Korrekturen finden jedoch nicht in einem sprachfreien Raum statt, sondern manifestieren sich innerhalb eines sprachlichen Zusammenhanges. Man muss daher bereits über ein Sprachwissen verfügen und einen Hinweis innerhalb eines Kontextes situieren können, um in einer produktiven Weise mit der Zeigegeste umgehen zu können. Erst wenn von einer noch Unwissenden (aber nicht Sprachlosen) *gefragt* bzw. *nachgefragt* werden kann, worauf man sich denn beziehe, kann ihr durch konkrete Beispiele die richtige Antwort geliefert werden. Denn nur innerhalb eines sprachlichen Kontextes können Zuordnungen stattfinden oder Fehldeutungen beseitigt werden. Innerhalb dieses Rahmens besitzt die hinweisende Geste ihre Berechtigung, nicht aber stiftet die hinweisende Definition die primäre und zweifelsfreie Verbindung zwischen Sprache und Welt bzw. Wort und Gegenstand. Diesen wichtigen Unterschied streicht Wittgenstein deutlich hervor:

> Die hinweisende Definition erklärt den Gebrauch – die Bedeutung – des Wortes, wenn es schon klar ist, welche Rolle das Wort überhaupt spielen

soll. [...] Man muß schon etwas wissen (oder können), um nach der Benennung fragen zu können. (PU 30)

Das von Augustinus skizzierte Bild der Sprache lässt sich daher nicht aufrechterhalten; denn die ostensive Definition schafft es laut Wittgenstein gerade nicht, den Transfer von einem gänzlich vorsprachlichen Bereich in die sprachliche Sphäre plausibel zu erklären. Es muss bereits das »Begriffsfeld« erschlossen sein, um sinnvoll mit Zuordnungen umgehen zu können bzw. bei Unklarheiten nachfragen oder Korrekturen folgen zu können.

Kritik an referentiellen Bedeutungstheorien

In dem von Wittgenstein skizzierten augustinischen Bild der Sprache wird davon ausgegangen, dass die Bedeutung eines sprachlichen Zeichens im Gegenstand besteht, auf den es sich bezieht. Bündig bringt Wittgenstein diese Auffassung einer referentiellen Bedeutungstheorie auf den Punkt: »Jedes Wort hat seine Bedeutung. Diese Bedeutung ist dem Wort zugeordnet. Sie ist der Gegenstand, für welchen das Wort steht.« (PU 1) Mit jedem Wort korrespondiert dieser Auffassung gemäß eine ihm beigelegte Bedeutung, die einem Gegenstand (oder auch einer Vorstellung) entspricht. Sprachliche Zeichen vertreten somit etwas, das von ihnen unabhängig und vorgängig in der Realität oder im Bewusstsein existiert; sie sind lediglich Kennzeichen für Dinge (oder Vorstellungen), und die Bedeutung eines Wortes besteht in dem, was es bezeichnet.[78] Diese Zuordnung von Wort und Gegenstand ist, einmal korrekt getätigt, invariant und garantiert die exakte Wiedergabe der Wirklichkeit. Bei Augustinus findet sich eine – zumindest *prima vista* plausible – Erklärung, wie die Menschen überhaupt zu dieser Verbindung zwischen Gegenstand und sprachlichem Zeichen kommen. Die Bedeutung eines Wortes kommt dadurch zustande, dass man dem intendierten Gegenstand einen Namen beilegt. Wittgenstein vergleicht diesen Vorgang mit einem Taufakt (vgl. PU 15).

---

[78] Wittgenstein wendet sich hierbei gegen eine Namenstheorie der Bedeutung, wie sie historisch John Locke (vgl. Kap. 3) zugeschrieben wird, sich aber ebenfalls in seinem eigenen Frühwerk finden lässt. Noch im *Tractatus* hatte Wittgenstein selbst geschrieben: »Der Name bedeutet den Gegenstand. Der Gegenstand ist seine Bedeutung.« (TLP 3.203)

Wittgenstein kritisiert, dass dieses Modell Sprache so behandelt, als würde diese nur aus Namen bestehen, die sich auf unmittelbar gegebene Gegenstände beziehen. Die facettenreiche Bandbreite der verschiedenen Wortarten wird dabei nicht berücksichtigt und tatsächlich wird in der Sprache nicht nur, wie es Augustinus suggeriert, über Dinghaftes gesprochen. Worauf wird etwa rekurriert, wenn beispielsweise Verben wie »überlegen« oder »bezeugen«, Adjektive wie »stimmig« oder »abgründig«, Partikel wie »vielleicht« oder »falls« oder auch sogenannte Abstrakta wie »Freiheit« oder »Gerechtigkeit« gemeint sind? Offensichtlich ergibt sich hier eine Vielzahl von Problemen, die im Rahmen einer gegenstandsbezogenen Bedeutungstheorie nicht mehr zu meistern sind. Im augustinischen Modell werden alle Wortarten auf eine dinganaloge Grundstruktur eingeschränkt. Sprache kann aber viel mehr, als bloß Sachverhalte oder Tatsachen zum Ausdruck zu bringen:

> Als ob es nur Eines gäbe, was heißt: »von Dingen reden«. Während wir doch das Verschiedenartigste mit unseren Sätzen tun. Denken wir allein an die Ausrufe. Mit ihren ganz verschiedenen Funktionen. Wasser! Fort! Au! […] Bist du nun noch geneigt, diese Wörter »Benennungen von Gegenständen« zu nennen? (PU 27)

Gerade der Ausruf »Wasser!« kann – um bei dem Zitat zu bleiben – vielerlei bedeuten: eine Bitte eines Durstigen, eine Anweisung einer Ärztin, eine Warnung einer Mutter, eine Antwort eines Lehrers oder eine Feststellung einer Geologin etc. Keineswegs kann also davon die Rede sein, dass selbst einfachste Ausrufesätze auf ihren propositionalen Gehalt oder auf die »Benennung von Gegenständen« reduziert werden können.

An der Einschränkung der Sprache auf den Namen bzw. den Aussagesatz kritisiert Wittgenstein bereits das Vorhaben der Suche nach der vermeintlichen Grundform der Sprache, gegenüber der alle anderen Sprachformen und Sprechweisen bloße Ableitungen darstellen. Diese essentialistische Fundierungstendenz – die bereits bei der aristotelischen Fokussierung auf den *lógos apophantikós* zutage tritt – basiert auf einem Methodenideal, das die Philosophie unreflektiert von den Naturwissenschaften übernommen hat. Dort hat die Rückführung von Einzelfällen auf Grundgesetzmäßigkeiten durchaus ihre Berechtigung, doch eine Philosophie, die sich im Sinne des späten Wittgenstein dem Reichtum der alltäglichen Lebenswelt zuwenden soll, verbaut sich damit den Zugang zu den vielfältigen Erscheinungsformen von Sprache.

Wittgenstein entlarvt entsprechend das Streben nach logischer Exaktheit und einer hierarchischen Ordnung als eine metaphysische Forderung. So hält er im *Blauen Buch* – das als Vorarbeit zu den *Philosophischen Untersuchungen* angesehen werden kann – fest:

> Philosophen haben ständig die naturwissenschaftliche Methode vor Augen und sind in der unwiderstehlichen Versuchung, Fragen nach der Art der Naturwissenschaften zu stellen und zu beantworten. Diese Tendenz ist die eigentliche Quelle der Metaphysik und führt den Philosophen in vollständiges Dunkel. […] Anstelle von »Streben nach Allgemeinheit« hätte ich auch sagen können »die verächtliche Haltung gegenüber dem Einzelfall«. (BB 39)

Vor dem Hintergrund dieser Ausführungen erweisen sich selbst noch die Überlegungen des *Tractatus* und des Wiener Kreises – trotz der immer wieder vorgebrachten Kritik an der Metaphysik – als metaphysisch, da sich die logische Exaktheit und die Rückführung auf eine Essenz der Sprache nicht aus der Erfahrung ergibt, sondern sich als normative Forderung erweist. Darüber hinaus nivellieren referentielle Bedeutungstheorien gerade die Vielfältigkeit der Sprachformen mit ihrer einseitigen Orientierung an der Benennung von Gegenständen oder wahrheitsfunktionalen Aussagen über die Wirklichkeit. Um die Pluralität der Sprache sichtbar zu machen, spricht er in Bildern bzw. Gleichnissen, die den zuvor skizzierten Reduktionismus fraglich erscheinen lassen sollen:

> Denke dir, jemand sagt dir: »Alle Werkzeuge dienen dazu, etwas zu modifizieren. So, der Hammer die Lage des Nagels, die Säge die Form des Bretts, etc.« – Und was modifiziert der Maßstab, der Leimtopf, die Nägel? (PU 14)

In der für Wittgenstein typischen Weise adressiert er ein Gegenüber und belässt es mit einer offenen Frage, ohne ein Fazit aus dem Vergleich zu ziehen. Daraus lässt sich ein erstes Zwischenresümee ziehen: Referentielle Bedeutungstheorien reduzieren Sprache auf die Benennung von Gegenständen und wahrheitsfunktionale Aussagen. Diese Sprachauffassung und die darin implizierten unhinterfragten Voraussetzungen kritisiert Wittgenstein als metaphysisch. Die Annahme, dass Sprache und Wirklichkeit ontologisch getrennte Bereiche darstellen, die sich im Sinne eines bedeutungsverleihenden Aktes nachträglich zusammensetzen lassen, wird von Wittgenstein einer kritischen Revision unterzogen. Die beiden Bereiche – Welt und Sprache – bestehen im augustinischen Bild der Sprache darüber hinaus aus einer additiven Ansammlung von Einzeldingen bzw. isolierten Wörtern. Weder wird die Welt als Ganzheit betrachtet noch wird die Sprache als Gesamtheit in den Blick genommen. Diesem *semantischen Atomismus* wird Wittgenstein im Spätwerk verstärkt eine *holistische Sprachkonzeption* entgegenhalten, indem er nicht nur den Gesamtzusammenhang der Sprache betont, sondern auch die Verschränkung von Welt- und Sprachverstehen hervorhebt.

Wittgensteins Auseinandersetzung mit dem augustinischen Sprachmodell zielt darüber hinaus auf die Kritik instrumentalistischer und mentalistischer Sprachauffassungen. Die sprachlichen Zeichen fungieren im Rahmen dieser Konzeption als Repräsentationen für außersprachliche Gegenstände oder für geistige Vorstellungen. Sprache wird folglich in erster Linie als ein Mittel zur Kommunikation sprachunabhängiger Inhalte gedacht, die losgelöst und unabhängig von der Sprache existieren. Ein solches Sprachverständnis impliziert darüber hinaus ein intentionales Bewusstsein, das einen unvermittelten sprachfreien Zugriff auf die Wirklichkeit und sein Denken hat.

Mit diesen Überlegungen befindet sich Wittgenstein in gewisser Nähe zu seinem Frühwerk. Auch dort werden mentalistische Positionen scharf zurückgewiesen, indem er darauf insistiert, dass die Grenzen der Sprache zugleich als Grenzen der Welt fungieren (vgl. TLP, Vorwort). Doch im *Tractatus* wird die Sprache noch gänzlich hinsichtlich ihrer referentiellen Funktion in den Blick genommen. Sie bildet Gegebenes lediglich ab; was nicht abgebildet werden kann, ist nicht zugänglich bzw. hat keinen Sinn. Demgegenüber versucht Wittgenstein im Spätwerk umfassender herauszuarbeiten, in welcher Weise Weltwissen und Denkvollzüge auf Sprache angewiesen sind. Bewusstsein hantiert nicht von einem souveränen Standpunkt aus mit Sprache, sondern ist immer schon in sprachliche Bezüge eingelassen. Sprache wird in diesem Zusammenhang nicht auf ihre Benennungsfunktion und Ausdrucksmöglichkeit reduziert, sondern erweist sich als eine je schon mit anderen geteilte Praxis. Daher verwundert es nicht, dass Wittgenstein dem augustinischen Bild der Sprache dahingehend eine Absage erteilt, dass es gerade diese praktische und pragmatische Dimension von Sprache nicht zu thematisieren vermag. Im Gegenteil, diese Sprachauffassung setzt ein »inneres« Sprachvermögen voraus und beschreibt das vermeintlich primäre Zur-Sprache-Kommen des Kindes nach dem Modell des Zweitsprachenerwerbs:

> Und nun können wir, glaube ich, sagen: Augustinus beschreibe das Lernen der menschlichen Sprache so, als käme das Kind in ein fremdes Land und

verstehe die Sprache des Landes nicht, das heißt: so als habe es bereits eine Sprache, nur nicht diese. Oder auch: als könne das Kind schon *denken*, nur noch nicht sprechen. (PU 32)

Sprache erwerben heißt für Wittgenstein nicht, bereits über Weltwissen zu verfügen und lediglich nach geeigneten Ausdrucksmitteln zu suchen. Diese Konzeption eines intentionalen und zugleich solipsistischen Subjekts wird von Wittgenstein ebenso verabschiedet wie die Suche nach einer invarianten Bedeutungsebene. Neben der grundlegenden Kritik am Repräsentationsmodell im augustinischen Bild der Sprache und den damit zusammenhängenden inadäquaten Vorstellungen des Menschen als autonomes Bewusstsein geht es Wittgenstein nunmehr darum, eine angemessene »positive« Beschreibung des Phänomens Sprache und ihrer Verortung in der menschlichen Lebenswelt zu liefern.

7.3.2 Die Pluralität von Sprachspielen

Um die Mannigfaltigkeit der Verwendungsweisen von Sprache aufzuzeigen, verweist Wittgenstein auf den situationsbezogenen Gebrauch von Sprache in unterschiedlichen Kontexten. Gegen die in der traditionellen Sprachphilosophie angestrebte Rückführung der diversen Sprachformen auf eine privilegierte Satzart, etwa den wahrheitsfähigen Aussagesatz, führt Wittgenstein eine Vielzahl von eigenständigen und inkommensurablen Sprachformen an:

> Wieviele Arten der Sätze gibt es aber? Etwa Behauptung, Frage und Befehl? – Es gibt *unzählige* solcher Arten: unzählige verschiedene Arten der Verwendung alles dessen, was wir »Zeichen«, »Worte«, »Sätze« nennen. (PU 23)

Um die Vielgestaltigkeit der unterschiedlichen Gebrauchsweisen von Sprache zu verdeutlichen, wird im Anschluss daran eine ganze Reihe von Sprachformen aufgelistet. So sind für Wittgenstein Befehle, Berichte, Rätselraten, Geschichtenerzählen, Singen, Theaterspielen, Vermutungen, Bitten, Danksagungen, Flüche, Grüße oder Beten genauso eigenständige Sprachformen wie Vollzüge, die man intuitiv wohl nicht als genuin sprachliche Akte bezeichnen würde: »Herstellen eines Gegenstands nach einer Beschreibung (Zeichnung)«, »Darstellen der Ergebnisse eines Experiments durch Tabellen und Diagramme« oder »[e]in angewandtes Rechenexempel lösen« (PU 23). Diese Liste wird an anderen Stellen lose erweitert: So bezeichnet Wittgenstein etwa das Lesen (vgl. PU 156), das Lügen (vgl. PU 249) oder das Äußern von

Schmerzen (vgl. PU 300) ebenso als Formen mit Sprache umzugehen wie das Beobachten von chemischen Reaktionen (vgl. PU 630).

Sprache ist somit für Wittgenstein nicht auf eine spezifische Form zu reduzieren oder auf ein einheitliches Fundament rückführbar, sondern umfasst ganz unterschiedliche menschliche Tätigkeitsbereiche. Daran zeigt sich, dass Sprache für ihn nicht an die akustische Verlautbarung, intersubjektive Kommunikation oder eine einzige Funktion rückgebunden ist; vielmehr wird der mannigfaltige Gebrauch diverser Sprachtypen in spezifischen Kontexten hervorgehoben, die jeweils nach spezifischen Regeln strukturiert und in bestimmte Handlungszusammenhänge eingebettet sind. Erst vor dem Hintergrund dieser Verschränkung sprachlicher Äußerungen mit den damit zusammenhängenden Tätigkeiten wird einsichtig, warum Wittgenstein ein derart erweitertes Sprachverständnis ins Treffen führt. Zugleich betont Wittgenstein in Rückgriff auf die unterschiedlichen Beispiele, dass diese Reihe weder eine vollständige Auflistung darstellt, noch prinzipiell abschließbar ist:

> Und diese Mannigfaltigkeit ist nichts Festes, ein für allemal Gegebenes; sondern neue Typen der Sprache, neue Sprachspiele, wie wir sagen können, entstehen, andre veralten und werden vergessen. [...] Das Wort »Sprachspiel« soll hier hervorheben, daß Sprache ein Teil ist einer Tätigkeit, oder einer Lebensform. (PU 23)

Wittgenstein berücksichtigt somit nicht nur eine Pluralität von Sprachformen, sondern auch ihre historische Vielfalt und geschichtliche Veränderbarkeit.[79] Die unterschiedlichen Verwendungsweisen von Sprache bezeichnet Wittgenstein dabei als »Sprachspiele«. Wittgenstein möchte mit diesem Terminus darauf hinweisen, dass jede spezifische Gebrauchsweise von Sprache stets im Zusammenhang mit den jeweiligen konkreten Tätigkeiten und Praktiken betrachtet werden muss, in die sie eingebettet ist. Wittgenstein insistiert damit darauf, Sprachvollzüge vor dem Hintergrund eines Handlungskontextes, in dem verbale und nonverbale Aspekte immer schon miteinander verschränkt sind, zu betrachten. In diesem Sinn ist das jeweilige Sprachspiel immer »Teil [...] einer Tätigkeit, oder einer Lebensform« (PU 23; vgl. PU 7). Die diversen

---

[79] Wittgenstein weist zwar darauf hin, dass sich Sprachspiele verändern, warum und wie sie das tun, erläutert er aber im Text nicht weiter. Jacques Derrida versucht mit seinem Begriff der Iterabilität gerade diese Frage zu beantworten (vgl. Kap. 11).

Sprachspiele erweisen sich somit stets eingebettet in spezifische Praktiken, in eine immer schon mit anderen geteilte Lebensform.

Die zuvor bereits kritisierte Tendenz zur Verallgemeinerung und zur Suche nach einer exakten Wesensbestimmung liegt, wie Wittgenstein mehrfach hervorhebt, auch in der Sprache selbst – oder genauer gesagt: in unserer allzu leichtfertigen Orientierung an einer grammatisch-begrifflichen Struktur, die eine uniforme Definition bestimmter Begriffe suggeriert. Wittgensteins Philosophieren kommt es nun gerade darauf an, sich aus dieser »Verhexung unseres Verstandes durch die Mittel der Sprache« (PU 109) zu lösen, indem er sich an der Vielfalt der diversen Einzelfälle orientiert. Diese Tendenz einer Rückführung auf einen klar bestimmbaren Begriff zeigt sich für Wittgenstein paradigmatisch darin, dass bei einer genauen Betrachtung dessen, was »Spiel« im alltäglichen Gebrauch besagt – er führt dabei Brett-, Karten-, Ball- und Kampfspiele etc. an –, nicht von einem allen gemeinsamen Wesensmerkmal gesprochen werden kann. Um diese anti-essentialistische Stoßrichtung deutlich zu machen, spricht er von »Familienähnlichkeiten« (PU 67). Zwar sind durchaus ineinandergreifende Parallelen, mögliche Überlappungen oder verwandte Elemente feststellbar, aber es lässt sich kein einheitlicher Grundzug ausmachen, der alle Arten des Begriffs »Spiel« hinreichend bestimmen könnte. Mittels einprägsamer Beispiele versucht Wittgenstein, etwaige Missverständnisse in dieser Hinsicht auszuräumen:

> Wie gesagt: denk nicht, sondern schau! – Schau z. B. die Brettspiele an, mit ihren mannigfachen Verwandtschaften. Nun geh zu den Kartenspielen über: hier findest du viele Entsprechungen mit jener ersten Klasse, aber viele gemeinsame Züge verschwinden, andere treten auf. Wenn wir nun zu den Ballspielen übergehen, so bleibt manches Gemeinsame erhalten, aber vieles geht verloren. – Sind sie alle *»unterhaltend«*? Vergleiche Schach mit dem Mühlfahren. Oder gibt es überall ein Gewinnen und Verlieren, oder eine Konkurrenz der Spielenden? Denk an die Patiencen. [...] Und so können wir durch die vielen, vielen anderen Gruppen von Spielen gehen. Ähnlichkeiten auftauchen und verschwinden sehen. (PU 66)

Wittgenstein versucht in diesem Passus deutlich zu machen, dass Spiele nicht auf eine einzige Essenz rückführbar sind. Allen Allgemeinheitsabsichten zum Trotz bleibt eine Inkommensurabilität zwischen den einzelnen Spielen bestehen. Den tradierten Denkschemata, die in ihren theoretischen Vorannahmen stets eine alles umfassende Wesenheit in

Anspruch nehmen wollen, hält er entgegen, dass ein genaues Hinschauen auf die unterschiedlichen Ausgestaltungen der Spiele zeigt, dass sich nicht ein durchgehendes Hauptmerkmal ausmachen lässt. So sind weder alle Spiele unterhaltend noch gibt es immer Gewinner und Verlierer; es lassen sich aber auch nicht alle Spiele – man denke etwa an Gladiatorenspiele oder an manche Fußballmatches – vom Ernst abgrenzen. Das Spiel selbst kann weder durch ein durchgehendes Merkmal zureichend bestimmt noch auf ein Zentrum zurückgeführt werden, sondern es gibt lediglich eine Reihe von mehr oder weniger deutlichen Überschneidungen. Der angestrebte Dogmatismus der Vereinheitlichung wird niemals den unzähligen Varianten der Spiele, die wir aus unserem Alltag kennen, gerecht. Wittgenstein folgert aus dieser Einsicht:

> Und das Ergebnis dieser Betrachtung lautet nun: Wir sehen ein kompliziertes Netz von Ähnlichkeiten, die einander übergreifen und kreuzen. Ähnlichkeiten im Großen und Kleinen. (PU 66)

Die verschiedenen Spielformen besitzen zwar »Ähnlichkeiten im Großen und Kleinen«; diese lassen sich jedoch nicht auf ein Wesensmerkmal zurückführen – vielmehr erweisen sich die diversen Ausprägungen als inkommensurabel, sodass aufgrund dieser Heterogenität eine irreduzible Pluralität in Anschlag gebracht werden muss. Der Begriff »Spiel« – der hier paradigmatisch für sämtliche Begriffe steht – ist für Wittgenstein ein offener und immer wieder durch Beispiele erweiterbarer »Begriff«, der sich nicht abschließend definieren lässt. Das ist nach Wittgenstein auch gar nicht notwendig, da wir auch ohne eine eindeutige, exakte Erklärung im Alltag bestens auskommen. Es hat ja schließlich niemanden von uns am Karten- oder Schachspielen gehindert, dass wir keine umfassende Begriffsbestimmung parat haben. Das Fehlen einer scharfen Grenzziehung ist für den alltäglichen Gebrauch folglich kein zu behebender Mangel. Selbstkritisch gegenüber seinem Frühwerk hält Wittgenstein fest: »Die Kristallreinheit der Logik hatte sich mir ja nicht *ergeben*; sondern sie war eine Forderung.« (PU 107) Wir kommen folglich laut Wittgenstein – wie sich im praktischen Umgang zeigt – auch ohne präzise Demarkationslinie aus, indem wir im konkreten Einzelfall dieses oder jenes Spiel *beschreiben* und *Beispiele* dafür geben. Das von der Logik geprägte Exaktheitsideal erweist sich hier als gänzlich unbrauchbar. Was Strenge oder Genauigkeit heißt, lässt sich erst aus dem Zusammenhang eruieren, in dem diese Begriffe verwendet werden. So können etwa Messungen im Zenti- oder sogar Millimeterbereich für Tischler*innen durchaus sinnvoll sein, während sie sich für Astronom*innen als unbrauchbar herausstellen; gänzlich verabschiedet werden muss diese Art der Angaben beispielsweise bei Theaterspielen, denn die Regisseur*in wird der Schauspieler*in nicht Anweisungen im Längenmaß geben, sondern etwa sagen: »Halte dich ungefähr hier auf, in der Nähe zum Tisch und in einem gewissen Abstand zum Stuhl!«.

Analog zu diesem Verständnis von Spiel, das sich nicht auf ein einziges Merkmal zurückführen lässt, das all dem gemeinsam ist, was wir »Spiel« nennen, sondern vielmehr eine Mannigfaltigkeit an Ausgestaltungen zu Tage treten lässt, muss auch Wittgensteins Verständnis von »Sprachspiel« gefasst werden: Auch hier erweist sich eine begriffliche Vereinheitlichung als gleichermaßen unmöglich und unnötig; vielmehr werden unterschiedliche Sprachspiele gespielt, deren Heterogenität und Inkommensurabilität sich im vielfältigen Gebrauch zeigt. Begriffe besitzen – so das Fazit des Textes – *in toto* keine eindeutige Grenzlinie, die über alle Einzelfälle erhaben wäre, und auch kein einheitliches Wesensmerkmal, unter das sämtliche Ausprägungen subsumiert werden könnten. Aus dem jeweiligen Gebrauch wird ersichtlich, wie dieser oder jener Terminus situationsbezogen verstanden werden kann.

Im Gegensatz zu einer referentiellen Bedeutungstheorie, die von einer invarianten Verbindung von Wort und Gegenstand ausgeht, kann mit Wittgenstein nur dann vom verstehenden Gebrauch der Sprache gesprochen werden, wenn die einzelnen die Fähigkeit erworben haben, das Angeeignete in unterschiedlichen Situationen einzusetzen und sozial etablierten Praktiken angemessen zu folgen. Erst der selbständige und produktive Umgang mit Sprache und die Fähigkeit, an Sprachspielen partizipieren zu können, zeugt davon, ein Sprachwissen zu besitzen und so an mit Anderen teilbaren Sprachspielen partizipieren zu können. Prägnant bringt Wittgenstein diese zentrale Einsicht auf den Punkt und markiert somit den *pragmatic turn* innerhalb der analytischen Sprachphilosophie: »Die Bedeutung eines Wortes ist sein Gebrauch in der Sprache.« (PU 43)

Oft wird dieser Perspektivenwechsel mit dem Schlagwort *meaning is use* gekennzeichnet und suggeriert, dass eine Bedeutungstheorie bloß durch eine Gebrauchstheorie abgelöst würde. Wichtig ist jedoch zu sehen, dass Wittgenstein »Gebrauch« als ein praktisches Wissen versteht, das neben sprachlichem Wissen und Weltwissen immer auch die Tätigkeiten umfasst, die mit dem Sprechen einer Sprache einhergehen, das sich nicht auf die richtige Verwendung feststehender Bedeutungen reduzieren lässt, sondern sich gerade darin zeigt, an sozial etablierten Praktiken zu partizipieren.

7.3.3 Die Aufgabe der Philosophie

Diese Überlegungen haben zugleich weitreichende Implikationen für die Philosophie: Sie fungiert nicht mehr – wie noch im *Tractatus* – als Richterin, die zwischen sinnvollen und unsinnigen Sätzen unterscheidet, sondern *beschreibt* die unterschiedlichen Verwendungsweisen und Gebrauchsformen von Sprache. Die Philosophie erhebt somit nicht mehr den Anspruch, als dogmatische Letztinstanz zu fungieren, die zwischen einer eigentlichen logischen und uneigentlichen alltäglichen Verwendung differenziert und den Sprachgebrauch damit reglementiert. In seinem Spätwerk ist Wittgenstein bemüht, in mehreren Anläufen auf diesen entscheidenden Wandel der Betrachtungsweise aufmerksam zu machen:

> Und wir dürfen keinerlei Theorie aufstellen. Es darf nichts Hypothetisches in unsern Betrachtungen sein. Alle *Erklärung* muß fort, und nur Beschreibung an ihre Stelle treten. (PU 109)

Die Philosophie fungiert gerade nicht als »*Über*-Ordnung« (PU 97), die gleichsam alle anderen Sprachspiele kontrolliert, sondern ist selbst nur ein Sprachspiel unter anderen. Das darin explizierte Wissen kann gerade nicht eine übergeordnete Funktion einnehmen, sondern lediglich den Blick auf den Reichtum der unterschiedlichen Ausgestaltungen lenken, ohne selbst reglementierend einzugreifen.

> Die Philosophie darf den tatsächlichen Gebrauch der Sprache in keiner Weise antasten, sie kann ihn am Ende also nur beschreiben. Denn sie kann ihn auch nicht begründen. Sie läßt alles, wie es ist. (PU 124)

Dieses deskriptive Selbstverständnis des Philosophierens zieht noch eine weitere Folgerung nach sich: Bloße Beschreibungen, die eine offene Pluralität konstatieren, ohne weitere Schlüsse daraus zu ziehen, können keine letzte Gültigkeit beanspruchen. Wittgenstein erteilt damit jedem Projekt einer allgemeingültigen Ordnungsstruktur – und daher auch seinem eigenen Vorhaben im Frühwerk – eine Absage:

> Wir wollen in unserm Wissen vom Gebrauch der Sprache eine Ordnung herstellen: eine Ordnung zu einem bestimmten Zweck; eine von vielen möglichen Ordnungen; nicht *die* Ordnung. (PU 132)

Philosophieren besteht folglich für Wittgenstein nicht im Aufstellen von Großtheorien oder lückenlosen Erklärungsversuchen, sondern darin, die Verschiedenartigkeit der Phänomene immer wieder von Neuem in den Blick zu nehmen. Diese Inblicknahme der Pluralität der Sprachspiele impliziert in sprachphilosophischer Hinsicht zum einen, dass Sprache stets mit bestimmten Handlungskontexten und mit sozialen Praktiken verwoben ist. Zum anderen macht Wittgenstein gerade mit der Analogie von Sprache und Spiel deutlich, dass die diversen Sprachspiele weder unter ein integratives Obersprachspiel subsumiert noch auf ein einziges Merkmal rückgeführt werden können.

7.3.4 Sprachspiele und Lebensformen

So unterschiedlich der Gebrauch auch ausfallen kann, ist es für Wittgenstein zentral, dass er nicht beliebig vor sich geht, sondern nach Regeln abläuft und ein Wissen um korrekte Handhabung mit sich führt:

> Einer Regel folgen, eine Mitteilung machen, einen Befehl geben, eine Schachpartie spielen sind *Gepflogenheiten* (Gebräuche, Institutionen). Einen Satz verstehen, heißt, eine Sprache verstehen. Eine Sprache verstehen, heißt eine Technik beherrschen. (PU 199)

Aus dem Zitat wird ersichtlich, dass das Sprach- und Handlungswissen – Wittgenstein zählt neben dem Regelfolgen konkrete Vollzüge wie das Mitteilen, Befehlen oder Schachspielen auf – nicht auf Individuen zurückgeführt werden kann, sondern in Gepflogenheiten, Gebräuchen oder Institutionen – kurz: in sozial etablierten Praktiken – und damit zusammenhängenden normativen Strukturen gründet. Wittgenstein denkt dabei nicht an explizite Ausformulierungen, die wie Spielregeln oder Gebrauchsanweisungen in Handbüchern niedergelegt sind, sondern an implizite Richtlinien. Diese Regeln werden gleichsam »blind« übernommen (vgl. PU 219) und bilden den soziokulturell verankerten Bezugsrahmen alles Sprachverstehens und Weltwissens. Wie wir zählen oder Farben unterscheiden, einander grüßen, welches Blickverhalten wir an den Tag legen oder wie wir im Wirtshaus ein Bier bestellen, ist nichts, was sich irgendjemand ausgedacht hätte, sondern dieses (stets mehr oder weniger) regelgeleitete Verhalten erweist sich als in gesellschaftlichen Zusammenhängen verankert. Anders gesagt, mit dem Erlernen einzelner Wörter oder Züge im Sprachspiel muss zugleich verstanden werden, welchen Ort diese im Gesamtzusammenhang einnehmen. So verstehe ich nur dann, was ein Springer in einem Schachspiel bedeutet, wenn ich zugleich weiß, welche anderen Figuren es noch gibt und welche Funktionen sie im Spiel einnehmen, ja um was es in diesem Spiel überhaupt geht. Um folglich eine Sprache zu verstehen, ist es laut Wittgenstein notwendig, eine »Technik« zu beherrschen. Dabei handelt es sich um (Kultur-)Techniken, die für Wittgenstein in einer sozialen Praxis gründen.

Diese Gesamtheit der sprachlichen Verwendungsweisen und der damit zusammenhängenden Tätigkeitsformen, in denen wir uns je schon vorfinden und im sozialen Austausch mit anderen bewegen, nennt Wittgenstein »Lebensform« (vgl. PU 19). Gemeint ist damit das gesamte Set an Kultur- und Körpertechniken, sprachlichen Ausdrucks- und Handlungsweisen, Grundüberzeugungen und Auffassungsmodi, das alle Mitglieder einer Zivilisationsform in einer so selbstverständlichen Art miteinander teilen, dass darüber weder nachgedacht wird, noch dass sein Nichtsein vorstellbar wäre. Auf diese grundlegende – für Wittgenstein immer sprachlich gedachte – Dimension macht er mit Nachdruck aufmerksam, indem er festhält:

> [I]n der *Sprache* stimmen die Menschen überein. Dies ist keine Übereinstimmung der Meinungen, sondern der Lebensform. […] Zur Verständigung durch die Sprache gehört nicht nur eine Übereinstimmung in den Definitionen, sondern (so seltsam dies klingen mag) eine Übereinstimmung in den Urteilen. (PU 241–242)

Dieser grundlegende Konsens innerhalb einer Kultur beruht nicht auf einem rationalen Entschluss oder einer Art Vertrag. In diesem Sinn kann sich die Einzelne nicht bewusst und frei für oder gegen eine Lebensform entscheiden, vielmehr geht diese ihr immer schon voraus.

7.4 Zusammenfassung und Ausblick

Im Spätwerk wendet sich Wittgenstein entschieden gegen referentielle Bedeutungstheorien und stellt Grundannahmen radikal in Frage, die auch seinen *Tractatus* prägten. Zurückgewiesen wird nicht nur die eindimensionale Relation von Wort und Bedeutung und der dabei implizit vorausgesetzte semantische Atomismus, sondern darüber hinaus die Abbildungsfunktion von Sprache. Es geht dem späten Wittgenstein damit nicht mehr um die Frage der logischen Isomorphie von Welt und Sprache respektive die wahrheitsfunktionale Dimension des Satzes, sondern er versucht aufzuzeigen, dass das Sprechen einer Sprache nur mit den damit zusammenhängenden sozialen Praktiken verständlich ist.

Gegenüber einem logischen Exaktheitsideal und dem damit implizierten, an den mathematischen Naturwissenschaften ausgerichteten Methodenideal, führen die *Philosophischen Untersuchungen* die heterogene und inkommensurable Pluralität von Sprachspielen ins Treffen. Sprachspiele weisen – wie auch sämtliche Begriffe – für Wittgenstein nicht mehr ein durchgängiges Merkmal auf, sondern zeichnen sich durch »Familienähnlichkeiten« aus, die sich zum Teil überschneiden und überlappen, jedoch nicht um ein festes Zentrum kreisen. Für Wittgenstein lassen sich die unterschiedlichen Ausgestaltungen der diversen Sprachspiele, die stets mit Tätigkeiten verwoben sind, nicht auf ein gemeinsames oder durchgängiges Merkmal reduzieren. Weder lässt sich die Mannigfaltigkeit der Sprachspiele reglementieren noch auf eine abzählbare Größe reduzieren; vielmehr können neue Sprachspiele entstehen und andere verschwinden.

Mit der Betonung der Vielfältigkeit der alltäglichen und normalen Verwendungsweisen wird Wittgenstein nicht nur zum Begründer der *ordinary language philosophy*, wie sie später von John L. Austin oder John R. Searle, aber auch von Gilbert Ryle oder Peter Strawson vertreten wird, sondern es wandelt sich auch grundlegend sein Verständnis von Philosophie. Sie fungiert nicht mehr als Richtschnur, um sinnvolle und unsinnige Sätze zu unterscheiden, sondern beschränkt sich auf den Aufweis der vielfältigen Ausgestaltungen von Sprache im Alltag. Doch an diese Selbstbescheidung der Philosophie kann der Vorwurf herangetragen werden, dass sie sich nicht mehr in einer kritischen Weise mit dem Gegebenen auseinandersetzt, sondern sich quietistisch auf die Ebene der Beschreibung zurückzieht. Es scheint so, als ob die Philosophie ihr kritisches Potential verspielt, scheinbar selbstverständliche Voraussetzungen und Annahmen zu hinterfragen sowie implizite Hierarchien und Herrschaftsverhältnisse aufzudecken.

In Auseinandersetzung mit dem augustinischen Bild von Sprache macht Wittgenstein deutlich, dass Sprache nicht als bloßes Instrument der Kommunikation angesehen werden kann, das dem Weltverstehen und den Denkvollzügen äußerlich wäre. Vielmehr zeigt er auf, dass das Sprechen einer Sprache als eine soziale Praxis aufgefasst werden muss, die den Absichten und Entscheidungen der einzelnen vorgelagert ist. Das Sprachverstehen entwirft kein einzelnes Individuum, wie es mentalistische Konzeptionen suggerieren, sondern dieses ist in der jeweiligen soziokulturell und historisch situierten Lebensform verankert. Das jeweilige Selbstverständnis des einzelnen Menschen ergibt sich erst aus der Übernahme von tradierten Gepflogenheiten und überkommenen Gebräuchen einer Sprachgemeinschaft. Die sich in sprachlichen Zusammenhängen kundtuende soziale Praxis ist notwendig, um überhaupt sich, andere und die Welt zu verstehen. Der öffentliche Gebrauch von Sprache wird somit vorausgesetzt, um ein individuelles Selbst- und Weltverhältnis zu erhalten. Erst durch diese Konditionierung vermag die einzelne an den diversen Sprachspielen selbständig zu partizipieren und in einer produktiven Weise mit den Vorgaben umzugehen. Die Einübung in den etablierten Gebrauch darf daher weder deterministisch verstanden, noch als instrumentalistische Verkürzung ausgelegt werden. Vielmehr geht es um die produktive Applikation der Vorgaben und die freie Umsetzung des Vermittelten.

Unklar bleibt mit dem Fokus auf die Alltagssprache auch, ob die Umgangssprache bei Wittgenstein einen normativen Charakter erhält, indem sie als »eigentliche« Sprechweise in den Mittelpunkt gerückt wird. Weitgehend ungeklärt bleibt bei Wittgenstein auch der Status des eigenen Sprechens. Zwar betont er, dass es darum geht, die Pluralität von Sprachspielen und Lebensformen aufzuzeigen und selbst gerade nicht einen übergeordneten Standpunkt einzunehmen. Aber von welcher Warte aus wird diese Pluralität behauptet? Muss Wittgenstein eine gewisse allgemeine Gültigkeit für seine Aussagen in Anspruch nehmen? An diesen Fragen zeigt sich, wie schwer es ist, bei aller berechtigten Kritik an platten Nivellierungen und Verallgemeinerungstendenzen, einem performativen Selbstwiderspruch zu entgehen und transzendentale Argumentationsstrategien gänzlich auszuklammern.

7.5 Literatur

Lektüreempfehlungen

Wittgenstein, Ludwig (TLP): *Tractatus logico-philosophicus*, in: *Werkausgabe* Bd. 1. Frankfurt a. M.: Suhrkamp 1984, Vorwort, Sätze 1–2.011, 2.11–2.225, 4–4.121 [zitiert nach Satznummern].
Wittgenstein, Ludwig (PU): *Philosophische Untersuchungen*, in: *Werkausgabe* Bd. 1. Frankfurt a. M.: Suhrkamp 1984, Vorwort, §§ 1–32, 65–71, 103–133 [zitiert nach Paragraphen].

Weitere Literatur

Candlish, Stewart (1998): »Wittgensteins Privatsprachenargumentation«. Übers. von Joachim Schulte, in: Savigny, Eike von (Hg.): *Ludwig Wittgenstein. Philosophische Untersuchungen*. Berlin: Akademie, 143–165.
Carnap, Rudolf/Hahn, Hans/Neurath, Otto (1979): »Wissenschaftliche Weltauffassung – der Wiener Kreis«, in: Neurath, Otto: *Wissenschaftliche Weltauffassung, Sozialismus und Logischer Empirismus*. Hg. von Rainer Hegselmann. Frankfurt a. M.: Suhrkamp, 81–101.
Cavell, Stanley (1996): »Notes and afterthoughts on the opening of Wittgenstein's Investigations«, in: Sluga, Hans/Stern, David G.: *The Cambridge Companion to Wittgenstein*. Cambridge Univ. Press: Cambridge, 261–295.
Crary, Alice/Read, Rupert (Hg.) (2000): *The New Wittgenstein*. London/New York: Routledge.
Flatscher, Matthias (2011): *Logos und Lethe. Zur phänomenologischen Sprachauffassung im Spätwerk von Heidegger und Wittgenstein*. Freiburg: Alber.
Hacker, Peter M. S. (2013): »The linguistic turn in analytic Philosophy«, in: Beaney, Michael (Hg.): *The Oxford Handbook of The History of Analytic Philosophy*. Oxford: Oxford Univ. Press, 926–947.
Majetschak, Stefan (2000): *Wittgensteins Denkweg*. Freiburg/München: Alber.
Pichler, Alois (2004): *Wittgensteins Philosophische Untersuchungen. Vom Buch zum Album*. Amsterdam/New York: Rodopi.
Pitcher, George (1964): *The Philosophy of Wittgenstein*. Englewood Cliffs: Prentice Hall.
Read, Rupert/Lavery, Matthew (Hg.) (2011): *Beyond the Tractatus Wars. The New Wittgenstein Debate*. London/New York: Routledge.
Schulte, Joachim (2005): *Ludwig Wittgenstein. Leben Werk Wirkung*. Frankfurt a. M.: Suhrkamp.
Stegmüller, Wolfgang (1989): *Hauptströmungen der Gegenwartsphilosophie. Eine kritische Einführung*. Bd. 1. 7. Aufl. Stuttgart: Kröner.

Wittgenstein, Ludwig (2005): *Gesamtbriefwechsel/Complete Correspondence*. Electronic Edition. Charlottesville: InteLex.

Wittgenstein, Ludwig (BB): *Blaues Buch und Eine philosophische Betrachtung (Das Braune Buch)*. Hg. von Rush Rhees. Übers. von Petra von Morstein. Werkausgabe Bd. 5. Frankfurt a. M.: Suhrkamp 1984 [zitiert nach Seitenzahlen].

Wittgenstein, Ludwig (WWK): *Ludwig Wittgenstein und der Wiener Kreis*. In: *Werkausgabe* Bd. 3. Frankfurt a. M.: Suhrkamp 1984 [zitiert nach Seitenzahlen].

8 Der Handlungscharakter der Sprache: John L. Austin

8.1 Die pragmatische Wende zur Sprache

Die Wende von der Philosophie der idealen zur Philosophie der normalen Sprache, die häufig auch als *pragmatische Wende* der analytischen Philosophie bezeichnet wird, zeichnet sich bereits in Wittgensteins kritischer Auseinandersetzung mit seinem eigenen Frühwerk ab. Gegenstand von Wittgensteins Kritik sind referentielle Bedeutungstheorien und ihre unterschiedlichen Spielarten, zu denen er auch seine eigenen Überlegungen im *Tractatus* zählt. Dabei zeigt sich, dass diese Ansätze immer noch, zumindest auf die eine oder andere Weise, einer Namenstheorie der Bedeutung verpflichtet bleiben, für die nach Wittgenstein paradigmatisch Augustinus' Beschreibung des Spracherwerbs steht (vgl. PU 1–32). Zwar ist seit Frege die Grundeinheit der sprachlichen Analyse nicht länger der Name – wie noch bei Locke –, sondern der Satz, aber Bedeutung wird weiterhin als eine zweistellige Relation zwischen einem Zeichen und einem Gegenstand gedacht. Dabei ist der bezeichnete Gegenstand entweder ein konkreter Gegenstand oder aber – im Fall von Aussagesätzen – ein Wahrheitswert. Kriterium der Wahrheit ist die Übereinstimmung oder Nicht-Übereinstimmung mit einem Sachverhalt. Eine wahrheitskonditionale Bedeutungstheorie, wie sie Wittgenstein in seinem *Tractatus* entwickelt, geht entsprechend davon aus, dass ein Satz nur dann Bedeutung hat, wenn wir die Bedingungen angeben können, unter denen er wahr oder falsch ist. Die Antwort auf die Frage, was es heißt, einen sprachlichen Ausdruck zu verstehen, lautet demnach: Einen Satz versteht, wer weiß, unter welchen Bedingungen er wahr oder falsch ist. Oder wie es Wittgenstein im *Tractatus* prägnant formuliert: »Einen Satz verstehen, heißt, zu wissen was der Fall ist, wenn er wahr ist.« (TLP 4.024) Verstehen sprachlicher Bedeutung wird hier im Sinne eines theoretischen Wissens aufgefasst, eines Wissens um die Wahrheitsbedingungen des jeweiligen Satzes.

Die Folge ist, dass jede Form von Sprachreflexion auf den wahrheitsfähigen Behauptungssatz reduziert wird, während andere sprachliche Äußerungsformen ignoriert oder aus dem Bereich der Philosophie ausgeschlossen werden. Dahinter steht, wie John L. Austin deutlich macht, die unhinterfragte Voraussetzung, »daß die einzige bzw. die einzige interessante Aufgabe jeder Äußerung – also alles dessen, was wir sagen – darin besteht, wahr zu sein oder zumindest falsch« (Austin 1956, 305). Eine solche Sprachauffassung verkennt die Art und Weise, wie wir mit Sprache tatsächlich umgehen und auf welche unterschiedlichen Weisen sich sprachliche Ausdrücke gebrauchen lassen. Denn nicht alles, so der Einwand Austins, was wie eine Aussage aussieht oder als eine solche behandelt wird, ist als Aussage intendiert. Es gibt sehr viel mehr Kriterien zur Beurteilung sprachlicher Äußerungen als die Wahr-Falsch-Dichotomie, z. B. korrekt/inkorrekt, angemessen/unangemessen, präzise/unscharf, berechtigt/unberechtigt etc., und es ist nicht einmal sicher, ob es sich hierbei um die wichtigste Unterscheidung handelt: »›Wahr‹ und ›falsch‹ sind bloß allgemeine Etiketten für eine ganze Dimension verschiedener Beurteilungen, die in dieser oder jener Weise mit der Beziehung zwischen unseren Äußerungen und den Fakten zusammenhängen.« (Austin 1956, 325)

Ziel sowohl von Wittgensteins Spätwerk als auch von Austins Analysen ist es, diese Vielfalt von Beurteilungsweisen, von denen die Wahr-Falsch-Unterscheidung nur eine unter anderen ist, in den Blick zu bekommen. Damit einher geht die Verabschiedung des klassischen Paradigmas referentieller Bedeutungstheorien. Die Bedeutung eines sprachlichen Ausdrucks ist nicht länger der Gegenstand, für den er steht, sondern »sein Gebrauch in der Sprache« (PU 43). Das hat zugleich Konsequenzen für das Verständnis der Aufgabe der Philosophie. Denkt man sprachliche Bedeutung ausgehend vom Sprachgebrauch, dann beruhen die philosophischen Probleme nicht länger auf Missverständnissen, die die Logik, sondern auf solchen, die den Gebrauch unserer Sprache betreffen. An die Stelle des Programms einer idealen Sprache tritt die Kritik des philosophischen Sprachgebrauchs. Den entscheidenden Maßstab zur Beurteilung sprachlicher Äußerungen bildet nicht länger die Logik, sondern die Alltagssprache, d. h. die Art und Weise, wie wir Sprache tatsächlich im Alltag gebrauchen. Die Grundeinheit der Sprachbetrachtung und -analyse ist folglich weder das *Wort* oder der *Name* noch der *Aussagesatz*, sondern die *Äußerung* in der konkreten Gesprächssituation, die den gesamten Äußerungskontext umfasst. Wittgensteins Begriff des *Sprachspiels* macht deutlich, dass eine sprachliche Äußerung nicht isoliert betrachtet werden kann, sondern immer das Ganze der Sprache und der Tätigkeiten umfasst. Entsprechend *verstehen* wir eine sprachliche Äußerung erst dann, wenn wir ihre unterschiedlichen Gebrauchsweisen kennen, wenn wir wissen, was wir mit einer Äußerung in unterschiedlichen Kontexten tun können. *Verstehen* erschöpft sich hier nicht länger in einem rein theoretischen Wissen, sondern besteht wesentlich in einem praktischen Wissen, das sowohl Sprach- als auch Weltwissen umfasst.

Trotz vieler Gemeinsamkeiten zwischen Wittgenstein und Austin zeigen sich auch entscheidende Differenzen. Strittig ist zwischen den beiden vor allem die Frage, ob und inwiefern Sprachspiele und Äußerungsformen sich im Rahmen einer Typologie klassifizieren lassen. Während Wittgenstein die unendlich vielen Gebrauchsweisen der Sprache betont und die unabschließbare Mannigfaltigkeit der Sprachspiele unterstreicht (vgl. PU 23), macht Austin gegen Wittgenstein geltend, dass uns diese Mannigfaltigkeit nicht von der Aufgabe befreit, den Versuch zu unternehmen, eine Typologie sprachlicher Äußerungsformen und der damit verbundenen Handlungen zu entwickeln. Nicht ohne Ironie bemerkt Austin, dass die Philosoph*innen nur allzu

> leicht verzagen und der allgemeinen Tendenz nachgeben, über die *unendlich vielen* Gebrauchsweisen der Sprache zu reden [...], sobald sie etwa siebzehn solcher Verwendungsweisen aufgezählt haben. Aber selbst wenn es etwa zehntausend Gebrauchsweisen der Sprache gäbe, wären wir gewiß imstande, sie alle im Laufe der Zeit zu registrieren. Diese Zahl ist schließlich nicht größer als die Anzahl der Käferarten, die aufzulisten sich die Entomologen bemüht haben. (Austin 1956, 306)

John Langshaw Austin (1911–1960) gilt – neben dem späten Wittgenstein – als ein prominenter Vertreter der Philosophie der normalen Sprache. Darüber hinaus ist er als Begründer der Sprechakttheorie weit über die Philosophie hinaus bekannt, insbesondere in den Sozial- und Sprachwissenschaften. Austin studiert zunächst Klassische Philologie und dann Philosophie in Oxford und ist dort ab 1933 als Fellow tätig. Erst nach dem Zweiten Weltkrieg wendet er sich sprachphilosophischen Fragen zu. Von 1952 bis zu seinem Tod hat Austin eine Professur für Moralphilosophie an der Universität Oxford inne.

Austin hat zu seinen Lebzeiten nur wenig publiziert. 1950 erscheint seine englische Übersetzung von Freges *Grundlagen der Arithmetik*, die zugleich Beleg für seine frühe Auseinandersetzung mit den Arbeiten Freges ist. Bekannt geworden ist Austin vor allem durch seine Vorlesungen *How to Do Things with Words*, die er 1955 an der Harvard University vorgetragen hat, und die 1962 posthum veröffentlicht werden (dt. *Zur Theorie der Sprechakte*). 1956 hält er zu dem gleichen Thema den Vortrag »Performative Utterances«

> für die BBC und 1958 in französischer Sprache den Vortrag »Performatif – Constatif« auf der Konferenz *La philosophie analytique* in Royaumont, der wesentlich zur Rezeption der Sprechakttheorie im französischsprachigen Raum beigetragen hat. 1961 erscheint posthum unter dem Titel *Philosophical Papers* eine Reihe von Aufsätzen Austins aus den Jahren 1939–1958. Im Jahre 1962 wird ebenfalls posthum – basierend auf Vorlesungsskripten – das Buch *Sense and Sensibilia* veröffentlicht.

8.2 Konstative und performative Äußerungen

Ausgangspunkt von Austins sprachphilosophischen Überlegungen ist der »deskriptive Fehlschluss« der abendländischen Philosophie, d. h. die in Austins Augen irrtümliche Annahme, dass Sprache ausschließlich dazu dient, die Welt zu beschreiben oder Tatsachen zu behaupten (vgl. Austin 1955, 27). Dagegen macht Austin geltend, dass es sehr viel mehr Dinge gibt, die man mit Sprache tun kann. Im Anschluss an den Begriff des Sprachspiels des späten Wittgenstein argumentiert Austin, dass Sprechen selbst ein Tun ist, ein Handeln mit Worten, das in eine konkrete Gesprächssituation eingebettet und mit anderen Handlungen verwoben ist. Im Gegensatz zu Wittgenstein geht Austin jedoch nicht von einer unendlichen Mannigfaltigkeit und Unabzählbarkeit der Sprachspiele aus, sondern unternimmt den Versuch, eine Typologie unterschiedlicher Äußerungsarten oder -formen zu erstellen. Dabei stößt Austin auf zwei Typen von Sätzen, die auf den ersten Blick wie Aussagen bzw. Feststellungen (*statements*) aussehen, sich jedoch bei genauerem Hinsehen in einem entscheidenden Punkt unterscheiden.

(a) Die Katze heißt Lisa.
(b) Ich taufe die Katze auf den Namen Lisa.
(c) Er hat versprochen zu kommen.
(d) Ich verspreche zu kommen.

Während (a) und (c) Feststellungen sind, die wahr oder falsch sein können, handelt es sich bei (b) und (d) um Aussagen, auf die sich das Wahr-Falsch-Kriterium nicht ohne weiteres anwenden lässt. Dies veranlasst Austin zu der Unterscheidung von konstativen und performativen Äußerungen (engl. *to perform* »ausführen, vollziehen, aufführen«). *Konstative Äußerungen* sind Aussagen oder Feststellungen, die einen Sachverhalt beschreiben oder eine Tatsache behaupten. Sie sind entweder wahr oder falsch. Typische Beispiele sind »Die Katze sitzt auf der Matte«, »Es regnet« etc. Dagegen scheinen sogenannte *performative Äußerungen*, wie z. B. »Ich verspreche zu kommen«, »Ich erkläre die Sitzung für eröffnet«, »Ich taufe dich auf den Namen …«, »Ich vermache dir meine Uhr« nicht wahrheitsfähig zu sein. Allerdings erheben sie auch gar nicht den Anspruch, wahr oder falsch zu sein. Mit ihnen werden keine Tatsachen beschrieben, berichtet oder festgestellt; vielmehr werden mit performativen Äußerungen Handlungen vollzogen und Tatsachen geschaffen.

Entscheidend dabei ist, dass die performative Äußerung nicht die äußere (konstative) Beschreibung einer inneren Handlung darstellt, die man im Bewusstsein vollzieht (vgl. Austin 1955, 8), so als gäbe es zunächst den inneren geistigen Vollzug eines Versprechens oder einer Entschuldigung, der dann in einem zweiten Schritt verbal ausgedrückt würde. Vielmehr *ist* die performative Äußerung der Vollzug der Handlung selbst (vgl. Austin 1958, 141). Wäre dem nicht so, dann bestünde immer die Möglichkeit, sich der mit einer performativen Äußerung eingegangen Verpflichtung zu entledigen. Wir könnten uns dann darauf berufen, dass wir das, was wir gesagt haben, innerlich gar nicht so gemeint haben. Tatsächlich ist es jedoch z. B. für ein Versprechen völlig unerheblich, ob ich im Moment der Äußerung auch tatsächlich vorhatte, mich an das Gesagte zu halten. Übersieht man diesen Aspekt, dann wäre eine performative Äußerung nichts weiter als der »wahre oder falsche Bericht über den Vollzug innerer geistiger Akte«. Ein Versprechen wäre dann »bloß das äußere und sichtbare (d. h. verbale) Zeichen des Vollzugs eines inneren geistigen Versprechensaktes« (Austin 1956, 309) bzw. die Beschreibung einer mentalen Handlung, die die Sprecher*innen im Geist vollziehen.

Gegen die Vorstellung performativer Äußerungen als innerer, geistiger Handlungen unterstreicht Austin den konventionellen und institutionellen Akt- und Handlungscharakter performativer Äußerungen, der sie in einem Feld gesellschaftlicher, juridischer und politischer Bezüge situiert: »Eine solche Äußerung tun, *ist* die Handlung vollziehen, eine Handlung, die man vielleicht kaum, zumindest nicht mit gleicher Präzision, auf andere Weise vollziehen könnte.« (Austin 1958, 140) Als eine solche Handlung ist die performative Äußerung zwar nicht wahr oder falsch, da sie ja auch nicht beansprucht, einen Sachverhalt zu beschreiben; sie kann aber – wie jede konventionelle Handlung (vgl. Austin 1955, 41) – gelingen oder misslingen, wenn bestimmte Bedingungen oder Voraussetzungen nicht erfüllt sind. Das relevante Kriterium zur Beurteilung performativer Äußerungen ist folglich nicht länger die Unterscheidung *wahr/falsch*, sondern *Erfolg/Misserfolg*. Das heißt aber auch, dass die Möglichkeit des Erfolgs oder Misserfolgs der performativen Äußerung nicht einfach äußerlich ist. Vielmehr ist ihr diese Möglichkeit notwendig inhärent. Anders gesagt, in dem gleichen Maße, wie es für eine konstative Äußerung konstitutiv ist, wahr oder falsch sein zu können, ist es für eine performative Äußerung konstitutiv, dass sie gelingen oder fehlschlagen kann.

8.2.1 Die Theorie der Unglücksfälle

Die Bedingungen, die erfüllt sein müssen, damit eine performative Äußerung gelingen kann, formuliert Austin im Rahmen seiner *Theorie der Unglücksfälle (doctrine of the infelicities)*. Methodisch geht Austin dabei von der Annahme aus, dass der Unglücksfall einen größeren analytischen Wert besitzt als der sogenannte Normalfall, in dem scheinbar alles glatt läuft. Nur aus der Analyse jener Fälle, in denen etwas schiefläuft, in denen eine performative Äußerung verunglückt oder die intendierte Handlung nicht zustande kommt, lässt sich umgekehrt auf die notwendigen Glückensbedingungen schließen (vgl. Austin 1970, 180). Austin unterscheidet sechs Bedingungen, die für den erfolgreichen Vollzug einer performativen Äußerung gegeben sein müssen. Die ersten vier Bedingungen betreffen dabei die Situation und die Umstände der Äußerung:

> (A.1) Es muß ein anerkanntes, konventionelles Verfahren geben, das eine bestimmte konventionelle Wirkung hat; zu diesem Verfahren gehört, daß bestimmte Personen unter bestimmten Umständen bestimmte Wörter äußern, und
> (A.2) die betroffenen Personen und Umstände müssen im gegebenen Fall auf das Verfahren passen, auf das man sich beruft. (Austin 1955, 37, Übers. mod.)

Solche gesellschaftlich anerkannten konventionellen Verfahren sind z. B. Versprechen, Wetten, Heiraten, wobei der konkrete Vollzug dieser Verfahren je nach Sprach- und Kulturkreis sehr unterschiedlich ausfallen kann. Darüber hinaus müssen die Personen und Umstände zu dem entsprechenden Verfahren passen. Wenn jemand z. B. sagt »Ich erkläre euch hiermit zu Mann und Frau«, ohne der bestellte Priester zu sein, außerhalb der konventionellen Heiratszeremonie oder obwohl eine*r der beiden Beteiligten bereits verheiratet ist, so ist die Heirat *nichtig* und *wirkungslos*. Darüber hinaus gilt:

> (B.1) Das Verfahren muss von allen Beteiligten korrekt und
> (B.2) vollständig durchgeführt werden. (Austin 1955, 37, Übers. mod.)

Revidieren z. B. Braut oder Bräutigam im letzten Moment ihre Entscheidung oder antworten sie auf die entscheidende Frage mit »Vielleicht«, so wird die Heirat faktisch nicht vollzogen. Ist nun eine dieser vier Bedingungen nicht erfüllt, so kommt die Handlung nicht zustande. Die performative Äußerung ist *nichtig, ungültig* oder *unwirksam (null, void, without effect)*. Austin bezeichnet solche missglückten Performativa auch als Unglücksfälle (*infelicities*) oder Fehlschläge (*failures*).

Während sich die ersten vier Bedingungen A.1–2 und B.1–2 auf die Äußerungssituation und die beteiligten Personen beziehen, betreffen die letzten zwei Bedingungen die inneren Einstellungen und die zukünftigen Verhaltensweisen der involvierten Personen:

> (Γ.1) Wenn, wie oft, das Verfahren für Leute gedacht ist, die bestimmte Meinungen oder Gefühle haben, oder wenn es der Festlegung eines der Teilnehmer auf ein bestimmtes späteres Verhalten dient, dann muß, wer am Verfahren teilnimmt und sich so darauf beruft, diese Meinungen und Gefühle wirklich haben, und die Teilnehmer müssen die Absicht haben, sich so und nicht anders zu verhalten,
> (Γ.2) und sie müssen sich dann auch so verhalten. (Austin 1955, 37)

Wer z. B. sagt »Ich verspreche zu kommen«, ohne tatsächlich die Intention zu haben, das Versprochene zu tun, gibt zwar ein Versprechen und geht damit eine entsprechende Verpflichtung ein, ist aber nicht aufrichtig. Desgleichen handelt, wer ein Versprechen gibt, das Versprochene dann aber nicht tut, nicht konsequent. Er oder sie bricht das Versprechen und die mit diesem eingegangene Verpflichtung.

Somit lassen sich zwei Hauptkategorien von Unglücksfällen unterscheiden: *Versager (misfires)* und *Missbräuche (abuses)*. Liegt ein Verstoß gegen die Bedingungen A oder B vor, so ist die die performative Äußerung unwirksam; die Handlung wird nicht vollzogen. Austin spricht hier von einem *Versager (misfire)* bzw. einer *Nichtigkeit (nullity)*, die sich entweder als *Fehlaufrufung (misinvocation)* (Verstoß gegen A) oder als *Fehlausführung (misexecution)* (Verstoß gegen B) spezifizieren lässt. Liegt dagegen ein Verstoß gegen die Bedingungen Γ.1 oder Γ.2 vor, so wird die performative Äußerung zwar äußerlich betrachtet vollständig und korrekt ausgeführt, d. h. die Handlung kommt zustande, sie ist aber *hohl (hollow)* und *unehrlich (insincere)*. Austin bezeichnet diesen Unglücksfall als *Missbrauch*, der entweder als *Unaufrichtigkeit (insincerity)* (Verstoß gegen Γ.1) oder als *Verstoß gegen eine eingegangene Verpflichtung (breach of commitment)* (Verstoß gegen Γ.2) bestimmt werden kann (vgl. Austin 1955, 40).

Neben diesen gewöhnlichen Unglücksfällen führt Austin noch drei Arten des Misslingens an, die zwar alle performativen Äußerungen befallen können, die er jedoch ausdrücklich aus seiner Theorie der Unglücksfälle ausschließt (vgl. Austin 1955, 42ff.). Der erste Ausschluss betrifft Performativa in ihrer Eigenschaft als Handlungen. Dazu zählen all jene Fälle, in denen eine Handlung unter Zwang oder unabsichtlich ausgeführt wird und in denen man z. B. vor Gericht »mildernde Umstände« oder »beschränkte Schuldfähigkeit« geltend machen würde. Wenn man z. B. das Ja-Wort gibt, während man unter Drogen steht oder während man eine Pistole an den Kopf gehalten bekommt, dann wird dies kaum als eine geglückte performative Äußerung gelten können. Der zweite Ausschluss betrifft Performativa in ihrer Eigenschaft als Äußerungen. Dazu zählt Austin all jene Fälle, in denen eine Äußerung z. B. von einem Schauspieler auf der Bühne oder in einem Gedicht getätigt wird. Hier wird Sprache nach Austin nicht ernsthaft gebraucht, sondern auf eine Weise, die sich *parasitär* zu ihrem normalen Gebrauch verhält (vgl. Austin 1955, 44).[80] Der dritte Ausschluss betrifft schließlich alle jene Fälle, in denen akustische oder sonstige Missverständnisse vorliegen. Alle diese unterschiedlichen Fälle schließt Austin aus seiner Theorie aus: Berücksichtigt werden sollen ausschließlich Äußerungen, die unter *gewöhnlichen* und *alltäglichen Umständen (ordinary circumstances)* gemacht werden und bei denen eine eindeutige Entscheidung darüber, ob sie geglückt oder missglückt sind, jederzeit möglich ist (vgl. Austin 1955, 44).

---

[80] *Parasitär* ist dieser Sprachgebrauch nach Austin, da die Schauspieler*innen nur deshalb ihr Ja-Wort auf der Bühne geben können, weil dieses Verfahren auch in der realen Welt existiert. Anders gesagt, die Möglichkeit, in einem Theaterstück zu heiraten, *partizipiert parasitär* an dem gesellschaftlich etablierten und anerkannten konventionellen Verfahren. Die Heirat im Theater erweist sich somit gegenüber dem Normalfall als abgeleitet und sekundär; denn gäbe es nicht im Alltag die Möglichkeit zu heiraten, dann wäre dies auch im Theater nicht möglich.

8.2.2 Das Scheitern der Konstativ-Performativ-Unterscheidung

Nachdem Austin auf diese Weise die Bedingungen spezifiziert hat, die erfüllt sein müssen, damit eine performative Äußerung gelingen kann, macht er sich daran, ein Kriterium zu finden, das erlaubt, klar zwischen konstativen und performativen Äußerungen zu unterscheiden. Ein solches Kriterium lokalisiert Austin zunächst in der Art und der grammatischen Form der Verben, die in performativen Äußerungen typischerweise verwendet werden. So ist es für performative Äußerungen charakteristisch, dass in ihnen ein performatives Verb vorkommt, das in der Ersten Person Singular Präsens Indikativ Aktiv vorliegt. Typische Beispiele sind »Ich *verspreche*, dass …«, »Ich *wette*, dass …«, »Ich *taufe* dich …«, wobei »wetten«, »versprechen« und »taufen« jeweils das entsprechende performative Verfahren markieren. Haben wir es nicht mit mündlichen, sondern mit schriftlichen Äußerungsformen zu tun, so liegt das performative Verb zumeist passivisch vor, häufig begleitet von einem indexikalischen Indikator, z. B. »hiermit«, und/oder einer Unterschrift, wie in den Formulierungen »Herr Meier wird *hiermit* zum Vorstand ernannt«, »Ich kündige *hiermit* zum Monatsende meinen Vertrag« etc.

Damit stellen sich für eine Theorie performativer Äußerungen zwei Aufgaben: Erstens muss sie alle alltagssprachlichen performativen Äußerungen auf eine dieser beiden Standardformen zurückführen; zweitens muss sie alle performativen Verben, die in einer der beiden Standardformen auftreten können, erfassen und klassifizieren. Ein solches Vorhaben sieht sich jedoch mit einer Reihe von Schwierigkeiten konfrontiert, die sich nicht ohne weiteres aus dem Weg räumen lassen. Eine erste Schwierigkeit besteht darin, dass wir es oft nicht mit expliziten, sondern mit impliziten performativen Äußerungen zu tun haben. Austin spricht hier auch von *primären* performativen Äußerungen, da er davon ausgeht, dass in primitiven Sprachen nicht alle performativen Verben zur Verfügung stehen. Mit Äußerungen wie z. B. »Schließ die Tür« oder »Ich werde kommen« wird zweifellos eine Handlung realisiert und vollzogen, ohne dass ein performatives Verb verwendet wird. Will man die jeweils vollzogene Handlung genauer bestimmen, so ist es erforderlich, den gesamten Äußerungskontext zu berücksichtigen – einschließlich non-verbaler Aspekte wie Intonation, Gestik, begleitende Handlungen etc. Des Weiteren zeigt sich, dass einige Sprechhandlungen gerade *nicht* dadurch vollzogen werden können, dass man das Verb verwendet, das die Handlung benennt. Mit Äußerungen wie »Hiermit beleidige ich Sie« oder »Ich verleumde dich« lassen sich gerade *nicht* die entsprechenden performativen Akte des Beleidigens bzw. des Verleumdens vollziehen (vgl. Austin 1955, 61). Dies führt Austin zu dem ernüchternden Ergebnis, dass sich weder ein lexikalisches noch ein grammatisches Kriterium für die Beurteilung performativer Äußerungen finden lässt (vgl. Austin 1955, 88).

Ein weiteres Hindernis für die saubere Abgrenzung konstativer von performativen Äußerungen besteht darin, dass Konstativa ebenso bestimmte Bedingungen erfüllen müssen, die die Äußerungssituation, die intentionalen Einstellungen und die Verhaltensweisen der Beteiligten betreffen, wie es umgekehrt für Performativa Erfordernisse gibt, mit bestimmten Fakten in der Welt übereinzustimmen. Wenn ich z. B. behaupte »Johns Kinder sind kahlköpfig« und John hat gar keine Kinder, so ist diese Äußerung in dem gleichen Maße nichtig wie das Versprechen »Ich vermache dir meine Uhr«, wenn ich gar keine Uhr besitze. Wenn ich behaupte »Die Katze sitzt auf der Matte«, ohne zu glauben, dass die Katze auf der Matte sitzt, so ist diese Äußerung ebenso unaufrichtig wie das Versprechen »Ich verspreche, morgen zu kommen«, wenn ich nicht die Absicht habe zu kommen. Wenn ich sage »Alle meine Gäste sind betrunken« und kurz darauf »Einige meiner Gäste sind stocknüchtern«, so verletze ich ebenso die von mir eingegangene Verpflichtung oder Festlegung, wie wenn ich meine Gäste zunächst herzlich willkommen heiße und sie dann schlecht behandle: »Eine Behauptung legt uns auf eine weitere fest, eine Handlung auf eine zweite.« (Austin 1955, 72) Fragen des Glückens und Missglückens – und damit die Fragen der Nichtigkeit, der Unaufrichtigkeit oder des Bruchs einer Verpflichtung – können somit konstative Feststellungen ebenso betreffen oder infizieren, wie Fragen der Wahrheit und Falschheit für performative Äußerungen relevant sind (vgl. Austin 1955, 76).

Daraus folgt aber nun, dass nicht nur performative Äußerungen, sondern auch konstative Äußerungen Handlungen vollziehen: »Wenn wir etwas feststellen oder beschreiben oder über etwas berichten, vollziehen wir schließlich einen Akt, der genausosehr ein Akt ist wie der des Befehlens oder Warnens.« (Austin 1956, 323) Oder anders gesagt, Feststellungen machen, Behauptungen aufstellen oder Sachverhalte beschreiben sind ebenso sehr Handlungen, die Sprecher*innen vollziehen, wie Versprechen geben oder Wetten abschließen. Dazu ist es allerdings erforderlich, nicht mehr den Satz, sondern die Äußerung in der konkreten Äußerungssituation zum Ausgangspunkt der sprachlichen Analyse zu machen. Sobald wir uns klarmachen, wie Austin unterstreicht, »daß wir *nicht* den Satz, sondern die Äußerung in einer Sprechsituation untersuchen müssen, [...] können wir überhaupt nicht mehr übersehen, daß eine Handlung vollzieht, wer eine Feststellung trifft« (Austin 1955, 158).

Umgekehrt gibt es für jede Äußerung gewisse Erfordernisse, mit bestimmten Sachverhalten in der Welt übereinzustimmen. Beschimpft z. B. jemand seine Nachbar*in als eine »Betrüger*in« und das Gericht muss nun klären, ob es sich hierbei um eine Verleumdung handelt oder nicht, dann wird das Urteil entscheidend davon abhängen, ob belegt werden kann, dass die Nachbar*in tatsächlich betrogen hat oder nicht. Dabei ist die Wahrheit oder Falschheit einer Äußerung niemals eine einfache Eigenschaft, die eine triviale Antwort erlaubt, sondern eine komplexe Angelegenheit, die in der Regel die gesamte Äußerungssituation, die Sprecher*innen, die Hörer*innen und den Zweck der Äußerung umfasst (vgl. Austin 1958, 32). Wenn zudem das Beschreiben eines Sachverhalts oder die Feststellung einer Tatsache ebenso sehr eine Handlung ist, die eine Sprecher*in vollzieht, wie das Geben eines Versprechens oder das Taufen eines Kindes, dann werden durch konstative Äußerungen niemals einfach nur bestehende Sachverhalte beschrieben oder gegebene Tatsachen festgestellt, sondern immer auch diskursive Realitäten geschaffen, die uns zu bestimmten Anschlusshandlungen berechtigen und/oder verpflichten.

Austin muss schließlich anerkennen, dass sein Versuch, eine klare Grenze zwischen konstativen und performativen Äußerungen zu ziehen, zum Scheitern verurteilt ist: Es lässt sich weder ein eindeutiges lexikalisches noch ein grammatisches Kriterium angeben, das es erlauben würde, konstative von performativen Äußerungen strikt zu unterscheiden. Es zeigt sich zudem, dass konstative Äußerungen ebenso fehlschlagen können, wie es für performative Äußerungen Erfordernisse gibt, mit bestimmten Fakten übereinzustimmen. Nicht nur performative, sondern auch konstative Äußerungen vollziehen Handlungen und schaffen Fakten. Daraus ergibt sich umgekehrt der wichtige Schluss, dass in jeder Äußerung – egal ob konstativ oder performativ – immer sowohl Wahrheitsaspekte als auch Handlungsaspekte relevant sind.

Austin geht sogar noch einen Schritt weiter: Oft »oszillieren« Äußerungen zwischen den beiden Klassifizierungen konstativ oder performativ, in manchen Äußerungssituationen »scheinen sie geradezu in Ambiguität zu schwelgen« (Austin 1956, 321). So ist die Äußerung »Die Sitzung ist eröffnet« äußerlich betrachtet der klassische Fall einer konstativen Äußerung und zugleich der paradigmatische Fall einer performativen Äußerung, die an unzähligen Orten auf der Welt permanent vollzogen wird. Das Charakteristikum dieser Äußerung – und man könnte fragen, ob dies nicht gewissermaßen auf alle Äußerungen zutrifft – besteht dabei darin, dass hier die Sprecher*in die Handlung gerade dadurch *performativ* vollzieht, dass sie diese als der Fall seiend *konstatiert* und *repräsentiert*.

Eine strikte Differenzierung zwischen rein konstativen und rein performativen Äußerungen erweist sich damit als unmöglich: Je nach Perspektive, die man einnimmt, oszilliert die Äußerung zwischen der Feststellung eines Sachverhalts, der scheinbar vor und unabhängig von der Äußerung in der Welt existiert (z. B. wenn eine Journalist*in, die einer Gerichtsverhandlung beiwohnt, twittert »Die Verhandlung ist eröffnet«), und dem Vollzug einer Handlung und dem Schaffen einer Tatsache (so z. B. wenn die Richter*in sagt »Die Verhandlung ist eröffnet«). In allen Fällen gehen Wahrheits- und Handlungsaspekte notwendig Hand in Hand. Es ist also nicht so, dass einmal der eine und das andere Mal der andere Aspekt im Vordergrund stünde: Dass wir mit Äußerungen etwas Wahres oder Falsches aussagen, steht nicht im Gegensatz dazu, dass wir mit Äußerungen Handlungen vollziehen;[81] vielmehr sind beide Aspekte gleichermaßen relevant und bedingen sich gegenseitig.

8.3 Die Theorie der Sprechakte

8.3.1 Lokutionäre, illokutionäre und perlokutionäre Akte

Die Unmöglichkeit, ein eindeutiges Kriterium zur Unterscheidung konstativer und performativer Äußerungen zu finden, sowie der Handlungscharakter *aller* sprachlichen Äußerungen, veranlasst Austin schließlich dazu, die Konstativ-Performativ-Dichotomie aufzugeben und nach einer neuen Systematik und Klassifizierung zu suchen. Austin

---

[81] Vgl. Linke u.a. 1994, 185f.

spricht in diesem Zusammenhang auch von dem Übergang von der speziellen zur allgemeinen Theorie, deren zentraler und einziger Gegenstand »der gesamte Sprechakt in der gesamten Redesituation« ist (Austin 1955, 166). Aufgabe dieser *allgemeinen Theorie der Sprechakte* ist zu untersuchen, »was es alles bedeuten kann, daß etwas Sagen etwas Tun heißt; daß man etwas tut, *indem* man etwas sagt; ja daß man *dadurch, daß* man etwas sagt, etwas tut« (Austin 1955, 112).

Austin kommt dabei zu dem Ergebnis, dass jede Äußerung als ein *Sprechakt* aufgefasst werden muss, der drei unterschiedliche Aspekte bzw. Handlungsebenen umfasst: den lokutionären Akt, den illokutionären Akt und den perlokutionären Akt. Der *lokutionäre Akt* ist der bloße Akt des Etwas-Sagens, die Äußerung bestimmter Laute und Wörter mit einer bestimmten Bedeutung. Der *illokutionäre Akt* ist die Handlung, die man vollzieht, *indem* man etwas sagt – was dem ursprünglichen Begriff des Performativen am nächsten kommt, ohne allerdings mit ihm vollständig zusammenzufallen. Der *perlokutionäre Akt* bezeichnet den Effekt oder die Konsequenzen, die man *dadurch* erreicht, *dass* man etwas sagt (vgl. Austin 1955, 126ff.). Entsprechend besitzt der lokutionäre Akt eine *Bedeutung* oder einen propositionalen Gehalt, der illokutionäre Akt verfügt über eine bestimmte Kraft (*force*)[82] (z. B. Behaupten, Fragen, Warnen, Bitten, Versprechen etc.) und der perlokutionäre Akt besteht in dem Erzielen bestimmter Wirkungen (z. B. jemanden von etwas überzeugen, zu etwas überreden, von etwas abhalten etc.). Dabei ist entscheidend, dass die Bedeutung einer Äußerung (ihr propositionaler Gehalt) noch nichts über ihre illokutionäre Kraft aussagt. Erst der lokutionäre Akt zusammen mit der illokutionären Kraft bestimmt, welche Handlung mit einer bestimmten Äußerung in einer konkreten Situation vollzogen wird. Der wesentliche Unterschied zwischen illokutionärem und perlokutionärem Akt besteht dabei darin, dass nur der illokutionäre Akt kraft einer sprachlichen Konvention vollzogen wird, während es keine Konvention gibt, die regelt, welche Wirkungen mit einer bestimmten Äußerung verbunden sind (vgl. Austin 1955, 137).[83]

---

[82] Die deutsche Ausgabe von *How to Do Things with Words* übersetzt *force* mit »Rolle« und die Wendung *illocutionary force* mit »illokutionäre Rolle«.

[83] Der perlokutionäre Effekt entzieht sich damit in hohem Maße der Kontrolle der Sprecher*innen. Vgl. zu diesem Aspekt auch die Überlegungen von Judith Butler in Kap. 12.2.

So umfasst z. B. der Sprechakt »Der Hund ist bissig« 1. den lokutionären Akt der Äußerung bestimmter Worte mit einer bestimmten Bedeutung, 2. den illokutionären Akt des Feststellens, Warnens, Drohens etc. und 3. den perlokutionären Akt, der darin besteht, dass die Hörer*in, an die sich der Sprechakt richtet, informiert wird, von ihrem Vorhaben ablässt etc. Äußert z. B. eine Tierärzt*in in einem entsprechenden Kontext die Worte »Der Hund ist bissig«, so handelt es sich um eine Feststellung; stehen diese Worte auf einem gelben Schild an einem Gartenzaun, so handelt es sich um eine Warnung; äußert die Worte eine Hundebesitzer*in gegenüber einer Einbrecher*in, so handelt es sich um eine Drohung. Der perlokutionäre Effekt kann dann darin bestehen, dass jemand informiert wird, davon ablässt ein Grundstück zu betreten oder die Flucht ergreift, wobei es allerdings keine Gewähr dafür gibt, dass der beabsichtigte perlokutionäre Effekt tatsächlich erreicht wird.

In der Folge unterscheidet Austin fünf Kategorien von Sprechakten: 1. *Verdiktive Äußerungen* (*verdictives*) betreffen Sachverhalte, »über die man aus unterschiedlichen Gründen nur schwer Gewissheit erlangen kann« (Austin 1955, 169). Klassische Beispiele sind das Urteil einer Jury oder die Entscheidung eines Schiedsrichters. 2. *Exerzitive Äußerungen* (*exercitives*) gehen mit der Ausübung von Macht und Rechten einher, wie z. B. Ernennen, Befehlen, Verfügen etc. 3. *Kommissive Äußerungen* (*commissives*) legen »den Sprecher auf ein bestimmtes Verhalten fest[]« (Austin 1955, 169) oder verpflichten ihn, wie z. B. Versprechen, Wetten, Geloben etc. 4. *Konduktive Äußerungen* (*behabitives*) betreffen das soziale Verhalten und die affektiven Einstellungen anderer gegenüber. Typische Beispiele sind Sich-Entschuldigen, Danken, Grüßen, Gratulieren etc. 5. *Expositive Äußerungen* (*expositives*) zeigen die Position oder Funktion unserer Äußerungen im Verlauf einer Diskussion oder einer Unterhaltung an, wie z. B. die Formulierungen »Ich definiere, behaupte, versichere, bezeuge, bestreite, räume ein ...«

Doch auch diese Klassifikation lässt die von Austin angestrebte Klarheit vermissen: Nicht nur kann »es zahllose unklare Fälle, zahllose Grenzfälle und Überschneidungen geben«; Austin scheint diese Unentscheidbarkeit sogar bewusst in Kauf zu nehmen, wenn er einräumt, dass alle seine Klassen an dem Fehler leiden, dass sie »einerseits zu den anderen Klassen zu gehören scheinen und andererseits in einer Weise einzigartig sind, die ich mir selbst noch nicht habe klarmachen können« (Austin 1955, 170).

8.3.2 John Searles Weiterführung der Sprechakttheorie

Der amerikanische Philosoph John R. Searle (*1932) versucht, die Mängel und Unschärfen des Austin'schen Ansatzes zu beheben und macht sich in dessen Nachfolge an die Ausarbeitung einer Theorie der Sprechakte, die hier knapp in ihren Grundzügen skizziert werden soll. Searles Ziel ist die vollständige und umfassende Systematisierung und Klassifizierung der illokutionären Akte, wobei er von der Überzeugung ausgeht, dass die eigentliche Errungenschaft von Austins *How to Do Things with Words* in der Ersetzung der Konstativ-Performativ-Unterscheidung durch eine allgemeine Theorie der Sprechakte liegt (vgl. Searle 1968). Ausgehend von zwölf Kriterien, von denen die drei wichtigsten (1) der illokutionäre Zweck der Äußerung, (2) die Ausrichtung bzw. das Verhältnis von Worten und Welt (*direction of fit*) sowie (3) der in der Äußerung ausgedrückte psychische Zustand sind, schlägt Searle eine Unterteilung in *assertive, direktive, kommissive, expressive* und *deklarative* Sprechakte vor:

1. *Assertive* kommen den konstativen Äußerungen recht nahe, insofern es sich hier um Sprechakte handelt, mit denen sich die Sprecher*in auf etwas festlegt, das wahr oder falsch sein kann. Die Ausrichtung ist *Worte-auf-Welt* (die Worte sollen den realen Fakten entsprechen), der ausgedrückte psychische Zustand ist *Glauben*; typische Beispiele sind Behaupten, Bezeugen, Beschwören etc. 2. *Direktive* sind Sprechakte, mit denen die Sprecher*in versucht, die Hörer*in dazu zu bewegen, etwas zu tun. Die Ausrichtung ist *Welt-auf-Worte* (die Welt soll den Worten entsprechen), der ausgedrückte psychische Zustand *Wollen* oder *Wünschen*. Typische Beispiele sind Befehlen, Auffordern, Bitten etc. 3. *Kommissive* sind Sprechakte, mit denen sich die Sprecher*in auf ein bestimmtes Verhalten festlegt und verpflichtet. Die Ausrichtung ist *Welt-auf-Worte* (die Welt soll mit den Worten in Übereinstimmung gebracht werden), der ausgedrückte psychische Zustand *Absicht*. Typische Beispiele sind Versprechen, Geloben etc. 4. *Expressive* sind Sprechakte, mit denen die Sprecher*innen ihren psychischen Zustand, ihre Gefühle und Einstellungen zum Ausdruck bringen. Bei diesen Sprechakten fehlt die Ausrichtung: »Die Wahrheit der zum Ausdruck gebrachten Proposition

wird bei einem Expressiv vorausgesetzt.« (Searle 1975, 35). Typische Beispiele sind Gratulieren, Sich-Entschuldigen, Sich-Bedanken etc.

5. *Deklarationen* sind Sprechakte, deren »erfolgreiche[r] Vollzug [...] eine Korrespondenz von propositionalem Gehalt und Realität zustande bringt« (Searle 1975, 36). Ihre Ausrichtung ist sowohl Worte-auf-Welt als auch Welt-auf-Worte, insofern der erfolgreiche Vollzug des Sprechaktes das hervorbringt, was er benennt. Ein psychischer Zustand wird mit der Äußerung nicht zum Ausdruck gebracht. Typische Beispiele sind jemanden zum Vorsitzenden ernennen, eine Sitzung eröffnen, den Krieg erklären etc.

Unabhängig davon, ob man Searles oder Austins Taxonomie favorisiert, ist in diesem Zusammenhang vor allem der Perspektivenwechsel interessant, der sich mit der Abkehr von der Konstativ-Performativ-Unterscheidung zugunsten der Kategorien des Lokutionären, Illokutionären und Perlokutionären vollzieht. Während die Termini *konstativ* und *performativ*, wie wir gesehen haben, sich auf Eigenschaften sprachlicher Äußerungen beziehen, beschreiben die Termini *Lokution*, *Illokution* und *Perlokution* die verschiedenen koexistenten Akte, die in und mit einem Sprechakt vollzogen werden. Kurz gesagt, mit der Ersetzung der Konstativ-Performativ-Dichotomie durch die Triade von Lokution, Illokution und Perlokution verschiebt sich der Fokus von den intrinsischen Eigenschaften der Äußerung hin zu ihrer konkreten Funktion in der Gesprächssituation. Umgelegt auf die Frage, was es heißt, eine sprachliche Äußerung zu verstehen, lässt sich somit sagen, dass man dann eine Äußerung versteht, wenn man weiß, welche lokutionären, illokutionären und perlokutionären Akte man mit dieser Äußerung in der sozialen Welt vollziehen kann und welche normativen Festlegungen, Verpflichtungen und Berechtigungen mit diesen Akten jeweils einhergehen.[84]

8.4 Zusammenfassung und Ausblick

Ausgehend von der Einsicht, dass wir mit Sprache nicht nur Sachverhalte beschreiben und Tatsachen behaupten, sondern vor allem etwas tun, gelangt Austin zu der Unterscheidung von konstativen und performativen Äußerungen. Während konstative Äußerungen Sachverhalte

---

[84] Vgl. zu diesem Aspekt aktuell insbesondere Brandom 2000.

beschreiben und Tatsachen behaupten und folglich wahr oder falsch sein können, vollziehen performative Äußerungen die Handlung, die sie benennen, wie z. B. Versprechen, Drohen, Bitten etc. Als solche Handlungen können sie nicht wahr oder falsch sein, sie können aber gelingen oder misslingen. In der Folge versucht Austin, ein Kriterium zu finden, das es erlauben würde, konstative Äußerungen und performativen Äußerungen eindeutig voneinander zu unterscheiden. Dabei zeigt sich, dass sich weder ein eindeutiges lexikalisches noch ein grammatisches Kriterium finden lässt, das eine solche Unterscheidung erlauben würde. Ferner können konstative Äußerungen ebenso Handlungen vollziehen und fehlschlagen, wie es für performative Äußerungen Erfordernisse gibt, mit bestimmten Fakten übereinzustimmen.

Dies veranlasst Austin dazu, die Konstativ-Performativ-Unterscheidung aufzugeben und alle sprachlichen Äußerungen als Sprechakte zu behandeln, die sich hinsichtlich der drei Aspekte des Lokutionären, des Illokutionären und des Perlokutionären analysieren lassen. Doch auch hier wiederum zeigt sich, dass jeder Klassifikationsversuch mit immanenten Schwierigkeiten behaftet ist: Weder gelingt es Austin, die lokutionären, illokutionären und perlokutionären Akte analytisch sauber voneinander zu trennen, noch eine Taxonomie der illokutionären Akte zu entwickeln, die frei wäre von Grenzfällen und Überschneidungen.

8.4.1 Austins »Philosophie des Scheiterns«

Damit ist ein zentraler, wenn auch nicht ganz so offensichtlicher Aspekt von Austins sprachphilosophischen Überlegungen angesprochen: die Vorläufigkeit und Instabilität seiner Bestimmungen. Verfolgt man Austins Ausführungen und Überlegungen auf einer rhetorisch-argumentativen Ebene, dann bilden seine Texte eine Abfolge von Revisionen und Neuanfängen. Grund dafür ist, dass Austin seine eigenen begrifflichen Unterscheidungen immer wieder in Frage stellt und auf ihre Stichhaltigkeit überprüft. Dabei zeigt sich, dass jeder Versuch, eine einmal getroffene Unterscheidung abschließend zu bestimmen und zu fixieren, mit unüberwindbaren Schwierigkeiten zu kämpfen hat. Austins philosophische Vorgehensweise ließe sich somit auch als eine »Philosophie des Scheiterns« im positiven Sinne bezeichnen, insofern sie eine philosophische Praxis darstellt, die sich selbst, ihre Tätigkeit und die von ihr eingeführten und etablierten Begriffe immer wieder hinterfragt. Jede begriffliche Differenzierung verspricht nicht nur analytischen Gewinn, sondern birgt auch eine Gefahr, insofern sie andere Differenzierungsmöglichkeiten ausblendet und ignoriert. Austin bringt dies prägnant auf den Punkt, wenn er – kurz nachdem er in *How to Do Things with Words* den Begriff des Performativen und den des Unglückfalls eingeführt hat – nicht ohne Witz und Selbstironie bemerkt:

> So haben wir uns also mit zwei scharfen neuen Begriffen bewaffnet, um damit in die Wirklichkeit einzubrechen (oder in die Verwirrung – wer weiß!): zwei neue Schlüssel in unseren Händen, und dabei natürlich wieder zwei schlüpfrige Kufen unter unseren Füßen. (Austin 1955, 46)

Und in dem Artikel »Performative Äußerungen« heißt es:

> Bisher sind wir unbeirrt vorwärtsmarschiert und haben gespürt, wie uns der feste Boden der Vorurteile unter den Füßen davonrutscht, was immer recht erheiternd ist – aber was kommt dann? Bestimmt wartet der Leser schon auf den Teil, wo wir im Schlamm versinken, den Teil, wo wir alles zurücknehmen – das kommt sicher auch noch, allerdings später. (Austin 1956, 314)

Dabei handelt es sich keineswegs nur um Koketterie, sondern um eine philosophische Grundhaltung, die das Moment des Scheiterns in den Vordergrund rückt und das Streben nach Gewissheit und Unumstößlichkeit kritisch hinterfragt und als metaphysische Forderung entlarvt – eine Haltung, der wir auch schon bei Nietzsche und beim späten Wittgenstein begegnet sind. Damit vollzieht Austin – ganz ähnlich wie Nietzsche – das performativ, was er beschreibt und benennt: die permanente Möglichkeit des Fehlschlagens und des Scheiterns, der jede sprachliche Äußerung, auch der philosophische Diskurs, ausgesetzt ist.

Was hier zudem deutlich wird, ist, dass es kein Außerhalb der Sprache und keinen neutralen oder privilegierten Beobachterstandpunkt gibt, von dem aus sich das begriffliche Feld der Sprache und der Philosophie vollständig und abschließend in den Blick nehmen ließe. Jeder Versuch, eine begriffliche Unterscheidung dauerhaft zu etablieren, dekonstruiert sich selbst und unterminiert seine eigenen Voraussetzungen. Damit wird keineswegs philosophischer Beliebigkeit das Wort geredet. Im Gegenteil, wenn Austins Versuch, eine strenge Grenzlinie zwischen konstativen und performativen Äußerungen zu ziehen, letztlich misslingt, so heißt dies nicht, dass damit jede begriffliche Strenge suspendiert wird, sondern vielmehr, dass mit jeder begrifflichen Unterscheidung immer auch ein Moment des Ausschlusses (und der Unentscheidbarkeit) einhergeht, das nicht mehr in den Blick kommen kann und das uns –

wie es Austin sinngemäß formuliert – den sicheren Boden der Gewissheiten unter unseren Füßen entzieht. Die Anerkennung dieser Unmöglichkeit macht den besonderen Stil, die spezifische Geste und Haltung solch unterschiedlicher Philosophen wie Nietzsche, Wittgenstein und Austin aus.

8.4.2 Zur Rezeption der Sprechakttheorie

Je nachdem welche Lesart Austins man favorisiert, ergeben sich zwei Ausgangspunkte für eine weitere Ausarbeitung von Austins Theorie. Während John Searle eine Theorie und Taxonomie der illokutionären Akte verfolgt, argumentieren andere Autor*innen, dass es zweckmäßig sein könnte, an der Konstativ-Performativ-Unterscheidung festzuhalten und diese im Hinblick auf eine Theorie des Performativen weiterzuentwickeln.[85] In diesem Zusammenhang wird einerseits die Unentscheidbarkeit der Konstativ-Performativ-Dichotomie hervorgehoben und argumentiert, dass diese Unterscheidung weniger auf eine Differenz *zwischen* verschiedenen Sprechakt- oder Äußerungstypen verweist, als vielmehr auf eine Differenz, die *in* jedem Sprechakt und jeder Äußerung wirksam ist.[86] *Konstativ* und *performativ* sind in diesem Sinne nicht länger Termini zur Kategorisierung unterschiedlicher Äußerungstypen, die uns erlauben würden, alle Äußerungen entweder in die eine oder die andere Kategorie einzuordnen; vielmehr beschreiben sie sprachliche Funktionen, die in jeder Äußerung immer schon koexistent sind. Andererseits wird der autoritative und autorisierende Charakter performativer Äußerungen unterstrichen und herausgearbeitet. So fragt beispielsweise Jean-François Lyotard provokant, ob die Äußerung »Die Sitzung ist eröffnet« nur deswegen performativ ist, weil ihre Sender*in Vorsitzende*r ist und folglich autorisiert und befugt ist, die Äußerung zu tun, oder ob es nicht auch denkbar wäre, dass jemand ohne vorgängige Autorisierung und Legitimation »Vorsitzende*r« wird, weil die Äußerung performative Effekte zeitigt.[87]

---

[85] Einen wichtigen Beitrag für die Reformulierung und Weiterentwicklung von Austins Performativitätsbegriff hat der französische Sprachwissenschaftler Émile Benveniste (1963) geleistet. Vgl. hierzu auch Posselt 2005, 47ff. Zu dem sogenannten *performative turn* der Sozial- und Geisteswissenschaften vgl. Bachmann-Medick 2014.
[86] Vgl. Culler 1982, 148.
[87] Vgl. Lyotard 1983, 145.

Was hier mit in den Blick kommt, ist neben dem sozialen, ritualhaften und institutionellen Charakter performativer Äußerungen ihr autorisierendes und subjektivierendes Moment. Kein Sprechakt könnte gelingen, keine performative Äußerung könnte ihre spezifische Kraft entfalten außerhalb jener Prozesse und Institutionen, die allererst festlegen, wer als legitime Sprecher*in autorisiert ist, wer ein Recht darauf hat, die Stimme zu erheben, und wer über die Macht verfügt, bei anderen Gehör zu finden.[88] Von besonderem Interesse sind hier jene sprachlichen Ein- und Absetzungsakte, durch die Rechte und Pflichten ebenso zugewiesen wie entzogen werden können. Man denke hier z. B. an die Ernennung zur Vorsitzenden, die Verleihung eines akademischen Grades oder an den Entzug des Wahlrechts.[89]

Das sprechende Subjekt muss aber nicht nur zum Sprechen befugt sein, es muss auch als ein solches von anderen anerkannt werden. Das wird immer dann deutlich, wenn performative Äußerungen nicht die erwünschten Wirkungen zeigen, so z. B. wenn die Parteibasis die Autorität der Vorsitzenden nicht mehr anerkennt und die Gefolgschaft verweigert. Umgekehrt kann es aber auch sein, dass eine Sprecher*in – ohne vorgängige Autorisierung oder Legitimierung – allein durch den erfolgreichen Vollzug einer performativen Äußerung Autorität und sozialen Status gewinnt, z. B. wenn eine Person in einer brenzligen Situation »Mir nach!« ruft und die Umstehenden ihr folgen und ihr damit Autorität zusprechen. Sprechen, so können wir aus diesen Überlegungen schließen, lässt sich nicht von den komplexen Macht- und Autoritätsverhältnissen trennen, die in sozialen Beziehungen wirksam sind und die in jedem Sprechakt reproduziert und bestätigt werden, wenn dieser erfolgreich ist, aber auch unterminiert werden können, wenn der Sprechakt misslingt. Wir werden auf diese Fragen im Zusammenhang mit Judith Butlers Analysen zum repressiven, verletzenden sowie zum ermöglichenden, subjektkonstitutiven Charakter performativer Äußerungen zurückkommen (vgl. Kap. 12).

---

[88] Vgl. Thompson 1991, 9f.
[89] Zu der sozialen Macht von Ein- und Absetzungsakten vgl. insbes. Bourdieu 1982, 99ff.

8.5 Literatur

Lektüreempfehlung

Austin, John L. (1955): *Zur Theorie der Sprechakte (How to do things with Words)*. Deutsche Bearbeitung von Eike von Savigny. 2. Aufl. Stuttgart: Reclam 1979 [engl. *How to Do Things with Words*. Ed. by J. O. Urmson and Marina Sbisà. Second Edition. Cambridge: Harvard Univ. Press 1975], insbes. 1., 2. und 9. Vorlesung.

Weiterführende Literatur

Austin, John L. (1956): »Performative Äußerungen«, in: Austin, John L.: *Gesammelte philosophische Aufsätze*. Übers. und hg. von Joachim Schulte. Stuttgart: Reclam 1986, 305–327 [engl. »Performative Utterances«, in: Austin, John L.: *Philosophical Papers*. Ed. by J. O Urmson and G. J. Warnock. Second Edition. Oxford: Clarendon Press 1970, 233–252.].
Austin, John L. (1958): »Performative und konstatierende Äußerungen«, in: Bubner, Rüdiger (Hg.): *Sprache und Analysis. Texte zur englischen Philosophie der Gegenwart*. Göttingen: Vandenhoeck & Ruprecht 1968, 140–153 [engl. »Performative–Constative«, in: Caton, Charles E. (Hg.): *Philosophy and Ordinary Language*. Urbana: Univ. of Illinois Press 1963, 22–54].
Austin, John L. (1970): *Philosophical Papers*. Ed. by J. O. Urmson and G. J. Warnock. Second Edition. Oxford: Clarendon Press.
Bachmann-Medick, Doris (2014): *Cultural Turns. Neuorientierungen in den Kulturwissenschaften*. 5. Aufl. Reinbek bei Hamburg: Rowohlt.
Benveniste, Émile (1963): »Die analytische Philosophie und die Sprache«, in: Benveniste, Émile: *Probleme der allgemeinen Sprachwissenschaft*. München: List 1974, 297–308.
Bix, Brian (2015): »John Austin«, in: *The Stanford Encyclopedia of Philosophy* (Spring 2015 Edition). Hg. von Edward N. Zalta, http://plato.stanford.edu/archives/spr2015/entries/austin-john (Zugriff 27.1.2016).
Bourdieu, Pierre (1982): *Was heißt sprechen? Die Ökonomie des sprachlichen Tauschs*. Mit einer Einführung von John B. Thompson. Übersetzt von Hella Beister. 2., erw. Aufl. Wien: Braumüller 2005.
Brandom, Robert B. (2000): *Begründen und Begreifen. Eine Einführung in den Inferentialismus*. Frankfurt a. M.: Suhrkamp 2001.
Culler, Jonathan (1982): *Dekonstruktion. Derrida und die poststrukturalistische Literaturtheorie*. Aus dem Amerikan. von Manfred Momberger. Reinbek: Rowohlt 1988.
Linke, Angelika/Nussbaumer, Markus/Portmann, Paul R. (1994): *Studienbuch Linguistik*. 2. Aufl. Tübingen: Niemeyer.

Lyotard, Jean-François (1983): *Der Widerstreit*. Übers. von Joseph Vogl, mit einer Bibliographie zum Gesamtwerk Lyotards von Reinhold Clausjürgens. 2., korr. Aufl. München: Fink 1989.

Posselt, Gerald (2005): *Katachrese. Rhetorik des Performativen*. München: Fink.

Searle, John R. (1968): »Austin on Locutionary and Illocutionary Acts«, in: *Philosophical Review* 77, 405–424.

Searle, John R. (1975): »Eine Taxonomie illokutionärer Akte«, in: Searle, John R.: *Ausdruck und Bedeutung. Untersuchungen zur Sprechakttheorie*. Frankfurt a. M.: Suhrkamp 1979, 17–50.

Thompson, John B. (1991): »Einführung«, in: Bourdieu, Pierre: *Was heißt sprechen? Die Ökonomie des sprachlichen Tauschs*. Übers. von Hella Beister. 2., erw. Aufl. Wien: Braumüller 2005, 1–35.

9 Das hermeneutisch-phänomenologische Sprachverständnis: Martin Heidegger

9.1 Sprache im Kontext von Heideggers Denken

Martin Heidegger – einer der wohl einflussreichsten und zugleich umstrittensten Philosophen des 20. Jahrhunderts – fokussiert Zeit seines Lebens nicht nur auf die von ihm immer wieder hervorgehobene Frage nach dem »Sein«, sondern auch auf das Phänomen der Sprache. Dabei schließt er einerseits an die sprachphilosophischen Überlegungen von Johann Gottfried Herder und Wilhelm von Humboldt an; andererseits steht er allen Versuchen, Sprache als einen objektiven Gegenstandsbereich zu etablieren, kritisch gegenüber und grenzt sich entsprechend strikt von sprachwissenschaftlichen sowie sprachanalytischen Herangehensweisen ab. Heideggers Einschätzung nach wird Sprache in diesen Zusammenhängen auf eine Reihe objektivierter Bestimmungen (Grammatik, Lexik, Semantik, Logik) sowie auf ihre vermeintlich primäre wirklichkeitsabbildende oder kommunikative Funktion reduziert. Diesem wissenschaftlich geprägten Zugang hält Heidegger entgegen, dass Sprache als konstitutives Moment des menschlichen Daseins sowie in weiterer Folge in ihrer welterschließenden Kraft in den Blick genommen werden muss. Insbesondere der späte Heidegger wird gegen instrumentalistische Deutungen von Sprache einwenden: Nicht der Mensch verfügt gleichsam souverän über Sprache, sondern die Sprache gewährt ihm allererst sein spezifisches Selbst- und Weltverständnis.

Heidegger wird 1889 in Meßkirch geboren. Er studiert 1909–1913 in Freiburg zunächst Theologie, um bald in das Studium der Philosophie zu wechseln und dort zu promovieren. Nach seiner Habilitation (1915) lehrt er ab 1919 in Freiburg und arbeitet zugleich als Privatassistent von Edmund Husserl, dem Begründer der Phänomenologie. Von 1923–1928 hat er eine Professur in Marburg inne und folgt 1928 Husserl auf dessen Lehrstuhl in Freiburg nach. Mit *Sein und Zeit*, das 1927 publiziert wird, erlangt er schlagartig nationale und internationale Berühmtheit. In dieser Zeit zieht er viele Schüler*innen an: Neben Hans-Georg Gadamer und Hannah Arendt studieren etwa auch Herbert Marcuse, Emmanuel Levinas oder Jean-Paul Sartre bei ihm. Von April 1933 bis April 1934 bekleidet Heidegger das Amt des Rektors der Freiburger Universität. Nicht nur diese Episode wirft einen

> Schatten auf die Person Heideggers und es drängt sich in diesem Zusammenhang die Frage auf, inwiefern auch sein Denken mit den politischen Umständen des 20. Jahrhunderts verstrickt ist.[90] Nach dem Zweiten Weltkrieg wird Heidegger von den Alliierten zunächst mit einem Lehrverbot belegt, dennoch steigt seine Bekanntheit – gerade aufgrund einer intensiven Rezeption vonseiten des Existenzialismus in Frankreich und diversen Veröffentlichungen von Aufsatzsammlungen, wie z. B. *Holzwege* (1950) oder *Wegmarken* (1967) – weit über die philosophischen Fachgrenzen hinaus. 1976 stirbt Heidegger in Freiburg.

Überlegungen zur Sprache finden sich bei Heidegger an zahlreichen Stellen seines umfangreichen Œuvres. In diesem Kapitel sollen mit Blick auf die systematisch und historisch wichtigsten Stationen seiner Sprachphilosophie drei besonders aufschlussreiche Textabschnitte eingehender besprochen werden: Ausgehend von Heideggers grundlegenden Überlegungen in *Sein und Zeit* (1927) wird zunächst die Verschränkung von praktischem Weltverstehen und Sprache entwickelt. Die Darlegung von Heideggers hermeneutischer Wende zur Sprache soll aufzeigen, inwiefern das menschliche Selbst- und Weltverständnis nur aus sprachlichen Zusammenhängen einsichtig werden kann. In einem zweiten Schritt werden – in Rückgriff auf die Vorlesung *Logik als die Frage nach dem Wesen der Sprache* (1934) – die Gründe für Heideggers Abgrenzung von der klassischen und modernen Logik nachgezeichnet, deren paradigmatische Rolle in seinen Augen von der Antike bis zur zeitgenössischen Sprachanalyse eine massive Einschränkung der Perspektive auf das Sprachphänomen darstellt.

Diese Vorlesung erweist sich aus heutiger Perspektive als ein wichtiger Markstein: Sie führt plastisch vor Augen, wie sehr die Beziehung zwischen der hermeneutisch-phänomenologischen Philosophie und dem sprachanalytischen Denken von Anfang an von einer Reihe von

---

[90] Heidegger übernimmt nicht nur mit der Machtergreifung der Nationalsozialisten das Rektorat der Freiburger Universität und ist von 1933 bis 1945 Parteimitglied der NSDAP, sondern ist, wie die jüngsten Veröffentlichungen im Rahmen der *Gesamtausgabe* – die sogenannten *Schwarzen Hefte* (Heidegger 2014) – belegen, weit mehr in die NS-Ideologie verstrickt und in seinen Überlegungen von Rassismen geprägt als lange Zeit angenommen. Die Diskussionen um die Einordnung dieser Texte hat in der Forschungsliteratur gerade erst begonnen. Vgl. Trawny (2014) und Di Cesare (2016). Politische Implikationen des Heidegger'schen Denkens wurden bereits umfassend von Lyotard (1988), Lacoue-Labarthe (1990), Zaborowski (2010) und Grosser (2011) aufgearbeitet.

grundlegenden Missverständnissen und tiefen Vorurteilen geprägt ist, die dazu geführt haben, dass es lange Zeit zur keiner inhaltlichen Auseinandersetzung, sondern lediglich zur Diffamierung der jeweils anderen Position kommen konnte. Ohne den Versuch zu unternehmen, die jeweils andere Position differenziert und kritisch in den Blick zu nehmen, wurde der jeweils andere Zugang entweder als naiv oder als unsinnig bezeichnet. Die politischen Zeitumstände – die meisten Vertreter*innen des Logischen Empirismus sind jüdischer Herkunft und müssen vor der Verfolgung durch den Nationalsozialismus fliehen, während die hermeneutisch-phänomenologische Philosophie vor allem im kontinentaleuropäischen Sprachraum ihre Wirkung entfaltet – verstärken die wechselseitige Missachtung und belasten das Verhältnis noch weiter. Produktive Diskussionen, auch um die Schwächen und Stärken des eigenen Ansatzes in Auseinandersetzung mit dem anderen Zugang besser benennen zu können, bleiben bis weit in die Nachkriegszeit aus. Annäherungen zwischen den beiden Traditionssträngen finden erst Ende des 20. und Anfang des 21. Jahrhunderts statt; eine grundsätzliche Aufarbeitung des Verhältnisses dieser Zugänge – insbesondere in Hinblick auf ihre jeweiligen sprachphilosophischen Einsichten – steht jedoch bis heute aus.[91]

Abschließend wird auf Heideggers späte Überlegungen aus *Unterwegs zur Sprache* (1959) eingegangen, um die »responsive« Dimension der Sprache und der menschlichen Seinsweise deutlich zu machen. Insbesondere die von Heidegger forcierte Reinterpretation des aristotelischen Diktums vom Menschen als *zôon lógon échon* weist auf die Akzentverschiebung hin, den Menschen nicht mehr als »starkes« Subjekt zu betrachten, das über Sprache als ein Instrument verfügt, sondern vielmehr als Antwortenden zu verstehen, der auf den Zuspruch der Sprache angewiesen ist, um ein eigenes Welt- und Selbstverständnis zu entfalten.

---

[91] Neben den Studien von Michael Friedman (2000) und Peter Gordon (2010), die das Verhältnis zwischen Heidegger, Cassirer und auch Carnap historisch und systematisch aufarbeiten, sind vor allem die einschlägigen Texte von Apel (1973a und 1973b) und Habermas (1998) zu nennen, die in einer kritischen Weise sowohl den analytischen als auch den hermeneutischen Zugang zur Sprache beleuchten.

9.2 Die Rolle der Sprache in *Sein und Zeit*

Heideggers erstes Hauptwerk *Sein und Zeit* (1927) widmet sich der Frage nach dem »Sinn von Sein« und erörtert diese in Rückgriff auf den Entwurf einer hermeneutisch-phänomenologischen Ontologie, die vom menschlichen Dasein in seiner Alltäglichkeit ihren Ausgang nimmt. Sprache bildet in diesem Zusammenhang zwar ein wichtiges Thema, wird jedoch nur in gedrängter Form auf wenigen Seiten abgehandelt (vgl. Heidegger 1927, 160–166). Um Heideggers spezifischen Zugang und die hermeneutische Wende zur Sprache nachvollziehen zu können, ist es zunächst notwendig, auf einige zentrale Grundbegrifflichkeiten und wesentliche Grundeinsichten von *Sein und Zeit* einzugehen.

9.2.1 Das praktische Weltverhältnis des menschlichen Daseins

Zu Beginn von *Sein und Zeit* stellt Heidegger fest, dass die *Seinsweise* des Menschen (»Dasein«) dadurch ausgezeichnet ist, dass er ein bestimmtes Verhältnis zum eigenen Sein besitzt. Dieses Seinsverhältnis zeigt sich darin, dass es sich zu seiner jeweiligen Situierung, in der es sich aufgrund seiner »Geworfenheit« in einem je spezifischen geschichtlichen und sozialen Kontext befindet, und zu der damit erschlossenen Mit- und Umwelt verhalten muss. In diesem Sich-Verhalten-Müssen wird deutlich, dass das Dasein nicht als abgekapseltes Subjekt begriffen werden kann, das erst in einem nachträglichen Akt aus der Innensphäre nach außen treten müsste. Das Dasein befindet sich im Gegenteil immer schon in der Welt.

Mit diesem Hinweis auf die menschliche Seinsweise unterläuft Heidegger die traditionelle Gegenüberstellung von Subjekt und Objekt. In seinen Augen ist die klassische Frage der neuzeitlichen Erkenntnistheorie, wie eine Verbindung zwischen Mensch und Welt zustande kommt, falsch gestellt, insofern sich der Mensch immer schon »›draußen‹ bei einem begegnenden Seienden« aufhält (Heidegger 1927, 62). Damit wendet sich Heidegger zugleich gegen ein weiteres, tief verwurzeltes philosophisches Vorurteil, demzufolge Seiendes primär von einer theoretischen Warte aus als Erkenntnisobjekt betrachtet wird. Heidegger macht demgegenüber darauf aufmerksam, dass die Bedeutung eines Seienden immer schon von lebensweltlichen Praktiken her verstanden wird. Das Verstehen von Welt ist daher für Heidegger nicht als theoretisch-reflexiver Akt, sondern als praktisches »Besorgen« zu begreifen.

Dieses genuin praktische Verstehen kann mit Hilfe des folgenden Beispiels veranschaulicht werden: Einen Schraubenzieher »betrachten« wir normalerweise nicht als »Objekt«, dessen Gebrauchsmöglichkeiten wir dann noch in einem zweiten Schritt »theoretisch« bestimmen müssten, sondern wir wissen auf selbstverständliche Weise aus unserem praktischen Umgang heraus, dass dieses »Zeug« – wie Heidegger die Gebrauchsdinge nennt – beispielsweise dazu verwendet werden kann, Schrauben in die Wand zu drehen, um ein Regal an der Wand zu fixieren, um dann darin Bücher aufzubewahren etc. Das Zeug zeichnet sich durch eine gewisse Verwendbarkeit oder Dienlichkeit aus; es ist verwendbar für..., es dient zu... Dabei wird aber nicht nur der Vorrang des Praktischen deutlich, sondern jedes Zeug ist immer in einen Gesamtkontext eingebettet, den Heidegger »Zeugganzheit« nennt.

> Ein Zeug »ist« strenggenommen nie. Zum Sein von Zeug gehört je immer ein Zeugganzes, darin es dieses Zeug sein kann, das es ist. Zeug ist wesenhaft »etwas, um zu ...«. Die verschiedenen Weisen des »Um-zu« wie Dienlichkeit, Beiträglichkeit, Verwendbarkeit, Handlichkeit konstituieren eine Zeugganzheit. In der Struktur »Um-zu« liegt eine Verweisung von etwas auf etwas. (Heidegger 1927, 68)

Heideggers Überlegungen zielen darauf ab, zu zeigen, dass der spezifische Gebrauch des Zeugs nur von einem Gesamtzusammenhang her einsichtig wird. Zeug begegnet nie isoliert; wo es das tut, ist es unbrauchbar – etwa ein Schraubenzieher ohne Schrauben oder ohne Wand. Die einzelnen Gebrauchsdinge verweisen aufeinander und sie erhalten – wie Heidegger hervorhebt – nur in der »Zeugganzheit« ihre spezifische Bedeutung. So wird das, was ein Schraubenzieher bedeutet, nur im Kontext mit anderem Zeug sowie den damit verbundenen Tätigkeiten, in denen wir üblicherweise Schraubenzieher verwenden, verständlich. Das Verstehen der Bedeutsamkeit von »etwas als etwas« lässt sich daher nicht einfach am einzelnen Ding festmachen, sondern erweist sich an einen Zusammenhang rückgebunden; hierbei zeigt sich auch, dass Heidegger – im Gegensatz zur Tradition – das Verständnis von Bedeutung nicht aus einem rein innersprachlichen Kontext, sondern aus dem praktischen Zu-Tun-Haben mit den Gebrauchsgegenständen her entwickelt und so einen im Vergleich zu anderen (sprach-

)philosophischen Ansätzen wesentlich breiter gefassten Begriff von Bedeutung vertritt. Diesen für jeden verstehenden Umgang mit Seiendem konstitutiven Gesamtkontext nennt Heidegger auch *Welt*. Welt ist damit nicht die Summe aller Dinge, sondern sie bildet vielmehr den Horizont, vor dem etwas auf die eine oder andere Weise überhaupt erst in seiner Bedeutsamkeit verstanden werden kann (vgl. Heidegger 1927, 87).

Heidegger weist darauf hin, dass das menschliche Dasein je schon in den Bedeutungszusammenhang der Welt eingelassen ist. Alles, was sich uns zeigt, ist in diese Struktur eingebettet und begegnet uns aus diesem Verständnishorizont.

»Zunächst« hören wir nie und nimmer Geräusche und Lautkomplexe, sondern den knarrenden Wagen, das Motorrad. [...] Daß wir aber zunächst Motorräder und Wagen hören, ist der phänomenale Beleg dafür, daß das Dasein als In-der-Welt-sein je schon beim innerweltlich Zuhandenen sich aufhält und zunächst gar nicht bei »Empfindungen«, deren Gewühl zuerst geformt werden müßte, um das Sprungbrett abzugeben, von dem das Subjekt abspringt, um schließlich zu einer »Welt« zu gelangen. Das Dasein ist als wesenhaft verstehendes zunächst beim Verstandenen. (Heidegger 1927, 163f.)

Heidegger macht damit deutlich, dass uns nicht zunächst rohe Sinnesdaten gegeben sind, die dann in einem zweiten Schritt synthetisiert und interpretiert werden müssten. So hören wir nicht Schallwellen oder bloße Lautkomplexe, sondern immer schon in einer verstehenden Weise etwas *als* etwas, z. B. dieses oder jenes Geräusch *als* einen »knarrenden Wagen« oder *als* ein heranbrausendes Motorrad. Es zeigt sich auch, dass dieses verstehende Hören nicht nachträglich bewerkstelligt werden muss, sondern dass das Dasein als »verstehendes zunächst beim Verstandenen« ist. Heidegger nennt diese vorprädikative und präreflexive Als-Struktur des Verstehens auch das »hermeneutische Als« (vgl. Heidegger 1927, 158) und kennzeichnet damit diesen je schon verstehenden Umgang als das menschliche Grundverhalten.

Heideggers Überlegungen zusammenfassend kann festgehalten werden: Das menschliche Dasein ist dadurch ausgezeichnet, dass es immer schon in einem unmittelbaren Verhältnis zu seiner Welt steht. Dieser Bezug zeichnet sich dadurch aus, dass er primär *praktischer* Natur ist. Der Umgang mit dem Zeug zeigt zugleich, dass dieses nicht isoliert zu betrachten ist, sondern nur vor dem Hintergrund einer Ganzheit verständlich wird, aus der sich unmittelbar das Verstehen von etwas als etwas erschließt.

9.2.2 Die sprachliche Als-Struktur des Verstehens

Der sprachphilosophisch entscheidende Punkt von Heideggers Überlegungen ist nun, dass diese Als-Struktur des Verstehens, obgleich sie vorprädikativ und präreflexiv ist, bereits sprachlich verfasst ist. Jede prädikative und reflexive Aussage – Heidegger spricht hierbei in Abgrenzung zum »hermeneutischen« vom »apophantischen Als« (vgl. Heidegger 1927, 158) – fußt bereits auf diesem verstehenden Umgang mit den Dingen und damit auf der sprachlichen Erschlossenheit von Welt. Um beispielsweise einem Kind zu erklären, was ein Schraubenzieher ist (»Das ist ein Schraubenzieher«) und wozu er dienlich ist (»Damit kann ich das Regal an der Wand montieren«), muss sowohl der Gesamtzusammenhang als auch die spezifische Bedeutsamkeit des Gebrauchsgegenstandes erschlossen sein. Sprache kommt damit nicht nachträglich zum Verstehen von Welt hinzu, sondern ist – wie Heidegger mehrmals hervorhebt – mit ihm »gleichursprünglich« (vgl. Heidegger 1927, 133 u. 161). Weltverstehen und Sprachvermögen stehen für ihn in keinem einseitigen Fundierungsverhältnis, sondern sind als einander wechselseitig bedingende Momente der Erschlossenheit von Welt anzusehen. Kurz: Verstehen und Sprache greifen für Heidegger Hand in Hand.

Diese konstitutive Dimension der Sprache lässt sich mit folgendem Hinweis in den Blick bringen: Aus dem praktischen Weltverstehen können immer einzelne Momente herausgehoben und damit ausdrücklich thematisiert werden, etwa durch ostensive Hinweise oder in Form sprachlicher Äußerungen. So kann ich – um das obige Beispiel wieder aufzugreifen – jemand anderem zeigen, wie bei der Montagetätigkeit mit dem Schraubenzieher umgegangen werden muss und ich kann auch explizit sagen, wozu ich dieses oder jenes Zeug gebrauche. In diesem Heraushebenkönnen von einzelnen Momenten aus einer Gesamtstruktur steckt für Heidegger das grundlegend sprachliche Vermögen. Nur als Sprache lässt sich das Verhältnis zwischen Einzelnem (»etwas als etwas«) und Ganzem (»Welt«) im Sinne eines »Gliedern[s] der Verständlichkeit« (Heidegger 1927, 161) begreifbar machen.

Um diesen für ihn entscheidenden Schritt auch terminologisch zu kennzeichnen und einer Verwechslung mit einer objektiv vorhandenen Sprachsubstanz vorzubeugen sowie zugleich das aktivische Moment des Vollzugs hervorzuheben, spricht Heidegger nicht mehr von Sprache, sondern von der »Rede«. Heidegger betont, dass Sprache als Rede nichts anderes als die »Artikulation der Verständlichkeit« (Heidegger

1927, 161) ist. »Artikulation« ist hier nicht primär als »Äußerung«, sondern wörtlich als differenziertes »Einteilen« des Bedeutungsganzen zu verstehen. Die Strukturierung des Verstehens samt der partikularen Bezugnahme ist für Heidegger daher nur aufgrund des Vollzugs der Gliederung durch Rede möglich. Explizit – im Sinne der Aussage – kann das Verhältnis des Bedeutungsganzen zu seinen einzelnen Teilen nur deshalb werden, weil es bereits sprachlich – im Sinne der Rede – strukturiert ist:

> Die befindliche Verständlichkeit des In-der-Welt-seins *spricht sich als Rede aus*. Das Bedeutungsganze der Verständlichkeit *kommt zu Wort*. Den Bedeutungen wachsen Worte zu. Nicht aber werden Wörterdinge mit Bedeutungen versehen. (Heidegger 1927, 161)

Heidegger verwehrt sich gegen eine nachträgliche Zusammenführung von Welt(verstehen) und Sprache. »Wörterdinge« sollen nicht lediglich als materielle Träger für bereits vorliegende Inhalte gefasst werden. Sprache wird von Heidegger nicht als ein Mittel zum Ausdruck und zur Verständigung gedacht; vielmehr ist das, was wir gemeinhin unter »Sprache« (im Sinne ihrer expressiven Dimension) verstehen, für Heidegger nur insofern möglich, als wir immer schon sinnverstehend bei den Dingen sind und etwas als etwas vor dem Hintergrund eines Bedeutungsganzen fassen. Die Möglichkeit zur Differenzierung – Heidegger nennt es »Artikulation« oder »Gliederung« – des Strukturganzen ist für Heidegger in der Rede fundiert. Damit erweitert Heidegger den klassischen Sprachbegriff. Die explizite Aussage (*apóphansis*) ist folglich nur deshalb möglich, weil die menschlichen Sinn- und Bedeutungsbezüge und das menschliche Weltverständnis immer schon in Form der Rede strukturiert sind. Heideggers Sprachbegriff geht damit wesentlich über das hinaus, was man üblicherweise Sprache nennt und was entsprechend Gegenstand einer sprachwissenschaftlichen oder logisch-epistemologischen Analyse werden kann, wie im Strukturalismus oder der analytischen Philosophie.

Im Anschluss an diese grundlegende Bestimmung des Verhältnisses von praktischem Weltwissen und strukturierender Rede versucht Heidegger, auf unterschiedliche Aspekte der Sprache aufmerksam zu machen: So zeigt Heidegger auf, dass der Gegenstand der Rede (das »Beredete«) nur im Vollzug (dem »Geredeten«) zum Vorschein kommt. Darüber hinaus weist er darauf hin, dass Rede immer *Mitteilung* ist, und zwar nicht nur verstanden als Übermittlung von Bedeutungsinhalten –

Informationen –, sondern vielmehr im Sinne eines geteilten Verständnisses und Mitseins mit anderen. Sprache hat damit unweigerlich nicht nur eine kommunikative Funktion, sondern darüber hinaus auch eine partizipatorische Dimension, die darin besteht, mit anderen Sinn zu teilen. Das »Mitsein« – so Heidegger bündig – »wird in der Rede ›ausdrücklich‹ *geteilt*« (Heidegger 1927, 162). In der Rede kommt für Heidegger auch die jeweilige »Befindlichkeit« des Daseins zum Vorschein; mit der Berücksichtigung dieser Dimension lenkt er die Aufmerksamkeit auf den Tonfall, die Modulation oder das Tempo. Aufschlussreich für Heideggers Sprachauffassung sind auch seine Hinweise auf das Hören und Schweigen, die für ihn keine derivativen Momente darstellen, sondern konstitutiv für die Rede sind. So hält er fest:

> Das Hören auf … ist das existenziale Offensein des Daseins als Mitsein für den Anderen. Das Hören konstituiert sogar die primäre und eigentliche Offenheit des Daseins für das eigene Seinkönnen, als Hören der Stimme des Freundes, den jedes Dasein bei sich trägt. (Heidegger 1927, 163)

Hören kann folglich nicht auf einen physiologischen Vorgang oder auf einen passivischen Aspekt reduziert werden, sondern erweist sich als für jedes Sprechen konstitutiv, da in ihm die prinzipielle Aufgeschlossenheit des Menschen für sich und andere liegt. Auch das Schweigen fasst Heidegger nicht als einen lediglich privativen Modus des Ausbleibens von Sprache oder gar des bloßen Aussetzens des Informationsflusses. Er macht nämlich geltend, dass das Schweigen nicht mit dem Verstummen gleichzusetzen ist, sondern – zur rechten Zeit eingesetzt – eine genuine Weise des Redens darstellt, da in ihm Grundlegendes zu verstehen gegeben werden kann: »Wer im Miteinanderreden schweigt, kann eigentlicher ›zu verstehen geben‹, das heißt das Verständnis ausbilden, als der, dem das Wort nicht ausgeht.« (Heidegger 1927, 164)

Zusammenfassend kann festgehalten werden: In *Sein und Zeit* versucht Heidegger aufzuweisen, dass das Verstehen von etwas als etwas vor dem Hintergrund eines Bedeutungszusammenhanges insofern sprachlich ist, als erst mit der Rede eine strukturierte Gliederung des Erfahrungsganzen sowie ein Herausgreifen einzelner Momente des Weltzusammenhangs möglich wird. Jedem Bezug zur Welt wohnt damit die Tendenz zu einer eigenen Thematisierung inne; diese Art der Auslegung ist nur möglich, da Sprache konstitutiv für den menschlichen Weltzugriff ist. Analog zum Herder'schen Merkmal, das immer schon

Merkwort ist, geht Heidegger davon aus, dass die Bestimmung von etwas als etwas nur sprachlich – nämlich als thematisierende Artikulation eines Bedeutungsganzen in Bezug auf etwas Spezifisches – zu denken ist. Im Gegensatz zu Herder vermag er aber deutlich zu machen, dass jeder einzelne Bezug sich nur vor dem Hintergrund eines Ganzen als dieses oder jenes zeigt. Neben dieser für Heidegger fundamentalen Verschränkung von Weltverstehen und Sprachvermögen geraten in *Sein und Zeit* noch der Zusammenhang vom Thema der Rede und deren Vollzug, die Dimension der Mitteilung und der Befindlichkeit sowie das Hören und Schweigen in den Blick. Diese Überlegungen scheinen vieles von dem zu entfalten, was in Humboldts Konzeption der Vollzugsdimension der Sprache angelegt ist, ohne dass Heidegger hier auf das dialogische Moment der Sprache eingeht. Insgesamt kann festgehalten werden, dass das Thema der Sprache im Frühwerk von Heidegger vielfach angedeutet, aber doch nicht im umfassenden Sinne betrachtet wird.

9.3 Heideggers Kritik an der logischen Sprachauffassung

In der 1934 gehaltenen Vorlesung *Logik als die Frage nach dem Wesen der Sprache* arbeitet sich Heidegger an der Verengung der Sprachauffassung durch die Logik ab, deren Entstehung sowie Ausgestaltung er bereits in der Antike – vornehmlich in der aristotelischen Tradition – verortet. Es geht Heidegger jedoch nicht allein um eine philosophiegeschichtliche Durchdringung der Logik, sondern zugleich um den Nachweis, dass sie als Paradigma das Sprachdenken bis in die Gegenwart prägt. Die Vorlesung lässt sich daher auch als Auseinandersetzung mit der sprachanalytischen Philosophie im weiteren und mit der von Rudolf Carnap lancierten Kritik an Heideggers Denken im engeren Sinne lesen. Carnap hatte wenige Jahre zuvor unter dem Titel »Überwindung der Metaphysik durch logische Analyse der Sprache« (Carnap 1931) eine vernichtende Rezension zu Heideggers Antrittsvorlesung »Was ist Metaphysik?« veröffentlicht, in der er Heidegger nicht nur mit dem Verdikt der Metaphysik belegte, sondern ihm nachzuweisen versuchte, dass er lediglich »Scheinsätze« produziere, die keinen Sachverhalt zum Ausdruck bringen. Heideggers Antwort auf diesen Frontalangriff fällt nicht weniger harsch aus: Indem er – stets ohne explizite namentliche Nennung – die Überlegungen des Logischen Empirismus als letzte Ausläufer der metaphysischen Tradition interpretiert, möchte er diese Denkweise philosophiehistorisch einordnen und zugleich ihre Geschichtsvergessenheit zur Schau stellen. Für Heidegger kann sich Carnap trotz seines metaphysikkritischen Vorhabens nicht von der Überlieferung lösen, da er sich nicht explizit mit ihr auseinandersetzt und sich dadurch nur tiefer in metaphysische Zusammenhänge verstrickt.[92] Gegenüber dieser – zumindest von Heidegger diagnostizierten – philosophiehistorischen Unbedarftheit, welche die eigenen metaphysischen Voraussetzungen übersieht, verfolgt Heidegger selbst eine geschichtliche Auseinandersetzung, um dann in einem weiteren Schritt eine andere – von der metaphysischen Überlieferung grundlegend zu unterscheidende – Erörterung der Sprache zu entwickeln, die in der Lage sein soll, zugleich das Menschsein und sein Verhältnis zur Geschichte wie zur Gemeinschaft in die Überlegungen miteinzubeziehen.

Nicht erst im Rahmen der sprachanalytischen Philosophie, sondern bereits bei Aristoteles vollzieht sich in den Augen Heideggers die Reduktion der Sprache auf den *lógos apophantikós* im Sinne der verifizierbaren Aussage (vgl. Kap. 2.3.2); in diesem Zusammenhang werden nicht nur andere Gebrauchsweisen der Sprache vernachlässigt und im Rahmen einer wissenschaftlichen Untersuchung als irrelevant betrachtet, sondern es rückt einzig und allein die Darstellungsfunktion der Sprache in den Vordergrund, d. h. die Möglichkeit, das Bestehen oder Nichtbe-

---

[92] Heidegger gibt in einem Nachtrag zur Vorlesung *Einführung in die Metaphysik* (1935) einen Hinweis auf »eine Denkrichtung, die sich um die Zeitschrift ›Erkenntnis‹ gesammelt hat«, wiederum ohne Carnap namentlich anzuführen, und charakterisiert die sprachanalytische Philosophie in folgender Weise: »Hier soll die bisherige Logik mit den Mitteln der Mathematik und des mathematischen Calculs allererst streng wissenschaftlich begründet und ausgebaut werden, um so dann eine ›logisch korrekte‹ Sprache aufzubauen, in der die Sätze der Metaphysik, die alle Scheinsätze sind, künftig unmöglich werden. So ist eine Abhandlung in dieser Zeitschrift II (1931f.), S. 219ff. überschrieben: ›Überwindung der Metaphysik durch logische Analyse der Sprache.‹ Hier vollzieht sich die äußerste Verflachung und Entwurzelung der überlieferten Urteilslehre unter dem Schein mathematischer Wissenschaftlichkeit.« (Heidegger 1935, 227f.) Heidegger bleibt mit seiner Kritik jedoch nicht bloß innerhalb des philosophischen Diskurses, sondern wendet diese in hochproblematischer und diffamierender Weise ins Politische: »Kein Zufall ist auch, daß diese Art ›Philosophie‹ im inneren und äußeren Zusammenhang steht mit dem russischen Kommunismus. Kein Zufall ist ferner, daß diese Art des Denkens in Amerika seine Triumphe feiert.« (Heidegger 1935, 228)

stehen von Sachverhalten zu konstatieren. Heidegger macht darauf aufmerksam, dass erst mit dieser Einschränkung der Sprache auf den Aussagesatz der wirklichkeitsabbildende Satz als in einzelne Bausteine zergliederbar sowie nach bestimmten (logischen) Regeln zusammenfügbar erscheint. Nicht nur das analytische Verfahren, Grundelemente auszumachen und zu isolieren, wird dabei auf Überlegungen der klassischen griechischen Philosophie zurückgeführt, auch das Verfahren des korrekten Zusammensetzens spielt sich nach etablierten logischen Grundsätzen und Schlussregeln ab, die seit der Antike bekannt sind. Das gesamte Vorgehen kann grundsätzlich von den konkreten Inhalten abstrahieren und situiert sich daher im Bereich des Formalen. Für Heidegger bewegt sich die neuzeitlich-moderne sprachanalytische Philosophie unreflektiert auf dem Boden der seit der Antike etablierten metaphysischen Reduktion der Sprache auf die formale Logik – ohne sich diesem Erbe bewusst zu sein und es entscheidend zu transformieren oder zu erweitern.

Heidegger sieht sich vor die Aufgabe gestellt, »diese Logik von Grund auf zu erschüttern« (Heidegger 1934, 11), da die daraus resultierende Sprachauffassung nicht nur in einer unausdrücklichen Weise auf den zuvor skizzierten Grundannahmen fußt, sondern darüber hinaus die Sprache auf ein klar eingrenzbares Gegenstandsgebiet in Form des materialen Zeichenbestandes einengt und sie so dem formalen Denken der Logik nachordnet. Sprache dient in der von ihm kritisierten Auffassung lediglich als Instrument der Darstellung, mit dem der Mensch gemäß den herauspräparierten logischen Grundgesetzlichkeiten hantieren kann. Diese instrumentalistisch-anthropozentrische sowie logisch-grammatische Reduktion des Sprachphänomens bringt Heidegger folgendermaßen auf den Punkt:

> 1. Die Sprache wird in ein gesondertes Gegenstandsgebiet abgedrängt. 2. Die Sprache wird in einen Bereich abgedrängt, der nicht so umfassend scheint wie das formale Denken der Logik. 3. Die Sprache ist zweitrangig, sofern sie nur Ausdrucksmittel ist. 4. Die Erfassung der Sprache ist für uns durch die herrschende Logik vorgeformt. (Heidegger 1934, 17)

In Abgrenzung zu dieser Position möchte Heidegger darauf aufmerksam machen, dass mit einer anderen Inblicknahme des Sprachphänomens, die sich dezidiert von den benannten Verkürzungen zu befreien sucht, nicht nur die Sprache selbst anders gedacht werden kann, sondern dass damit einhergehend auch die traditionelle Definition des

Menschen als *zôon lógon échon* einer tiefgreifenden Revision unterzogen wird. Denn wenn strittig wird, was unter »Sprache« zu verstehen ist, dann steht damit – so der Heidegger'sche Einsatzpunkt in der Relektüre der aristotelischen Grundeinsichten – auch die traditionelle Wesensbestimmung des Menschen auf dem Spiel:

> Das Sein der Sprache, das rätselhaft und dunkel sei, solle Aufhellung erfahren aus dem Sein des Menschen. Jetzt sagen wir umgekehrt, das Sein des Menschen wird bestimmt unter Bezugnahme auf das Sein und Wesen der Sprache. Das ist eine höchst fatale Lage, das ist offensichtlich ein Sich-im-Kreise-Drehen. (Heidegger 1934, 26)

Indem Heidegger die aristotelische Bestimmung des Menschen wieder aufnimmt, wiederholt er nicht einfach diesen Definitionsversuch, sondern erörtert im Fraglichwerden der Begriffe, was wir überhaupt unter »Sprache« sowie »Mensch« verstehen können und wie dieser Zusammenhang ausgelotet werden kann. Die etablierten Deutungsmuster geraten dadurch nachhaltig in Bewegung, denn die Frage nach der Sprache lässt sich offensichtlich nicht als distanzierte Befragung eines vorliegenden Gegenstandsgebietes fassen, sondern verwickelt die Fragenden selbst – Heidegger insistiert dabei immer wieder auf den Mitvollzug seiner Hörer- bzw. Leserschaft – in die Erörterung, sodass dadurch auch »unser« Selbstverständnis zur Disposition steht.

Für Heidegger kann die Frage nach dem Menschen darüber hinaus nur angemessen gestellt werden, wenn seine gemeinschaftlich bestimmte Verfasstheit mit einbezogen wird – eine Gemeinschaftlichkeit, die laut Heidegger kein bloßes Aggregat von Individuen darstellt, sondern vor dem Hintergrund einer gemeinsam geteilten und ursprünglich verbindenden Geschichte verstanden werden muss. Geschichte lässt sich für ihn jedoch nicht als eine konstatierbare Abfolge von objektiven historischen Begebenheiten im Sinne der geschichtswissenschaftlichen Erfassung deuten, sondern muss als eine ausdrückliche Auseinandersetzung mit der je eigenen Herkunft verstanden werden. Damit wird für Heidegger einsichtig, dass das jeweilige geschichtliche Erbe eine Gemeinschaft auch in der Gegenwart sowie hinsichtlich der Zukunft prägt – eine Auseinandersetzung, die sich für Heidegger nur sprachlich vollzieht. Eine Bestimmtheit, die den Menschen nicht kausal determiniert, ihn aber in spezifische Kontexte einbettet und Auslegungsbahnen vorzeichnet, zu denen er sich *nolens volens* verhalten muss; selbst das Negieren der Tradition oder eine Geschichtsvergessenheit impliziert in den

Augen Heideggers noch ein – wenn auch problematisches – Verhältnis zu dieser Geschichtlichkeit. Geschichtsvergessenheit ist so immer auch Sprachvergessenheit. In diesem Sinne kann nur der Mensch als ein grundsätzlich sprachliches Wesen eine Geschichte haben, die zugleich seine sprachliche Seinsart auszeichnet. Die geschichtlich-gemeinschaftlich erschlossene Welt ist nicht einfach gegeben, sondern muss übernommen werden. Im Sichverhaltenmüssen zu Gemeinschaft und Geschichte spielt die Sprache die tragende Rolle bzw. ist nach Heidegger das Eingelassensein in diese Relationen und Zusammenhänge – wie zuvor in der Nachzeichnung von *Sein und Zeit* expliziert – wesentlich sprachlich zu denken:

> Kraft der Sprache und nur kraft ihrer waltet die Welt – *ist* Seiendes. Die Sprache kommt nicht im abgekapselten Subjekt vor und wird dann als Verkehrsmittel herumgereicht. Die Sprache ist weder etwas Subjektives noch Objektives; sie fällt überhaupt nicht in den Bereich dieser grundlosen Unterscheidung. Die Sprache ist als je geschichtliche nichts anderes als das Geschehnis der an das Sein überantworteten Ausgesetztheit in das Seiende im Ganzen. (Heidegger 1934, 168)

Erst dank der Sprache – so Heideggers Überlegung – wird überhaupt Seiendes offenbar, d. h. als dieses oder jenes vor dem Hintergrund eines mit Anderen geteilten und geschichtlich tradierten Verständnisses bedeutsam. Sprachlichkeit ist damit ein wesentlicher Aspekt des Seins des Seienden. Der entscheidende Unterschied zu *Sein und Zeit* besteht nun darin, dass Heidegger zusätzlich darauf aufmerksam macht, dass dieses Geschehen sprachlich verfasster Sinnstiftung nicht im Entwurfscharakter des Daseins, sondern in einer mit anderen geteilten und von anderen übernommenen Geschichte gründet. Sprache bildet das fundamentale Geschehen, in dem sich das Ausgesetztsein gegenüber den Ansprüchen der Geschichte und der Gemeinschaft manifestiert. Damit unterstreicht Heidegger das geschichtliche und gemeinschaftsstiftende Moment der Sprache; die problematischen Voraussetzungen und exkludierenden Zuschreibungen, die mit seinen Überlegungen einhergehen, werden jedoch von Heidegger ignoriert.[93]

---

[93] So scheint Heidegger vorab zu wissen, um welche Geschichte (der »erste Anfang« der Philosophie bei den »Griechen«) und welche Gemeinschaft (»die Deutschen«) es geht, ohne dass gesehen wird, dass diese Vorgaben massive und unbegründbare Einschränkungen darstellen, die andere Traditionsstränge und Sprachgemeinschaften ausschließen.

9.4 Sprache als Ereignis in Heideggers Spätwerk

Heideggers letzter zentraler Beitrag zu sprachphilosophischen Fragen bündelt sich auf paradigmatische Weise in dem Aufsatz »Der Weg zur Sprache«, der 1959 erstmals publiziert wurde und den Abschluss der Aufsatzsammlung *Unterwegs zur Sprache* bildet. Hier lotet Heidegger die kryptisch anmutende Möglichkeit aus, »*[d]ie Sprache als die Sprache zur Sprache [zu] bringen*« (Heidegger 1959, 230). Die negative Abgrenzung, die hierbei vorgenommen wird, ist – wie so oft bei Heidegger – weit einfacher zu fassen als die positive Bestimmung: Sprache solle nicht als bloßes Mittel und damit von einem anderen her verstanden werden – so z. B. als Tätigkeit des Subjekts, als Instrument der Kommunikation, als Vehikel geistiger Inhalte –, sondern *als sie selbst* bedacht werden. Heidegger nimmt in seiner Sprachbetrachtung nicht beim Menschen und seinem Sprechen den Ausgang, sondern radikalisiert die bereits zuvor hervorgehobene seinsstiftende Dimension der Sprache. In provokanter Weise insistiert er darauf, dass nicht primär und ausschließlich der Mensch, sondern vielmehr – wie er in *Unterwegs zur Sprache* leitmotivisch hervorhebt – »die *Sprache* spricht« (Heidegger 1959, 243). Sprache wird in diesem Zusammenhang wiederum nicht als verbaler Ausdruck oder akustisch vernehmbare Verlautbarung verstanden, sondern als Erscheinungsgeschehen gefasst. Jegliches Sich-Zeigen von etwas, alles Aufscheinen von Welt wird von Heidegger als sprachliches gedacht, wie er im sehr eigenwilligen Duktus seines Spätwerks formuliert: »Die Sprache spricht, indem sie als die Zeige, in alle Gegenden des Anwesens reichend, aus ihnen jeweils Anwesendes erscheinen und verscheinen läßt.« (Heidegger 1959, 243) Sprache wird als ein an den Menschen gerichteter Anspruch verstanden, der, wenn ihm entsprochen wird, beim Menschen zu einer spezifischen Form der Aufnahmefähigkeit führt; alles, was für den Menschen vernehmbar wird, muss sich ihm gleichsam »zugesprochen« haben. Der Mensch ist sozusagen auf den »Zuspruch« der Sprache angewiesen, um sein Selbstverständnis zu gewinnen.

In einer gewissen Nähe zu Humboldt insistiert Heidegger des Weiteren darauf, Sprache als dialogisches Geschehen von »Anrede und Erwiderung« (Humboldt 1827, 24) zu begreifen und damit die Unumgänglichkeit des Antwortens auf den je schon ergangenen »Zuspruch« herauszustreichen. Doch im Gegensatz zu Humboldt erblickt Heidegger nicht im zwischenmenschlichen Gespräch zwischen »Du«

und »Ich« das fundamentale Ereignis von Sprache, sondern im Antworten auf den Zuspruch des Seins. In seinen späteren Überlegungen versucht Heidegger nicht nur, das gesamte ontologische Ent- und Verbergungsgeschehen sprachlich zu denken, sondern darüber hinaus den Menschen nicht mehr als die Bezugsmitte des Seienden zu verstehen. Der Mensch wird als jemand begriffen, der auf diesen Zuspruch antworten muss. Das menschliche Sprechen begreift Heidegger als ein Ent-sprechen: »Jedes gesprochene Wort ist schon Antwort: Gegensage, entgegenkommendes, hörendes Sagen.« (Heidegger 1959, 249) Mit der Einsicht in die grundlegende Bedeutung der *Responsivität*,[94] also des Antwortcharakters allen Sprechens, ändert sich in Heideggers Augen das Selbstverständnis des Menschen radikal.

> Weil wir Menschen, um die zu sein, die wir sind, in das Sprachwesen eingelassen bleiben und daher niemals aus ihm heraustreten können, um es noch von anderswoher zu umblicken, erblicken wir das Sprachwesen stets nur insoweit, als wir von ihm selbst angeblickt, in es vereignet sind. (Heidegger 1959, 254)

Der responsiv gedachte Mensch verfügt – entgegen der wissenschaftlich-technischen Weltauffassung – nicht über das Vermögen, nach Belieben mit Seiendem umzugehen und es sich für seine Zwecke anzuzeigen. Stattdessen besagt Menschsein nun, sich erst aus diesem Zuspruch heraus zu verstehen und dessen eingedenk zu bleiben, dass wir uns nur aus diesem Entsprechungsgeschehen artikulieren können: »Darum bleibt *unser* Sagen als Antworten stets im Verhältnisartigen.« (Heidegger 1959, 256)

9.5 Zusammenfassung und Ausblick

Um einen Zugang zu Heideggers Sprachdenken zu entwickeln, wurden frühe, mittlere und späte Texten berücksichtigt: Aus einer werkgenetischen Perspektive wurde zunächst der Einsatzpunkt der hermeneutisch-phänomenologischen Sprachauffassung vor dem Hintergrund der ontologischen Fragestellung von *Sein und Zeit* (1927) erörtert und die »Rede« als Artikulation des Sinnganzen nachgezeichnet. Heidegger zeigt in seinem ersten Hauptwerk auf, dass sich das menschliche Dasein

---

94 Den Terminus »Responsivität« entlehne ich den vielfältigen Überlegungen von Bernhard Waldenfels (vgl. Waldenfels 1994 und Flatscher 2011).

als In-der-Welt-sein je schon bei den Dingen aufhält und über ein praktisches Weltverstehen verfügt. Der selbstverständliche Umgang mit den Gebrauchsdingen beschränkt sich jedoch nicht auf einzelne Dinge, sondern zeigt sich vor dem Hintergrund eines Verweisungszusammenhangs, in dem überhaupt etwas *als* etwas verständlich wird. Die Strukturierung dieses Sinnzusammenhangs denkt Heidegger vor dem Hintergrund der »Rede«, indem das je schon differenzierte Gegebensein von Bedeutsamkeiten sich als sprachlich gegliedert erweist und ausdrücklich zu Wort kommen kann. Mit den Überlegungen zur sprachlichen Erschlossenheit von Welt knüpfen die Ausführungen von *Sein und Zeit* an die hermeneutische Wende zur Sprache an, wie sie bereits in Rückgriff auf Herder und Humboldt skizziert wurde (vgl. Kap. 4). Dezidiert wird »Rede« dabei von repräsentationalistischen und psychologischen Bestimmungen sowie von der logischen Darstellungsfunktion von Sachverhalten abgegrenzt.

In einem zweiten Schritt wurde – mit Blick auf die Vorlesung *Logik als die Frage nach dem Wesen der Sprache* (1934) – Heideggers Abgrenzung von der traditionellen und zeitgenössischen Sprachphilosophie in die Diskussion einbezogen. Heidegger hebt in diesem Zusammenhang die sozio-historische Dimension und die weltbildende Kraft von Sprache hervor. In der Vorlesung distanziert er sich vom logischen Paradigma, das in seinen Augen seit der Antike als leitend für die Sprachbetrachtung erachtet wird und dessen letzten Ausläufer er in der sprachanalytischen Tradition erblickt. Um einer funktionalen Einschränkung der Sprache auf die Wiedergabe von bestehenden oder nicht bestehenden Sachverhalten sowie ihrer Reduktion auf ein instrumentalistisch-anthropozentrisches oder ein logisch-grammatisches Deutungsmuster zu entgehen, macht er auf den Zusammenhang von Sprache und Menschsein bzw. auf die geschichtliche wie die gemeinschaftliche Dimension von Sprache aufmerksam. Der einzelne Mensch fängt nie bei sich selbst an, sondern befindet sich immer schon in geschichtlichen, gemeinschaftlichen Zusammenhängen, aus denen er erst sein jeweiliges Selbstverständnis gewinnen kann. Diese Überfrachtung des sprachphilosophischen Ansatzes in geschichtsphilosophischer und politischer Hinsicht erweist sich jedoch in vielfacher Weise als problematisch.

In seinem Spätwerk rund um *Unterwegs zur Sprache* (1959) hebt Heidegger die Responsivität des menschliche Seins hervor. Heidegger distanziert sich nicht nur von jeder Rückführung der Sprache auf ein

Vermögen des Menschen, sondern streicht mit aller Deutlichkeit das Seinsgeschehen als ein sich sprachlich ereignendes Zu- und Entsprechen heraus, aus dem allererst Welt und Mensch hervorgehen. Unterbelichtet bleibt dagegen die zwischenmenschliche Dimension des Sprechens. Menschen antworten schließlich nicht nur auf den Zuspruch des Seins bzw. der Geschichte oder der Gemeinschaft, sondern vor allem auch aufeinander. Möglichkeiten des Miteinander-Sprechens und Handelns kommen damit ebenso wenig in den Blick wie Formen des Dissenses oder der Kritik.[95]

9.6 Literatur

Lektüreempfehlungen

Heidegger, Martin (1927): *Sein und Zeit*. 16. Auflage. Tübingen: Niemeyer 1986, 160–167.

Heidegger, Martin (1934): *Logik als die Frage nach dem Wesen der Sprache (Sommersemester 1934)*. Gesamtausgabe Bd. 38. Hg. von Günter Seubold. Frankfurt a. M.: Klostermann, 13–28; 167–170.

Heidegger, Martin (1959): *Unterwegs zur Sprache*. Gesamtausgabe Bd. 12. Hg. von Friedrich Wilhelm von Herrmann. Frankfurt a. M.: Klostermann 1985, 245–257.

Weitere Literatur

Apel, Karl-Otto (1973a): *Transformation der Philosophie I. Sprachanalytik, Semiotik, Hermeneutik*. Frankfurt a. M.: Suhrkamp.

Apel, Karl-Otto (1973b): *Transformation der Philosophie II. Das Apriori der Kommunikationsgesellschaft*. Frankfurt a. M.: Suhrkamp.

Arendt, Hannah (1958): *Vita activa oder vom tätigen Leben*. München/Zürich: Piper 2002.

Carnap, Rudolf (1931): »Überwindung der Metaphysik durch logische Analyse der Sprache«, in: *Erkenntnis*, 2, 219–241.

---

[95] In Anschluss an Heidegger finden sich eigenständige sprachphilosophische Überlegungen innerhalb der hermeneutisch-phänomenologischen Tradition bei Hannah Arendt (1958), Hans-Georg Gadamer (1960), Maurice Merleau-Ponty (1961, 1969) und Paul Ricœur (1975, 1983–85). Sie erweitern auf unterschiedliche Weise die Fragestellung in Richtung des Dialogs, der Leiblichkeit oder der Narration als konstitutive Elemente des Menschseins.

Di Cesare, Donatella (2016): *Heidegger, die Juden, die Shoah*. Frankfurt a. M.: Klostermann.
Flatscher, Matthias (2011): *Logos und Lethe. Zur phänomenologischen Sprachauffassung im Spätwerk von Heidegger und Wittgenstein*. Freiburg: Alber.
Friedman, Michael (2000): *Carnap, Cassirer, Heidegger. Geteilte Wege*. Aus dem Engl. von der Arbeitsgruppe »Analytische Philosophie« am Institut für Philosophie der Universität Wien. Frankfurt a. M.: Fischer 2004.
Gadamer, Hans Georg (1960): *Wahrheit und Methode. Grundzüge einer philosophischen Hermeneutik. Gesammelte Werke 1*. Tübingen: Mohr Siebeck 1999.
Gadamer, Hans-Georg (1987): *Neuere Philosophie I. Hegel – Husserl – Heidegger. Gesammelte Werke 3*. Tübingen: Mohr Siebeck.
Gordon, Peter E. (2010): *Continental Divide. Heidegger, Cassirer, Davos*. Cambridge: Harvard Univ. Press.
Grosser, Florian (2011): *Revolution denken. Heidegger und das Politische 1919 bis 1969*. München: Beck.
Habermas, Jürgen (1998): »Hermeneutische und analytische Philosophie: Zwei komplementäre Spielarten der linguistischen Wende«, in: Habermas, Jürgen: *Wahrheit und Rechtfertigung. Philosophische Aufsätze*. Erw. Ausg. Frankfurt a. M.: Suhrkamp 2004, 65–102.
Heidegger, Martin (1935): *Einführung in die Metaphysik (Sommersemester 1935). Gesamtausgabe Bd. 40*. Hg. von Petra Jaeger. Frankfurt a. M.: Klostermann 1983.
Heidegger, Martin (2014): *Überlegungen. Schwarze Hefte. Gesamtausgabe Bd. 94–96*. Hg. von Peter Trawny. Frankfurt a. M.: Klostermann.
Lacoue-Labarthe, Philippe (1990): *Die Fiktion des Politischen. Heidegger, die Kunst und die Politik*. Stuttgart: Schwarz.
Lyotard, Jean-Francois (1988): *Heidegger und »die Juden«*. Übers. von Clemens-Carl Härle. Wien: Passagen.
Merleau-Ponty, Maurice (1961): *Zeichen*. Komment. und eingel. von Christian Bermes. Hamburg 2007.
Merleau-Ponty, Maurice (1969): *Die Prosa der Welt*. Hg. von Claude Lefort. Übers. von Regula Giuliani mit einer Einleitung von Bernhard Waldenfels. 2. Aufl. München: Fink 1993.
Ricœur, Paul (1975): *Die lebendige Metapher*. Übers. von Rainer Rochlitz. München: Fink 1986.
Ricœur, Paul (1983–85): *Zeit und Erzählung*. 3 Bände. München: Fink 1988–91.
Trawny, Peter (2003): *Martin Heidegger*. Frankfurt a. M./New York: Campus.
Trawny, Peter (2014): *Heidegger und der Mythos der jüdischen Weltverschwörung*. Frankfurt a. M.: Klostermann.
Vetter, Helmuth (2014): *Grundriss Heidegger. Ein Handbuch zu Leben und Werk*. Hamburg: Meiner.
Waldenfels, Bernhard (1994): *Antwortregister*. Frankfurt a. M.: Suhrkamp.
Zaborowski, Holger (2010): *»Eine Frage von Irre und Schuld?« Martin Heidegger und der Nationalsozialismus*. Frankfurt a. M.: Fischer.

10 Sprache als Struktur: Ferdinand de Saussure

10.1 Sprachwissenschaft und Sprachphilosophie

Im Zuge der historischen und systematischen Darstellung der Sprachphilosophie sind bislang vier unterschiedliche Zugänge deutlich geworden: 1. der *logisch-epistemologische* Ansatz, in dessen Mittelpunkt die Frage nach dem erkenntnistheoretischen Wert der Sprache steht (vgl. Platon, Aristoteles, Locke, Leibniz, Frege und der frühe Wittgenstein); 2. der *hermeneutische* Zugang, in dem Sprache als Kennzeichen des Menschseins und als Medium der Welterschließung thematisiert wird (vgl. Herder, Humboldt und Heidegger); 3. Nietzsches *rhetorik- und sprachkritischer* Ansatz, in dessen Zentrum die unhintergehbare Rhetorizität der Sprache steht; und 4. der *sprachpragmatische* Ansatz des späten Wittgenstein und Austins, in dessen Rahmen Sprache als regelgeleitetes Verhalten und soziale Praxis analysiert wird. Nicht explizit in den Blick kam dagegen bisher eine Thematisierung der Sprache aus dezidiert sprachwissenschaftlicher Perspektive. Dies soll das folgende Kapitel ausgehend von den Arbeiten des Genfer Sprachwissenschaftlers Ferdinand de Saussure leisten.

Historisch betrachtet geht die moderne Sprachwissenschaft auf die historisch-vergleichende Sprachwissenschaft zurück, die sich zu Beginn des 19. Jahrhunderts als eigenständige Disziplin konstituiert. Im Mittelpunkt des Interesses steht dabei die historische und systematische Erforschung der Verwandtschafts- und Abstammungsverhältnisse zwischen den verschiedenen Einzelsprachen. Bekannt ist die historisch-vergleichende Sprachwissenschaft heute vor allem aufgrund der Isolierung und Beschreibung der indoeuropäischen Sprachfamilie durch Friedrich Schlegel, Rasmus Rask, Franz Bopp und Jakob Grimm. Entscheidend für diese Entdeckung war ein radikaler Perspektiven- und Paradigmenwechsel – weg von einer eher »atomistischen« hin zu einer »strukturalen« Sprachbetrachtung. So erfolgte der Nachweis der Verwandtschaft der indoeuropäischen Sprachen nicht, wie dies bis dahin üblich war, über die Untersuchung gemeinsamer semantischer Wurzeln und Wortstämme, sondern über einen systematischen Vergleich der Struktur und der Grammatik der einzelnen Sprachen. Dabei konnte gezeigt werden, dass die Ähnlichkeit zwischen den europäischen Sprachen nicht nur in einer großen Anzahl von gemeinsamen Wörtern und Wurzeln liegt; vielmehr »erstreckt [sie] sich bis in die innerste Structur und Grammatik« (Schlegel 1808, 3).[96] Das Grundprinzip der historisch-vergleichenden Sprachwissenschaft ist folglich nicht länger das der direkten Ähnlichkeit zwischen einzelnen sprachlichen Elementen, sondern das der Analogie zwischen grammatischen Systemen, wie z. B. den unterschiedlichen Konjugationssystemen des Griechischen, des Lateinischen und des Sanskrit.

Dabei bleibt die historisch-vergleichende Sprachwissenschaft weitgehend einer »organistischen« Sprachauffassung verhaftet. Historische Prozesse werden als organische Prozesse des Wachstums und des Verfalls begriffen, deren Eigenleben sich einer strengen Beschreibung und Gesetzmäßigkeit entzieht. Dagegen versuchen Ende der 1870er Jahre die Indogermanisten der »Leipziger Schule«, die sogenannten Junggrammatiker, die Sprachwissenschaft auf streng naturwissenschaftlichen Grundlagen zu etablieren. Sprachveränderungen werden nicht länger als organische Vorgänge aufgefasst, sondern vollziehen sich auf der Grundlage naturwissenschaftlich fundierter Lautgesetze. Sprachwissenschaftliche Erkenntnisse sollen ausschließlich auf empirisch überprüfbaren Ergebnissen beruhen, die durch die Beschreibung und Analyse großer Korpora von Texten oder von gesprochener Sprache gewonnen werden.

In kritischer Abgrenzung zu den Junggrammatikern weist der Genfer Sprachwissenschaftler Ferdinand de Saussure die rein korpusorientierte historische Sprachforschung zurück und macht geltend, dass eine Sprache mehr ist als die Gesamtheit aller Sätze, die von einer bestimmten Gruppe hervorgebracht werden. Es gilt, Sprache als Ganzes, als ein System differentieller Beziehungen in den Blick zu nehmen und nicht länger als eine Ansammlung positiver Entitäten – einzelner Wörter, Namen oder Lautformen.[97] Mit diesem zentralen Gedanken revolutioniert Saussure die Sprachwissenschaft und wird zum Begründer des Strukturalismus, der nicht nur die Philosophie, sondern auch die Geistes-, Kultur- und Sozialwissenschaften im 20. Jahrhundert nachhaltig beeinflusst hat.

---

[96] Vgl. hierzu auch Foucault 1966, 355, und Trabant 2006, 244.
[97] Vgl. Bierwisch 1966, 80f.

Der Schweizer Sprachwissenschaftler Ferdinand de Saussure, geboren 1857 in Genf und gestorben 1911 in Vufflens-le-Château bei Lausanne, entstammt einer berühmten Forscherfamilie. Bereits in seiner Jugend kommt er über Adolphe Pictet in Kontakt mit sprachwissenschaftlichen Fragestellungen. Sein elf Jahre jüngerer Bruder René de Saussure (1868–1943) gilt als einer der wichtigsten Theoretiker der Plansprache Esperanto. Ferdinand de Saussure studierte von 1876 bis 1880 Indogermanistik in Leipzig und Berlin. Bereits als 21-jähriger Student veröffentlicht er seine Arbeit *Mémoire sur le système primitif des voyelles dans les langues indo-européennes*, die noch junggrammatischen Methoden verpflichtet ist. Von 1881 bis 1891 lehrt Saussure als Dozent an der *École pratique des hautes études* in Paris. 1891 erhält er eine Professur für Sanskrit und historisch-vergleichende Grammatik an der Universität Genf, die er bis zu seinem Tod 1911 innehat.

Als Saussures wichtigstes Werk gilt der *Cours de linguistique générale*, der 1916 posthum von zweien seiner Schüler, Charles Bally und Albert Sechehaye, herausgeben und 1931 unter dem Titel *Grundfragen der allgemeinen Sprachwissenschaft* erstmals ins Deutsche übersetzt wird. Eine quellenkritische Ausgabe erscheint ab 1967 unter der Regie von Rudolf Engler. Der *Cours de linguistique générale* selbst geht auf drei Vorlesungen zurück, die Saussure in den Jahren 1906/07, 1908/09 und 1910/11 an der Universität Genf gehalten hat. Da Saussure alle seine Vorlesungsaufzeichnungen vernichtet hat, mussten die beiden Herausgeber Bally und Sechehaye auf Mitschriften anderer Studierender zurückgreifen. Trotz dieser schwierigen Quellenlage gilt der *Cours de linguistique générale* heute als »einer der für die Geistes- und Sozialwissenschaften wirkungsmächtigsten [Texte] des 20. Jahrhunderts insgesamt« (Stetter 1992, 424) sowie als Gründungstext des Strukturalismus, auch wenn der Begriff selbst im *Cours* nicht verwendet wird, sondern erst 1929 von dem russischen Linguisten Roman Jakobson eingeführt wird.[98] Texte aus dem Nachlass Saussures, die teilweise ein durchaus anderes Bild auf sein Denken werfen, sind erst vor wenigen Jahren publiziert worden.[99]

10.2 Strukturalistische Grundbegriffe

Saussures Ausgangspunkt bildet die Überlegung, dass die Sprachwissenschaft im Unterschied zu anderen Wissenschaften nicht über einen von vornherein gegebenen Gegenstand verfügt, der sich sukzessive unter verschiedenen Gesichtspunkten untersuchen ließe: »[V]ielmehr ist

---

[98] Vgl. Jakobson 1929 sowie Gondek 1999, 1542.
[99] Vgl. hierzu vor allem Saussure 1997 und 2003. Einführungsdarstellungen zu Saussure bieten Culler 1986, Stetter 1992 und Jäger 2010. Zu dem Versuch, den »authentischen« Saussure zu rekonstruieren vgl. Jäger 1975.

es der Gesichtspunkt, der das Objekt erschafft; und außerdem wissen wir nicht von vornherein, ob eine dieser Betrachtungsweisen den anderen vorangeht oder übergeordnet ist.« (Saussure 1916, 9) Damit weist Saussure zugleich die Vorstellung zurück, dass die Sprachwissenschaft gegenüber ihrem Gegenstand einen gänzlich neutralen Standpunkt einnehmen könnte; vielmehr bedingt und konstituiert jede Betrachtungsweise bereits das, was sie zu beschreiben versucht.

Unabhängig jedoch davon, welche Betrachtungsweise man wählt, immer weisen die sprachlichen Phänomene zwei Seiten auf (vgl. Saussure 1916, 9): Jeder artikulierte *Laut* besitzt sowohl eine physikalisch-akustische als auch eine physiologisch-stimmliche Seite. Ebenso bildet das sprachliche *Zeichen* eine Doppeleinheit, bestehend aus dem Laut(bild) und der psychischen Vorstellung, wobei jedes Zeichen sowohl linear mit anderen Zeichen als auch virtuell mit ähnlichen Zeichen verknüpft ist. Desgleichen weist die menschliche *Rede* (frz. *langage*) zwei Seiten auf, eine individuelle und eine soziale, die auf intrinsische Weise miteinander verbunden sind, denn »man kann die eine nicht verstehen ohne die andere« (Saussure 1916, 10). Und schließlich ist die menschliche Rede »in jedem Augenblick eine gegenwärtige Institution und ein Produkt der Vergangenheit« (Saussure 1916, 10). Diese Doppelseitigkeit der sprachlichen Phänomene veranlasst Saussure dazu, eine Reihe grundlegender Unterscheidungen einzuführen, die die Basis der strukturalen Sprachanalyse bilden: *langue* und *parole*, Synchronie und Diachronie, Signifikant und Signifikat sowie paradigmatische und syntagmatische Beziehungen.

10.2.1 *Langue* und *parole*

Ausgehend von der Überlegung, dass die menschliche Rede (*langage*) sowohl eine individuelle als auch eine soziale Seite besitzt, unterscheidet Saussure zwischen *langue* und *parole*. Dabei bezeichnet *langue* die Sprache als System und soziale Institution, während der Ausdruck *parole* auf die konkret-individuelle Rede verweist. Entscheidend ist nun, dass allein die *langue*, d. h. die Sprache als System, zum Gegenstand der Sprachwissenschaft werden kann. Zwar zeigt sich, dass *langue* und *parole* als die zwei

Seiten der menschlichen Rede (*langage*) konstitutiv aufeinander verwiesen sind,[100] aber allein die *langue* ist ein klar umgrenztes Objekt, das man gesondert erforschen kann und über das alle Sprecher*innen einer Sprache im Sinne eines kollektiven »Wörterbuchs« und einer gemeinsamen »Grammatik« verfügen (vgl. Saussure 1916, 18 u. 23). Will man folglich Sprachwissenschaft als objektive Wissenschaft betreiben, so muss man sich nach Saussure »*von Anfang an auf das Gebiet der Sprache [langue] begeben und sie als die Norm aller anderen Äußerungen der menschlichen Rede [langage] gelten lassen*« (Saussure 1916, 11).

Dazu ist es erforderlich, alles von der Sprache abzugrenzen, was ihr äußerlich ist, und die Sprache konsequent als ein System zu betrachten, »das nur seine eigene Ordnung zuläßt« (Saussure 1916, 27). Diese methodische Vorentscheidung veranlasst Saussure zu der Trennung von *äußerem* und *innerem Bezirk* der Sprachwissenschaft (vgl. Saussure 1916, 24). Äußerlich ist der Sprache etwa das Verhältnis zu Geschichte und Kultur, ihre geographische Verbreitung, ihre dialektale Ausdifferenzierung, ihr Verhältnis zu sozialen und politischen Institutionen oder wo und von wem sie gesprochen wird. Innerlich sind ihr dagegen die Beziehungen der sprachlichen Elemente und die Regeln, die festlegen, wie sprachliche Einheiten miteinander kombiniert werden können.[101]

Die strenge Abgrenzung von *langue* und *parole* hat auch zur Folge, dass die Frage nach der referentiellen Funktion des Zeichens vorerst keine Rolle spielt. Gegenstand der Sprachwissenschaft sind nach Saussure ausschließlich die internen Beziehungen zwischen den Zeichen und nicht ihre außersprachliche Referenz. Erst die durch die Sprecher*innen realisierten oder aktualisierten Zeichen besitzen eine Referenz, nicht jedoch die Zeichen als Teile des sprachlichen Systems.[102] Damit stellt sich Saussure bewusst gegen die Tradition und befreit die Sprachwissenschaft von der in seinen Augen unfruchtbaren Frage nach

---

[100] »Die Sprache ist erforderlich, damit das Sprechen verständlich sei und seinen Zweck erfülle. Das Sprechen aber ist erforderlich, damit die Sprache sich bilde« (Saussure 1916, 22).

[101] Saussure (1916, 27) illustriert diese Unterscheidung am Beispiel des Schachspiels: So ist es dem Schachspiel äußerlich, dass es ursprünglich von Persien nach Europa gekommen ist, ob Holz- oder Elfenbeinfiguren verwendet werden, wo und von wem es gespielt wird etc.; innerlich dagegen ist dem Schachspiel alles, was das System und die Spielregeln betrifft, die Zahl der Figuren, die möglichen Spielzüge etc.

[102] Vgl. Linke u. a. 1994, 30.

dem Verhältnis von Sprache und Wirklichkeit. Sprache wird nicht länger »als Funktion von etwas anderem, von anderen Gesichtspunkten aus, betrachtet« (Saussure 1916, 20), sondern kommt als ein eigenes System in den Blick.

10.2.2 Synchronie und Diachronie

Hat man die Sprache als System (*langue*) von der konkret gesprochenen Rede (*parole*) isoliert, so lässt sich die *langue* sowohl in synchroner als auch in diachroner Perspektive untersuchen. *Synchronie* bezeichnet dabei den Zustand eines sprachlichen Systems zu einem bestimmten Zeitpunkt (z. B. das Deutsche im Jahr 1910). *Diachronie* bezeichnet die Beziehung zwischen aufeinanderfolgenden synchronen Systemen (z. B. die Veränderungen des Deutschen zwischen 1910 und 2010). Während die synchrone Sprachwissenschaft die *Verhältnisse* zwischen den sprachlichen Elementen zu einem bestimmten Zeitpunkt beschreibt, untersucht die diachrone Sprachwissenschaft den Wandel des Systems im Verlauf der Zeit, also zeitliche *Vorgänge* (vgl. Saussure 1916, 108). Dabei geht die Synchronie der Diachronie logisch voraus. Denn damit eine diachrone Veränderung beschrieben werden kann, müssen die synchronen Zustände einer Sprache zu unterschiedlichen Zeitpunkten bereits bekannt sein. Damit ergibt sich folgende Systematik für die Sprachwissenschaft: Die menschliche Rede (*langage*) lässt sich in *langue* (die Sprache als System und soziale Institution) und *parole* (die konkrete individuelle Rede) unterteilen, wobei nur die *langue* Gegenstand der Sprachwissenschaft werden kann. Die *langue* lässt sich in synchroner und diachroner Perspektive untersuchen, wobei die synchrone Untersuchung der Sprache der diachronen Untersuchung logisch vorausgehen muss.

$$
langage \begin{cases} langue \begin{cases} \text{Synchronie} \\ \text{Diachronie} \end{cases} \\ parole \end{cases}
$$

10.2.3 Signifikat und Signifikant

Wenn aber nun das sprachliche Zeichen allein durch seine internen Beziehungen zu anderen Zeichen bestimmt ist und weder durch seine außersprachliche Referenz noch durch seine materielle Gestalt, dann ergeben sich daraus weitgehende Konsequenzen für den Begriff des Zeichens. Gleich zu Beginn seiner Untersuchung zur »Natur des sprachlichen Zeichens« weist Saussure jede namenstheoretische Betrachtungsweise entschieden zurück. Die Sprache ist gerade keine »Nomenklatur, d. h. eine Liste von Ausdrücken, die ebensovielen Sachen entsprechen« (Saussure 1916, 76), vergleichbar einer Liste von Namensschildern, die den Dingen oder Ideen angeheftet würden. Vielmehr ist es erforderlich, das Zeichen als eine Einheit zu begreifen, die zwei Seiten umfasst. Als eine solche Einheit vereinigt das »sprachliche Zeichen […] in sich nicht einen Namen und eine Sache, sondern eine Vorstellung [*concept*] und ein Lautbild [*image acoustique*]« (Saussure 1916, 77), die in unserem Geist durch das Band der Assoziation verknüpft sind. Allein diese »Verbindung der Vorstellung mit dem Lautbild [ist] das *Zeichen*« (Saussure 1916, 78). Entscheidend dabei ist, dass sowohl die Verbindung selbst als auch beide Seiten – *Lautbild* und *Vorstellung* – gleichermaßen psychisch sind, weshalb Saussure auch explizit nicht vom *Laut*, sondern vom *Lautbild* spricht. Als eine solche psychische Verbindung ist das sprachliche Zeichen allerdings durchaus real; es ist »etwas im Geist tatsächlich Vorhandenes, das zwei Seiten hat« (Saussure 1916, 78).

 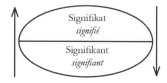

Um der Einheit von Vorstellung und Lautbild im Zeichen auch terminologisch Rechnung zu tragen, schlägt Saussure vor, die Ausdrücke *Vorstellung* und *Lautbild* durch die Termini *Bezeichnetes* (*signifié*) und *Bezeichnendes* (*signifiant*) bzw. *Signifikat* und *Signifikant* zu ersetzen (vgl. Saussure 1916, 79). Während die Begriffe *Vorstellung* und *Lautbild* die Eigenschaften des sprachlichen Zeichens als einer psychischen Einheit bezeichnen, verweisen die Termini *Signifikat* und *Signifikant* auf die wechselseitige Bezogenheit der beiden Seiten des Zeichens in ihrer Bezeichnungsfunktion. Dagegen bleibt in Saussures Zeichenmodell die Beziehung des Zeichens zu einem möglichen Referenzobjekt ausgeklammert, insofern die referentielle Beziehung des Zeichens keine zeicheninterne ist, sondern eine Beziehung, die von den Sprecher*innen in jeder Situation neu hergestellt wird, und folglich nicht zur *langue*, sondern zur *parole* als konkret realisierter Rede gehört.

10.3 Das Prinzip der Differentialität

10.3.1 Die Arbitrarität des Zeichens

Als ersten Grundsatz seiner Sprachwissenschaft formuliert Saussure die *Arbitrarität* des Zeichens.[103] Darunter versteht Saussure die Einsicht, dass das Band, welches Signifikat und Signifikant verknüpft, beliebig ist (vgl. Saussure 1916, 79). Damit ist nicht gemeint, dass die Verbindung zwischen Signifikat und Signifikant im Ermessen der einzelnen Sprecher*innen liegen würde oder gar willkürlich gewählt werde könnte, sondern dass die Verbindung zwischen Signifikant und Signifikat *unmotiviert*, d. h. durch keinerlei natürlichen Zusammenhang bedingt ist (vgl. Saussure 1916, 80). Der Terminus »unmotiviert« soll hier unterstreichen, dass es keinerlei Grund gibt, warum ein bestimmtes Lautbild besser geeignet sein sollte als ein anderes, um eine bestimmte Vorstellung zu bezeichnen. Das gilt nach Saussure selbst noch für die Onomatopoetika, deren zwischensprachlicher Vergleich deutlich macht, dass sie trotz aller vermeintlichen Ähnlichkeit zwischen Signifikat und Signifikant immer schon durch das sprachliche System überformt sind (vgl. z. B. dt. »kikeriki«, frz. »coquerico«, engl. »cock-a-doodle-doo«).

Doch auch wenn die Verbindung von Signifikant und Signifikat als solche betrachtet arbiträr ist, so gilt dies doch nicht, sobald man das Zeichen als Teil des Sprachsystems betrachtet. Sprache als eine soziale Institution ist zwar konventionell, aber als ein in einer »sozialen Gemeinschaft geltendes Gesetz« ist sie durchaus etwas Feststehendes, »dem man wirklich unterworfen ist, und nicht nur eine freiwillig übernommene Regel«, sowie »das Erbe einer vorausgehenden Epoche« (Saussure 1916, 83). In diesem Sinne spricht Saussure auch von der *Veränderlichkeit* und *Unveränderlichkeit* des Zeichens, insofern die Zeichen

---

[103] Einen Überblick zur Debatte über Saussures Arbitraritätsbegriff bietet Scheerer 1980, 107–119.

und die Sprache sich im Laufe der Zeit verändern, ohne dass die Einzelnen sie voluntaristisch umgestalten könnten. Dabei betrifft jede Veränderung immer die Sprache als System. Jede Veränderung, die ein einzelnes Zeichen oder eine grammatische Funktion erfährt, wirkt sich auf die gesamte Sprache aus, jede Veränderung an einem bestimmten Element hat Konsequenzen für alle anderen Elemente des Systems und verändert damit ihren sprachlichen Wert (vgl. Kap. 10.3.3).

10.3.2 Der signifikative Prozess

Wenn aber die Verbindung zwischen Signifikat und Signifikant arbiträr ist, d. h. weder natürlich gegeben noch Resultat einer Übereinkunft ist – wie kommt dann diese Verbindung überhaupt zustande? Saussures Antwort auf diese Frage ist gleichermaßen radikal wie originell: Weder gibt es von vornherein gegebene Vorstellungen noch artikulierte Laute, die in einem intentionalen Akt miteinander verbunden würden. Vielmehr vollzieht sich der signifikative Prozess zwischen zwei gestaltlosen Massen: dem Denken und den Lauten, die beide in sich gleichermaßen chaotisch, unbestimmt und unbegrenzt sind.

> Das Denken, für sich allein genommen, ist wie eine Nebelwolke, in der nichts notwendigerweise begrenzt ist. Es gibt keine von vornherein feststehenden Vorstellungen, und nichts ist bestimmt, ehe die Sprache in Erscheinung tritt. […] Die lautliche Masse ist ebensowenig etwas fest Abgegrenztes und klar Bestimmtes; sie ist keine Hohlform, in die sich das Denken einschmiegt, sondern ein plastischer Stoff, der seinerseits in gesonderte Teile zerlegt wird, um Bezeichnungen zu liefern, welche das Denken nötig hat. […] Die Sprache hat also dem Denken gegenüber nicht die Rolle, vermittelst der Laute ein materielles Mittel zum Ausdruck der Gedanken zu schaffen, sondern als Verbindungsglied zwischen dem Denken und dem Laut zu dienen, dergestalt, daß deren Verbindung notwendigerweise zu einander entsprechenden Abgrenzungen von Einheiten führt. (Saussure 1916, 133f.)

Diese Passage ist entscheidend, denn sie markiert prägnant Saussures originären Einsatzpunkt. Sprache darf nicht einfach als ein Mittel zum Ausdruck der Gedanken verstanden werden, sondern vielmehr als der Prozess der Gliederung und Artikulation, durch den die je für sich chaotischen Bereiche des Denken und der Laute strukturiert und gegliedert werden. Saussure vergleicht diesen Prozess der Artikulation mit dem Zerschneiden eines Blattes Papier:

Die Sprache ist ferner vergleichbar mit einem Blatt Papier: das Denken ist die Vorderseite und der Laut die Rückseite; man kann die Vorderseite nicht zerschneiden, ohne zugleich die Rückseite zu zerschneiden; ebenso könnte man in der Sprache weder den Laut vom Gedanken noch den Gedanken vom Laut trennen […]. Die Sprachwissenschaft arbeitet also auf einem Grenzgebiet, wo Elemente von zweierlei Natur sich verbinden; *diese Verbindung schafft eine Form, keine Substanz.* (Saussure 1916, 134)

Damit vertritt Saussure eine prononciert anti-substantialistische und anti-essentialistische Sprachauffassung, die radikal mit den gängigen Annahmen der klassischen Sprachphilosophie bricht. Sprachliche Ausdrücke sind weder durch ihre psychisch-gedankliche noch durch ihre physisch-lautliche *Substanz* bestimmt, sondern allein durch ihre *Form*. Saussure versteht folglich Sinnproduktion nicht länger als Korrelation von Vorstellung und Laut, sondern vielmehr als einen Prozess der Gliederung und Artikulation – und dieser Prozess schafft eine Form oder Struktur und keine Substanz oder Essenz.[104]

10.3.3 Der sprachliche Wert

Damit relativiert und reformuliert Saussure zugleich den für die Sprachphilosophie zentralen Begriff der *Bedeutung*. Dem klassischen Begriff der Bedeutung (*signification*) – im Sinne einer zeichengebundenen und systeminvarianten Bedeutung eines sprachlichen Zeichens – stellt Saussure den Begriff des *sprachlichen Werts* (*valeur*) gegenüber. Ausgangspunkt seiner Überlegungen ist der Grundgedanke, dass sprachliche Ausdrücke und Zeichen nicht isoliert voneinander, sondern nur als Teile des sprachlichen Systems betrachtet werden können. Denn als Teil eines Systems hat das sprachliche Zeichen nicht nur eine Bedeutung, »sondern zugleich und hauptsächlich einen Wert, und das ist etwas ganz anderes« (Saussure 1916, 138). Entscheidend für den Wert eines sprachlichen Zeichens ist nicht allein die Verbindung von Signifikant und Signifikat, sondern vielmehr seine Stellung innerhalb des sprachlichen Systems, die sich aus seinen Beziehungen zu allen anderen Zeichen des Systems ergibt.[105] Dabei lässt sich der sprachliche Wert eines Zeichens

---

[104] Vgl. auch Barthes (1964, 48), der eine pointierte Darstellung von Saussures Ansatz liefert.

[105] Auch hier wiederum bedient sich Saussure (1916, 105) der Analogie zwischen Sprache und Schach: Ebenso wie der Wert der einzelnen Figuren nicht nur von den Spielregeln, sondern auch von ihrer jeweiligen Stellung auf dem

nach Saussure einerseits aus der Perspektive des Signifikats (1) und andererseits aus der Perspektive des Signifikanten (2) untersuchen.

(1) Betrachtet man den Wert aus der Perspektive des Signifikats, so ergibt sich der Wert eines Zeichens durch seine Abgrenzung von Zeichen mit ähnlicher Bedeutung. So haben beispielsweise das deutsche Wort »Sprache« und das französische Wort »langage« zwar dieselbe Bedeutung; sie besitzen jedoch nicht den gleichen Wert, d. h., der eine Ausdruck ist nicht einfach die Übersetzung des anderen, da die französische Sprache neben dem Ausdruck »langage« auch noch über den Ausdruck »langue« verfügt. Folglich haben wir es niemals einfach nur mit einzelnen sprachlichen Ausdrücken und Werten zu tun, sondern immer mit komplexen Wortfeldern, in denen jedes Zeichen durch die Zeichen, mit denen es in Ähnlichkeits- und Angrenzungsbeziehungen zueinander steht, bestimmt wird. Das gilt auch für grammatische Phänomene. So deckt sich z. B. der sprachliche Wert des Plurals im Deutschen nicht mit dem Wert des Plurals im Sanskrit, da das Sanskrit neben dem Plural auch noch den Dualis kennt und damit über eine Differenzierungsmöglichkeit verfügt, die im Deutschen nicht gegeben ist. Saussure schließt daraus:

> In allen diesen Fällen stoßen wir also statt auf von vornherein gegebene Vorstellungen auf Werte, die sich aus dem System ergeben. Wenn man sagt, daß sie Begriffen entsprechen, so deutet man damit zugleich an, daß diese selbst lediglich durch Unterscheidungen bestehen, die nicht positiv durch ihren Inhalt, sondern negativ durch ihr Beziehungen zu den andern Gliedern des Systems definiert sind. Ihr bestimmtes Kennzeichen ist, daß sie etwas sind, was die andern nicht sind. (Saussure 1916, 139f.)

(2) Betrachtet man nun den sprachlichen Wert von der lautlichen Seite aus, so zeigt sich auch hier wiederum, dass das, worauf es bei einem Wort ankommt, »nicht der Laut selbst [ist], sondern die lautlichen Verschiedenheiten, welche dieses Wort von allen andern zu unterscheiden gestatten, denn diese Verschiedenheiten sind die Träger der Bedeutung« (Saussure 1916, 140f.).[106] Dieses Prinzip gilt nach Saussure nicht nur für

---

Schachbrett abhängt, hat in der Sprache jedes Element seinen Wert durch sein Stellungsverhältnis zu allen anderen Elementen. Jede einzelne Veränderung wirkt sich daher immer auf das ganze System aus.

[106] In der modernen Linguistik spricht man in diesem Zusammenhang auch von den Phonemen als den kleinsten distinktiven, d. h. *bedeutungsunterscheidenden* Einheiten einer Sprache, aus denen sich durch Kombination die kleinsten signifikativen, d. h. *bedeutungstragenden* Einheiten, die *Morpheme*, bilden lassen. In

die Laute, sondern auch für die Schrift. So ist es z. B. für die Lesbarkeit einer Handschrift weniger entscheidend, wie die einzelnen Buchstaben geschrieben werden, sondern vielmehr, ob sie sich klar voneinander unterscheiden lassen. Dies führt Saussure schließlich zur Formulierung seiner zentralen These, die zugleich die Kernthese des Strukturalismus bildet:

> Alles Vorausgehende läuft darauf hinaus, *daß es in der Sprache nur Verschiedenheiten gibt*. Mehr noch: eine Verschiedenheit setzt im allgemeinen positive Einzelglieder voraus, zwischen denen sie besteht; in der Sprache aber gibt es nur Verschiedenheiten *ohne positive Einzelglieder*. Ob man Bezeichnetes oder Bezeichnendes nimmt, die Sprache enthält weder Vorstellungen noch Laute, die gegenüber dem sprachlichen System präexistent wären, sondern nur begriffliche und lautliche Verschiedenheiten, die sich aus dem System ergeben. Was ein Zeichen an Vorstellung oder Lautmaterial enthält, ist weniger wichtig als das, was in Gestalt der anderen Zeichen um dieses herum gelagert ist. (Saussure 1916, 143f.)

Damit können wir die bisherigen Ergebnisse folgendermaßen zusammenfassen: Sprache ist ein System von Differenzen, in dem die sprachlichen Elemente nicht positiv durch ihren Inhalt, sondern allein negativ durch ihre Differenzen bestimmt sind. Mit dieser These bricht Saussure nicht nur radikal mit substantialistischen und essentialistischen Denkansätzen, sondern auch mit der gängigen Vorstellung von Identität und Differenz. Denn während traditionellerweise Differenz als eine Beziehung aufgefasst wird, die zwischen zwei positiv gegebenen Elementen besteht, denkt Saussure Differenz ohne positive Einzelglieder. Vielmehr ist es die Differenz bzw. der Prozess der Differenzierung, der Einheit und Identität überhaupt erst hervorbringt und konstituiert. Als ein Produkt des sprachlichen Differenzierungsprozesses ist das Zeichen als Ganzes betrachtet daher durchaus etwas Positives, das Gegenstand der sprachwissenschaftlichen Untersuchung werden kann: »Obgleich Be-

---

den Blick kommt damit auch die doppelte Strukturiertheit der menschlichen Sprache: Aus einer begrenzten Anzahl bedeutungsunterscheidender Einheiten, den Phonemen, kann eine prinzipiell unendliche Anzahl bedeutungstragender Einheiten, die Morpheme, gebildet werden. Ermitteln lässt sich der Phonembestand einer Sprache durch Minimalpaaranalyse, indem man ähnlich lautende Wörter, die sich nur in einem Laut unterscheiden, gegenüberstellt, wie z. B. in der Reihe »Bein«, »Pein«, »dein«, »kein«, »fein«, »Wein« etc.

zeichnetes und Bezeichnung, jedes für sich genommen, lediglich differentiell und negativ sind, ist ihre Verbindung ein positives Faktum.« (Saussure 1916, 144)

Damit erweisen sich *Arbitrarität* und *Differentialität* als die beiden wesentlichen und korrelativen Eigenschaften des Zeichens. Denn da kein Laut an sich besser geeignet ist als ein anderer (*Prinzip der Arbitrarität*), »so leuchtet ein, [...] daß niemals ein Bruchstück der Sprache letzten Endes auf etwas anderes begründet sein kann als auf sein Nichtzusammenfallen mit allem übrigen« (*Prinzip der Differenz*) (Saussure 1916, 141). Damit radikalisiert Saussure zugleich die klassische Vorstellung der Arbitrarität des Zeichens. Das sprachliche Zeichen ist nicht nur insofern arbiträr, als die Verbindung zwischen Signifikant und Signifikat beliebig oder unmotiviert ist; es ist auch insofern arbiträr, als die beiden Seiten des Zeichens – Signifikant und Signifikat – allein durch das bestimmt sind, was sie nicht sind.

10.3.4 Syntagmatische und paradigmatische Beziehungen

Ausgehend von der Analyse des sprachlichen Wertes zeigt sich, dass jedes Zeichen durch zwei Arten von Beziehungen im System bestimmt ist: *syntagmatische* und *paradigmatische*. Bei den syntagmatischen Beziehungen handelt es sich um lineare Anreihungsbeziehungen, die das sprachliche Zeichen mit anderen Zeichen horizontal verketten. Im Gegensatz dazu handelt es sich bei den paradigmatischen oder assoziativen Beziehungen um Relationen, die jedes Zeichen virtuell mit den anderen Zeichen des sprachlichen Systems unterhält.

> Die syntagmatische oder Anreihungsbeziehung besteht *in praesentia*: sie beruht auf zwei oder mehreren in einer bestehenden Reihe neben einander vorhandenen Gliedern. Im Gegensatz dazu verbindet die assoziative [paradigmatische] Beziehung Glieder *in absentia* in einer möglichen Gedächtnisreihe. (Saussure 1916, 148)

So steht in dem Beispielsatz »Der Lehrer erteilt den Kindern eine Belehrung« der Ausdruck »Belehrung« einerseits in einer syntagmatischen Anreihungsbeziehung mit den anderen Gliedern des Satzes sowie andererseits in paradigmatischen Beziehungen mit anderen sprachlichen Einheiten, wobei diese Beziehungen vielfältige Aspekte betreffen, wie den Wortstamm, die Bedeutung, das Lautbild, das Suffix etc.

Besonders hervorzuheben ist, dass die syntagmatischen Beziehungen durch das Moment der *Präsenz* und die paradigmatischen Beziehungen durch das der *Abwesenheit* bestimmt sind. Damit verbindet Saussure das zentrale Prinzip der Differentialität mit dem der Abwesenheit, insofern der Wert eines Zeichens nicht durch das bestimmt ist, was in ihm präsent ist, sondern allein durch seine Differenzen zu anderen Zeichen, die selbst abwesend sind.[107] In diesem Sinn trägt jedes Zeichen die Spur aller anderen Zeichen in sich – ein Gedanke, der von Jacques Derrida in seinen Überlegungen zur »Spur« und zur »Schrift« wieder aufgenommen und konsequent ausformuliert wird (vgl. Kap. 11).

10.4 Zusammenfassung und Ausblick

Saussures Sprachkonzeption, die er in seinen posthum veröffentlichten Vorlesungen entwickelt, lässt sich schematisch durch fünf Merkmale charakterisieren. Sie ist 1. *anti-essentialistisch*, 2. *nicht-intentional*, 3. *nicht-referentiell*, 4. *nicht-kontraktualistisch* sowie 5. *holistisch*. Das markanteste Moment ist zweifellos ihre *anti-essentialistische* und *anti-substantialistische* Ausrichtung: Sprache ist eine Form, keine Substanz. Es gibt in der Sprache nur Differenzen ohne von vornherein gegebene positive Einzelglieder, auch wenn das sprachliche Zeichen selbst eine positive Einheit darstellt, die als solche Gegenstand der Sprachwissenschaft werden kann. Damit einher geht der *nicht-intentionalistische* Charakter von Saussures Sprachkonzeption: Die Annahme präexistenter Vorstellungen, die durch sprachliche Laute ausgedrückt werden, wird ebenso zurückgewiesen wie die Annahme, dass die Bedeutung sprachlicher Ausdrücke durch den bedeutungsverleihenden Akt eines intentionalen Bewusstseins gestiftet würde. Das sprachliche Zeichen selbst wird von Saussure *nicht-referentiell* und *nicht-repräsentational* gefasst:[108] Das Zeichen wird weder durch seine referentiellen Bezüge noch durch seine repräsentative Funktion bestimmt, sondern allein durch seine paradigmatischen und syntagmatischen Beziehungen, die es mit anderen Zeichen des Systems unterhält. Referenz besitzt das Zeichen erst in der konkret individuellen Rede. Die Sprache als System und soziale Institution versteht Saussure wesentlich *nicht-kontraktualistisch*. Zwar spricht Saussure selbst von der

---

[107] Vgl. zu diesem Aspekt Geisenhanslüke 2007, 72.
[108] Vgl. Krämer 2001, 20f.

Sprache als einer Art Vertrag (vgl. Saussure 1916, 17), gemeint ist damit aber nicht, dass Sprache durch eine freiwillige Übereinkunft zustande kommen würde, sondern dass sie eine historisch tradierte soziale Institution und Norm darstellt, die uns vorausgeht und der wir notwendig unterworfen sind (vgl. Saussure 1916, 83). Schließlich lässt sich Saussures Sprachauffassung als *holistisch* bezeichnen. Die sprachlichen Elemente existieren nicht für sich allein und isoliert voneinander, sondern sind durch die Sprache als System und durch die das System konstituierenden Strukturbeziehungen bestimmt. Man kann nicht »mit den Gliedern beginne[n] und durch ihre Summierung das System konstruieren«, vielmehr muss »man im Gegenteil von dem in sich zusammenhängenden Ganzen ausgehen [...], um durch Analyse die Bestandteile zu gewinnen, die es einschließt« (Saussure 1916, 135).

10.4.1 Der Strukturalismus als Methode der Sozial- und Geisteswissenschaften

Vermittelt über die einflussreichen Arbeiten des russischen Sprachwissenschaftlers Roman Jakobson (1896–1982), der auch den Begriff »Strukturalismus« prägt,[109] entwickelt sich der Strukturalismus ab den 1950er Jahren zu einer der zentralen Methoden der Geistes- und Sozialwissenschaften. Während die strukturalistische Methode in ihren Anfängen vor allem auf die Analyse von poetischen Texten und Märchen angewendet wird, wird sie in der Folge vom Anthropologen Claude Lévi-Strauss (1908–2009) auf die Analyse der Verwandtschaftsverhältnisse und auf die Mythenanalyse übertragen. Der Literaturtheoretiker Roland Barthes (1915–1980) verwendet strukturalistische Verfahren zur Analyse kultureller Alltagspraktiken wie Mode und Werbung; Jacques Lacan verbindet strukturalistische Grundprinzipien mit der Freud'schen Psychoanalyse und Louis Althusser (1915–1990) greift in seiner Analyse der Ideologie und der Produktionsverhältnisse auf strukturalistische Einsichten zurück.

Eine solche Ausweitung und Übertragung der strukturalistischen Methode auf andere Forschungsfelder wird durch die strukturalistische Grundthese ermöglicht, dass die Elemente eines Systems nicht durch ihre Substanz oder materielle Gestalt, sondern allein durch ihre Form bestimmt sind. Wenn Sprache als ein System verstanden werden kann,

---

[109] Vgl. Jakobson 1929.

in dem jedes Element seinen Wert und seine spezifische Funktion allein durch die differentiellen Beziehungen zu anderen Elementen erhält, dann muss sich diese Einsicht auch auf andere symbolische Systeme übertragen lassen, wie z. B. Märchen, Mythen, soziale Rituale, Höflichkeitsformen, Verwandtschaftsverhältnisse, Werbung, Mode, Verkehrszeichen oder militärische Signale. Ziel strukturalistischer Ansätze ist es folglich, die unterschiedlichen menschlichen Ausdrucks- und Äußerungsformen, Texte, Artefakte, Institutionen und Verhaltensweisen nicht als isolierte Einzelerscheinungen zu betrachten, sondern vor dem Hintergrund eines systematischen Zusammenhangs zu untersuchen, der ihren jeweiligen Wert und ihre spezifische Funktion innerhalb einer gesellschaftlichen Konstellation bestimmt.[110]

Von anderen sozialen Institutionen unterscheidet sich die Sprache dabei durch den Umstand, dass das sprachliche Zeichen »in einem gewissen Maß vom Willen des Einzelnen oder der Gemeinschaft unabhängig [ist]« (Saussure 1916, 20). Als ein so verstandenes autonomes, rein differentielles und nicht inhaltlich durch seinen Gegenstand bestimmtes Zeichensystem wird die Sprache zum Leitmodell einer Wissenschaft, welche Saussure »Semeologie« bzw. »Semiotik« nennt und »welche das Leben der Zeichen im Rahmen des sozialen Lebens untersucht« (Saussure 1916, 19). Die strukturale Sprachwissenschaft wird damit zum zentralen Paradigma für die Geistes- und Sozialwissenschaften und die menschliche Sprache zum primären semiotischen System. Zugleich avanciert die strukturale Analyse zu einer Art universaler Methode, die sich scheinbar problemlos auf unterschiedliche Phänomenbereiche anwenden lässt, da es ihr nicht um die spezifische Beschaffenheit und Materialität der einzelnen Elemente geht, sondern allein um ihre differentiellen Beziehungen.

10.4.2 Zur Kritik des Strukturalismus

Die dem Strukturalismus innewohnende Tendenz, sich zu einer universalen Methode zu entwickeln, ist bereits früh – und nicht zuletzt von strukturalistischen Theoretiker*innen selbst – kritisiert worden. Diese Kritik aus der Binnenperspektive hat zu einer Weiterentwicklung und Radikalisierung des Strukturalismus unter dem Titel »Poststrukturalismus« geführt. Hauptkritikpunkte bilden dabei vor allem die impliziten

---

[110] Vgl. Bierwisch 1966, 78.

Ausschlüsse und Hierarchisierungen, die mit den strukturalistischen Basisunterscheidungen einhergehen und die durch die strukturalistische Methode noch verschärft werden. Ein zentraler Kritikpunkt ist die Privilegierung der *langue* vor der *parole* und der Synchronie vor der Diachronie, die laut dem französischen Soziologen Pierre Bourdieu aus »jenem Gewaltstreich« hervorgeht, »mit dem Saussure einleitend die ›äußere‹ von der ›inneren‹ Sprachwissenschaft trennt« (Bourdieu 1982, 38). Dies ermöglicht Saussure zwar, Sprache als ein abstraktes System zu beschreiben, jedoch nur unter Ausblendung des tatsächlichen Sprachgebrauchs, der Historizität und der Materialität der Sprache. Die Verwobenheit sprachlicher Äußerungen mit konkreten Tätigkeiten und Praktiken sowie ihr spezifischer Handlungscharakter lassen sich innerhalb des strukturalistischen Paradigmas nicht beschreiben. Ebenso lässt sich zeigen, dass der Strukturalismus – trotz seiner Kritik des Bedeutungsbegriffs – letztlich einem metaphysischen Zeichenbegriff verhaftet bleibt, der auf der Opposition von Sinnlichem und Intelligiblem und auf der Privilegierung des Signifikats vor dem Signifikanten basiert.[111] Zugleich führt die Konzentration auf binäre Oppositionen und die Vernachlässigung der in diesen Oppositionen immanenten Hierarchisierungen dazu, dass Fragen nach den in den Strukturen wirksamen Machtmechanismen sowie nach dem Status der sprechenden Subjekte zugunsten der Untersuchung eines vermeintlich neutralen Sprachsystems ausgeblendet und ignoriert werden. Die Forderung, dass die *langue* ein klar umgrenztes Objekt sein müsse, aus dem alles Äußerliche auszuschließen sei und das wissenschaftlich untersucht werden könne, hat nicht nur zur Konsequenz, dass Sprache als eine geschlossene und zentrierte Struktur gedacht wird. Sie erzeugt auch die Illusion einer von vornherein gegebenen gemeinsamen Sprache, während sie die soziohistorischen Bedingungen und häufig gewaltsamen Prozesse ignoriert, unter denen sich

---

[111] Vgl. Derrida 1967, 426. Deutlich wird dies beispielsweise bei dem Versuch, die Phoneme einer Sprache, d. h. die kleinsten bedeutungsunterscheidenden Einheiten, über die Bildung von Minimalpaaren zu isolieren. So lässt sich eine phonetische Differenz, wie z. B. die zwischen »Bein« und »Pein«, nur ermitteln, wenn man bereits weiß, dass die beiden Laute unterschiedliche Dinge in der Welt bedeuten. Man muss also eine signifikative Differenz bereits kennen, um von ihr auf eine lautliche Differenz zu schließen.

eine bestimmte Sprache überhaupt erst als legitime Norm durchgesetzt hat.[112]

So tendiert der Strukturalismus dazu, die Strukturen und die Gegensatzbeziehungen, die er in seinen Analysen symbolisch-kultureller Systeme herausarbeitet, als universal zu verstehen und ihren kulturellen und soziohistorischen Charakter zu ignorieren. Wenn beispielsweise Lévi-Strauss die Verwandtschaftsstrukturen von indigenen Volksgruppen im Amazonasgebiet analysiert, so geht damit auch der Anspruch einher, allgemeine Aussagen über die Struktur menschlicher Verwandtschaftsverhältnisse zu machen. Mit dem Versuch, universale ahistorische Strukturen aufzudecken, unterminiert der Strukturalismus jedoch gerade seinen anti-essentialistischen Anspruch, mit dem er ursprünglich angetreten war und führt implizit eine neue Art von »Essentialismus« wieder ein, der sich zwar nicht mehr auf vorgegebene Wesenheiten, dafür aber auf universale, scheinbar naturgegebene und unveränderbare Strukturen bezieht.[113]

10.5 Literatur

Lektüreempfehlung

Saussure, Ferdinand de (1916): *Grundfragen der allgemeinen Sprachwissenschaft*. Hg. von Charles Bally und Albert Sechehaye unter Mitwirkung von Albert Riedlinger. Übers. von Herman Lommel. 3. Aufl. Mit einem Nachwort von Peter Ernst. Berlin: de Gruyter 2001, 9–20, 76–93, 132–146.

Weitere Literatur

Barthes, Roland (1964): *Elemente der Semiologie*. Aus dem Franz. von Eva Moldenhauer. Frankfurt a. M.: Syndikat 1979.
Bierwisch, Manfred (1966): »Strukturalismus. Geschichte, Probleme und Methoden«, in: Enzensberger, Magnus (Hg.): *Kursbuch 5*. Frankfurt a. M.: Suhrkamp, 77–152.

---

[112] Vgl. zu dieser Kritik Thompson 1991, 6, sowie Bourdieu 1982, 48ff.
[113] Eine gute Beschreibung der »Re-Essentialisierung« des Strukturalismus liefern Laclau/Mouffe 1985, 150.

Bourdieu, Pierre (1982): *Was heißt sprechen? Die Ökonomie des sprachlichen Tauschs.* Mit einer Einführung von John B. Thompson. Übersetzt von Hella Beister. 2., erw. Aufl. Wien: Braumüller 2005.
Culler, Jonathan (1986): *Ferdinand de Saussure.* Revised Edition. Ithaca, NY: Cornell Univ. Press.
Derrida, Jacques (1967): *Die Schrift und die Differenz.* Übers. von Rodolphe Gasché. Frankfurt a. M.: Suhrkamp 1976.
Foucault, Michel (1966): *Die Ordnung der Dinge. Eine Archäologie der Humanwissenschaften.* Übers. von Ulrich Köppen. Frankfurt a. M.: Suhrkamp 1974.
Geisenhanslüke, Achim (2007): *Einführung in die Literaturtheorie. Von der Hermeneutik zur Medienwissenschaft.* 4. Aufl. Darmstadt: WBG.
Gondek, Hans-Dieter (1999): »Strukturalismus«, in: Sandkühler, Hans Jörg (Hg.): *Enzyklopädie Philosophie.* Hamburg: Meiner, 1542–1548.
Jäger, Ludwig (1975): *Zu einer historischen Rekonstruktion der authentischen Sprach-Idee F. de Saussures.* Düsseldorf: Dissertation.
Jäger, Ludwig (2010): *Ferdinand de Saussure. Zur Einführung.* Hamburg: Junius.
Jakobson, Roman (1929): »Die Linguistik und ihr Verhältnis zu anderen Wissenschaften«, in: Jakobson, Roman: *Aufsätze zur Linguistik und Poetik.* Hg. u. eingel. von Wolfgang Raible. Übers. von Regine Kuhn. München: Nymphenburger 1974, 150–212.
Krämer, Sybille (2001): *Sprache, Sprechakt, Kommunikation. Sprachtheoretische Positionen der Gegenwart.* Frankfurt a. M.: Suhrkamp.
Laclau, Ernesto/Mouffe, Chantal (1985): *Hegemonie und radikale Demokratie. Zur Dekonstruktion des Marxismus.* Hg. und übers. von Michael Hintz und Gerd Vorwallner. 2. Aufl. Wien: Passagen 2000.
Linke, Angelika/Nussbaumer, Markus/Portmann, Paul R. (1994): *Studienbuch Linguistik.* 2. Aufl. Tübingen: Niemeyer.
Saussure, Ferdinand de (1997): *Linguistik und Semiologie: Notizen aus dem Nachlaß; Texte, Briefe und Dokumente.* Gesammelt, übersetzt und eingeleitet von Johannes Fehr. Frankfurt a. M.: Suhrkamp.
Saussure, Ferdinand de (2003): *Wissenschaft der Sprache. Neue Texte aus dem Nachlaß.* Hg. und mit einer Einl. versehen von Ludwig Jäger. Übers. und textkritisch bearb. von Elisabeth Birk. Frankfurt a. M.: Suhrkamp.
Scheerer, Thomas M. (1980): *Ferdinand de Saussure.* Darmstadt: WBG.
Schlegel, Friedrich von (1808): *Ueber die Sprache und Weisheit der Indier. Ein Beitrag zur Begründung der Alterthumskunde; nebst metrischen Uebersetzungen indischer Gedichte.* Heidelberg: Mohr und Zimmer.
Stetter, Christian (1992): »Ferdinand de Saussure (1857–1913)«, in: Dascal, Marcelo u. a. (Hg.): *Sprachphilosophie. Ein internationales Handbuch zeitgenössischer Forschung.* Berlin/New York: de Gruyter, 510–523.
Thompson, John B. (1991): »Einführung«, in: Bourdieu, Pierre: *Was heißt sprechen? Die Ökonomie des sprachlichen Tauschs.* Mit einer Einf. von John Thompson. Übers. von Hella Beister. 2. Aufl. Wien: Braumüller 2005, 1–35.
Trabant, Jürgen (2006): *Europäisches Sprachdenken von Platon bis Wittgenstein.* 1. Aufl. München: Beck.

11 Dekonstruktion der Sprache: Jacques Derrida

11.1 Sprachphilosophische Grundlagen der Dekonstruktion

Die Arbeiten des französischen Philosophen Jacques Derrida (1930–2004) sind aus sprachphilosophischer Perspektive gleich in zweifacher Hinsicht von Interesse. Sowohl historisch als auch systematisch hat Derrida zu fast allen wichtigen Autor*innen und Fragen der Philosophie gearbeitet – von der Erkenntnistheorie, Semiotik und Sprachphilosophie über die Ethik und Politik bis hin zur Ästhetik. Zentral für Derridas Denken ist dabei zweifellos das Problem der Sprache, des Zeichens und der Schrift – und zwar nicht nur als Gegenstand philosophischer Reflexion, sondern auch als genuines Medium des Philosophierens. Was Derrida für die Sprachphilosophie darüber hinaus besonders instruktiv macht, ist der Umstand, dass er in seinen Überlegungen – neben Nietzsche, von dem er unter anderem den Gedanken einer unhintergehbaren Rhetorizität und Metaphorizität der Sprache übernimmt – an alle drei Hauptströmungen der Sprachphilosophie des 20. Jahrhunderts – analytische Philosophie, Hermeneutik und Phänomenologie sowie Strukturalismus – anknüpft, diese kritisch aufnimmt und produktiv weiterentwickelt.

Bei Saussure schließt Derrida an die zentrale These an, dass Sprache ein differentielles System ist, in dem jedes Element nicht positiv durch seinen Inhalt, sondern allein negativ durch seine Differenzen zu anderen Elementen bestimmt ist. Kritisch hebt Derrida dagegen hervor, dass Saussure letztlich einer metaphysischen Sprach- und Zeichenkonzeption verhaftet bleibt, die die sprachliche Struktur (*langue*) gegenüber der konkret gesprochenen Rede (*parole*), die *Synchronie* gegenüber der *Diachronie* und das *Signifikat* gegenüber dem *Signifikanten* privilegiert. Aus dem Blick gerät damit nicht nur der konkrete Handlungscharakter der Sprache und der Rede, sondern auch ihre spezifische Historizität, Materialität und Ereignishaftigkeit.

Von Austin übernimmt Derrida daher die zentrale Einsicht, dass Sprache nicht nur dazu dient, die Welt zu beschreiben und Tatsachen zu behaupten; vielmehr werden mit sprachlichen Äußerungen Handlungen vollzogen und Tatsachen geschaffen. Dabei wird nach Austin die illokutionäre Kraft einer Äußerung nicht allein durch die Intention der Sprecher*innen bestimmt, sondern wesentlich durch die konventionellen Regeln und den Kontext der Äußerungssituation. Wenn Austin jedoch all jene Äußerungen aus seiner Theorie ausschließt, in denen Sprache nicht ernsthaft gebraucht wird, dann führt er, so Derridas Kritik, indirekt den Gedanken wieder ein, dass die Bedeutung und die Kraft einer Äußerung letztlich von der Präsenz einer Intention im Bewusstsein der Sprechenden bestimmt ist.[114]

Heidegger schließlich versteht Sprache als ein Geflecht und ein Erbe, das uns vorausgeht und in das wir notwendig verstrickt sind. Eine sprachliche Äußerung verstehen wir folglich nicht, insofern wir ein bestimmtes Wissen *über* die Sprache haben, sondern insofern wir dem Anspruch der Sprache entsprechen. Damit beschreibt Heidegger Bedeutung nicht länger als etwas, das im intentionalen Bewusstsein oder in der Welt, z. B. im Sinne eines außersprachlichen Referenten, präsent wäre. Insofern er jedoch davon ausgeht, dass wir in der Rede beim Besprochenen selbst sind, scheint er, wie Derrida kritisch geltend macht, einen privilegierten Zugang zum Seienden im Sinne einer unmittelbaren Erfahrung wiedereinzuführen.

Allen drei Ansätzen ist gemeinsam, dass sie versuchen, sprachliche Bedeutung nicht mehr ausgehend von einer bestehenden Präsenz zu denken, z. B. im Sinne der Intention oder eines außersprachlichen Referenten. Dies gelingt ihnen jedoch nur zum Teil; denn unter der Hand stellt sich dieses Präsenzdenken auf die eine oder andere Weise immer wieder ein, wie Derrida in seinen Lektüren deutlich macht. Zugleich zeigt sich, dass weder Ansätze, die sprachliche Bedeutung an eine Präsenz zurückbinden, noch Positionen, die wie der Strukturalismus Bedeutung ausgehend von einem Differenzierungsprozess zu erklären versuchen, letztlich völlig zu überzeugen vermögen. Vielmehr muss eine angemessene Theorie sprachlicher Bedeutung – so die Überlegung – beiden Aspekten, der *langue* und der *parole*, der Struktur und dem Ereignis, der Synchronie und der Diachronie, gleichermaßen Rechnung tragen, ohne sie aufeinander zu reduzieren.[115] Dies leistet Derrida, wie im Folgenden herausgearbeitet werden soll, über die Dekonstruktion des klassischen Schriftbegriffs und den Begriff der Iterabilität.[116]

---

[114] Vgl. Culler 1982, 136.
[115] Vgl. Culler 1982, 107.
[116] Vgl. zu den folgenden Ausführungen auch Posselt 2005, 56ff.

Jacques Derrida wird 1930 in El Biar in der damaligen französischen Kolonie Algerien geboren. 1949 geht Derrida nach Paris, um sich auf die Aufnahmeprüfungen für die Universität vorzubereiten. Von 1952 bis 1954 studiert Derrida an der renommierten École Normale Supérieure, wo er neben Louis Althusser (1918–1990) und Michel Foucault (1926–1984), die dort als Lehrende tätig sind, auch Pierre Bourdieu (1930–2002) kennenlernt. Im Jahr 1967 wird Derrida mit der Veröffentlichung von gleich drei Büchern einem größeren Publikum bekannt: *Grammatologie* (dt. 1974), *Die Stimme und das Phänomen* (dt. 1979) sowie *Die Schrift und die Differenz* (dt. 1972). Fünf Jahre später, im Jahr 1972, wiederholt Derrida diesen Erfolg mit der Veröffentlichung von *Positionen* (dt. 1986), *Randgänge der Philosophie* (dt. 1988) und *Dissemination* (dt. 1995). Anfang der 1980er Jahre engagiert sich Derrida verstärkt universitäts- und gesellschaftspolitisch und wendet sich in seinen Arbeiten zunehmend ethischen und politischen Fragen zu. 1983 wird Derrida zum *directeur de recherche* zur Erforschung der »philosophischen Institutionen« an der in den 1970er Jahren gegründeten Reformuniversität *École des Hautes Études en Sciences Sociales* ernannt – eine Stelle, die er bis zu seinem Lebensende innehat. 2004 stirbt Derrida in Paris.[117] Während Derrida in Frankreich zunächst verhältnismäßig wenig Anerkennung erfährt, wird sein äußerst vielschichtiges und umfangreiches Werk spätestens seit den 1970er Jahren im europäischen und außereuropäischen Ausland – insbesondere in den USA – stark rezipiert.[118] Überlegungen zu sprachphilosophischen und zeichentheoretischen Fragen finden sich vor allem in seinen frühen Arbeiten aus den 1960er und 1970er Jahren; aber auch in seinen späteren Werken hat sich Derrida immer wieder mit sprachphilosophischen Themen intensiv auseinandergesetzt, wie etwa in *Die Einsprachigkeit des Anderen* (1996).

11.2 Dekonstruktion des klassischen Schriftbegriffs

Insbesondere Derridas frühe Arbeiten aus den 1960er und 1970er Jahren sind aus semiotischer und sprachphilosophischer Perspektive von besonderem Interesse. In Auseinandersetzung mit den wirkmächtigen Positionen des abendländischen Denkens – von Platon über Hegel und Rousseau bis hin zu Saussure, Husserl, Heidegger, Austin und Lévi-Strauss – entwickelt Derrida einen komplexen und differenzierten

---

[117] Vgl. Peeters 2010, 502f., der zugleich eine lesenswerte Biographie Derridas liefert.
[118] Eine umfassende Bibliographie der Werke Derridas bietet Zeillinger 2005.

Sprach- und Zeichenbegriff, der mit der Zurückweisung des *Phonozentrismus* und der radikalen Reformulierung des klassischen Schriftbegriffs einhergeht.

Unter *Phonozentrismus* versteht Derrida dabei die Tendenz der abendländischen Philosophie, die gesprochene Sprache gegenüber der Schrift zu privilegieren.[119] Derrida zeigt in zahlreichen Lektüren auf, dass seit Platon die Philosophie den sekundären, abgeleiteten Charakter der Schrift gegenüber der Präsenz des sich selbst gegenwärtigen Sprechens betont: Während die Schrift lediglich als eine Repräsentation der Repräsentation begriffen wird,[120] die von ihrem Äußerungsursprung und der ursprünglichen Intention des sprechenden Subjekts abgeschnitten ist, gelten der Sinn, die Intention und die Bedeutung des Gesagten als in der lebendigen Rede tatsächlich gegenwärtig. Dieser Fokus auf die Präsenz des Sinns in der gesprochenen Sprache, der nach Derrida für das Denken der abendländischen Philosophie charakteristisch ist, verbindet den Phonozentrismus unauflöslich mit dem *Logozentrismus*, d. h. mit der Annahme, dass jede Struktur ein transzendentales Zentrum haben müsse, das Sinn allererst ermöglicht und zugleich die Eindeutigkeit der Bedeutungen garantiert. Auch wenn dieses Zentrum – Derridas Diagnose zufolge – im Laufe der Geschichte unterschiedliche Namen erhalten hat (*eídos, arché, télos, ousía, alétheia*, Transzendentalität, Bewusstsein, Gott, Mensch etc.), so lässt es sich doch immer auf die Vorstellung einer absoluten, außersprachlichen Präsenz zurückführen, die dem Spiel der Differenzen und der unkontrollierbaren Vervielfältigung der Bedeutungen enthoben wäre (vgl. Derrida 1967, 424).

Einer von Derridas wichtigsten und einflussreichsten Texten in diesem Zusammenhang ist der Vortrag »Signatur Ereignis Kontext«, den Derrida 1971 auf einer Konferenz zum Thema *Kommunikation* in Montreal gehalten hat. Derrida skizziert in diesem Text die Dekonstruktion des metaphysischen Schriftbegriffs, die er ausführlich bereits in der *Grammatologie* (1967) entfaltet hat, und versucht zu zeigen, dass die Überlegungen zum Schriftcharakter der gesprochenen Rede auch für die performativen Äußerungen Austins Gültigkeit haben. Veröffentlicht wird der Text erstmals in dem Band *Randgänge der Philosophie* (1972). 1977 erscheint der Text in englischer Übersetzung in der Zeitschrift

---

[119] Vgl. Culler 1982, 102.
[120] Die Schriftzeichen sind Repräsentationen der Lautzeichen, die selbst wiederum Repräsentationen geistiger Vorstellungen sind.

Glyph gemeinsam mit einer kurzen polemischen Kritik des amerikanischen Sprachphilosophen und Sprechakttheoretikers John R. Searle. Nur wenige Monate später erscheint in der Folgeausgabe derselben Zeitschrift unter dem Titel »Limited Inc a b c ...« eine ausführliche Antwort Derridas auf Searles »Reply«, in der Derrida in einer akribischen Lektüre Satz für Satz auf Searles Kritik eingeht.[121]

11.2.1 Kommunikation, Kontext, Schrift

Gleich zu Beginn von »Signatur Ereignis Kontext« stellt Derrida drei sprachphilosophische Begriffe in Frage: 1. den Begriff der *Kommunikation*, verstanden als Übermittlung, Transport und Austausch von Sinn und Intentionen zwischen einer Sender*in und einer Empfänger*in; 2. den Begriff des *Kontextes*, verstanden als eine Begrenzung, die jede Mehrdeutigkeit zu reduzieren vermag; und 3. den Begriff der *Schrift*, verstanden als ein sekundäres, abgeleitetes Kommunikationsmittel gegenüber der unmittelbaren Präsenz der lebendigen Rede. Gegen den klassischen Kommunikationsbegriff führt Derrida ins Feld, dass es keineswegs sicher ist, dass dem Wort »Kommunikation« ein einzelner, eindeutiger, kommunizierbarer Begriff entspricht, wenn man in Rechnung stellt, dass der Begriff der Kommunikation keineswegs auf die Semiotik beschränkt ist, sondern auch auf physikalische Phänomene, z. B. »kommunizierende Röhren«, übertragen werden kann. Derrida spielt hier auf die doppelte Metaphorizität des Kommunikationsbegriffs an, insofern die Metapher der Übertragung (von Nachrichten und Informationen) konstitutiv für den klassischen Kommunikationsbegriff ist,[122] während der Begriff der »Übertragung« selbst im Zentrum jeder Metapherndefinition steht (gr. *metaphorein*: »anderswohin tragen«). Derrida bezweifelt

---

[121] Vgl. Searle 1977 und Derrida 1977. Eine indirekte Replik Searles auf Derridas Kritik erscheint unter dem Titel »The World Turned Upside Down« (Searle 1983). Seine Kritik wiederholt und verschärft Searle nochmals in dem Artikel »Literary Theory and Its Discontents« (Searle 1994). Die Literatur zu dieser Debatte ist mittlerweile sehr umfangreich. An dieser Stelle seien nur einige Titel genannt: Spivak 1980, Culler 1982, Habermas 1988, Alfino 1991, Fish 1982, Frank 1993, Cavell 1995, Dascal 2001, Rolf 2009.

[122] Eine grundlegende Kritik der Kommunikationsmetapher als »Übertragung« von »Nachrichten oder Informationen vom Absender auf den Empfänger« findet sich pointiert auch in der Systemtheorie Niklas Luhmanns (1987, 193f.).

nicht nur – wie vor ihm Nietzsche – die Vorstellung einer ursprünglichen, wörtlichen oder eigentlichen Bedeutung, die jeder semantisch-metaphorischen Verschiebung vorausgehen würde. Er stellt darüber hinaus die gängige Vorstellung in Frage, dass die Mehrdeutigkeit oder Polysemie eines sprachlichen Elements durch seinen jeweiligen Kontext vollständig und abschließend reduziert werden könnte. Dagegen macht Derrida geltend, dass kein Kontext jemals absolut gesättigt ist, da die Grenzen eines Kontextes niemals abschließend zu bestimmen sind und es immer möglich ist, einen weiteren Kontext zu finden, der die Bedeutungen verändert und modifiziert.

Aus dieser strukturellen Ungesättigtheit des Kontexts leitet Derrida die Notwendigkeit einer Verallgemeinerung und Verschiebung des klassischen Schriftbegriffs ab, insofern in der Tradition gerade die Schrift als ein Kommunikationsmittel gedacht wird, »welches das Feld der mündlichen oder gestischen Kommunikation sehr weit, wenn nicht unendlich, *ausdehnt*« (Derrida 1971, 18), und folglich jeden Kontext zu transzendieren vermag. Dabei geht Derrida in zwei Schritten vor: Ausgehend von der klassischen Annahme des sekundären, abgeleiteten Status der *Schrift* gegenüber dem sich selbst gegenwärtigen *Sprechen*, die Derrida als den phonozentrischen Grundzug der abendländischen Metaphysik versteht, versucht er zunächst, die Kerneigenschaften des klassischen Schriftbegriffs zu isolieren. In einem zweiten Schritt versucht er zu zeigen, dass diese Eigenschaften nicht nur für die geschriebene Sprache, sondern auch für die gesprochene Sprache, ja für »alle Ordnungen von ›Zeichen‹ und für alle Sprachen im allgemeinen« und – in kritischer Abgrenzung zu Heidegger – »sogar über die semio-linguistische Kommunikation hinaus, für das ganze Feld dessen, was die Philosophie Erfahrung, sogar Seinserfahrung nennen würde«, Gültigkeit haben (Derrida 1971, 26f.). Wenn sich zeigen ließe, so die zentrale These Derridas, dass die Eigenschaften, die man traditioneller Weise der Schrift zuschreibt, um sie von der Rede abzugrenzen, auch auf die gesprochene Sprache und in weiterer Folge auf alle Erfahrungen zutreffen, dann hätte dies zur Konsequenz, dass sich die klassische Unterscheidung von Schrift und Rede nicht länger aufrechthalten lässt. Vielmehr gelänge man so zu einem verallgemeinerten Schriftbegriff, demgemäß bereits die gesprochene Rede in einem spezifischen Sinne

»Schriftcharakter« aufwiese oder, wie Derrida formuliert, *graphematisch* wäre.[123]

In der Folge isoliert Derrida drei Kerneigenschaften des klassischen Schriftbegriffs: 1. die *Beständigkeit* des schriftlichen Zeichens im Unterschied zur Flüchtigkeit der mündlichen Rede, 2. den *Bruch mit dem Kontext*, und 3. die *Verräumlichung*. Das erste und zugleich markanteste Merkmal der Schrift gegenüber der Rede ist zweifellos das Bestehenbleiben des geschriebenen Zeichens über den Moment seiner Einschreibung hinaus. Zentral ist hier nach Derrida die begriffliche Opposition von *An-* und *Abwesenheit*. Denn es ist für die Schrift wesentlich, dass sie in Abwesenheit von Sender*in und Empfänger*in (selbst über deren Tod hinaus), in Abwesenheit eines Signifikats, eines Referenten oder einer Bedeutungsintention funktioniert. Wenn das schriftliche Zeichen derart von seinem Äußerungsursprung abgeschnitten ist, dann heißt dies auch, dass es in anderen Kontexten wiederholt und zitiert werden kann. Daraus resultiert zweitens die Kraft des schriftlichen Zeichens, mit seinem Kontext zu brechen, da man ein schriftliches Zeichen immer aus einer syntagmatischen Verkettung herausnehmen und in andere Ketten einschreiben oder diesen aufpfropfen kann. »Diese Kraft zum Bruch verdankt sich«, so Derrida, »der Verräumlichung, die das geschriebene Zeichen konstituiert« und es als eine materielle Markierung sowohl von seiner Bedeutungsintention und seinem Referenten als auch von den anderen Zeichen innerhalb einer syntagmatischen Verkettung oder eines Textes trennt (Derrida 1971, 28).

Derridas entscheidendes Argument ist nun, dass alle diese Eigenschaften, die klassischer Weise der Schrift zugeschrieben werden, auch auf die gesprochene Sprache zutreffen. Auch das Lautzeichen verfügt über eine gewisse »Beständigkeit« oder »Bleibendheit«. Derrida verweist hier auf einen nicht-präsenten minimalen Rest (*restance*), der notwendig ist, damit ein Zeichen überhaupt identifiziert und wiedererkannt werden kann (vgl. Derrida 1971, 29; 1977, 89). Desgleichen funktioniert nicht nur das Schriftzeichen, sondern auch das Lautzeichen in Abwesenheit von Sender*in oder Empfänger*in sowie einer Bedeutungsintention, insofern es memoriert, aufgezeichnet, identifiziert und in anderen Kontexten wiederholt und zitiert werden kann. Und auch das

---

[123] Während das *Phonem* in der Linguistik die kleinste bedeutungsunterscheidende lautliche Einheit bezeichnet, bezeichnet das *Graphem* die kleinste bedeutungsunterscheidende graphische Einheit.

Lautzeichen ist die Markierung oder Spur der Abwesenheit aller anderen Zeichen, die nicht realisiert werden und die doch zugleich, wie wir bei Saussure gesehen haben, seinen Wert konstituieren. Darüber hinaus ist auch das Lautzeichen, wie das Schriftzeichen, verräumlichend. Es ist materiell und erfordert (als Schallwelle) eine gewisse Ausdehnung in Raum und Zeit.

Derrida schließt daraus, dass die Eigenschaften, die klassischerweise der Schrift zugesprochen werden, nicht nur zur Struktur des geschriebenen, sondern auch des gesprochenen Zeichens gehören und in diesem Sinne jedes Zeichen als Schrift konstituieren. Die strukturelle Möglichkeit der Abwesenheit eines bestimmten Signifikats oder einer Bedeutungsintention macht jedes Zeichen, auch das mündliche, gleichsam zu einem »Graphem«, das von seinem Äußerungsursprung abgeschnitten ist (vgl. Derrida 1971, 29). Dieser *Schnitt* oder *Bruch* vollzieht sich dabei keineswegs erst im Moment der konkreten Abwesenheit von Sender*in oder Empfänger*in; vielmehr findet dieser Schnitt nach Derrida augenblicklich statt, »sobald es ein Zeichen [*marque*] gibt« (Derrida 1977, 90), das identifiziert und wiederholt werden kann.[124]

11.2.2 Iterabilität

Der zentrale Begriff, der hier mit ins Spiel kommt, ist der der *Iterabilität*.[125] Denn damit ein Element als geschriebenes oder gesprochenes Zeichen funktionieren kann, muss es identifizierbar und *iterierbar*, d. h. wiederholbar und zitierbar sein. Dabei erschöpft sich die Iterabilität des Zeichens nicht in der Reproduktion oder der einfachen Wiederholung des Identischen, wie Derrida unter Hinweis auf die Ableitung *iterum* (lat. »zum zweiten Mal, wiederum, abermals, wiederholt«) von *itara* (»anders« im Sanskrit) betont; vielmehr verbindet die Iterabilität das Moment der Wiederholung mit dem der Andersheit (vgl. Derrida 1971, 24). Denn mit jeder Wiederholung eines Zeichens, einer Markierung ist –

---

[124] Der französische Terminus *marque* unterstreicht hier, dass dies nicht nur für das Zeichen (frz. *signe*) als Element eines semiotischen Systems gilt, sondern für jedes Merkmal, jede Markierung oder Spur.
[125] Es sei darauf hingewiesen, dass die Iterabilität kein Begriff im geläufigen Sinne ist, insofern sie – wie in der Folge dargestellt wird – als ein zentrales Moment sowohl jeder Begriffsbildung zugrunde liegt als auch deren Abschließung verunmöglicht und unterläuft. Gleiches gilt für den Derrida'schen Neologismus *différance* sowie zahlreiche andere Begriffsprägungen Derridas.

allein schon aufgrund der Linearität der Zeit – immer auch ein Moment der Veränderung verbunden: Es ist strukturell unmöglich, ein sprachliches Element zweimal exakt gleich zu verwenden. Daraus resultiert auch die Kraft des Zeichens, mit seinem Kontext zu brechen, da man aufgrund der Iterabilität eine gesprochene oder geschriebene Zeichenverbindung immer aus ihrer Verkettung herausnehmen und in andere Ketten einschreiben oder diesen aufpfropfen kann. Diese allgemeine und immer gegebene Möglichkeit des Bruchs mit dem Kontext, »die zur Struktur jedes gesprochenen oder geschriebenen Zeichens [*marque*] gehört« und die noch vor jeder konkreten sprachlichen Kommunikation jedes Zeichen und jede Markierung »als Schrift konstituiert«, nennt Derrida *Iterabilität*:

> Jedes Zeichen [...], sprachlich oder nicht, gesprochen oder geschrieben (im geläufigen Sinn dieser Opposition), als kleine oder große Einheit, kann zitiert – in Anführungszeichen gesetzt – werden; von dort aus kann es mit jedem gegebenen Kontext brechen und auf absolut nicht sättigbare Weise unendlich viele neue Kontexte zeugen. (Derrida 1971, 32)

Damit ist nicht gemeint, wie Derrida unterstreicht, »daß das Zeichen [...] außerhalb vom Kontext gilt, sondern im Gegenteil, daß es nur Kontexte ohne absolutes Verankerungszentrum gibt« (Derrida 1971, 32). Desgleichen ist die Iterabilität oder Zitathaftigkeit des Zeichens weder ein Zufall noch eine Abweichung oder Anomalie, die nur unter bestimmten Umständen auftreten würden, sondern gerade das, was das Zeichen – noch vor jeder Unterscheidung in *normal* oder *anormal* – als Zeichen konstituiert:

> [Sie] ist genau das (Normale/Anormale), ohne das ein Zeichen [*marque*] nicht einmal mehr auf sogenannt ›normale‹ Weise funktionieren könnte. Was wäre ein Zeichen [*marque*], das nicht zitiert werden könnte? Und dessen Ursprung nicht unterwegs verloren gehen könnte? (Derrida 1971, 32)

Diese Struktur gilt nicht nur für alle Arten von Zeichen; vielmehr lässt sich dieses »Gesetz«, wie Derrida geltend macht, »auf jede ›Erfahrung‹ im allgemeinen ausdehnen, gesetzt, es gibt keine Erfahrung *reiner* Gegenwart« – im Sinne einer unmittelbaren Präsenz –, »sondern nur Ketten differentieller Zeichen« (Derrida 1971, 29). Mit dieser weitreichenden Behauptung radikalisiert Derrida zugleich Saussures zentrale These, dass es in der Sprache nur Differenzen ohne positive Einzelglieder gibt, und weitet diese auf das gesamte Feld der Erfahrung aus. So wie ein Element erst dadurch zu einem Zeichen wird, dass es identifiziert, wiedererkannt und wiederholt werden kann, so kann auch eine Wahrnehmung, ein Erlebnis, ein Trauma, ein Ereignis erst dann zu einer Erfahrung werden, wenn es identifiziert, erinnert und wiederaufgerufen werden kann. Damit leugnet Derrida keineswegs die Möglichkeit von Erfahrung, im Gegenteil; aber er macht deutlich, dass es keine reine, unmittelbare Erfahrung gibt, die nicht von Anfang an von einem Bruch, einer minimalen Differenz und Abwesenheit gekennzeichnet wäre.

11.3 Derridas Auseinandersetzung mit Austins Sprechakttheorie

Die These, dass die Iterabilität und Zitathaftigkeit des Zeichens keine Anomalie darstellt, sondern gerade das ist, was ein Zeichen überhaupt erst als Zeichen konstituiert, versucht Derrida am Beispiel von Austins performativen Äußerungen zu belegen. Dahinter steht folgende Überlegung: Wenn die These vom iterativen und graphematischen Charakter aller Zeichen zutrifft, dann muss sie auch für die »singulärsten« und »ereignishaftesten« aller Äußerungen Gültigkeit haben (vgl. Derrida 1971, 41), die performativen Äußerungen oder Sprechakte, in denen das Äußern bestimmter Worte der Vollzug einer Handlung ist.

Um diese These zu stützen, unterstreicht Derrida zunächst die positiven und innovativen Aspekte von Austins Sprachkonzeption. Dazu rechnet Derrida neben der Analyse sprachlicher Äußerungen als *Sprechhandlungen* oder *-akte* insbesondere die Sprengung des klassischen Kommunikationsbegriffs »als rein semiotischen, sprachlichen oder symbolischen Begriff« (Derrida 1971, 34). So wird Kommunikation von Austin, auch wenn er diesen Begriff selbst nicht gebraucht, nicht mehr als Übertragung oder Transport von Bedeutungsinhalten verstanden, sondern vielmehr als die Kommunikation einer (illokutionären) *Kraft* und einer (perlokutionären) Wirkung. Die performative Äußerung (z. B. ein Versprechen) beschreibt nicht etwas, »das vor oder außerhalb der Sprache existiert«, sondern sie bringt ihren Referenten (das gegebene Versprechen) selbst erst hervor; sie »produziert oder transformiert eine Situation« (Derrida 1971, 33). Damit verabschiedet Austin zugleich die Autorität des Wahrheitswertes und ersetzt diesen durch den Wert der illokutionären Kraft und des Kraftunterschieds, worin Derrida eine gewisse Nähe Austins zum Denken Nietzsches sieht (vgl. Derrida 1971, 33).[126]

11.3.1 Parasitäre Sprechakte

Kritisch setzt Derrida dagegen bei Austins Begriffs des Kontextes an. Laut Derrida bleibt Austin dem klassischen Schema verhaftet, insofern er davon ausgeht, dass jeder Sprechakt letztlich durch den Kontext und die Intention der Sprechenden in der Totalität der Kommunikationssituation bestimmt werden kann. Dies zeigt sich besonders deutlich im Zusammenhang von Austins Theorie der Unglücksfälle. Derrida macht auf eine Geste in Austins *How to Do Things with Words* aufmerksam, die sich auf den ersten Blick wie eine rein methodische Entscheidung präsentiert: Kurz nachdem Austin seine Klassifikation der Unglücksfälle eingeführt hat – mit den *Fehlschlägen* und den *Missbräuchen* als den beiden Hauptkategorien –, diskutiert er die Vollständigkeit dieser Klassifikation und kommt zu dem Ergebnis, dass – neben akustischen oder sonstigen Missverständnissen – wenigstens zwei Arten des Misslingens, die, wie er ausdrücklich betont, alle Äußerungen befallen können, aus der Theorie der Unglücksfälle ausgeschlossen werden müssen (vgl. Kap. 8.2.1): 1. jene Fälle, in denen eine Handlung unter Zwang oder unabsichtlich ausgeführt wird und in denen man »mildernde Umstände« oder »beschränkte Schuldfähigkeit« geltend machen würde (dies betrifft performative Äußerungen in ihrer Eigenschaft als *Handlungen*); 2. jene Fälle, in denen eine Äußerung z. B. von einer Schauspieler*in auf der Bühne, in einem Gedicht oder in einem Monolog geäußert wird (dies betrifft Performativa in ihrer Eigenschaft als *Äußerungen*). In diesen zuletzt genannten Fällen wird Sprache, so Austin, nicht ernsthaft und aufrichtig gebraucht, sondern auf eine Weise, die sich parasitär zu ihrem normalen Gebrauch verhält. *Parasitär* sind solche Äußerungen, insofern sie für ihren erfolgreichen Vollzug von einem vermeintlichen Normalfall abhängen: Das Heiraten auf der Theaterbühne, das Versprechen in einem Roman, die Wette in einem Gedicht sind demnach nur möglich, insofern sie sich auf ein anerkanntes und etabliertes konventionelles Verfahren berufen, das sie gleichsam zitieren, imitieren oder parodieren. Im Rahmen einer Theorie der Unglücksfälle sollen jedoch, so

---

[126] Zur Zurückweisung des »Wahr-Falsch-Fetisches« vgl. Austin 1955, 168.

Austin, nur jene performativen Äußerungen berücksichtigt werden, die – ob geglückt oder nicht – unter normalen und gewöhnlichen Umständen vollzogen werden. Ausgeschlossen werden dagegen all jene parasitären, anomalen und »ausgezehrten« Sprachformen, von denen sich nicht ohne Schwierigkeiten sagen lässt, ob sie geglückt sind oder nicht, d. h. performative Äußerungen, die in »einer ganz besonderen Weise […] unernst oder nichtig« sind (Austin 1955, 43) und die sich folglich der Klassifikation *geglückt/ missglückt* entziehen.

Damit bedient sich Austin genau jenes Verfahrens, das typisch ist für die philosophische Tradition, von der er sich zu distanzieren versucht und der er letztlich doch verhaftet bleibt. Dieses Verfahren besteht nach Derrida in einer doppelten Bewegung: 1. in der Anerkennung, dass die Möglichkeit des Negativen (parasitärer Gebrauch, Parodie, Schrift etc.) eine strukturelle Möglichkeit und Gefahr ist, »die *alle Äußerungen* befallen« kann (Austin 1955, 43); 2. im Ausschluss dieser Gefahr als einer zufälligen, äußerlichen Gefahr, die für das Verständnis und Funktionieren performativer Äußerungen nicht relevant ist (vgl. Derrida 1971, 36). Berücksichtigt werden sollen nach Austin ausschließlich performative Äußerungen, die, ganz gleich, ob sie glücken oder nicht, »immer unter normalen Umständen getan werden« (Austin 1955, 44). Anders gesagt, wenn Austin all jene performativen Äußerungen, von denen man nicht ohne Weiteres sagen kann, ob sie geglückt oder missglückt sind, aus der weiteren Betrachtung ausschließt, so wiederholt er damit gerade jene Geste, mit der die philosophische Tradition vor ihm nur solche Aussagen gelten ließ, denen sich die Wahrheitswerte *wahr* oder *falsch* eindeutig zuordnen lassen. So wie nach Frege der Satz »Odysseus wurde tief schlafend in Ithaka an Land gesetzt« zwar durchaus einen Sinn hat, während fraglich ist, ob er wahr oder falsch sein kann (d. h., ob er eine Bedeutung hat), so ist nach Austin das feierliche Ja-Wort zweier Schauspieler*innen auf der Bühne sicherlich eine sinnvolle Äußerung, die im Rahmen des Theaterstücks Effekte zeigt, aber es bleibt offen, inwiefern sich hier von einer geglückten oder missglückten performativen Äußerung sprechen lässt.

11.3.2 Die Iterabilität performativer Äußerungen

Das zentrale Argument Derridas ist nun, dass es sich bei Austins Vorgehensweise nicht um einen rein methodischen und vorläufigen Ausschluss von Fällen handelt, die zu einem späteren Zeitpunkt im Rahmen einer allgemeineren Theorie integriert werden könnten, wie Austin nahelegt (vgl. Austin 1955, 43). Obgleich Austin einräumt, dass es immer möglich ist, eine performative Äußerung zu parodieren, zu imitieren und zu zitieren, d. h. nicht ernsthaft zu gebrauchen, so erkennt er doch nicht an, dass es sich hierbei um eine »notwendige Möglichkeit« handelt, die nicht als ein äußerliches, zufälliges Risiko ausgeschlossen werden kann (vgl. Derrida 1971, 36). Die Unterscheidung zwischen einem »metaphysischen Ausschluß« und einer »strategischen Entscheidung« ist, wie Derrida in seinem Schlagabtausch mit Searle geltend macht, nicht haltbar, sobald diese Möglichkeit als eine allgemeine und notwendige Möglichkeit anerkannt wird (vgl. Derrida 1977, 125f.). Vielmehr muss eine performative Äußerung immer als eine iterierbare, d. h. wiederholbare, imitierbare und zitierbare Form identifizierbar sein, damit sie überhaupt gelingen kann, wie Derrida in Form einer rhetorischen Frage geltend macht:

> Könnte eine performative Äußerung gelingen, wenn ihre Formulierung nicht eine »codierte« oder iterierbare Äußerung wiederholte, mit anderen Worten, wenn die Formel, die ich ausspreche, um eine Sitzung zu eröffnen, ein Schiff oder eine Ehe vom Stapel laufen zu lassen, nicht als einem iterierbaren Muster konform, wenn sie also nicht in gewisser Weise als Zitat identifizierbar wäre? (Derrida 1971, 40)

Trifft dies zu, dann ist die Möglichkeit, eine Äußerung nicht ernsthaft zu gebrauchen, sondern auf eine Weise, die den »gewöhnliche[n] Gebrauch parasitär ausnutzt« (Austin 1955, 44), keine zufällige Möglichkeit, die von außen an jede Äußerung herantritt, sondern ihre »interne und positive Möglichkeitsbedingung« (Derrida 1971, 38). Kurz gesagt, ein Sprechakt, der in seiner Struktur nicht bereits die Möglichkeit seiner nicht-ernsthaften oder vorgetäuschten Form enthielte, wäre weder denkbar noch möglich. Die paradigmatische Form einer solchen nicht-ernsthaften, vorgetäuschten Wiederholung ist aber gerade die Parodie oder der Sprechakt einer Schauspieler*in auf der Bühne. Denkt man diese Überlegungen konsequent zu Ende, dann wäre paradoxerweise der »unernste« Gebrauch einer Äußerung nicht länger die parasitäre

Form eines ernsthaften Standardfalls; vielmehr erwiese sich nun der Normalfall als eine Art Sonderfall der parasitären Verwendungsweise. Eine solche Auffassung scheint unserem gängigen Alltagsverständnis eklatant zu widersprechen. In der Tat lässt sich nur schwer eine andere analytische Vorgehensweise vorstellen als die Annahme eines Standardfalls, von dem ausgehend wir jene Fälle untersuchen, »die dann als Komplikation, Ableitung und Verfallserscheinungen definiert werden können« (Culler 1982, 104). Denkt man jedoch genauer darüber nach, was uns überhaupt erlaubt, von so etwas wie einem Original, einem Standard- oder Normalfall zu sprechen, so zeigt sich, dass dies gar nicht möglich ist, ohne bereits einen Begriff der Kopie, der Imitation und der Abweichung implizit vorauszusetzen. Jonathan Culler erläutert diesen Gedanken am Beispiel der Rede von einem originären Stil. Spricht man z. B. von einem »originären Hemingway-Stil« oder einem »echten Rembrandt«, so heißt dies, dass sich bestimmte Merkmale isolieren und herauslösen lassen, die identifiziert, wiedererkannt und in anderen Kontexten wiederholt werden können. Folglich ist es gerade die Iterabilität, die das Ursprüngliche, Authentische überhaupt erst ermöglicht und es zugleich als sekundär, abgeleitet, nicht-ursprünglich entlarvt.[127] Anders gesagt, der Begriff des Originals, des Normal- oder Standardfalls ist nicht ohne den der Nachahmung, der Imitation, der Kopie, der Abweichung denkbar – und umgekehrt. Wir können sogar noch einen Schritt weitergehen: Das sogenannte »Original« kann als der nachträgliche, retroaktive Effekt einer Nachahmung ohne Original gelesen werden.[128]

Demnach ist es gerade die Iterabilität, die die Vorstellung eines Originals oder einer Identität sowohl hervorbringt als auch als eine immer schon »gespaltene« Identität entlarvt, insofern sie für ihr Bestehen von der fortgesetzten Möglichkeit abhängt, reiteriert, imitiert und zitiert zu werden. Folglich ist die Identität eines Zeichens, die seine Erkennung und Wiederholung möglich macht, nach Derrida »paradoxerweise die Spaltung oder Ablösung von sich selbst«, die aus jedem Zeichen, gesprochen oder geschrieben, ein Graphem macht (Derrida 1971, 28f.). Die so verstandene Identität geht ihrer Iteration nicht voraus, sondern erweist sich als Effekt einer allgemeinen Iterabilität. In diesem Sinne ist die Iterabilität paradoxerweise zugleich die Bedingung der Möglichkeit

---

[127] Vgl. Culler 1982, 133f.
[128] Zu dem Problem von Original, Nachahmung und Fälschung aus semiotischer Perspektive vgl. Eco 1990, 217–255.

und die Bedingung der Unmöglichkeit von Identität: Sie ist die Bedingung der Möglichkeit, insofern ein Element, um identifizierbar zu sein, wiederholt, imitiert und zitiert werden können muss; sie ist die Bedingung der Unmöglichkeit, insofern sie die Reinheit jeder (Selbst-)Identität unmöglich macht.

11.4 Die allgemeine Struktur der Iterabilität

11.4.1 Die Mannigfaltigkeit der Iterationsformen

Es ist wichtig festzuhalten, dass Derrida gerade nicht darauf abzielt, die klassischen Oppositionen ernst/unernst, normal/anormal, gewöhnlich/parasitär, ursprünglich/abgeleitet, Rede/Schrift, Verwendung/Zitat etc. einfach umzukehren, sodass nun die Nachahmung das »eigentliche« Original und das Original die »eigentliche« Nachahmung wäre. Vielmehr geht es ihm darum, die wesentliche Instabilität dieser Oppositionen aufzuzeigen sowie den normativen Wert und die interne Hierarchie, die mit jeder binären Opposition notwendig einhergehen, selbst in Frage zu stellen. In diesem Sinne sind sowohl das Ursprüngliche als auch das Abgeleitete, sowohl der Standardfall als auch die Abweichung, sowohl der gewöhnliche als auch der parasitäre Sprachgebrauch wechselseitig aufeinander verwiesen und bedingt durch die allgemeine Struktur der Iterabilität, die gleichermaßen die eine wie die andere Seite dieser Oppositionen ermöglicht.

> Eine »Standard«-Tat hängt ebenso von der Möglichkeit ab, wiederholt, daher eventuell gemimt, vorgetäuscht, zitiert, gespielt, simuliert, parasitiert und so weiter, zu werden, wie diese letzte Möglichkeit von der als entgegengesetzt bezeichneten Möglichkeit abhängt. Und beide »hängen ab« von der Struktur der Iterabilität, die einmal mehr die Einfachheit der Gegensätze, der alternativen Unterscheidungen durcheinanderbringt. (Derrida 1977, 145f.)

Es geht also nicht darum, den parasitären Sonderfall dem Standardfall, die Kopie dem Original, das Zitat dem ursprünglichen Text, die nichternsthafte der ernsthaften Rede und »die Iteration der Nicht-Iteration eines Ereignisses entgegenzusetzen«. Was Derrida stattdessen vor Augen hat – vorausgesetzt, dass ein solches Programm überhaupt durchführbar ist, wie Derrida zu bedenken gibt –, ist »eine differentielle Typologie von Iterationsformen« (Derrida 1971, 40), die zugleich der Instabilität dieser Oppositionen Rechnung trägt. Im Rahmen einer solchen Typologie hätte man es nach Derrida »mit verschiedenen Arten iterierbarer Zeichen [*marques*] oder Zeichenketten zu tun [...] und nicht mit einer Opposition von zitathafter Aussage einerseits und singulärer und originaler Ereignis-Aussage andererseits« (Derrida 1971, 40).

11.4.2 Gebrauch und Erwähnung

Diese Überlegungen betreffen auch die für Sprachphilosophie und Semiotik wichtige Unterscheidung von *Gebrauch (use)* und *Erwähnung (mention)*.[129] Denn wenn jedes Zeichen durch die allgemeine Struktur der Iterabilität konstituiert wird, dann ist es weder möglich, einen sprachlichen Ausdruck einfach nur zu gebrauchen, ohne ihn auch anzuführen, noch ihn einfach nur zu erwähnen oder zu zitieren, ohne ihn auch zu verwenden. Es gibt kein Sprechen, das nicht zugleich Zitat wäre, und kein Zitat, das die zitierten Wörter nicht auch auf gewisse Weise gebrauchen und verwenden würde. Besonders deutlich wird dieses Problem bei stark ritualisierten Sprechakten oder diskriminierenden und rassistischen Ausdrucksweisen: Unter bestimmten Bedingungen scheint es manchmal fast unmöglich, einen bestimmten Ausdruck einfach *nur* zu zitieren, so viele Anführungszeichen man auch versucht ist hinzuzufügen – ein Umstand, der häufig dazu führt, solche Ausdrücke zu tabuisieren oder nur indirekt auf sie zu referieren (vgl. Kap. 12.4).

Was hier mit ins Spiel kommt, ist die grundlegend historische, soziale und institutionelle Dimension der Sprache und des Sprechens. Wenn ich jemanden beschimpfe oder wenn die Standesbeamtin während der Heiratszeremonie sagt »Hiermit erkläre ich euch zu Mann und Frau«, so werden die Worte nicht nur verwendet, sondern auch zitiert, insofern jedes Performativ immer auch alle früheren Performativa wiederholt und wiederaufruft bzw. eine historisch-sedimentierte und sozial-anerkannte Konvention als Bürgen seiner Autorität anruft. In diesem Sinne zitiert und reiteriert jedes »Ja, ich will« alle früheren »Ja, ich will«. Selbst das aufrichtigste Liebesversprechen hängt für sein Gelingen von der allgemeinen Struktur der Iterabilität ab, was zugleich heißt, dass es kein

---

[129] Vgl. hierzu auch Derrida 1977, 128–136 sowie Culler 1982, 253.

reines Performativ gibt, das nicht in der Gefahr stünde, imitiert, vorgetäuscht oder parodiert zu werden.[130]

Diese paradoxe Struktur lässt sich auch anhand von Beispielen aus dem politischen und juridischen Kontext verdeutlichen: Wenn der von Kurt Tucholsky stammende Satz »Soldaten sind Mörder« (Tucholsky 1931) die Gerichte jahrelang dahingehend beschäftigt hat, ob ein einzelner, einem größeren Kontext entnommener Satz kollektiv eine Gruppe von Menschen oder eine Institution, wie z. B. die Bundeswehr, verleumden und beleidigen könne, so ging es dabei unter anderem auch um die Frage, ob der Strafbestand der Beleidigung erfüllt sei, wenn man belegen könne, dass die Äußerung nicht verwendet, sondern lediglich zitiert worden sei.[131] Dahinter steht die Überlegung, dass man nur für eine Äußerung verantwortlich ist, die man auch tatsächlich gemeint und intendiert hat, nicht für etwas, das man nur zitiert oder erwähnt.

Dass das Bedingungsverhältnis von Verwendung und Zitat, von Gebrauch und Erwähnung jedoch keineswegs so eindeutig ist, wie es scheint, zeigt die öffentliche Äußerung »Unsere Ehre heißt Treue!« eines österreichischen Nationalratsabgeordneten im Jahre 2000 im Rahmen einer Parteiveranstaltung. In besagtem Fall wehrte sich der Redner gegen den Vorwurf der nationalsozialistischen Wiederbetätigung mit dem Argument, dass ihm nicht bekannt gewesen sei, dass es sich bei seiner Äußerung um den Wahlspruch der SS gehandelt habe. Hier verfolgt die Argumentation genau die umgekehrte Strategie: Denn jetzt behauptet der Redner, er habe die Äußerung nicht zitiert, sondern *nur* verwendet, d. h. er habe das von ihm Gesagt tatsächlich so gemeint und die Bedeutung der von ihm geäußerten Wörter *ernsthaft intendiert*, ohne jede zitathafte Referenz auf den historischen und ideologischen Kontext der Äußerung. Eine solche vermeintlich reine Verwendung erweist sich jedoch letztlich als ebenso unmöglich wie ein reines Zitat, was Judith Butler im Anschluss an Derrida dazu veranlasst, Intention und Verantwortung ausgehend von der allgemeinen Struktur der Iterabilität her neu zu denken (vgl. Kap. 12.4).

---

130 Zur paradigmatischen Rolle des Versprechens für die Sprechakttheorie vgl. Felman 1980.
131 Dies wurde auf Protestplakaten z. B. durch die Verwendung von Anführungszeichen und der Signatur »Kurt Tucholsky« nach dem zitierten Satz kenntlich gemacht.

11.4.3 Kontext und Intention

Was an diesen Beispielen deutlich wird, ist nicht nur die Instabilität der Unterscheidung von Gebrauch und Erwähnung, Verwendung und Zitat – einschließlich der ethischen, politischen und juridischen Fragen, die sich daraus für das Sprechen ergeben –, sondern auch der Umstand, dass weder Intention noch Kontext die Bedeutung einer Äußerung abschließend und vollständig zu bestimmen vermögen. Wenn eine performative Äußerung nur gelingt (oder misslingt), insofern sie imitiert und zitiert werden kann, dann heißt dies auch, dass jede Äußerung gewissermaßen immer schon von ihrem Äußerungsursprung und ihrer »ursprünglichen« Intention abgeschnitten ist. Derrida spricht daher auch von einer *allgemeinen Iterabilität*, ohne die es kein geglücktes Performativ gäbe und die in die Intention als jener Instanz, die letztlich bestimmt, welche Handlung mit einer bestimmten Äußerung vollzogen wird, a priori »einen wesentlichen Bruch« einführt (Derrida 1971, 40).

Folglich unterminiert die allgemeine Struktur der Iterabilität nicht nur die klassische Vorstellung einer Intention, die die Äußerung motiviert, sondern auch die Abschließung und Präsenz eines *totalen Kontextes*, insofern die Iterabilität auf die Möglichkeit des Zeichens verweist, mit jedem gegebenen Kontext zu brechen und unendlich viele neue Kontexte zu erzeugen. Zudem müsste, damit ein Kontext abschließend bestimmbar ist, die Intention sowohl den Sprecher*innen als auch allen anderen in jedem Augenblick »vollkommen gegenwärtig und aktuell transparent sein« (Derrida 1971, 40f.) – eine Forderung, die sich nach Derrida als unerfüllbar erweist. Damit verabschiedet Derrida keineswegs die Begriffe des Kontextes und der Intention – wir haben bereits gesehen, dass es nach Derrida nur Kontexte gibt und kein Zeichen außerhalb seines Kontextes gilt –; aber er macht deutlich, dass weder Kontext noch Intention in der Lage sind, die Bedeutung einer Äußerung vollständig zu determinieren:

> Die Kategorie der Intention wird [...] nicht verschwinden, sie wird ihren Platz haben, wird aber von diesem Platz aus nicht mehr die ganze Szene und das ganze System der Äußerung steuern können. (Derrida 1971, 40)

11.4.4 Die Funktionsweise der Signatur

Diese allgemeine Struktur der Iterabilität wird von Derrida im vierten und letzten Abschnitt von »Signatur Ereignis Kontext« auch anhand des

Beispiels der Unterschrift verdeutlicht. Damit eine Signatur funktionieren kann, muss sie sowohl ein in Zeit und Raum lokalisierbares singuläres Ereignis sein als auch »eine wiederholbare, iterierbare, nachahmbare Form haben«, d. h. sie muss sich von ihrer »ursprünglichen« Intention im Augenblick ihrer Produktion lösen können (Derrida 1971, 43). Eine Signatur ist folglich nur dann gültig, wenn sie als ein einmaliges, singuläres *Ereignis* identifiziert werden kann (sie darf nicht einfach nur eine Kopie sein), *und* wenn sie in anderen Kontexten und Situation wiederholt und reiteriert werden kann, d. h., wenn sie sich als einer bestimmten *Struktur* konform erweist. Eine Signatur, die nur ein einmaliges Ereignis wäre oder die nur ein einziges Mal stattfinden würde (z. B. dann, wenn ich jedes Mal auf andere Weise unterschriebe), wäre keine Signatur; vielmehr muss sie, um funktionieren zu können, einem bestimmten Muster entsprechen. Würde ich jedoch jedes Mal exakt gleich unterschreiben, sodass die einzelnen Realisierungen voneinander ununterscheidbar wären, so hätten wir es auch in diesem Fall nicht mit einer gültigen Unterschrift zu tun, sondern bestenfalls mit einer perfekten Kopie.

Auch hier zeigt sich wiederum die paradoxe Struktur, die nach Derrida für das Funktionieren jedes Zeichens konstitutiv ist: Damit eine Unterschrift möglich ist, muss sie zugleich mit sich selbst identisch und von sich selbst verschieden sein, was einmal mehr die allgemeine Struktur der Iterabilität unterstreicht, die das Moment der Wiederholung mit dem der Andersheit verbindet. Dergestalt ist die Iterabilität die Bedingung der Möglichkeit *und* die Bedingung der Unmöglichkeit jeder Identität und Intention, ohne damit die Relevanz dieser Kategorien zu leugnen oder zurückzuweisen: Sie ist ihre Möglichkeitsbedingung, insofern eine Intention oder Identität, um erkennbar zu sein, wiederholt und reiteriert werden können muss; sie ist ihre Unmöglichkeitsbedingung, insofern die Iterabilität von vornherein in jede Intention und jede Identität einen wesentlichen Spalt einführt.

Als Bedingung der Möglichkeit und der Unmöglichkeit von Identität, Präsenz, Bewusstsein, Sinn und Bedeutung ist die Iterabilität zweifellos kein Begriff mehr im klassischen Sinne, sondern das, was jede Begriffsbildung ermöglicht und zugleich in ihrer strengen Reinheit unmöglich macht. Derrida spricht daher auch von der Iterabilität als einem *Quasi-Begriff*, der den theoretischen Raum auf »»quasi«-transzendentale Weise organisiert« (Derrida 1988, 197). Darüber hinaus trägt der Begriff der

Iterabilität der von Culler formulierten Forderung Rechnung, dass eine gewissenhafte Theorie der Sprache zwischen den beiden Perspektiven von Struktur und Ereignis, *langue* und *parole*, Synchronie und Diachronie pendeln muss, ohne die eine auf die andere zu reduzieren oder in einer Synthese aufzuheben, während sie umgekehrt das Ungenügen jeder Theorie aufzeigt, die sprachliche Bedeutung entweder allein aus der Singularität eines Ereignisses oder der Universalität einer Struktur zu erklären versucht.[132]

11.5 Zusammenfassung und Ausblick

Die bisherigen Ausführungen haben deutlich gemacht, dass Derridas Dekonstruktion des Schriftbegriffs nicht zu dessen Suspendierung oder Verabschiedung führt, sondern vielmehr zu einem verallgemeinerten Schriftbegriff, von dem ausgehend sich die zentralen philosophischen Begriffe wie »Intention«, »Bewusstsein«, »Sinn«, »Wahrheit« oder »Identität« als Effekte einer allgemeinen Iterabilität erweisen (vgl. Derrida 1971, 44). Derridas zentrale These, dass die Schrift nicht ein gegenüber der sich selbst gegenwärtigen Rede sekundäres Ausdrucksmittel ist, sondern dass jedes Zeichen, egal ob gesprochen oder geschrieben, ja selbst jede Erfahrung, immer schon *Schrift* ist, darf dabei nicht derart missverstanden werden, dass das, was wir üblicherweise Schrift nennen, der gesprochenen Sprache empirisch vorausgehen würde. Eine solche Behauptung wäre offensichtlich absurd. Vielmehr wird damit gesagt, dass die Möglichkeit der Schrift der Sprache notwendig inhärent ist. Anders gesagt, mit der empirischen Erfindung der Schrift kommt nicht ein neues Element oder eine neue Qualität zur Sprache hinzu, vielmehr manifestiert und konkretisiert sich in der Schrift die allgemeine Struktur der Iterabilität, die jedes Zeichen, egal ob gesprochen oder geschrieben, als Zeichen konstituiert.[133]

---

[132] Vgl. Culler 1982, 107.
[133] Diese argumentative Struktur lässt sich auch anhand der von Nietzsche formulierten These verdeutlichen, dass Sprache Rhetorik ist: So wie laut Nietzsche Rhetorik keine äußere Technik ist, die zur Sprache nachträglich hinzukommt, sondern die explizite Herausarbeitung der Rhetorizität der Sprache, die jedes Wort, egal ob wörtlich oder übertragen, zu einer Figur macht, so ist auch die Schrift kein sekundäres Ausdrucksmittel, das nachträglich zur gesprochen Sprache hinzutritt, sondern die Ausarbeitung der in der Rede wirksamen

Trotz dieser radikalen Verallgemeinerung und Verschiebung des Schriftbegriffs hält Derrida an dem Begriff der »Schrift« fest – ein strategisches Vorgehen, das er auch als *Paläonymie* (gr. *palaiós* »alt« + *ónoma* »Name«) bezeichnet (vgl. Derrida 1971, 44). Denn nach Derrida gibt es keine Möglichkeit, auf die tradierten Namen und Begriffe der abendländischen Metaphysik zu verzichten, wenn man die Metaphysik kritisieren will: »Wir verfügen über keine Sprache – über keine Syntax und keine Lexik –, die nicht an dieser Geschichte beteiligt wäre« (Derrida 1967, 425). Das heißt auch, dass es keinen neutralen Punkt oder Beobachterstatus vor oder außerhalb der Sprache gibt – einschließlich der in ihr tradierten Termini, Strukturen und Konventionen –, den wir einnehmen könnten. Weder ist es möglich, die metaphysischen Termini einfach zu verabschieden, noch ist es möglich, die Hierarchie der metaphysischen Gegensätze einfach umzukehren oder aufzuheben. Dies wäre nur eine andere Art, sie zu bestätigen.

Die doppelte Geste der Dekonstruktion

Dahinter steht die Überlegung, dass eine Opposition philosophischer Begriffe – wie z. B. Rede/Schrift, Anwesenheit/Abwesenheit, Geist/Körper, Inhalt/Form, Mann/Frau, Kultur/Natur – niemals nur die neutrale Gegenüberstellung zweier Termini ist, sondern immer eine Hierarchie und Subordination impliziert. Der eine Terminus ist jeweils das negative, abgeleitete, unreine, parasitäre, verfallsartige Moment des anderen: Die Schrift ist die abwesende, verwaiste Rede; die Frau der kastrierte Mann etc. Entscheidend dabei ist, dass es nicht hinreicht, die binär hierarchisierten Oppositionen einfach umzukehren (die Schrift ist die »bessere Rede«, die Frau ist der »bessere Mann« etc.) oder sie zu neutralisieren – das ist, wie Derrida immer wieder deutlich macht, auch gar nicht möglich. Eine solche Umkehrung kann immer nur der erste Schritt sein, ein strategischer Zug in einem komplexen Feld diskursiver und nicht-diskursiver Kräfte, da jede Umkehrung dazu tendiert, die bestehenden Kraft- und Machtverhältnisse – nur unter umgekehrten Vorzeichen – zu bewahren und wieder einzusetzen. Erforderlich ist folglich, so Derrida, »eine doppelte Geste«, die mit »eine[r] *Umkehrung* der

---

Struktur der Iterabilität, die jedes Zeichen, jede Markierung, egal ob gesprochen oder geschrieben, zu einem Graphem macht (vgl. hierzu auch Kap. 5).

klassischen Gegensätze und eine[r] allgemeine[n] *Verschiebung* des Systems« einhergeht (Derrida 1971, 44). Dabei erstreckt sich diese doppelte Geste nicht nur auf die begriffliche Ordnung, sondern auch auf die »nicht-begriffliche Ordnung, an die sie geknüpft ist« (Derrida 1971, 45). Dekonstruktion beschränkt sich folglich nicht auf eine reine Lektüre- oder Textpraxis, wie ihr wiederholt vorgeworfen worden ist;[134] vielmehr muss sie als eine konkrete Intervention in einem historisch konstituierten Feld diskursiver und nicht-diskursiver Kräfte verstanden werden, die keineswegs nur theoretische Implikationen hat.

Daraus wird auch ersichtlich, dass Dekonstruktion nicht als eine Methode verstanden werden darf, derer man sich einfach bedienen könnte. Nach Derrida macht es keinen Sinn, von »einer oder *der* Dekonstruktion zu sprechen, als wenn es nur eine gäbe, und vor allem, als wenn das Wort nur eine (einzige) Bedeutung hätte außerhalb der Sätze, die es einschreiben und in sich weitertragen« (Derrida 1986b, 35). Dekonstruktion ist vor allem kein Verfahren, keine Methode, die sich auf unterschiedliche Phänomene in unterschiedlichen Kontexten und Situationen unterschiedslos anwenden ließe. Als strategische Intervention in dem historischen Feld der Philosophie kann Dekonstruktion zwar bestimmte »Regeln, Verfahren, Techniken hervorbringen« (Derrida 1986a, 72); doch diese lassen nicht zu einer einheitlichen Methode oder Technik systematisieren, die dann in anderen Zusammenhängen einfach wiederholt werden könnte.

Mit dem Verweis auf die historische Gewordenheit des philosophischen Feldes bringt Derrida auch die Historizität der Sprache und Begriffe wieder mit ins Spiel, die im klassischen Strukturalismus ausgeklammert blieb. Geschichte wird dabei nicht länger – entsprechend dem klassischen Verständnis – entweder als das kontinuierliche Fortschreiten eines zu erfüllenden Zwecks oder als der Verlust eines Ursprungs, einer ursprünglichen Präsenz oder Bedeutung gedacht, sondern entsprechend der Struktur der Iterabilität als ein Prozess der Intervention, der Umdeutung und der Wiedereinschreibung, der auch Möglichkeiten politischer Handlungsfähigkeit und sozialer Veränderung umfasst und damit das genuine Feld der Sprachphilosophie auf ethische, politische und juridische Fragen hin erweitert.

---

[134] Vgl. zu diesem Vorwurf u.a. Foucault 1971.

11.6 Literatur

Lektüreempfehlung

Derrida, Jacques: »Signatur Ereignis Kontext«, in: Derrida, Jacques: *Limited Inc.* Aus dem Franz. von Werner Rappl unter Mitarbeit von Dagmar Travner. Wien: Passagen 2001, 15–45.

Weitere Literatur

Alfino, Mark (1991): »Another Look at the Derrida-Searle Debate«, in: *Philosophy and Rhetoric*, 143–152.
Austin, John L. (1955): *Zur Theorie der Sprechakte (How to do things with Words)*. Deutsche Bearbeitung von Eike von Savigny. 2. Aufl. Stuttgart: Reclam 1979.
Cavell, Stanley (1995): »What Did Derrida Want of Austin?«, in: Cavell, Stanley: *Philosophical Passages: Wittgenstein, Emerson, Austin, Derrida*. Oxford: Blackwell, 42–65.
Culler, Jonathan (1982): *Dekonstruktion. Derrida und die poststrukturalistische Literaturtheorie*. Aus dem Amerikan. von Manfred Momberger. Reinbek: Rowohlt 1988.
Dascal, Marcelo (2001): »How Rational Can a Polemic Across the Analytic-Continental »Divide« Be?«, in: *International Journal of Philosophical Studies* 9 (3), 313–339.
Derrida, Jacques (1967): »Die Struktur, das Zeichen und das Spiel im Diskurs der Wissenschaften vom Menschen«, in: Derrida, Jacques: *Die Schrift und die Differenz*. Frankfurt a. M.: Suhrkamp 1976, 422–442.
Derrida, Jacques (1977): »Limited Inc a b c ...«, in: Derrida, Jacques: *Limited Inc*. Aus dem Franz. von Werner Rappl unter Mitarbeit von Dagmar Travner. Wien: Passagen 2001, 53–168.
Derrida, Jacques (1986a): »Derrida im Gespräch«, in: Rötzer, Florian (Hg.): *Französische Philosophen im Gespräch*. Mit einem Vorw. von Rainer Rochlitz. 2. Aufl. München: Boer 1987, 69–90.
Derrida, Jacques (1986b): *Mémoires: Für Paul de Man*. Aus dem Franz. von Hans-Dieter Gondek. Wien: Passagen 1988.
Derrida, Jacques (1988): »Nachwort. Unterwegs zu einer Ethik der Diskussion«, in: Derrida, Jacques: *Limited Inc*. Aus dem Franz. von Werner Rappl unter Mitarbeit von Dagmar Travner. Wien: Passagen 2001, 171–238.
Eco, Umberto (1990): *Die Grenzen der Interpretation*. Aus dem Ital. von Günter Memmert. München: dtv 1995.
Felman, Shoshana (1980): *The Scandal of the Speaking Body. Don Juan with J. L. Austin, or Seduction in Two Languages*. Transl. by Catherine Porter, with a new

Foreword by Stanley Cavell and Afterword by Judith Butler. Stanford: Stanford Univ. Press 2003.

Fish, Stanley E. (1982): »With the Compliments of the Author: Reflections on Austin and Derrida«, in: *Critical Inquiry* 8 (Summer), 693–721.

Foucault, Michel (1971): »Mein Körper, dies Papier, dies Feuer«, in: Foucault, Michel: *Schriften in vier Bänden. Dits et Ecrits.* Band II: 1970–1975. Frankfurt a. M.: Suhrkamp 2001, 300-331.

Frank, Manfred (1993): »Die Entropie der Sprache. Überlegungen zur Debatte Searle-Derrida«, in: Frank, Manfred: *Das Sagbare und das Unsagbare. Studien zur neuesten französischen Hermeneutik und Texttheorie.* 3. Aufl. Frankfurt a. M.: Suhrkamp, 491–560.

Habermas, Jürgen (1988): *Der philosophische Diskurs der Moderne.* Zwölf Vorlesungen. Frankfurt a. M.: Suhrkamp.

Luhmann, Niklas (1987): *Soziale Systeme. Grundriß einer allgemeinen Theorie.* Frankfurt a. M.: Suhrkamp.

Peeters, Benoît (2010): *Derrida. Eine Biographie.* Berlin: Suhrkamp 2013.

Posselt, Gerald (2005): *Katachrese. Rhetorik des Performativen.* München: Fink.

Rolf, Eckard (2009): *Der andere Austin. Zur Rekonstruktion/Dekonstruktion performativer Äußerungen – von Searle über Derrida zu Cavell und darüber hinaus.* Bielefeld: transcript.

Searle, John R. (1994): »Literary Theory and its Discontents«, in: *New Literary History* 25 (3), 637–665.

Searle, John R. (1977): »Reiterating the Differences: A Reply to Derrida«, in: *Glyph* 1, 198–209.

Searle, John R. (1983): »The World Turned Upside Down«, in: Madison, Gary B. (Hg.): *Working Through Derrida.* Evanston, IL: Northwestern Univ. Press, 170–184.

Spivak, Gayatri Chakravorty (1980): »Revolutions That As Yet Have No Model: Derrida's *Limited Inc*«, in: *Diacritics* 10 (December), 29–49.

Tucholsky, Kurt (1931): »Der bewachte Kriegsschauplatz«, in: *Die Weltbühne* 31 (04.08.1931), 191, http://www.textlog.de/tucholsky-kriegsschauplatz.html (Zugriff 27.1.2016).

Zeillinger, Peter (2005): *Jacques Derrida. Bibliographie der französischen, deutschen und englischen Werke.* Wien: Turia + Kant.

12 Die Macht der Sprache: Judith Butler

12.1 Die soziale und politische Dimension der Sprache

Im Zuge der systematischen Darstellung der Sprachphilosophie hat sich wiederholt gezeigt, dass sich sprachphilosophische Fragestellungen nicht ohne weiteres auf epistemologische Fragen reduzieren lassen, sondern auf unterschiedliche Weise mit normativen, ethischen und politischen Fragen verbunden sein können. Hinweise auf diese normative, ethische und politische Dimension der Sprache und des Sprechens finden sich unter anderem in Aristoteles' Bestimmung des Menschen als eines zugleich sprachlichen und politischen Wesens, dem es in seinem Sprechen nicht nur darum geht, sich mitzuteilen, sondern auch das Gerechte und Ungerechte kundzutun; in Lockes Definition der Sprache als dem gemeinsamen Band der Gesellschaft; in Humboldts Verweis auf die dialogische Verfasstheit der Sprache; in Nietzsches Beschreibung des konstitutiven Verhältnisses von Sprache und Bewusstsein, in der die Entstehung der Sprache und der Gesellschaft sowie die Konstitution des souveränen Subjekts als ein gewaltsamer Prozess gedacht wird, der direkt an den Körpern ansetzt; in Wittgensteins Sprachspielkonzeption, die das Sprechen einer Sprache als Teil einer Tätigkeit auffasst, die mit vielfältigen Handlungen verwoben ist; in Austins Sprechakttheorie, die Sprechen im Kontext sozialer Rituale und Institutionen verortet; in Heideggers responsivem Sprachverständnis, das Sprechen als ein Antworten-Müssen auf ein vorgängiges Angesprochen-Sein versteht; oder in Derridas Infragestellung des Kontextes und der Intention als jener Instanzen, die die Kraft und Bedeutung einer Äußerung abschließend zu bestimmen vermögen, womit er die Frage nach der juridisch-moralischen Verantwortung der sprechenden Subjekte aufwirft.

Die amerikanische Philosophin Judith Butler knüpft an diese Fragen im Zusammenhang mit ihren Überlegungen zum gewaltsamen und verletzenden Charakter der Sprache an, die sie vor allem in ihrer Studie *Excitable Speech. A Politics of the Performative* (1997) (dt. *Haß spricht. Zur Politik des Performativen*) entfaltet. Den konkreten Ausgangspunkt für Butlers Analysen bilden dabei die juristischen und politischen Debatten um Zensur, Meinungs- und Redefreiheit, *hate speech*, Pornographie und schwul-lesbisches Coming-Out, die Anfang der 1990er Jahre in den

USA geführt wurden. Dabei zeigt sich, dass die Gerichte in ihrer Bewertung des Verhältnisses von Sprechen und Handeln mit zweierlei Maß messen bzw. unterschiedliche Sprachauffassungen zugrunde legen: Während in dem einen Fall das Verbrennen eines Kreuzes vor dem Haus einer schwarzen Familie nicht als Handlung, sondern als eine bloße Meinungsäußerung interpretiert wird, die durch das Grundrecht auf Redefreiheit geschützt ist, wird in dem anderen Fall das bloße Bekenntnis eines Armeeangehörigen zu seiner Homosexualität als Vollzug des Geschlechtsakts selbst interpretiert – entsprechend der mittlerweile vom US-Kongress aufgehobenen *Don't Ask, Don't Tell*-Doktrin, der gemäß es Armeeangehörigen zwar erlaubt ist, homosexuell zu sein, aber untersagt ist, sich dazu zu bekennen und öffentlich darüber zu sprechen (vgl. Butler 1997, 38ff.). Im ersten Fall interpretieren die Gerichte Handeln als Sprechen und legen ein Sprachmodell zugrunde, dem entsprechend die Sprecher*innen nur für ihr Sprechen, aber nicht für die verletzenden Effekte, die dieses Sprechen bei den Adressat*innen hervorzurufen vermag, verantwortlich sind; im zweiten Fall favorisieren die Gerichte eine Sprachauffassung, die es erlaubt, Sprechen und Handeln umstandslos in eins zu setzen, mit dem paradoxen Effekt, dass die Äußerung (»Ich bin schwul«) zugleich die sexuelle Handlung vollzieht, die sie benennt (vgl. Butler 1997, 68).

Sieht man zunächst einmal von der Frage ab, warum wir überhaupt durch Sprache verletzbar sind und welcher Instanz die Autorität darüber zukommen soll zu entscheiden, welches Sprechen verletzend ist und welches nicht, so machen die Beispiele zweierlei deutlich: Einerseits beschreiben und erklären Theorien wie die Sprechakttheorie nicht nur die Wirkungsweise und die politischen Effekte von Sprechakten; Theorien werden umgekehrt in politische und juridische Kontexte übernommen und dienen dort strategischen Zwecken (vgl. Butler 1997, 38). Andererseits zeigt sich, dass die Frage, wie das komplexe Verhältnis von Sprechen und Handeln zu denken ist, immer auch ein körperliches Subjekt impliziert, das geschlechtlich und ethnisch kodiert ist und das durch Formen der Anrufung und der Adressierung gleichermaßen konstituiert und bedroht wird. Damit sind zugleich zwei Aspekte benannt, die nicht nur für die sprachphilosophischen Überlegungen, sondern auch für das gesamte Werk Butlers kennzeichnend sind: Butlers Interesse gilt zum einen dem prekären Verhältnis von Theorie und Politik, wobei sie unterstreicht, dass es weder für die Theorie selbst noch für diejenigen, die Theorie betreiben, einen neutralen Ort geben kann; vielmehr finden sie sich immer schon in das involviert, was sie zu analysieren und zu explizieren versuchen. Zum anderen weist Butler die Vorstellung eines von vornherein gegebenen souveränen Subjekts zurück. Stattdessen gilt es, jene Prozesse und Mechanismen zu analysieren, durch die wir allererst zu sprachlichen und körperlichen Subjekten werden, wobei vor allem das komplexe Verhältnis von Sprache und Körper immer wieder im Zentrum von Butlers Analysen steht – angefangen von ihren frühen Überlegungen zur Geschlechtsidentität bis hin zu ihren jüngsten Arbeiten zur Konstitution politischer Subjektivität.

> Judith Butler (*1956) wächst in Cleveland (Ohio) auf. Sie studiert Philosophie am Bennington College, der Universität Heidelberg und der Yale University, wo sie 1984 ihr Studium mit einer Dissertation zur Hegel-Rezeption in Frankreich abschließt. Seit 1993 – nach Professuren an der George Washington University und der Johns Hopkins University – lehrt Butler an der University of California Berkeley.
> Zu ihren wichtigsten Werken der 1990er Jahre zählen u. a. *Gender Trouble: Feminism and the Subversion of Identity* (1990) (dt. *Das Unbehagen der Geschlechter*), *Bodies that Matter: On the Discursive Limits of »Sex«* (1993) (dt. *Körper von Gewicht. Die diskursiven Grenzen des Geschlechts*) und *Excitable Speech: A Politics of the Performative* (1997) (dt. *Haß spricht. Zur Politik des Performativen*). Ab den 2000er Jahren – vor dem Hintergrund der Anschläge vom 11. September 2001 und dem sich daran anschließenden »Krieg gegen den Terror« – wendet sich Butler zudem verstärkt ethischen und gesellschaftspolitischen Fragen zu. Zu nennen sind hier u. a. *Precarious Life: The Powers of Mourning and Violence* (2004, dt. *Gefährdetes Leben. Politische Essays*), *Frames of War: When is Life Grievable?* (2009, dt. *Raster des Krieges. Warum wir nicht jedes Leid beklagen*), und *Notes Toward a Performative Theory of Assembly* (2015).
> Obwohl Butler vor allem für ihre Arbeiten auf dem Gebiet der feministischen Theorie, der Gender- und Queer-Studies, der Psychoanalyse sowie der Politischen Philosophie bekannt ist, leistet sie mit ihrem Werk auch einen wichtigen Beitrag zu sprachphilosophischen Fragestellungen. Maßgeblich sind hier u. a. ihre Überlegungen zur Performativität von Geschlecht, nach denen nicht nur *gender*, das soziale Geschlecht, sondern auch *sex*, verstanden als natürliches oder biologisches Geschlecht, eine soziale Konstruktion darstellt, die durch ein komplexes Spiel normativer und diskursiver Verfahren hervorgebracht und stabilisiert wird, sowie das bereits erwähnte Buch *Excitable Speech*, in dem sie – ausgehend von Friedrich Nietzsche, Louis Althusser, John Austin, Jacques Derrida, Pierre Bourdieu, Shoshana Felman u. a. – dem Problem sprachlicher Gewalt und Verletzbarkeit nachgeht.

12.2 Sprechen als körperlicher Akt

Den Einsatzpunkt für Butlers sprachphilosophische Reflexionen bildet – wie schon für Derrida, dessen Thesen zur Iterabilität und Zitathaftigkeit sprachlicher Äußerungen Butler produktiv aufnimmt – Austins Theorie der Unglücksfälle sowie sein Ausschluss all jener Äußerungen, die nicht unter gewöhnlichen und alltäglichen Umständen vollzogen werden. Dieser Ausschluss betrifft, wie wir gesehen haben, bei Austin – neben akustischen Missverständnissen – einerseits Fälle, in denen eine performative Äußerung unter *Zwang* oder unbeabsichtigt ausgeführt wird, sowie andererseits Fälle, in denen eine performative Äußerung nicht *ernsthaft*, sondern auf *parasitäre* Weise verwendet wird, wie z. B. im Monolog oder im Theater (vgl. Kap. 8.2). Während Derrida sich vor allem für Austins Performativa als *sprachliche Äußerungen* interessiert und kritisch bei Austins Ausschluss all jener Äußerungen ansetzt, die sich *parasitär* gegenüber dem Normalfall verhalten (vgl. Kap. 11.3), thematisiert Butler performative Äußerungen als *körperliche Handlungen* und setzt bei Austins Ausschluss all jener Handlungen an, in denen Faktoren am Werk sind, die »die Verantwortlichkeit des Täters ausschließen oder mindern« (Austin 1955, 43).

Darunter versteht Austin Handlungen, die »zum Beispiel unter Zwang oder versehentlich oder auf Grund eines Fehlers oder in anderer Weise ohne Absicht getan werden können«, etwa wenn die Frischvermählten ihr Ja-Wort unter vorgehaltener Waffe geben oder ein Versprechen im betrunkenen Zustand gegeben wird: »In vielen derartigen Fällen werden wir auf keinen Fall einfach sagen, daß der Mensch das und das ›getan‹ habe« (Austin 1955, 43). Wir werden aber auch nicht einfach sagen können, dass er oder sie es nicht getan habe; vielmehr werden wir z. B. »mildernde Umstände« oder »beschränkte Schuldfähigkeit« geltend machen. Damit entziehen sich diese Fälle – wie auch die parasitären Äußerungen – der einfachen Einteilung in *geglückte* und *missglückte* Sprechakte; denn weder lässt sich eindeutig sagen, dass die Handlung gelungen ist, noch dass sie misslungen ist. Damit vollzieht Austin, wie schon bei den parasitären Sprechakten, eine doppelte Bewegung: Einerseits räumt er ein, dass die Möglichkeit des Scheiterns immer gegeben ist, »daß solche Elemente ständig in unsere Beispiele eingehen können und eingehen werden«. Andererseits schließt er diese Möglichkeit als eine rein äußerliche aus seinen weiteren Überlegungen aus: »Wir lassen diese anderen Arten aber beiseite« (Austin 1955, 43).

Gerade auf »diese anderen Arten« spielt Butler mit dem englischen Titel *Excitable Speech* an. Der Ausdruck »excitable speech«, der sich als »erregbares, reizbares Sprechen« übersetzen lässt, bezeichnet in juristischen Kontexten Äußerungen, die unter Zwang oder in einer physischpsychischen Ausnahmesituation erfolgen und die folglich nicht als Geständnisse oder als Zeugenaussagen vor Gericht verwendet werden können (vgl. Butler 1997, 31). In diesen Fällen findet nach Butler eine Art Entkopplung des Sprechaktes von den Intentionen der Sprecher*innen statt, sodass diese nur bedingt verantwortlich für die von ihnen getätigten Äußerungen zu sein scheinen. Diese »Ablösung des Sprechaktes vom souveränen Subjekt« stellt aber nun laut Butler gerade keine Ausnahme vom Normalfall dar; vielmehr ist ihre These, »daß das Sprechen sich stets in gewissem Sinne unserer Kontrolle entzieht« (Butler 1997, 31).

Grund für diese strukturelle Unkontrollierbarkeit des Sprechaktes ist – neben der allgemeinen Struktur der Iterabilität – der körperliche Charakter des Sprechens. Sprechen selbst ist ein körperlicher Akt, der von körperlichen Gesten begleitet, durch diese ersetzt oder konterkariert werden kann. So kann der mit einer performativen Äußerung vollzogene Sprechakt durch die Körpersprache oder begleitende Handlungen unterminiert oder in sein Gegenteil verkehrt werden. Umgekehrt reicht manchmal eine einfache körperliche Geste, um einen wirkungsvollen Sprechakt zu vollziehen. In diesem Sinne markiert der Körper nach Butler »die Grenze der Intentionalität des Sprechaktes«: Als ein grundlegend körperlicher Akt sagt der Sprechakt »immer mehr oder sagt es in anderer Weise, als er sagen will« (Butler 1997, 23), wobei es nicht nur das Subjekt, sondern auch der Körper ist, der »spricht«. Damit unterminiert der Sprechakt zugleich die metaphysische Opposition zwischen Sprache und Körper, Geistigem und Physischem. Denn weder lässt sich der Sprechakt allein auf die bewusste Intention noch auf unwillkürliche körperliche Handlungen reduzieren; vielmehr ist er der Ort, an dem diese beiden zugleich divergieren und ineinandergreifen (vgl. Butler 2003, 122).

Mit diesen Überlegungen ergänzt und erweitert Butler zugleich Derridas Analyse performativer Äußerungen um den Aspekt der Körperlichkeit. Während Derrida – ausgehend von Austins Ausschluss parasitärer Sprachformen und mit Verweis auf die Struktur der Iterabilität – geltend macht, dass die Möglichkeit, eine performative Äußerung zu imitieren oder zu zitieren, kein Missgeschick ist, sondern eine notwendige Möglichkeit, die jedes Zeichen als Zeichen konstituiert, argumentiert Butler – ausgehend von Austins Ausschluss »erzwungener« Sprechhandlungen und mit Verweis auf die Körperlichkeit des Sprechaktes –, dass die Möglichkeit, dass sich das Sprechen unserer bewussten intentionalen Kontrolle entzieht, keinen Sonderfall darstellt, sondern zur Struktur jeder performativen Äußerung gehört.

12.3 Sprachliche Gewalt und Verletzbarkeit

Mit dem Verweis auf die Körperlichkeit des Sprechens kommen auch der gewaltsame und verletzende Charakter der Sprache sowie das Verhältnis von sprachlicher und körperlicher Verletzbarkeit in den Blick. Denn der Umstand, dass Sprechen verletzen kann, scheint darauf zu beruhen, dass Sprechen ein körperlicher Akt ist, der körperliche Effekte hat und unser soziales Sein nicht nur erhält, sondern auch bedroht. In der Tat dient Sprache keineswegs nur kommunikativen und verständigungsorientierten Zwecken. Von einfachen Beleidigungen und Drohungen über strukturelle Formen der Diskriminierung, der Missachtung und des sozialen Ausschlusses bis hin zu Propaganda und Verhetzung sowie neuartigen Formen sprachlich-symbolischer Gewalt, die mit den neuen sozialen Medien einhergehen, sind wir alltäglich mit der verletzenden Kraft der Sprache und des Sprechens konfrontiert. Wir können folglich mit Sprache nicht nur Gewalt beschreiben, ausdrücken oder artikulieren, sondern auch Gewalt ausüben und andere verletzen. Darüber hinaus zeigt sich, dass der Sprache selbst ein gewaltsames Moment inhärent ist. Denn die Struktur und die Logik unserer Sprache bestimmt nicht nur, was sich wie sagen lässt; sie begrenzt gleichermaßen den Raum dessen, was vom Sag- und vom Hörbaren und folglich von jeder sprachlichen oder politischen Repräsentation ausgeschlossen bleibt.[135]

Versucht man, eine erste Antwort auf die Frage zu finden, warum wir mit sprachlichen Äußerungen Gewalt ausüben, andere verletzen oder sogar in ihrer sozialen Existenz bedrohen können, wie z. B. im Fall

---

[135] Einen guten Überblick zu den unterschiedlichen Theorien sprachlicher Gewalt bieten Erzgräber/Hirsch 2001, Herrmann/Kuch 2007, Liebsch 2007, Herrmann/Kuch 2010 und Posselt 2011.

von *hate speech* oder Mobbing, so scheint es naheliegend, zunächst den Handlungscharakter der Sprache und des Sprechens genauer zu untersuchen. Wenn Sprechen nicht nur die Welt beschreibt und Sachverhalte behauptet, sondern Handlungen vollzieht und Tatsachen schafft, dann kann auch ein Sprechakt, wie jede andere Handlung, gewaltsam und verletzend sein. Wenn wir umgekehrt danach fragen, warum wir überhaupt durch Sprache und Sprechen verletzbar sind, so hat dies offenbar damit zu tun, dass wir sprachliche Wesen sind, die für ihr soziales Überleben auf sprachliche Akte der Adressierung und des Angesprochen-Werdens angewiesen sind.

Butler bezieht sich hier auf Louis Althussers Konzept der *Interpellation*, das dieser in seinem Aufsatz »Ideologie und ideologische Staatsapparate« (1970) entwickelt. »Interpellation« bezeichnet dabei jenen Prozess der Anrufung, durch den das Individuum durch die ideologischen Staatsapparate wie Justiz, Polizei, Kirche, Schule etc. und ihre autorisierten Sprecher*innen als Subjekt konstituiert wird und ein gesellschaftliches Sein erhält. Althusser vergleicht diesen Akt der Anrufung mit dem Ruf einer Polizist*in »He, Sie da!« auf der Straße, durch den diese eine Passant*in herbeizitiert. Indem das auf diese Weise adressierte Individuum auf den Ruf reagiert und sich umwendet, erkennt es an, dass der Anruf genau ihm galt, und nimmt die ihm zugewiesene Subjektposition an. Dabei unterstreicht der Akt der Anrufung zugleich das doppelte Moment der Subjektivierung: Das Individuum, das sich in seine Unterwerfung (frz. *assujettissement*, engl. *subjection*) fügt, wird gerade dadurch zum Subjekt (frz. *subjectivation*, engl. *subjectification*), dass es die ihm zugewiesene gesellschaftliche Position (in den Parametern *race*, *class*, *gender* etc.) als seine eigene *erkennt* und *verkennt*.

Aus dieser ambivalenten Struktur des Subjektivierungsprozesses ergeben sich zwei wichtige Konsequenzen: Einerseits haben wir es nicht länger mit einem Subjekt zu tun, das von vornherein gegeben wäre; vielmehr wird das Individuum durch Akte der Anrufung und Adressierung erst in die soziale und symbolische Ordnung eingeführt und damit als prinzipiell anerkennbares Subjekt konstituiert. Andererseits besitzen sprachliche Akte der Anrufung und Adressierung, wie Butler unterstreicht, nicht nur eine verletzende und unterwerfende, sondern auch eine ermächtigende und ermöglichende Kraft. Die gesellschaftliche Anrufung unterwirft diejenigen, die sie adressiert, nicht nur, sondern sie konstituiert sie zugleich auch als Subjekte, indem sie ihnen eine bestimmte Subjektposition zuweist. Wir werden folglich durch die Namen, die wir erhalten, nicht einfach festgelegt, sondern sie geben uns auch eine bestimmte Möglichkeit der gesellschaftlichen und diskursiven Existenz, weshalb wir es unter Umständen sogar vorziehen, verletzende Benennungen zu erhalten, als gar nicht angesprochen zu werden (vgl. Butler 1997, 10).

Dies gilt nach Butler nicht nur für das Individuum als ein sprechendes, sondern auch als ein körperliches Wesen. Denn nicht nur das Subjekt, sondern auch der Körper wird »durch die Anredeformen wechselweise erhalten und bedroht« (Butler 1997, 14). Das heißt nicht, dass Sprache den Körper wörtlich ins Dasein bringt – im Sinne einer quasigöttlichen performativen Äußerung, die über die Macht verfügen würde, das vollständig und abschließend hervorzubringen, was sie benennt. Vielmehr ist damit gesagt, dass erst dadurch, dass ein Körper als ein über spezifische Merkmale bestimmter Körper adressiert und angerufen wird, er für uns intelligibel wird und eine »bestimmte gesellschaftliche Existenz« erhält (Butler 1997, 15).[136] Umgekehrt sedimentieren sich diese Anredeformen kontinuierlich im Körper und werden zu dessen *Habitus* (ein Begriff, den Butler vom Soziologen Pierre Bourdieu übernimmt) – verstanden als verkörperte Wahrnehmungs-, Denk- und Handlungsschemata, die die Handlungen, Gefühle, Wahrnehmungen und Sprechweisen der Individuen viel sicherer anleiten »als alle formalen Regeln und expliziten Normen« (Bourdieu 1980, 101).

Die Konstituiertheit des Subjekts darf allerdings nicht dahingehend missverstanden werden, dass damit Handlungsfähigkeit (engl. *agency*) und Verantwortung ausgeschlossen wären. Butler unterstreicht diesen Punkt, wenn sie geltend macht, dass die Behauptung, »daß das Subjekt konstituiert ist, [nicht] bedeutet […], daß es determiniert ist« (Butler 1992, 44). Im Gegenteil, gerade weil das Subjekt keine feste Instanz darstellt, sondern durch sprachlich-diskursive Prozesse der Subjektivierung permanent hervorgebracht, stabilisiert und destabilisiert wird,

---

[136] Die These, dass Körper sprachlich-diskursiv verfasst sind, ist folglich nicht *ontologisch*, sondern *epistemologisch* zu verstehen, insofern der Körper erst als sprachlich adressierter Körper für uns bedeutungsvoll und verstehbar wird. Vgl. hierzu sowie zu dem gegen Butler wiederholt erhobenen Vorwurf, sie vertrete einen *sprachlichen Monismus* (»Es gibt nichts außer Sprache«) und *Determinismus* (»Das Subjekt ist in seinem Denken und Handeln vollständig durch Sprache bestimmt«) die Diskussion bei Vasterling 1999.

wird überhaupt erst jener Spielraum eröffnet, der Sprechen, Handeln und Verantwortung möglich macht. Hätten wir es dagegen mit einem souveränen Subjekt zu tun, das in der Lage wäre, die Effekte und Folgen seines Sprechens und Handelns jederzeit vollständig zu kontrollieren, wäre weder Handeln noch Verantwortung im eigentlichen Sinne möglich, insofern jede Handlung auf eine Kette kalkulierbarer Effekte reduzierbar wäre. In diesem Sinne »stellt der konstituierte Charakter des Subjekts gerade die Vorbedingung für seine Handlungsfähigkeit dar« (Butler 1992, 44). Dabei ist entscheidend, wie Butler gegen Althusser geltend macht, dass es sich bei den Prozessen der Anrufung und Anrede, durch die die Subjekte konstituiert werden, nicht um einen einzelnen Akt handelt, der vollständig das hervorbringen würde, was er benennt. Weder kommen wir als fertige Subjekte auf die Welt noch ist der Prozess der Subjektivierung ein singuläres Ereignis; vielmehr handelt es sich um eine reiterative, fortgesetzte und prinzipiell unabschließbare Praxis, die immer auch die Möglichkeit der Abweichung und des Scheiterns impliziert. Anders gesagt, während nach der klassischen Vorstellung eine Unterminierung der Souveränität mit der Disqualifizierung des sprechenden Subjekts und seiner Handlungsfähigkeit einhergeht, setzt nach Butler Handlungsmacht und damit auch Verantwortung »gerade dort ein, wo die Souveränität schwindet« (Butler 1997, 32), d. h. in jenen Praktiken, die durch die Struktur der Iterabilität eröffnet werden und die sowohl die stabilisierende als auch die destabilisierende, transformierende Kraft performativer Sprech- und Körperakte zu erklären vermögen.

12.4 Verantwortung und Handlungsfähigkeit

12.4.1 Verantwortung als Iterabilität

Der zentrale Begriff, der hier mit ins Spiel kommt, ist der der *Iterabilität* oder *Zitathaftigkeit*, den Butler von Derrida übernimmt und im Hinblick auf seine ethischen und politischen Konsequenzen weiterentwickelt. Mit Derrida macht Butler geltend, dass jede performative Äußerung auf einer reiterativen Praxis beruht, die die historische Last des Namens evoziert. Keine performative Äußerung könnte gelingen, keine verletzende Benennung ihre Wirkung entfalten, wenn sie nicht die Historizität einer Kette von Normen und Konventionen aufrufen würde, die der

Äußerung ihre zugleich setzende und bindende Kraft verleihen. Das heißt auch, dass weder die bewusste Intention noch der Kontext die Performanz einer Sprechhandlung vollständig zu bestimmen vermögen (Butler 1997, 24). Sprechen wird damit nicht länger ausgehend von der Idee eines souveränen Subjekts gedacht, wie es der juridisch-politische Diskurs voraussetzt, sondern ausgehend von der allgemeinen Struktur der Iterabilität, in der die Kategorien der Intention und des Kontextes, wie Derrida deutlich macht, zwar ihren Platz haben, aber nicht mehr als jene Instanzen gedacht werden können, die die Bedeutung und die Kraft einer Äußerung vollständig und abschließend zu bestimmen vermögen (vgl. Kap. 11.4).[137]

Dies wird auch daran deutlich, dass die verletzende Kraft einer Äußerung nicht notwendig an die Autorität und die Machtposition der Sprecher*innen gebunden ist, auch wenn die Asymmetrie der Macht- und Herrschaftsverhältnisse zweifellos einen wesentlichen Faktor für die verletzende Kraft sprachlicher Äußerungen darstellt. Besonders deutlich wird dies am Beispiel verhetzender und rassistischer Rede. Denn damit *hate speech* ihre verletzende Gewalt entfalten kann, ist es nicht unbedingt erforderlich, dass die Sprecher*in von *hate speech* über eine entsprechende Macht- oder Autoritätsposition verfügt. Wenn eine Sprecher*in die Macht hat, andere zu verletzen, so nicht allein deshalb, weil sie auch die Macht dazu hat, sondern weil ihre Äußerungen die in der Sprache historisch sedimentierten Traumata und Verletzungen wiederaufrufen und reiterieren, woraus ihr umgekehrt ein spezifischer Machtgewinn zufließt.

Mit den Überlegungen zur Iterabilität verschiebt sich auch die Frage nach der Verantwortung und der moralisch-juridischen Zurechenbarkeit verletzender Sprechakte. Wenn es nicht länger möglich ist, die Kraft einer sprachlichen Äußerung allein in der Intention der Sprecher*innen zu verorten, sondern die performative Äußerung ihre bindende und verletzende Kraft daraus gewinnt, dass sie vergangene Verletzungen und Traumata wiederaufruft und aktualisiert, dann ist es auch nicht länger möglich, die Frage der Verantwortlichkeit allein über die An- oder Abwesenheit einer entsprechenden Intention zu bestimmen. Das heißt jedoch keineswegs, den Begriff der Verantwortlichkeit selbst zu relativieren (nach dem Motto »Aber ich habe doch nur zitiert oder wieder-

---

[137] Vgl. zu den folgenden Ausführungen auch Posselt 2011, 115ff.

holt, was schon unzählige andere vor mir gesagt haben.«), sondern vielmehr für einen starken Begriff der Verantwortung zu plädieren, der wesentlich an den Begriff der Iterabilität geknüpft ist. Gerade weil Sprechen immer ein Zitat ist, gerade weil jedes Sprechen als ein körperlicher Akt »sich stets in gewissem Sinne unserer Kontrolle entzieht« (Butler 1997, 31) und jeder Sprechakt die in der Sprache und in den Körpern historisch sedimentierten Konventionen, Normen, Traumata und Ausschlüsse wiederaufruft und reiteriert, sind wir für unsere Äußerungen verantwortlich. Die unvermeidliche Zitathaftigkeit unserer Äußerungen, Gesten oder Handlungen entbindet uns folglich nicht von unserer Verantwortung, sondern bürdet uns vielmehr eine Verantwortung auf, die uns notwendig übersteigt. Damit löst Butler zugleich den Begriff der Verantwortung – und den der Handlungsfähigkeit – von seiner traditionellen Bindung an die Begriffe der *Intention*, des *souveränen Subjekts* und der *Urheberschaft* und reformuliert ihn über den Begriff der Iterabilität.

> Das Subjekt, das *hate speech* spricht, ist zweifellos für dieses Sprechen verantwortlich, jedoch nur selten sein Urheber. Das rassistische Sprechen [...] zirkuliert, und obgleich es ein Subjekt erfordert, um gesprochen zu werden, beginnt oder endet es nicht mit dem sprechenden Subjekt oder mit dem jeweils verwendeten Namen. (Butler 1997, 60f.)

Kurz, weder die Zitathaftigkeit des Sprechens noch die Anonymität bürokratischer Strukturen entbindet uns von unserer Verantwortung; vielmehr sind wir verantwortlich für unsere Äußerungen (und damit auch für unsere Handlungen) »gerade wegen des Zitatcharakters des Sprechens [...]. Die Verantwortung ist also mit dem Sprechen als Wiederholung, nicht als Erschaffung verknüpft« (Butler 1997, 68). Entsprechend gilt es, Verantwortung und Handlungsfähigkeit konsequent über das Moment der Iterabilität zu reformulieren. Wenn Verantwortung und Handlungsfähigkeit mit der Sprache als Zitation und Wiederholung verknüpft sind und Sprechen und Handeln als eine unabschließbare Praxis vorgestellt werden müssen, dann ist die entscheidende Frage nicht »ob, sondern wie wiederholen« (Butler 1990, 217).

Hier gilt es, nochmals daran zu erinnern, dass der Begriff der Iterabilität, so wie er von Derrida eingeführt wird, gerade nicht die Wiederholung des Gleichen meint, sondern unterstreicht, dass jede Wiederholung notwendig mit einem Moment der Transformation und Veränderung verbunden ist, was zugleich auf die Kraft des Zeichens verweist, mit seinem Kontext zu brechen und neue Kontexte zu erzeugen. Gerade in der Notwendigkeit, dass jedes Zeichen wiederholt werden muss, um wirksam zu sein, sowie in dem Bruch oder Spalt zwischen dem Äußern bestimmter Worte, der vollzogenen Handlung und ihren niemals vollständig zu kontrollierenden Wirkungen lokalisiert Butler die Möglichkeit des Widerstandes, des Gegensprechens und der Handlungsfähigkeit. In diesem Spalt, der durch die allgemeine Struktur der Iterabilität aufgetan wird, gilt es kritisch anzusetzen, die Bedeutungen, Normen und Konventionen anzueignen und gegen sich selbst zu wenden.

Das bedeutet auch, dass sprachliche Gewalt und Verletzbarkeit weder im Widerspruch zur Handlungsfähigkeit des Subjekts stehen noch als Abweichungen oder parasitäre Sonderformen eines prinzipiell auf Verständigung orientierten Sprachgebrauchs betrachtet werden können. Sprachliche Verletzbarkeit schließt ebenso wenig wie die Konstituiertheit des Subjekts Handlungsfähigkeit aus, sondern ermöglicht diese gewissermaßen erst, insofern jede verletzende Anrede aufgrund der allgemeinen Iterabilität und Zitathaftigkeit in sich das Potential birgt, angeeignet und gegen sich selbst gewendet zu werden sowie ein »Subjekt in das Sprechen einzuführen, das nun seinerseits die Sprache gebraucht, um der verletzenden Benennung entgegenzutreten« (Butler 1997, 10). Sprachlich verletzbar zu sein, heißt folglich gerade nicht, handlungsunfähig zu sein; vielmehr wäre ohne diese grundlegende Verletzungsoffenheit des Menschen weder Handeln noch Sprechen möglich. In diesem Sinne spricht Butler auch von einer »ermächtigenden Verletzbarkeit« (*enabling vulnerability*) (Butler 1997, 10), die uns Ausdrucks- und Handlungsmöglichkeiten nicht nur nimmt, sondern auch eröffnet.

12.4.2 Handlungsfähigkeit als resignifikative Praxis

Diese Überlegungen haben auch Konsequenzen für das Problem der Zensur und die Frage, welchen politischen und juristischen Instanzen die Autorität zukommen soll, darüber zu entscheiden, welches Sprechen verletzend ist und welches nicht. Weder kann es darum gehen, den Gebrauch bestimmter Begriffe zu verbieten, zu zensurieren oder zu verwerfen, noch ist dies möglich (denn selbst Schweigen oder Zensur wären noch eine spezielle Form der Iteration). Vielmehr gilt es nach Butler, verletzende Ausdrucksweisen und Begriffe auf *andere* Weise zu wiederholen, um ihnen so ihre verletzende Kraft zu nehmen. Daher warnt

Butler vor der Tendenz, die Entscheidung darüber, welches Sprechen verletzend ist und welches nicht, vorschnell an staatliche Instanzen zu delegieren. Dies würde nicht nur dem Staat und den Gerichten die alleinige Deutungshoheit darüber einräumen, was sagbar ist und was nicht, welches Sprechen legitim ist und was aus dem Raum des Sagbaren ausgeschlossen bleibt, sondern darüber hinaus die verletzende Kraft bestimmter Äußerungen dauerhaft bestätigen und festschreiben. Weder ist der Umstand, dass die Sprache ein Trauma in sich trägt, ein hinreichender Grund, ihren Gebrauch zu untersagen, noch ist die Tabuisierung bestimmter Begriffe, wie sie beispielsweise Victor Klemperer in seiner 1947 erschienenen Studie zur Sprache des Nationalsozialismus nahelegt, immer eine zielführende Strategie. Während Klemperer – in einer selbst nicht unproblematischen Sprache – empfiehlt, »viele Worte des nazistischen Sprachgebrauchs für lange Zeit, und einige für immer, ins Massengrab zu legen« (Klemperer 1947, 22), favorisiert Butler eine aktive und ermächtigende Strategie der Resignifikation und Wiederaneignung: »Es gibt keine Möglichkeit, Sprache von ihren traumatischen Ausläufern zu reinigen, und keinen anderen Weg, das Trauma durchzuarbeiten, als die Anstrengung zu unternehmen, den Verlauf der Wiederholung zu steuern.« (Butler 1997, 66)

Ein oft genanntes Beispiel für eine solche zitathafte Resignifikation oder Wiederaneignung verletzender Begriffe ist der englische Ausdruck »queer«, der ursprünglich pejorativ zur Bezeichnung von Homosexuellen gebraucht wurde und ab den 1980er Jahren von der schwul-lesbischen Community im Sinne einer affirmativen Selbstbezeichnung positiv angeeignet, resignifiziert und umgedeutet wurde.[138] Dabei zeigt sich aber auch, dass jede Aneignung und Umwertung nicht einfach nur erweiternd oder inklusiv verfährt, sondern immer auch mit neuen Ausschlüssen und Grenzziehungen einhergeht (man denke hier z. B. an Vorwürfe der Art, jemand sei nicht »queer« genug etc.). Zudem wird deutlich, dass die Möglichkeit sprachlicher Subversion und Resignifikation keineswegs *per se* emanzipatorisch wirkt, sondern konstitutiv für jede sprachliche und politische Praxis ist. Gerade das Erstarken rechtsextremer Gruppierungen ging in den letzten Jahren häufig einher mit der bewussten Aneignung und Umwertung klassischer liberaler Begriffe wie Freiheit und Toleranz, dem subtilen Spiel mit semiotischen Codes

---

[138] Vgl. hierzu Posselt 2005, 8f.

sowie der gezielten Übernahme und Adaptierung ursprünglich emanzipatorischer Protestformen, Strategien und Kleidungsstile.

Spätestens an dieser Stelle wird ersichtlich, dass sprachphilosophische Fragestellungen weitreichende ethische und politische Konsequenzen haben können, die den traditionellen Bereich der Sprachphilosophie transzendieren und damit neue Fragen aufwerfen, die sich nicht immer einfach beantworten lassen. So stellt sich die Frage, wie sich produktive, inklusive und ermächtigende Formen der Aneignung und Resignifikation von destruktiven, exklusiven und repressiven Formen unterscheiden lassen. Gibt es Kriterien, die uns erlauben würden, unterschiedliche Formen der Aneignung, der Resignifikation und Reartikulation voneinander zu unterscheiden und im Hinblick auf ihr emanzipatorisches Potential zu bewerten?

Zwei Antwortrichtungen lassen sich hier skizzieren: Eine Art strukturelles Kriterium ergibt sich aus der allgemeinen Struktur der Iterabilität selbst. Wenn laut Derrida die allgemeine Struktur der Iterabilität nicht nur für alle Formen von Zeichen, sondern letztlich für jede Form von Erfahrung Gültigkeit hat (vgl. Derrida 1971, 26f.), dann gilt es, Formen des Sprechens und Handelns ins Werk zu setzen, die für zukünftige Formen der Beeinspruchung und Reartikulation offen bleiben und die zugleich den eigenen (impliziten) Ausschlüssen Rechnung tragen. Dagegen wären jene Aneignungen zurückzuweisen, die gerade darauf abzielen, Begriffe festzuschreiben, zu naturalisieren und zu essentialisieren sowie den Prozess der Resignifikation und Wiederaneignung ein für alle Male abzuschließen, um auf diese Weise zukünftige Formen des Gegen- und Widersprechens zu verunmöglichen.

In ihren späteren Arbeiten versucht Butler darüber hinaus, eine Art normatives Kriterium auszuweisen, das der Verschränkung von sprachlicher und körperlicher Verletzbarkeit verstärkt Rechnung trägt. Ausgehend von der allgemein geteilten Bedingung der Gefährdetheit und Verletzbarkeit – »einer primären Verletzbarkeit durch andere«, »die man nicht loswerden wollen kann, ohne selbst aufzuhören, menschlich zu sein« (Butler 2004, 10, Übers. mod.) – sowie der Abhängigkeit von und dem Angewiesensein auf andere, gilt es nach Butler, Verletzbarkeit (*vulnerability*) nicht einfach als Beschädigbarkeit (*injurability*) zu verstehen, sondern als eine Form sprachlich-körperlicher Responsivität, die sowohl in der Offenheit gegenüber einer (Lebens-)Geschichte bestehen kann, die uns affiziert und die bisher noch nicht erzählt worden ist, als auch in einer Aufnahmefähigkeit und Empfänglichkeit für einen anderen Körper, für das, was dieser durchzumachen und zu erleiden hat (vgl. Butler 2012, 211). Folglich wären Formen des Sprechens und Handelns umzusetzen, die gerade dieser Abhängigkeit von und (Verletzungs-)Offenheit gegenüber anderen Rechnung tragen, während Formen des Sprechens und Handelns entschieden zurückzuweisen wären, die darauf abzielen, die eigene Prekarität und Abhängigkeit von anderen zu leugnen oder diese auf Kosten anderer zu minimieren.

12.5 Zusammenfassung und Ausblick

Mit ihren Überlegungen zum gewaltsamen und verletzenden Charakter der Sprache und des Sprechens, zum Verhältnis von sprachlicher und körperlicher Verletzbarkeit sowie zu Fragen von Verantwortung und Handlungsfähigkeit, verschiebt Butler die Perspektive klassischer sprachphilosophischer Fragestellungen. Während Sprache traditionellerweise als ein Mittel der Kommunikation aufgefasst wird, das einen auf Verständigung hin orientierten macht- und gewaltfreien Raum eröffnet, unterstreicht Butler den grundlegend gewaltsamen und verletzenden Charakter sprachlicher Äußerungen und zeigt auf, dass es keinen Raum außerhalb jener normativen Beziehungen gibt, die uns erst zu anerkennbaren Subjekten machen. Während die Sprachphilosophie in der Regel von einem intentionalen und gleichsam körperlosen Subjekt ausgeht, das vor oder außerhalb der Sprache existiert, verweist Butler auf die komplexen Prozesse der Subjektkonstitution, die allererst festlegen, wer als ein sprechendes Subjekt zählt. Während sprachphilosophische Fragen traditionellerweise im Feld der Erkenntnistheorie und der theoretischen Philosophie verortet sind, zeigt sich nun, dass sprachphilosophische Reflexionen neben epistemologischen Fragen immer auch normative, ethische und politische Fragen implizieren, die das Problemfeld nachhaltig erweitern und uns dazu nötigen, scheinbar selbstverständliche philosophische Grundbegriffe wie *Subjekt, Intention, Verantwortung, Handlungsfähigkeit* etc. selbst noch einer kritischen Revision zu unterziehen.

Dabei interessiert sich Butler vor allem für diejenigen Prozesse, durch welche wir allererst zu Subjekten werden. Das sprechende Subjekt geht seinen Äußerungen und Handlungen nicht einfach voraus; vielmehr erhalten wir erst durch Prozesse der Adressierung ein soziales

Sein und werden als anerkennbare Subjekte konstituiert. Folglich haben sprachliche Akte der Anrufung und Adresse nicht nur verletzende und unterwerfende, sondern auch ermächtigende und ermöglichende Effekte, was zugleich heißt, dass sprachliche Gewalt und Verletzbarkeit nicht etwas ist, das nachträglich zum Sprechen hinzukommt, sondern uns als soziale Wesen grundlegend konstituiert (vgl. Butler 1997, 54). Entscheidend dabei ist, dass der Prozess der Subjektivierung niemals abgeschlossen ist; vielmehr muss er reiteriert werden, um wirksam zu sein, was immer auch die Möglichkeit eines Bruchs, einer Abweichung oder eines Scheiterns impliziert, in der Butler zugleich die Möglichkeit des Widerstands und der Handlungsfähigkeit lokalisiert.

Entsprechend greift der Versuch zu kurz, die verletzende Kraft sprachlicher Äußerungen allein in der Intention, der sozialen Machtposition und der Autorität der Sprecher*innen zu verorten, auch wenn diese Aspekte zweifellos eine wichtige Rolle spielen. Wenn eine verletzende Äußerung gelingt, so liegt dies nicht allein in der Intention, der sozialen Machtposition und der autoritativen Befugnis der Sprecher*innen begründet; vielmehr gewinnt jede sprachliche Äußerung ihre performative Kraft daraus, dass sie die in den Strukturen und Konventionen der Sprache historisch sedimentierten Bedeutungen und Traumata reiteriert und aktualisiert. Dies führt keineswegs zu einer Relativierung des Begriffs der Verantwortung, sondern vielmehr zu einem starken Begriff der Verantwortung, der uns – als Verantwortung gegenüber der Geschichte und der Zukunft – immer schon übersteigt und uns daran erinnert, dass wir als verletzbare Wesen in unserem sozialen Sein und in unserem Handeln von anderen abhängig sind, auf deren Ansprüche wir antworten müssen.

Diese Überlegungen haben nicht nur Konsequenzen für die Beschreibung gesellschaftlicher Prozesse sowie für die Analyse der diskursiven und sprachlichen Praktiken, durch die wir allererst zu sozialen und politischen Subjekten werden, sondern auch für die Position und die Aufgabe jener, die versuchen, diese Beziehungen zu analysieren und wirksam zu dekonstruieren. Es ist daher nur folgerichtig, wenn Butler ihre theoretische und politische Situiertheit sowie den Ort, von dem aus sie spricht (als Autorin, Philosophin, Theoretikerin, Feministin, politische Aktivistin etc.), stets kritisch mitreflektiert und zum Ausgangspunkt ihrer theoretischen, politischen und ethischen Interventionen macht. Dies macht sich auch in ihrem Stil und ihrer Schreibweise bemerkbar, u.a. durch den gezielten Einsatz von Fragen als argumentativer Strategie zur Entfaltung komplexer Problemfelder oder durch die explizite Thematisierung ihrer eigenen Position mittels autobiographischer Bezüge. Damit trägt Butler – im Anschluss an Nietzsche, Foucault und Derrida – auch der Einsicht Rechnung, dass es für das theoretisierende und philosophierende Subjekt keinen neutralen Standpunkt geben kann, den es gegenüber dem theoretischen und dem politischen Feld einnehmen könnte; vielmehr erweist sich das Subjekt immer schon durch die Mechanismen, Praktiken und Normen konstituiert, die es zu beschreiben und analysieren versucht.

12.6 Literatur

Lektüreempfehlung

Butler, Judith (1997): *Haß spricht. Zur Politik des Performativen.* Übers. von Kathrina Menke und Markus Krist, Frankfurt a. M.: Suhrkamp 2006 [engl.: *Excitable Speech: A Politics of the Performative.* New York: Routledge, 1997], 9–71, insbes. 9–32, 52–68.

Weitere Literatur

Althusser, Louis (1970): »Ideologie und ideologische Staatsapparate«, in: Althusser, Louis: *Ideologie und ideologische Staatsapparate.* 1. Halbband. Hg. von Frieder Otto Wolf. Hamburg: VSA 2010, 37–102.

Austin, John L. (1955): *Zur Theorie der Sprechakte (How to do things with Words).* Deutsche Bearbeitung von Eike von Savigny. 2. Aufl. Stuttgart: Reclam 1979.

Bourdieu, Pierre (1980/1993): *Sozialer Sinn: Kritik der theoretischen Vernunft.* Übers. von Günter Seib. Frankfurt a. M.: Suhrkamp 1993.

Butler, Judith (1990): *Das Unbehagen der Geschlechter.* Aus dem Amerikan. von Kathrina Menke. Frankfurt a. M.: Suhrkamp 1991.

Butler, Judith (1992): »Kontingente Grundlagen. Der Feminismus und die Frage der ›Postmoderne‹«, übers. von Kathrina Menke, in: Benhabib, Seyla u. a.: *Der Streit um die Differenz. Feminismus und Postmoderne in der Gegenwart.* Frankfurt a. M.: Fischer 1993, 31–58.

Butler, Judith (2003): »Afterword«, in: Felman, Shoshana: *The Scandal of the Speaking Body: Don Juan with J. L. Austin, or Seduction in Two Languages.* Transl.

by Catherine Porter, with a new Foreword by Stanley Cavell and Afterword by Judith Butler. Stanford: Stanford Univ. Press, 113–123.

Butler, Judith (2004): *Gefährdetes Leben. Politische Essays*. Aus dem Engl. von Karin Wördemann. Frankfurt a. M.: Suhrkamp 2005.

Butler, Judith (2012): »Can One Lead a Good Life in a Bad Life?«, in: Butler, Judith: *Notes Toward a Performative Theory of Assembly*. Cambridge: Harvard Univ. Press 2015, 193–218.

Derrida, Jacques (1971): »Signatur Ereignis Kontext«, in: Derrida, Jacques: *Limited Inc*. Aus dem Franz. von Werner Rappl unter Mitarbeit von Dagmar Travner. Wien: Passagen 2001, 15–45.

Erzgräber, Ursula/Hirsch, Alfred (Hg.) (2001): *Sprache und Gewalt*. Berlin: Berlin Verlag.

Felman, Shoshana (1980): *The Scandal of the Speaking Body: Don Juan with J. L. Austin, or Seduction in Two Languages*. Transl. by Catherine Porter, with a new Foreword by Stanley Cavell and Afterword by Judith Butler. Stanford: Stanford Univ. Press 2003.

Herrmann, Steffen K./Kuch, Hannes (2007): »Verletzende Worte. Eine Einleitung«, in: Herrmann, Steffen K./Krämer, Sybille/Kuch, Hannes (Hg.): *Verletzende Worte. Die Grammatik sprachlicher Missachtung*. Bielefeld: transcript, 7–30.

Herrmann, Steffen K./Kuch, Hannes (2010): »Philosophien sprachlicher Gewalt – Eine Einleitung«, in: Kuch, Hannes/Herrmann, Steffen K. (Hg.): *Philosophien sprachlicher Gewalt. 21 Grundpositionen von Platon bis Butler*. Weilerswist: Velbrück, 7–31.

Klemperer, Victor (1947): *LTI. Notizbuch eines Philologen*. 14. Aufl. Leipzig: Reclam 1996.

Liebsch, Burkhard (2007): *Subtile Gewalt. Spielräume sprachlicher Verletzbarkeit*. Weilerswist: Velbrück.

Posselt, Gerald (2005): *Katachrese. Rhetorik des Performativen*. München: Fink.

Posselt, Gerald (2011): »Sprachliche Gewalt und Verletzbarkeit. Überlegungen zum aporetischen Verhältnis von Sprache und Gewalt«, in: Schäfer, Alfred/Thompson, Christiane (Hg.): *Gewalt*. Paderborn: Schöningh, 89–127.

Vasterling, Veronica (1999): »Butler's Sophisticated Constructivism: A Critical Assessment«, in: *Hypatia* 14 (3), 17–38.

13 Resümee: Die Wende(n) zur Sprache

Es gilt mittlerweile als ein Gemeinplatz, dass die Philosophie des 20. Jahrhunderts eine Wende zur Sprache vollzogen hat. Weniger Einigkeit herrscht dagegen in Bezug auf die Frage, wie diese Wende genau zu verstehen ist und ob sie sich – historisch und systematisch betrachtet – tatsächlich erst im 20. Jahrhundert verorten lässt. Denn während der sogenannte *linguistic turn* zumeist mit der sprachkritischen Wende der analytischen Philosophie in Verbindung gebracht wird, hat die vorliegende Darstellung deutlich gemacht, dass diese Wende weder ein Phänomen des 20. Jahrhunderts darstellt, noch allein im Kontext der analytischen Philosophie anzusiedeln ist.[139]

So zeichnet sich eine erste Hinwendung zur Sprache bereits Ende des 17. Jahrhunderts bei Locke und Leibniz ab, wenn sie davon ausgehen, dass die Einbeziehung sprach- und zeichentheoretischer Fragen für die Behandlung erkenntnistheoretischer Probleme unumgänglich ist. Herder und Humboldt gehen ein Jahrhundert später noch einen Schritt weiter, wenn sie in kritischer Auseinandersetzung mit Kants Transzendentalphilosophie argumentieren, dass die Kategorien, mit denen wir die Welt erfassen, selbst bereits sprachlich verfasst sind. Während die *analytische Philosophie* in zentralen Punkten an Überlegungen von Locke und Leibniz anknüpft, nimmt die *hermeneutisch-phänomenologische Philosophie* im 20. Jahrhundert die Gedanken Herders und Humboldts kritisch auf und entwickelt diese eigenständig weiter. Parallel zu diesen beiden Positionen hat – ausgehend von den Arbeiten des Sprachwissenschaftlers Ferdinand de Saussure – der *Strukturalismus* das zeichentheoretische Paradigma auf alle Phänomene der geistigen, sozialen und

---

[139] Selbst Richard Rorty, der mit dem von ihm 1967 herausgegebenen Band *The Linguistic Turn. Essays in Philosophical Method* wesentlich zur Verbreitung dieses Terminus und seiner Eingrenzung auf die sprachanalytische Philosophie beigetragen hat, plädiert im Anschluss an Manfred Frank für eine Vordatierung des *linguistic turn* auf Herder und Humboldt (vgl. Rorty 1994, 100). Frank interpretiert den *linguistic turn* als eine »Überführung des philosophischen Paradigmas des Bewußtseins in dasjenige des Zeichens […]. Nicht mehr das Bewußtsein ist der transzendentale Ort der ›Bedingung der Möglichkeit‹ von Sinn, Bedeutung und Referenz, sondern das Zeichen« (Frank 1983, 282). Ebenso spricht Jürgen Habermas von einem »Paradigmenwechsel von der Bewußtseins- zur Sprachphilosophie«, den er auf Humboldt zurückführt (vgl. Habermas 1998, 66).

kulturellen Welt übertragen und sich damit in den 1960er Jahren als zentrale Theorie und Methode in den Geistes- und Sozialwissenschaften etabliert.

Damit vollziehen all diese Ansätze eine Wende zur Sprache; sie divergieren jedoch stark in der Art und Weise, wie sie diese Wende verstehen, welcher Begriff von Sprache dabei Verwendung findet und welche impliziten oder expliziten Konsequenzen sie daraus ziehen. Abschließend sollen daher nochmals die unterschiedlichen Zugänge knapp rekapituliert und offene Fragen herausgearbeitet werden.

13.1 Die analytische Wende zur Sprache

Im Bereich der analytischen Philosophie – ausgehend von Frege und Wittgenstein – artikuliert sich die Wende zur Sprache zunächst vornehmlich im Kontext epistemologischer Fragestellungen. Dahinter steht die Überlegung, dass Sprache kein Themenfeld unter anderen innerhalb der Philosophie darstellt, sondern eine fundamentale Rolle in jeder Erkenntnisleistung spielt. Damit vertritt die analytische Philosophie die Überzeugung, dass sich epistemologische Probleme – und in weiterer Folge alle philosophischen Probleme – nur in Rückgriff auf ihr sprachliches Fundament erörtern lassen. Die sprachanalytische Frage nach dem Sinn oder Unsinn von Sätzen wird der epistemologischen Frage nach der Reichweite und Begründbarkeit von Wahrheit und Erkenntnis vorgelagert.[140]

Mit der erkenntnistheoretischen Ausrichtung der Sprachphilosophie geht zugleich eine spezifische Zuspitzung sprachphilosophischer Fragen einher: Der idealsprachliche Ansatz der analytischen Philosophie konzentriert sich auf die Unterscheidung zwischen sinnvollen und nicht-sinnvollen Sätzen sowie auf die Explikation der Wahrheitsbedingungen von Aussagesätzen. Im Fokus des sprachphilosophischen Interesses steht dabei der Versuch, eine ideale Sprache zu entwerfen, die frei von allen Mehrdeutigkeiten der Alltagssprache ist und ein adäquates Bild der Wirklichkeit zu liefern vermag. Alle Sprachformen und Sprechweisen, die sich nicht eindeutig verifizieren und oder falsifizieren lassen – wie die meisten alltagssprachlichen Ausdrucksweisen, aber auch Sätze der Ästhetik oder der Ethik – werden damit von der philosophischen Betrachtung ausgeschlossen.

---

[140] Vgl. Apel 1973, 311.

Als kritische Reaktion auf eine rein logische Analyse der Sprache vollziehen innerhalb der analytischen Philosophie der späte Wittgenstein und Austin eine pragmatisch-normalsprachliche Wende, die Sprache in ihren vielfältigen Gebrauchsweisen in den Blick nimmt. So stehen in Wittgensteins *Philosophischen Untersuchungen* nicht mehr Sprachkritik und -analyse im Mittelpunkt der Überlegungen, sondern die Mannigfaltigkeit konkreter Sprachspiele, die stets mit bestimmten Handlungskontexten und sozialen Praktiken verwoben sind. Die Sprechakttheorie weist zudem darauf hin, dass Sprecher*innen mit sprachlichen Äußerungen nicht nur Sachverhalte in der Welt beschreiben und Tatsachen feststellen, sondern Handlungen vollziehen und Tatsachen schaffen und auf diese Weise verändernd und gestaltend in die soziale Wirklichkeit eingreifen. Damit rückt das Problem des richtigen Gebrauchs und des korrekten Regelfolgens in den Fokus der Aufmerksamkeit – sowie in jüngerer Zeit – die Thematisierung der Normen, Geltungsansprüche und Verpflichtungen, die sich im Kontext unterschiedlicher Sprachspiele für die Sprecher*innen ergeben.[141]

13.2 Die hermeneutisch-phänomenologische Wende zur Sprache

Im Unterschied zur analytischen Sprachphilosophie gehen hermeneutische und phänomenologische Ansätze – im Anschluss an Herder und Humboldt – von einem Sprachverständnis aus, das Sprache aus der spezifischen Seinsweise des Menschen zu begreifen versucht. Von einer Wende zur Sprache lässt sich hier sprechen, insofern Sprache und Sprechen nicht als etwas gedacht werden, das nachträglich zum Menschsein hinzukommt; vielmehr ist Sprache das, was den Menschen – mit Heidegger gesprochen – in seinem In-der-Welt-sein und Mitsein mit anderen von Grund auf bestimmt. Damit wendet sich Heidegger – und in seiner Nachfolge Hans-Georg Gadamer – auch gegen die klassische Phänomenologie Edmund Husserls, die noch im Sinne der Bewusstseinsphilosophie die intentionale Konstitution von Gegenständen ohne Rückgriff auf Sprache zu erläutern versucht. Dagegen haben bereits Herder und Humboldt darauf verwiesen, dass Sprache bzw. sprachliche

---

[141] Hier ist vor allem Robert Brandom (1994; 2000) zu nennen. Es wäre aber auch an Jürgen Habermas (1981; 1988) zu denken, der in seinen Überlegungen sowohl auf Ansätze der Soziologie, der analytischen Philosophie als auch der Hermeneutik zurückgreift.

Äußerungen nicht etwas beschreiben, das einfach vor oder außerhalb der Sprache existiert – im Sinne einer sprachunabhängigen Wirklichkeit. Vielmehr ist Sprache dialogisch verfasst und Welt sprachlich erschlossen, insofern jeder intentionale Bezug auf die Wirklichkeit sich im Medium der Sprache artikulieren muss, die als sinnlich-konkrete Rede wiederum objektivierend auf das Denken zurückwirkt. Spracherwerb und Welterschließung sowie die Entstehung des Bewusstseins müssen entsprechend als ineinander verschränkte Prozesse verstanden werden, die sich nicht aufeinander reduzieren lassen, sondern sich gegenseitig erfordern und bedingen.

Aus hermeneutisch-phänomenologischer Sicht stehen Sprache, Denken und Welt damit in einem konstitutiven Verhältnis zueinander. Weltbezug und Verstehen sind insofern sprachlich, als wir niemals einfach nur Empfindungen oder Sinneseindrücke wahrnehmen, sondern immer schon etwas *als* etwas vor dem Hintergrund eines Bedeutungsganzen verstehen. Sprachliches Verstehen vollzieht sich folglich in einer je schon mit anderen geteilten Welt. Damit kommt zugleich die subjektkonstitutive und gemeinschaftsbildende Funktion von Sprache in den Blick: Ich und Du, Subjekt und Objekt, Individuum und Gesellschaft gehen der Sprache nicht voraus, sondern werden erst durch und in Sprache möglich. Das Subjekt ist folglich keine autonome Instanz, die souverän über Sprache verfügen könnte, sondern steht immer schon in einem sprachlich-gemeinschaftlichen Horizont mit anderen, von denen es angesprochen wird und auf deren Ansprüche es antworten muss. Insbesondere jüngere Ansätze thematisieren verstärkt diese responsive, ethische und soziale Dimension der Sprache. Darüber hinaus rücken neuere Autor*innen – u. a. im Anschluss an Maurice Merleau-Ponty und Bernhard Waldenfels – verstärkt die Medialität der Sprache in den Blick, insofern sie u. a. nach der leiblich-körperlichen Verfasstheit des Sprechens fragen und die Rolle der Sprache für unsere leiblich-körperliche Erfahrung thematisieren.[142]

---

[142] Vgl. hierzu Merleau-Ponty 1945; 1961; 1969, Waldenfels 1994; 2000 sowie den Sammelband von Alloa/Fischer 2013.

13.3 Die strukturalistische Wende zur Sprache

Strukturalistische Positionen – im Anschluss an Saussure – abstrahieren von der referentiellen Funktion der Sprache und verstehen Sprache als eine soziale Institution und als ein differentielles System, in dem jedes Element allein negativ durch seine Beziehungen zu den anderen Elementen des Systems bestimmt ist. Der entscheidende Gedanke dabei ist, dass Sprache nicht von vornherein gegebene Gegenstände oder Vorstellungen repräsentiert, sondern als ein Prozess der Artikulation und Sinnproduktion gedacht werden muss, durch den gedankliche und lautliche Einheiten gleichermaßen gegliedert und hervorgebracht werden. Von anderen sozialen Institutionen, wie rechtlichen oder politischen Institutionen, unterscheidet sich die Sprache dabei durch den Umstand, dass sie sowohl vom Willen der einzelnen als auch der Gemeinschaft unabhängig ist. Als ein so verstandenes autonomes, rein differentielles und nicht inhaltlich durch seinen Gegenstand bestimmtes Zeichensystem wird die Sprache zum primären Zeichensystem und zum paradigmatischen Modell für die Beschreibung der sozialen Wirklichkeit, von dem ausgehend sich alle anderen sozialen Systeme und kulturellen Codes analysieren lassen. Dahinter steht die Annahme, dass soziale Phänomene als Strukturen verstanden werden können, die wie eine Sprache gegliedert sind. So wie Sprache als ein differentielles System beschrieben werden kann, in dem jedes Element nicht positiv durch seinen Inhalt, sondern allein negativ durch seine Differenzen zu anderen Elementen bestimmt ist, so lassen sich auch soziale und kulturelle Phänomene und Praktiken über die ihnen inhärenten differentiellen Beziehungen analysieren.

Poststrukturalistische Ansätze – wie Derridas Dekonstruktion – radikalisieren in kritischer Auseinandersetzung mit Saussure sowie im Anschluss an die Überlegungen Nietzsches zur Rhetorizität der Sprache die Grundthesen des Strukturalismus, indem sie geltend machen, dass Differenzen weder einfach gegeben noch in ein starres System eingeschlossen sind. Vielmehr haben wir es mit einem Spiel von Differenzen zu tun, das sich weder durch ein Zentrum noch durch äußere Grenzen ein für alle Mal abschließen lässt. In den Mittelpunkt rückt damit die Frage nach den Prozessen und Mechanismen, durch die Differenzen überhaupt erst hervorgebracht, transformiert und zum Einsatzpunkt sozialer und politischer Kämpfe werden. Soziale Wirklichkeit ist folglich nicht als solche gegeben, sondern bereits Effekt eines komplexen Prozesses der Realitätskonstruktion, der einhergeht mit der permanenten Auseinandersetzung um die Etablierung und Durchsetzung bestimmter Codes und Interpretationen. Im Fokus aktueller Ansätze stehen daher vor allem dissensuelle und agonale Formen des Diskurses, des Unvernehmens und des Widerstreits sowie die Frage, inwiefern diese sowohl zum Sammlungspunkt politischer Subjektivitäten als auch zum strategischen Einsatzpunkt politischer Handlungsfähigkeit und sozialer Veränderung werden können.[143]

* * *

Vergleicht man diese drei Wenden zur Sprache und die Richtungen, die sie in den letzten Jahren genommen haben, so zeigen sich – trotz ihrer Divergenzen und der unterschiedlichen Erkenntnisinteressen, die sie motivieren – durchaus gemeinsame Elemente und Tendenzen. So ist allen drei Wenden gemeinsam, dass sie sich verstärkt mit normativen Fragen auseinandersetzen. Diese spezifisch normative Ausrichtung der Sprachphilosophie zeigt sich in unterschiedlichen Forschungsfeldern: So wird die Normativität der Sprache in allen drei sprachphilosophischen Paradigmen ebenso intensiv diskutiert wie die Rolle der Sprache für soziale Zusammenhänge, die Konstitution gesellschaftlicher und politischer Institutionen sowie für die Konstruktion der sozialen Wirklichkeit.[144] Das Problem der Normativität der Sprache und des Sprechens stellt sich nachdrücklich zudem dort, wo Sprache gerade nicht in ihrem verständigungsorientiertem, sondern in ihrem grundlegend gewaltsamen und verletzenden Charakter in den Blick kommt, der sich z. B. in Phänomenen wie *hate speech*, Propaganda oder sozialer Missachtung manifestiert und mit Fragen der moralischen und juridischen Zurechenbarkeit von Sprechakten einhergeht.[145] Und selbst ein auf den ersten Blick unscheinbares sprachliches Phänomen wie das des Zeugnis-Gebens und der Zeugenschaft wird seit einigen Jahren sowohl in analytischen und hermeneutischen als auch in poststrukturalistischen

---

[143] Vgl. u. a. Lyotard 1983, Laclau/Mouffe 1985, Rancière 1995, Mouffe 2013, Butler 2015.
[144] Vgl. u. a. Foucault 1966, 1970; Bourdieu 1982; Brandom 1994, 2000; Searle 1995, 2010; Bertram 2006.
[145] Vgl. u. a. die Sammelbände von Erzgräber/Hirsch 2001; Herrmann u. a. 2007; Kuch/Herrmann 2010; Krämer/Koch 2010.

Kontexten sprachphilosophisch reflektiert und für epistemologische, ethische, politische und juridische Fragen fruchtbar gemacht.[146]
Mit dieser Erweiterung und Verschiebung ihres Forschungsfeldes transzendiert die Sprachphilosophie endgültig den Bereich der Epistemologie und fungiert an der Schnittstelle von theoretischer und praktischer Philosophie als vermittelnde Schlüsseldisziplin, die zudem über den genuinen Bereich der Philosophie hinaus für zahlreiche andere Disziplinen wichtige Anschlussmöglichkeiten bereitstellt. Für die Sprachphilosophie im 21. Jahrhundert heißt dies, dass sie gerade dort einen wichtigen Beitrag für die Erforschung komplexer Fragen und Phänomene zu leisten vermag, wo epistemisch-epistemologische, ethische, soziale, politische und juridische Aspekte auf vielfältige Weise miteinander verwoben sind, ohne dass es möglich wäre, diese aufeinander zu reduzieren.

13.4 Literatur

Alloa, Emmanuel/Fischer, Miriam (Hg.) (2013): *Leib und Sprache. Zur Reflexivität verkörperter Ausdrucksformen*. Weilerswist: Velbrück.
Apel, Karl-Otto (1973): »Sprache als Thema und Medium der transzendentalen Reflexion. Zur Gegenwartssituation der Sprachphilosophie«, in: *Transformation der Philosophie. Bd. 2: Das Apriori der Kommunikationsgemeinschaft*. Frankfurt a. M.: Suhrkamp, 311–329.
Bertram, Georg W. (2006): *Die Sprache und das Ganze. Entwurf einer antireduktionistischen Sprachphilosophie*. Weilerswist: Velbrück.
Bourdieu, Pierre (1982): *Was heißt sprechen? Die Ökonomie des sprachlichen Tauschs*. Mit einer Einführung von John B. Thompson. Übersetzt von Hella Beister. 2., erw. Aufl. Wien: Braumüller 2005.
Brandom, Robert B. (1994): *Expressive Vernunft. Begründung, Repräsentation und diskursive Festlegung*. Aus dem Amerikan. von Eva Gilmer und Hermann Vetter. Frankfurt a. M.: Suhrkamp 2000.
Brandom, Robert B. (2000): *Begründen und Begreifen. Eine Einführung in den Inferentialismus*. Aus dem Amerikan. von Eva Gilmer. Frankfurt a. M.: Suhrkamp 2001.
Butler, Judith (2015): *Notes Toward a Performative Theory of Assembly*. Cambridge: Harvard Univ. Press.
Erzgräber, Ursula/Hirsch, Alfred (Hg.) (2001): *Sprache und Gewalt*. Berlin: Berlin Verlag.

---

[146] Vgl. hierzu u. a. die Bände von Felman/Laub 1992, Zill 2000 sowie Schmidt u. a. 2011.

Felman, Shoshana/Laub, Dori (1992): *Testimony. Crises of Witnessing in Literature, Psychoanalysis, and History.* New York: Routledge.

Foucault, Michel (1966): *Die Ordnung der Dinge. Eine Archäologie der Humanwissenschaften.* Aus dem Franz. von Ulrich Köppen. Frankfurt a. M.: Suhrkamp 2012.

Foucault, Michel (1970): *Die Ordnung des Diskurses.* Aus d. Franz. von Walter Seitter. Mit einem Essay von Ralf Konersmann. Erw. Ausg. Frankfurt a. M.: Fischer 1991.

Frank, Manfred (1983): *Was ist Neostrukturalismus?* Frankfurt a. M.: Suhrkamp.

Habermas, Jürgen (1981): *Theorie des kommunikativen Handelns.* 2 Bde. Frankfurt a. M.: Suhrkamp.

Habermas, Jürgen (1988): »Handlungen, Sprechakte, sprachlich vermittelte Interaktionen und Lebenswelt«, in: Habermas, Jürgen: *Nachmetaphysisches Denken. Philosophische Aufsätze.* Frankfurt a. M.: Suhrkamp, 63-104.

Habermas, Jürgen (1998): »Hermeneutische und analytische Philosophie: Zwei komplementäre Spielarten der linguistischen Wende«, in: Habermas, Jürgen: *Wahrheit und Rechtfertigung. Philosophische Aufsätze.* Erw. Ausg. Frankfurt a. M.: Suhrkamp 2004, 65–102.

Herrmann, Steffen K./Krämer, Sybille/Kuch, Hannes (Hg.) (2007): *Verletzende Worte. Die Grammatik sprachlicher Missachtung.* Bielefeld: transcript.

Krämer, Sybille/Koch, Elke (Hg.) (2010): *Gewalt in der Sprache. Rhetoriken verletzenden Sprechens.* München: Fink.

Kuch, Hannes/Herrmann, Steffen K. (Hg.) (2010): *Philosophien sprachlicher Gewalt. 21 Grundpositionen von Platon bis Butler.* Weilerswist: Velbrück.

Laclau, Ernesto/Mouffe, Chantal (1985): *Hegemonie und radikale Demokratie. Zur Dekonstruktion des Marxismus.* Hg. und übers. von Michael Hintz und Gerd Vorwallner. 2. Aufl. Wien: Passagen 2000.

Lyotard, Jean-François (1983): *Der Widerstreit.* Übers. von Joseph Vogl, mit einer Bibliographie zum Gesamtwerk Lyotards von Reinhold Clausjürgens. 2., korr. Aufl. München: Fink 1989.

Merleau-Ponty, Maurice (1945): *Phänomenologie der Wahrnehmung.* Aus dem Franz. übers. und eingef. durch eine Vorrede von Rudolf Boehm. Berlin: de Gruyter 1974.

Merleau-Ponty, Maurice (1961): *Zeichen.* Komment. und eingel. von Christian Bermes. Hamburg 2007.

Merleau-Ponty, Maurice (1969): *Die Prosa der Welt.* Hg. von Claude Lefort. Übers. von Regula Giuliani mit einer Einleitung von Bernhard Waldenfels. 2. Aufl. München: Fink 1993.

Mouffe, Chantal (2013): *Agonistics. Thinking the World Politically.* London: Verso.

Rorty, Richard (Hg.) (1967): *The Linguistic Turn. Essays in Philosophical Method.* With two Retrospective Essays. Chicago/London: Univ. of Chicago Press 1992.

Rorty, Richard (1994): *Hoffnung statt Erkenntnis. Eine Einführung in die pragmatische Philosophie.* Aus d. Amerikan. von Joachim Schulte. Wien: Passagen.

Schmidt, Sibylle/Krämer, Sybille/Voges, Ramon (Hg.) (2011): *Politik der Zeugenschaft. Zur Kritik einer Wissenspraxis.* Bielefeld: transcript.

Rancière, Jacques (1995): *Das Unvernehmen. Politik und Philosophie.* Aus dem Franz. von Richard Steurer. Frankfurt a. M.: Suhrkamp 2002.

Searle, John R. (1995): *Die Konstruktion der gesellschaftlichen Wirklichkeit. Zur Ontologie sozialer Tatsachen.* Aus dem Amerikan. von Martin Suhr. Berlin: Suhrkamp 2011.

Searle, John R. (2010): *Wie wir die soziale Welt machen. Die Struktur der menschlichen Zivilisation.* Aus dem Amerikan. von Joachim Schulte. Berlin: Suhrkamp 2012.

Waldenfels, Bernhard (1994): *Antwortregister.* Frankfurt a. M.: Suhrkamp.

Waldenfels, Bernhard (2000): *Das leibliche Selbst. Vorlesungen zur Phänomenologie des Leibes.* Hg. von Regula Giuliani. Frankfurt a. M.: Suhrkamp.

Zill, Rüdiger (Hg.) (2000): *Zeugnis und Zeugenschaft.* Berlin: Akademie.

Sachregister

Abbildtheorie, logische 9, 28, 58, 61, 126ff., 132f., 134, 151
Analyse, logische 14, 114ff., 119, 125f., 130, 132f., 155, 184, 186, 258f.
analytische Philosophie 14, 18f., 42, 104f., 124ff., 147, 155, 177ff., 186ff., 193, 215, 257f.
Anrufung 240, 245, 247
Antwort, s. Responsivität
Arbitrarität 26, 38, 47, 56f., 203f., 208
Atomismus (semantischer) 29f., 49, 70, 79, 142, 151, 196
Begriffsschrift 105f., 107, 120f.
characteristica universalis (s.a. ideale Sprache) 58f.
Dekonstruktion 100, 216ff., 235f., 261
Diachronie 199, 201, 212, 215f., 234
Dialogizität 74ff., 77ff., 186, 191, 239, 260
Differenz, Differentialität 20, 184, 203, 206ff., 209, 215f., 218, 223f., 261
Eigenname 106, 108ff., 111ff., 115, 118
Empirismus 19, 41ff., 53f., 60, 105, 179, 186
Ereignis 20, 52, 191f., 215f., 224, 229f., 232ff., 247
Erkenntnistheorie, Epistemologie 12ff., 15, 19, 26, 29f., 34f., 38, 42f., 45, 59, 61, 63, 82, 86, 88f., 99f., 104, 120, 125f., 180, 184, 196, 215, 239, 253, 257f.
ernsthafte/nicht-ernsthafte Sprechakte 113f., 146, 162, 216, 225ff., 231, 242
Erwähnung (*mention*) 230ff., 116
Essentialismus 140, 145, 205, 207, 209, 213, 252

Existenzpräsupposition 116ff.
Familienähnlichkeit 96, 145, 151
Färbung 109ff., 116
Gebrauch (*use*) 46, 54, 56f., 66, 92, 125, 134, 143ff., 152, 156, 162, 225, 227, 230ff., 250f., 259
gemeinschaftsbildende Funktion 16, 94, 190, 260
Geschichtlichkeit, s. Historizität
Gewalt, sprachliche 91, 100, 212, 239, 244f., 253, 262
Grammatik 65, 70, 83, 96f., 100, 117f., 120, 145, 163ff., 171, 188, 193, 204, 206
Graphem 221f., 224, 228, 235
Habitus 246
Handlungsfähigkeit (*agency*) 236, 246ff., 249f., 253f., 262
Hate speech 239, 245, 248f., 262
hermeneutisch-phänomenologische Sprachauffassung 14, 19, 39, 79f., 105, 178ff., 182f., 196, 257, 259f., 262
Historizität (der Sprache) 38, 48, 58, 71, 78f., 88, 96, 99ff., 125, 152, 144, 180, 187, 189f., 193, 210, 212f., 230, 247ff., 254
hinweisende Geste 137ff., 183
Holismus 142, 209f.
ideale Sprache 19, 42, 53, 58ff., 105, 120ff., 124f., 128, 134, 155f., 258
Illokution 166ff., 173, 215, 224f.
Interpretation 96ff., 182, 240, 262
instrumentalistische Sprachauffassung 16, 27, 29, 41, 46, 49, 78, 137, 142, 151f., 177, 188, 191, 193
Intention 47, 49, 70, 78, 142f., 164, 204, 209, 215, 218f., 212f.,

Sachregister 267

225, 232f., 239, 243f., 248f., 253f., 259f.
Interpellation, s. Anrufung
Isomorphie 58, 133f., 151
Iterabilität 144, 216, 222ff., 227ff., 232ff., 242f., 247ff., 252
Junggrammatiker 197f.
katà synthéken 35f.
Kommunikation 12, 29, 47, 52ff., 67, 94, 120, 137, 142ff., 151, 177, 185, 191, 219f., 232ff., 244, 253
Kompositionalitätsprinzip, Frege-Prinzip 118f.
konstative Äußerung 158ff.
Kontext 10, 91, 118f., 138, 144, 156f., 163, 180ff., 216, 219ff., 225, 228, 231ff., 239, 248, 250
Kontextprinzip 118f.
Kontrakt, s. Vertragstheorie
konventionalistische Sprachauffassung 24, 26, 36, 88, 90, 160ff., 167, 203, 216, 225, 247ff.
Körper 75, 235, 239ff., 249, 252f.
langue 199ff., 212, 215f., 234
Lebensform 125, 144f., 149f., 152
linguistic turn 11, 61, 104f., 125, 257
Logik 30, 105, 113f., 117, 121f., 125, 128f., 146, 156, 178, 186ff.
lógos apophantikós 34, 38, 140, 187
Lokution 166
Macht 11, 14, 96, 98ff., 168, 174, 212, 235, 239, 246, 248, 254
Metapher 87f., 90ff., 215, 219f.
Missbrauch (der Sprache) 46, 59f., 87, 89, 161f., 225
Morphem 206f.
Namenstheorie (der Bedeutung) 49, 137, 139, 155, 202

normale Sprache (*ordinary language*) 19, 42, 61, 124, 155, 157, 223, 225f., 259
Normativität 51f., 60f., 89, 100f., 141, 144, 149f., 152, 170, 188, 196, 229, 239, 252, 262
Onomatopoetika 203
ostensive Definition, s. hinweisende Geste
paradigmatische Beziehungen 208f.
parasitäre Sprechakte 162, 225ff., 235, 242f., 250
Parodie 225ff., 231
parole 199ff., 203, 212, 215f., 234
Performativität 15, 101, 152, 158ff., 218, 224ff., 241ff., 246ff., 254
Perlokution 166ff., 170f., 224
Phonem 206f., 212, 221
Phonozentrismus 218ff.
Prädikation 30, 34, 113, 182f.
pragmatische Sprachauffassung 142, 147, 155, 196, 259
Proposition 140, 167, 169
Rationalismus 19, 41ff., 59
Referentialität 125, 139, 141f., 147, 150, 155f., 200ff., 209, 216, 221, 224, 231, 257, 261
Regel, Regelhaftigkeit, s. Normativität
Repräsentation 48f., 52, 78, 142, 193, 209, 218, 244
Resignifikation 250ff.
Responsivität 179, 192f., 239, 252, 260
Rhetorik 23f., 31, 34f., 38, 82ff., 90ff., 98ff., 196, 215
Schrift 32f., 38, 43, 107, 163, 207, 209, 215ff., 226, 229, 234f.
Schweigen 128, 130f., 185f., 250
Semantik 60, 70, 79, 142, 151, 177, 220

Semiotik 46, 97, 100, 211, 215, 217, 219, 224, 230
semiotisches Dreieck 32f.
Signatur 163, 232f.
Signifikant 199, 201ff., 208, 212, 215
Signifikat 199, 201ff., 208, 212, 215, 221f.
soziale Dimension der Sprache 10ff., 19, 31, 35ff., 46ff., 52, 54, 60, 70, 75, 78f., 87, 100, 134, 147ff., 196, 199, 203, 209ff., 230, 238, 244f., 254, 259ff.
Sprachanalyse, s. Analyse, logische
Sprachkritik 42, 45f., 61, 88, 104, 125, 128ff., 134, 196, 257, 259
Sprachspiel 19, 35, 134, 143ff., 156ff., 239, 259
Sprachursprung 64ff., 88
Sprachvergessenheit 13, 190
Sprachwissenschaft 53, 71f., 157, 177, 184, 196ff., 209ff., 212
Sprechakt 19, 35, 114, 157f., 166ff., 173f., 219, 224f., 227, 230, 239f., 242ff., 248f., 259, 262
Struktur 56ff., 79, 96, 114, 117f., 120, 131f., 145, 182f., 196, 205, 212, 215f., 218, 222f., 227, 233f.
Strukturalismus 18ff., 38, 105, 184, 197f., 207, 210ff., 215f., 236, 257, 261
Subjektivierung 14, 16, 174, 245ff., 253f.
Substitutionsprinzip 112, 114f.
Symbol 36, 56ff., 105, 129, 211, 213, 224, 244f.
Synchronie 199, 201, 212, 215f., 234
syntagmatische Beziehungen 199, 208f., 221
System, sprachliches, s. *langue*

Übereinkunft 25f., 35f., 90, 204, 210
Unglücksfälle, Theorie der 160ff., 225, 242
Unterschrift, s. Signatur
Ursprung der Sprache, s. Sprachursprung
Verantwortung 231, 239, 246ff., 253f.
Verifikation 34, 38, 129, 132f., 187, 258
Verräumlichung 221f.
Vertragstheorie 25f., 36, 150, 209f.
Verwendung, s. Gebrauch
Wahrheitswert 111ff., 118, 155, 224, 226
Wende zur Sprache, s. *linguistic turn*
Welterschließung 13f., 19f., 63, 79, 90, 177, 196, 260
Wert, sprachlicher 204ff.
Wiederholung, s. Iterabilität
Wiener Kreis 105, 126, 128, 141
Zensur 239, 250
Zitat, s. Iterabilität
zôon lógon échon 37f., 65, 75, 179, 189
zôon politikón 37, 39, 75

Personenregister

Althusser, Louis   210, 217, 241, 245, 247
Apel, Karl-Otto   98, 104, 174, 258
Aristoteles   13, 19, **22ff.**, 41, 47, 50, 65, 75, 82, 90, 105, 108f., 196, 239
Augustinus   136f., 139f., 142, 155
Austin, John L.   19f., 35, 114, 151, **155ff.**, 196, 214f., 216ff., 224ff., 239, 241ff., 259
Barthes, Roland   205, 210
Benveniste, Émile   173
Bopp, Franz   196
Bourdieu, Pierre   174, 212f., 217, 241, 246, 262
Brandom, Robert   170, 259, 262
Butler, Judith   20, 101, 174, 231, **239ff.**, 262
Carnap, Rudolf   105, 128, 179, 186f.
Condillac, Maurice Bonnot de   66
de Man, Paul   85, 98
Derrida, Jacques   20, 100, 209, **215ff.**, 239, 241ff., 247ff., 252, 255, 261
Descartes, René   58
Felman, Shoshana   231, 241, 263
Foucault, Michel   98, 100, 197, 217, 236, 255, 262
Frege, Gottlob   19, **104ff.**, 124ff., 155, 157f., 226, 258
Gadamer, Hans-Georg   13, 64, 79, 177, 194, 259
Gerber, Gustav   85
Grimm, Jakob   196
Habermas, Jürgen   18, 64, 98, 179, 219, 257, 259
Hamann, Johann Georg   63f.
Hegel, Georg Wilhelm Friedrich   63, 217, 241
Heidegger, Martin   19, 64, 79, **177ff.**, 196, 216f., 220, 239, 259

Herder, Johann Gottfried   13, 19f., 61, **63ff.**, 82, 90, 93, 99, 105, 177, 185f., 193, 196, 257, 259
Humboldt, Wilhelm von   13, 19f., 61, **63ff.**, 82, 90, 93, 96f., 99, 105, 177, 186, 191, 193, 196, 239, 257, 259
Husserl, Edmund   177, 217, 259
Jakobson, Roman   198, 210
Kant, Immanuel   63f., 127
Lacan, Jacques   18, 210
Leibniz, Gottfried Wilhelm   13, 19, 38, **41ff.**, 63, 82f., 99, 105, 112, 120, 128, 196, 257
Lévi-Strauss, Claude   210, 213, 217
Locke, John   13, 19, 38, **41ff.**, 63, 76, 82f., 91, 99, 104, 109, 128, 137, 155, 196, 239, 257
Merleau-Ponty, Maurice   194, 260
Nietzsche, Friedrich   19f., **82ff.**, 172, 196, 215, 220, 225, 239, 241, 255, 261
Platon   19, **22ff.**, 41, 47, 56, 82, 86, 89, 108, 196, 217f.
Ricœur, Paul   194
Rorty, Richard   104f., 257
Rousseau, Jean-Jacques   217
Russell, Bertrand   126f.
Ryle, Gilbert   151
Saussure, Ferdinand de   20, 105, **196ff.**, 215, 217, 222f., 257, 261
Schlegel, Friedrich   71, 196f.
Searle, John   151, 169f., 173, 219, 227
Sokrates   23, 25ff., 30
Strawson, Peter   151
Waldenfels, Bernhard   192, 260
Wittgenstein, Ludwig   19, 35, 39, 58, 61, 122, **124ff.**, 155ff., 172f., 196, 239, 258f.